iBaby
百科大全书系

中国优生科学协会科普倡导读物

聪明宝宝胎教早教百科大全

中国优生科学协会 主编

中国妇女出版社

图书在版编目（CIP）数据

聪明宝宝胎教早教百科大全／中国优生科学协会主编．—北京：中国妇女出版社，2011.10

ISBN 978-7-5127-0275-2

Ⅰ.①聪…　Ⅱ.①中…　Ⅲ.①胎教—基本知识②早期教育—基本知识　Ⅳ.①G61

中国版本图书馆 CIP 数据核字（2011）第 197724 号

聪明宝宝胎教早教百科大全

作　　者：中国优生科学协会　主编
选题策划：朱婷婷
责任编辑：刘　宁
封面设计：吴晓莉
责任印制：王卫东
出　　版：中国妇女出版社出版发行
地　　址：北京东城区史家胡同甲 24 号　　邮政编码：100010
电　　话：（010）65133160（发行部）　　65133161（邮购）
网　　址：www.womenbooks.com.cn
经　　销：各地新华书店
印　　刷：北京联兴华印刷厂
开　　本：170×240　1/16
印　　张：30
字　　数：400 千字
版　　次：2012 年 1 月第 1 版
印　　次：2012 年 1 月第 1 次
书　　号：ISBN 978-7-5127-0275-2
定　　价：39.80 元

目录

上篇　胎教让宝宝更聪明

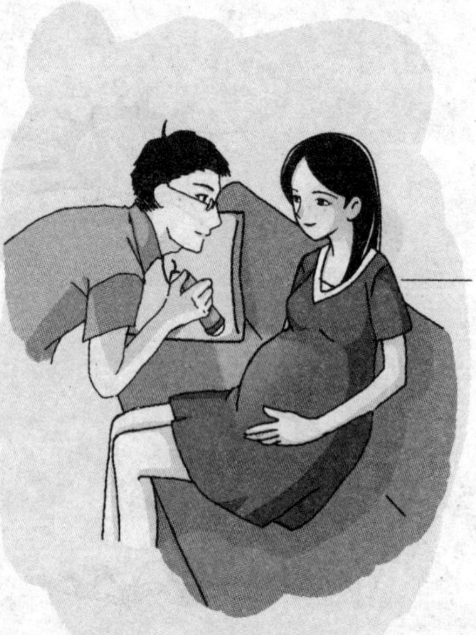

下篇　早教从出生第一天开始

上篇

胎教让宝宝更聪明

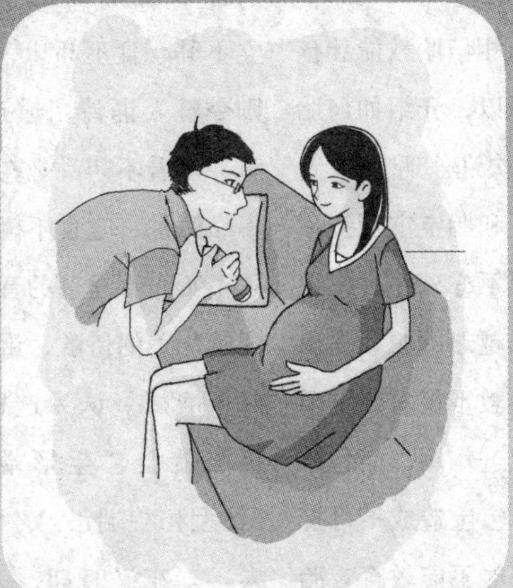

胎教预备课

胎教是一门古老而崭新的学问

每一对想要孩子的夫妻都希望自己能生一个聪明、健康、活泼的孩子，怎样才能保证生育这样一个孩子呢？除了先天遗传之外，很多人相信胎教能让孩子更聪明、更健康。所以，介绍如何胎教的书很受准父母的欢迎。听胎教音乐，给胎宝宝讲故事，和胎宝宝玩抚摸游戏，很多准父母忙得不亦乐乎。但也有一些专业人士对越来越热的胎教提出了不同的看法，认为胎教不仅对胎宝宝的智力发育没有什么促进作用，而且如果方法不当还可能对胎宝宝造成不可挽回的伤害。胎宝宝到底能不能教育？胎教的效果到底如何？如果有效果，什么样的方法才是正确的？这是广大准父母迫切关心的问题。

中国是最早提出胎教的国家。西汉大学问家刘向在他所著的《列女传·周室三母》中就提到，早在周朝时妇人怀孕就很讲究“寝不侧、坐不边、立不跸、食不邪味、耳不闻于淫声，夜则令瞽人诵诗、道正事（睡觉不侧身睡，坐着不胡乱坐在席子的边上，立着不靠门框，吃食不碰味不正的东西，听乐不听声音淫荡的音乐，夜晚聆听盲人诵读优美的诗歌、讲解正义和正气的美好事情）”。认为这样的孕妇生下来的孩子就会“生形端正，才德必过人（体型相貌端正，才气品德必定超过常人）”。东汉时期，王充在《论衡·命义篇》中提出了“胎教之法”，初步形成了胎教学说。宋代时，名医陈自明在《妇女大全良方》中就有“胎教论”，对胎教进行了专题论述。明代时的许多名医对胎教也都有详细的论述，使胎教学说进一步完善起来，成为比较系统和全面的学说，并且对清代产生了较大的影响。清代的陈梦雷等人在编辑《古今图书集成医部全录》时就把历代关于胎教学说的内容汇集在一起，以“小儿未生胎养门”列为儿科分卷之首，对历代胎教学说作了总结。清代末期著名思想家康有为在其著作《大同书》中也主张建立胎教院，认为这样会有利于培养聪明的后代，提高人口的质量。

20世纪70年代以来，超声波技术广泛应用于妇产科临床以后，人们对胎宝宝在母亲子宫内的活动了解得更加清楚了，各国学者利用B超观察胎宝宝在接收外界各种信号刺激以后的反应，研究不断深入并见诸报道，从而更加科学地证明了胎教的作用。美国胎教、幼教专家托马斯伯尼等通过大量的科学实验和临床研究观察，揭示了神秘的胎宝宝生活。他认为胎宝宝的性格和记忆力在妊娠期母子间的“感通”中已初步形成，并对其未来人格、智慧的发展起着举足轻重的影响。他指出胎宝宝对生活的内外环境的应激反应是母子“感通”的重要因素，孕妇应不失时机地采取有效措施，调适情绪，特别是经常聆听优美的音乐，以形成胎宝宝良好的应激反应，这可以维护母子生理、心理健康，使人的精神在胎宝宝期即得到优化和美化。法国心理学家贝尔纳蒂斯形象地认为：“胎宝宝在子宫内发育成长，并不像大白菜那样只靠营养来浇灌，胎宝宝的触觉和听觉是十分敏感的，能接受外界的各种刺激，可以说外界的刺激对胎宝宝的发育成长是很有影响的。”

总结各国最新的胎教研究经验，以及中国古代、民间长期积累的胎教经验，我们可以发现，胎教还是有其不可忽视的意义的。为什么有的人身体发育各方面不平衡？为什么有的人情绪容易波动？为什么有的人智商高、有的人智商低？虽然许多问题并不能完全归于有没有进行胎教、胎教是否得当，但科学家们已经可以得出结论，这些问题都可以从胎宝宝父母人格、智商、生活起居方式及对胎宝宝的关爱等方面找到相应的线索和一定关系。那些出生普通却有杰出表现的人，其家庭、父母即使没有进行有意的胎教，但在不经意中一定有其独到的地方，也是可以总结出一些可贵的经验的，这种总结对防止准父母因无知、经验不足而造成孩子身体和智力上的损伤有极其重要的意义。

专家提示

专家们的研究和经验已经表明，经过适当的胎教，胎宝宝的大脑细胞和中枢神经受到了较多的刺激和锻炼，他们的综合反应能力和活动能力会明显增强，胎宝宝机体的活动能力和健康水平也会明显提高，身体素质和智力素质会明显高于没有经过胎教的胎宝宝。

中国古代的胎教智慧

中国古人的胎教智慧表现在对孕妇人格、修养、身体健康的关注，在培养胎宝宝方面注重的是胎宝宝的品性、人格，是一种全方位考虑有益于胎宝宝的胎教。古人认为孕妇的人格修养直接影响着胎宝宝的人格形成，对胎宝宝的素质高低起着非常关键的作用，而如果胎宝宝的人格塑造端正了，以后会在许多方面表现出优秀品质，也包括身心的健康。

专家提示

性格培养和智力培养同等重视，身体健康和气质品性综合考虑，这是中国古人胎教智慧最有价值的地方。

妈妈气血调和，宝宝德才过人

古人在长期生活实践中发现，孩子的人品、智慧、个性和健康都“肇自血气（源于人的血气）”，既与父母亲的先天遗传有很大关系，也与母亲怀孕期间的生活调理有很大关系。先天遗传谁也改变不了，但母亲在怀孕期间如果能保持心情平和愉悦、血脉和顺畅通，没有乖戾暴躁的脾气，没有埋怨不满的情绪，并且能在吃、穿、行、睡、站、坐、与人谈笑等生活起居、为人处世方面处处保持身正、气正，生下的孩子就会气血调和、身体健康、品行端正、没有邪气，这样的孩子长大后就会德才过人、有大出息。

（1）西汉刘向的观点

刘向在他的书中列举了周文王母亲和周成王母亲的怀孕经验。周文王被后人认为是历代君王中最贤德的君王，他从小耳聪目明，过目不忘，万事教他一点，他就能举一反三，悟出很多道理。当上周王以后，他克己为民，努力以贤德影响民众，使周朝出现了难得的全国富裕、民众安居乐业、“路不拾遗（走在路上看到别人掉的东西不去捡）”的好现象。刘向提到周文王母亲在怀文王时，“太任（周文王之母）有身孕，目不视恶色，耳不听淫声，口不出傲言（眼睛不看难看的色彩，耳朵不听淫荡的声音，说话不说傲慢之言）。”认为周文王母亲由于实行了严格的胎教，所以生出了周文王这样贤明而有崇高德行的君王。汉代文人贾谊也在他的《新书·胎教》中记载了周成王母亲的怀孕经验：“周妃后妊成王于身，立而不跛，坐而不差，笑而不諠，独处不倨，虽怒不骂，胎教之谓也（周妃子在怀周成王时，站立时身子不歪，坐着时在席子正中不偏向一边，笑时不大声张狂，一人高高在上时不傲慢，虽然感到愤怒却从不张口骂人，这就是讲究胎教的缘故）。”

（2）隋代名医巢元方的观点

隋代名医巢元方在他的医学名著《诸病源候论·妊娠候》中也谈到了母亲保持正气、气血调和对孩子会有很大影响：“子欲端正庄严，常口谈正言，身行正事（你要想让孩子生得端正庄严，就得注意端正自己的言行，不说污言秽语，不做不道德的事）。”

（3）唐代名医孙思邈的观点

唐代名医孙思邈在他的医学名著《千金要方·养胎》中也提出了孕妇要保持血气正常、生出聪明健康的孩子，就得“调心神，和情性，节嗜欲，遮事清净（调理自己的心情和精神，去掉懒惰性情，节制自己的各种欲望，万事保求清净）”。

（4）宋代名医陈自明的观点

宋代名医陈自明在他的《妇人大全良方》中更是从中医气血理论的角度讲到了母亲健康、血气调和对孩子的健康和气质健全的影响：“夫人以胃气壮实、冲任荣和，则胎得所，如鱼处渊；若气血虚弱，无以滋养，则始终不能成也（母亲胃气壮实，阴阳之气调和荣盛，那么胎宝宝就会有好的生长条件，如鱼游在深水里一样；如果母亲气血虚弱，胎宝宝就得不到滋养，那样胎宝宝从头至尾就成长不好）。”所以要培育健康健全的孩子，必须“阴阳平均，气质完备，成其形尔（只有阴阳平衡，孩子才会气质完全，各个方面有正形）”。

这些例子说明我国古代先民很早就注意到了母亲气质、行为对胎宝宝身心健康的极大影响，并已积累了一整套调理母亲气血、起居行为，以求生出好孩子的珍贵方法。

妈妈情趣高雅，宝宝美丽善良

中国的古人很注重人与环境、大自然的感应，在胎教上也同样有外象内感的理论，认为孕妇每天看到、听到的东西美不美，对胎宝宝今后的容貌是不是美丽端正、情感是不是愉悦宁静、品格是不是崇高、性格是不是稳重健全、孩子有没有较高的审美情趣等都有很大关系。母亲感受美与善，胎宝宝就会变得美善；母亲感受邪与恶，胎宝宝就会变得邪恶。所以美育成了中国古代育儿法中的最主要方法，也是胎教中最关键的方法。

从这一观点出发，古人提倡有条件的孕妇最好每日能“视美玉”、看美画、看美文美诗、听美的音乐歌唱或诗文诵读，让孕妇能不时沉浸在美好的情怀之中。汉代刘向的书中提到了周文王母亲注重美育的经验：“母不视恶色，耳不听淫声”“食不邪味”“夜则令瞽人诵诗”，且常常静坐着观看美玉；宋代陈自明在他的书中也说：“欲子美好，玩白玉，观孔雀（想要孩子长得美丽漂亮，就常常把玩白玉、观看孔雀）。”美玉的柔嫩性质会使观看的人情绪变得温柔美好，美玉的晶莹剔透会使人产生清明感；孔雀美丽大方，其羽毛灿烂缤纷，看了能使人兴奋欢喜，这样的美的情怀和对美的感悟会潜移默化地影响胎宝宝，使他不仅长得美、长得端庄，对美也会有天生的感悟能力。

我国唐代名医孙思邈在《千金方·养胎》中发挥了南齐徐之才提出

的逐月养胎法，认为要培养端正正气、健康无病的孩子："欲得观……珠玉宝物，欲得见贤人君子、盛德大师……口诵诗书，古今箴诫，居处简静，割不正不食，席不正不坐。弹琴瑟，调心神，和性情（要多看美丽灿烂的珠玉，要多与贤惠通达的君子和有大德行大智慧的大师相处，多朗读诗歌和美文及古今的哲理名言，生活求简明清静，肉切得不正不吃，席子摆得不正不坐。要多弹琴瑟多听音乐，心神要调得愉悦，性情要保持平和）。"

我国清代的改革家康有为、后来的大文学家鲁迅、大教育家蔡元培都在他们的著作中提到了设立胎教院，对胎宝宝进行美育的意义和设想。他们从忧国忧民、改造国民性的目的出发，认为对胎宝宝进行美育有助于提高中国的国民素质。

妈妈静修爱学，宝宝智力超群

中国的古人经过长期观察发现，人的智慧的发展与人是否能处于宁静虚灵状态很有关系，所以提倡人们注重静修，认为"宁静致远"，那些气粗神躁的人是很难有高超的智慧的。既然智慧是在宁静愉悦的心情中产生的，母亲如能有宁静平和愉悦的心态，自己的智慧就能提高，所怀孩子的智力也会相应得以提高。所以孕妇要能静养静修，"严守礼仪，清心养性"，这样做会非常有利于胎宝宝的智力发展。

诗歌、美文是两种高智商的文学作品，所以诵读诗歌既是一种美育胎教方法，也被古人当成了智慧胎教的主要手段。怀着周文王的母亲夜晚要听盲人诵读诗歌，后来不少有教养的孕妇也都把读诗写诗当成了智力胎教的主要手段。

日本的胎教研究成果

除了中国之外，日本也是非常重视胎教的国家。日本胎教的历史可追溯到400多年前的江户时代，进入20世纪70年代以后，随着经济和科学技术的飞速发展，日本一些医学专家和教育专家借助于现代技术和先进仪器设备的帮助，从胎宝宝医学、教育心理学和超前教育学等几方面，仔细研究探索了实施胎教的可能性和科学方法，取得了重要突破。目前，日本已成为世界上宣传、实施胎教最为积极的国家。

日本的胎教研究主要分为三类

第一类是专门研究和记录母亲腹内的胎宝宝受到外界刺激后的反应，包括声音、光线和触觉等。如胎心和胎动变化以及有无眨眼和握手反应等，证明了胎宝宝在母体内是一个有感知、有反应的生命体。这为开展胎教提供了可行性证明，说明出生前的胎宝宝已可作为一个完整的人接受教育。室冈一先生在1982年的《产妇人科》上发表了声音刺激下胎宝宝的心率观察记录的实验报告，还出版了专著《胎宝宝的感受方法》。小林登教授在1983年的《围产期医学》上也发表了《母子相互作用的意义》等文章。

第二类是研究外界的声音如何传导到子宫内的实验，为胎教中将语言和音乐传给胎宝宝提供了直接可靠的实验依据。研究发现，外界声音可以通过人体腹壁传声，一般穿透母体组织后强度会有一定程度的衰减，但2000赫兹以下的，特别是500~1000赫兹的声波，透入到子宫内时强度衰减很少。因此，如果要让语言和音乐能透过子宫内进行胎教，要选择中低频为主的优美声音和乐曲。父亲用那富有磁性的声音对胎宝宝讲话，胎教效果最好。

第三类是推广与开发的实践活动。这方面工作主要以井森大先生、千叶大学的多湖辉教授等人为首，是昭和44年设立的财团法人胎儿开发协会的主要研究工作。参加这个协会的不仅包括有关科学家、医学家、教育学家，而且还有遍布日本各地的热心于胎宝宝智力开发的各方面人士。他们努力进行研究工作，写出了一篇篇相关的文章，以此指导着胎教的研究和实践。日本国内的一些专家不但参与胎教科学实验，而且还前往世界各地参加胎教的有关科研和学术交流，观察和测试一些智力超常儿童的早期胎教、幼教，对于促进世界性的胎教研究起到了很大的推动作用。

另外，日本的胎儿发展协会和索尼音乐艺术会曾经举办定期的“胎儿音乐会”，对孕妇腹中的胎宝宝进行专门的音乐熏陶，以期通过早期干预提高儿童的智力和综合素质。日本学者阿部顺一教授还创设了“英才制造工程试验”，对127名准妈妈进行胎教指导，结果她们所生的孩子71%智力超常。他由此编写的《英才之路》一书引起了世界各国的广泛关注。

“有刺激”和“无刺激”实验

日本科学家经过实验发现，母亲充满爱意的语言胎教是一种对胎宝宝的积极刺激，有助于消除孕妇不经意间出现的对胎宝宝的不良语言刺激和处于怠惰状态的“无刺激”、消极刺激，使胎宝宝大脑活动变得积极，反应变得灵敏，语言辨别力得以提高。他们发现，经过语言胎教的胎宝宝出生后3天就能辨别母亲的声音，而对不熟悉的护士的声音却没有相同的反应。未接受过语言胎教的新生儿则要到出生十多天以后才会对母亲的声音有明显反应。

英美等国的胎教实践

英美等国的科学家在胎教方面也做了大量实验和研究，并配以较长时间的跟踪调查，取得了不少珍贵的第一手资料和实践经验。和中国古代胎教关注点不同，他们主要关注的不是母亲自身的调理及修养，而是直接对胎宝宝进行有益刺激，即通过对音乐、光照、抚摸、语言对话等刺激，促使胎宝宝身体和大脑功能更好地发展，从而提高孩子的智力水平和身体的综合素质。

美国的斯瑟蒂克胎教法

美国佛罗里达州的约瑟夫夫妇用“子宫对话”的方法，把爱传递给胎宝宝，先后培养出4个才学出众的女儿。这4个女儿在出生后23周即开始咿呀学语，智商均在160分以上，大女儿10岁便进入大学。他们夫妇在《胎儿都是天才》一书中写道：“胎教成功的秘诀就是爱和耐心。”他们总结出了“斯瑟蒂克胎教法”，认为胎宝宝如同一台新电脑，要勤于输入信息，输入越多胎宝宝的智能发育越好。

美国科学家还发现，如果准妈妈能经常为胎宝宝朗读优美的诗文，出生后孩子对诗文的理解力和兴趣都会明显高于胎宝宝期未听过诗文朗诵的孩子。

美国的南加州大学曾组织一个科研小组，将一种极细小、安全的扩音器置入准妈妈的子宫中，用以了解进行音乐胎教时胎宝宝听到的音乐，再通过屏幕观察听音乐时胎宝宝的反应。他们发现，胎宝宝所听到的音乐与外界听到的音乐几乎完全一样，胎宝宝对音乐有很积极的反应，不仅变得安静，时而还有愉悦的轻轻踢脚的动作，显然胎宝宝的大脑是处于兴奋状态的。

美国的“胎儿大学”

美国加州大学医学院的妇产科专家、胎教专家尼·范德克（N. FandeKar）医生在20世纪70年代末创办了一所“胎儿大学”，对1000多名4个月以上的胎宝宝进行过专门化的语言对话教育。结果证明这种胎教方法对胎宝宝的智力和综合素质提高有很大帮助，因为其中很大一部分胎宝宝出生后显示了较高的智力水平和综合素质。

范德克医生在其胎儿大学里进行了一整套胎教实验，系统地对胎宝宝讲话、播放音乐，在准妈妈的腹部适当地抚摸，拍打腹部的特定部位等，通过这些方法促进胎宝宝的听觉和触觉神经发育。他还主张准爸爸也要参加胎教活动，这样既可以增进夫妻感情，又可以提高胎宝宝出生后的智力，使他能很快地认识父母，更易于理解语言和数字。

在胎宝宝大学接受过胎教的宝宝大多与众不同，有的刚刚出生就会用手抚摸妈妈的脸，有的不到5个月就会表达简单的意思。据他们研究，接受过胎教的孩子比没有接受过胎教的孩子智商高20% ~40%。

英国的音乐胎教实验

对音乐胎教的意义，英国胎宝宝心理学会的专家曾作过专门的研究。他们发现，孕妇如果在怀孕期间能够常为胎宝宝唱歌，并将这些歌录下来，在孩子出生后再给他播放这些录音，孩子会有很激动的表现。这表明胎宝宝是有记忆力的，胎宝宝对熟悉的音乐和歌曲有很好的反应能力，这种能力也是可以通过音乐胎教得到强化和提高的。

专家提示

英国的科学家通过B超屏幕还注意到，优美舒缓的音乐常能给胎宝宝带来宁静和舒适感。

英国的心理学研究员奥斯德（Orsder）从胎宝宝能够分辨不同的音乐这一角度做了实验。他先播放音乐，然后把耳机放在准妈妈的腹壁上，同时监测胎宝宝心跳，发现有一些胎宝宝显然觉得这首乐曲悦耳好听，因而心跳随着音乐而加快，而另一些胎宝宝则没有什么反应。如果把耳机放在孕妇的耳朵上，胎宝宝就没有什么反应。他从而得出结论，认为胎宝宝对某一种音乐有喜欢或厌恶的感觉。几年之后，他发现对舒缓的音乐有感觉的胎宝宝出生并长大之后性格比较柔和，而那些对节奏感强的音乐有感觉的胎宝宝长大之后性格则比较活泼。

英国著名小提琴家耶胡迪·梅纽因曾在英国胎宝宝心理学会成立大会上建议：孕妇应对其胎宝宝唱歌，这能给胎宝宝以和谐的感觉和情绪上的安宁。英国胎宝宝心理学会会长米歇尔·克莱门特印证了梅纽因的论点，并说："当把怀孕期间录下来的母亲歌声的磁带给宝宝播放时，宝宝的反应是十分激动的，因为他们已经有了记忆印记。"

著名的法国胎教实验

法国巴黎健康卫生科学院在20世纪80年代曾做过许多胎教方面的实验，其中最为著名的就是让一名志愿者从怀孕8个月开始，隔日到健康卫生科学院做一次音乐胎教，一直到分娩。然后他们让出生仅3天的孩子听孕期在子宫内听过的音乐，孩子会咬着奶嘴配合音乐发出有节律的吸吮动作，两只手臂也在有节律地摆动。当停放这种音乐或播放其他音乐时，他就不再吃奶，两只手臂也不再有节律地摆动或摆动得不规则。这个实验表明，胎宝宝在出生前可以接受教育，并有一定的记忆，出生后有再认知的能力。

有一个4岁的法国女孩患有精神分裂症，经常听不进父母的话，也不听周围人的话。可是，有一次担任治疗的一位医生无意中用英语同她搭话，发现这个女孩的态度竟突然发生了变化，表现出似乎听懂了的样子。后来，人们尽可能地用英语同她说话，她的那颗一直关闭的心才逐渐敞开了。这个孩子的父母都是法国人，孩子也是在法国生长的，自幼一直听法语，直到4岁为止几乎从未听过英语，为什么会对英语作出如此反应呢？对此医生感到很奇怪，就去找她的父母了解孩子同英语的关系。开始的时候，父母也对此现象感到惊奇，想不出原因。后来，他们终于想起了一件事，原来孩子的母亲妊娠时曾在一家贸易公司工作过，那里的人们天天听英语、讲英语。也就是说，这个孩子在母体里就一直在同母亲一起学习英语。

直接胎教的主要方法

直接胎教即直接针对胎宝宝的教育，主要包括音乐胎教、光照胎教、抚摸胎教、语言胎教夫妻共同做的胎教，要点是增加对胎宝宝的智力、情感方面的良性刺激。如在胎宝宝听力发育的关键时期，通过经常给胎宝宝听优美的音乐，来提高胎宝宝的音乐反应能力、接受能力和辨别能力；在胎宝宝有语言感受能力的时候，给他读优美的散文诗歌等情调性美文，来提高胎宝宝的语言感受能力。

音乐胎教

国外专家研究发现，人的左半边大脑管逻辑思维，语言能力和分析、判断能力；右半边大脑管形象思维、感情和直觉能力。一般右半边大脑发达的人创造力较强，如画家米开朗琪罗、达·芬奇，发明家爱迪生等，都有右脑比左脑发达的现象。音乐训练有助于开发人的右脑、提高人的创造力。对胎宝宝进行音乐胎教是一种培养孩子音乐素养和兴

趣的好方法，也是培养孩子创造力的最好开端。因为这时孩子的大脑还是一张白纸，可塑性很强。美妙的音乐还能唤起准妈妈美好的情感和艺术想象力，使准妈妈气血畅通、心情愉快，胎宝宝同时也会产生共鸣，感到身心愉悦，从中受益。胎宝宝在 3 ~ 4 个月时便开始有了听觉能力，6 个月时听觉能力已发育到相当完备的程度，所以从胎宝宝 4 个月起就可对他进行音乐胎教了。

专家提示

医学研究还表明：胎宝宝在子宫内最适宜听中、低频调的声音，而男性的说话声及唱歌声正是以中、低频调为主的，因此，父亲是音乐胎教的最佳老师。

光照胎教

研究者发现，在胎宝宝视力发展的过程中不时对胎宝宝进行光照刺激，胎宝宝会转头寻找光源或转头避开光源，认为这样做有助于胎宝宝对刺激作出反应，提高胎宝宝机体的活动能力和大脑与机体的反应能力。专家们认为，胎宝宝视力发育较晚，在母亲子宫内一直处于闭着眼睛生活的状态。一般4个月时胎宝宝的视功能开始出现，7个月时视力才发展到较成熟的水平，也就是具有了视网膜开始反应外界光线，并将光的信号传送到大脑的完全功能。所以，光照胎教最好在胎宝宝7个月时开始。对7个月前的胎宝宝，孕妇可进行自然光照的胎教，即经常到阳光下坐一坐，晒晒太阳，这对孕妇自己的健康和心情很有好处，对胎宝宝也同样极有好处。此时的胎宝宝虽不会直接观看太阳光，但对太阳光带来的明亮、暖融融的感觉还是能感受到的，也会觉得舒服。何况太阳光还有激发身体产生维生素D、使身体更多地吸收食物中的钙质等好处。

抚摸胎教

准妈妈本人或者丈夫用手在准妈妈的腹壁轻轻地抚摸胎宝宝，引起胎宝宝触觉上的刺激，以促进胎宝宝感觉神经及大脑的发育，称为抚摸胎教。医学研究表明，胎宝宝体内绝大部分细胞已具有接收信息的能力，并且已能通过触觉神经来感受体外的刺激，而且反应渐渐灵敏。父母可以通过抚摸的动作配合声音，与子宫中的胎宝宝沟通信息。这样做可以使胎宝宝有一种安全感，使孩子感到舒服和愉快，有利于胎宝宝的睡眠和良好心态的形成。专家们根据对胎宝宝出生后的跟踪调查发现，经过抚摸和轻拍等胎教训练的胎宝宝，出生后会比一般宝宝动作灵活，感受力强，对环境的反应能力也较强，身体也会更健康。

实行抚摸胎教，准妈妈往往处在很好的心情之中，对胎宝宝充满了关爱，首先气血就处于很顺畅的状态，胎宝宝的气血也会随之变得更顺畅，这对胎宝宝的机体运行很有好处，对胎宝宝大脑的平衡发育也很有利。国外有专家甚至认为，一个人如果情绪处于较平和愉快的状态，身体内会分泌多种能补养身体的化学物质和有利于健康的激素；相反，如果情绪处于不快、忧郁状态，身体内会分泌多种有害物质，经常这样就会得心脏病、癌症等多种疾病。这一规律对准妈妈和胎宝宝也适用。

一般认为抚摸胎教应该从母亲感觉到胎动开始，其实从知道自己怀孕就可以实施抚摸胎教了。准妈妈调理好自己的情绪，内心充满愉悦，轻轻地抚摸子宫部位或胎宝宝，一边抚摸一边对胎宝宝说爱抚的话，这样的做法在任何时候对胎宝宝都是有利的。起初胎宝宝不会有动作上的回馈反应，但准妈妈这样做在气血调理、情绪安抚方面均有好处。

语言胎教

准妈妈或家人用文明、礼貌，富有情感和美感的语言，有目的地对子宫中的胎宝宝进行对话，给胎宝宝期的大脑新皮质输入最初的语言印记，为其后天的学习打下基础，称为语言胎教。良性的语言刺激会有助于孩子语言能力的早期开发和大脑功能的增强。胎宝宝经过语言胎教后，对语言中包含的情调、语言的节奏、语言内容和情调之间的关系等，会有个初步的印象，这种印象对孩子今后更好地把握、理解语言的规律是极有帮助的。

专家提示

医学研究表明：父母经常与胎宝宝对话，能使其出生以后具有良好的语言接受能力。

胎宝宝大约 2 个月时开始长出耳轮、中耳、内耳等听觉器官，到 4 个月时听觉器官对声音已有感觉能力，到 5 ~ 6个月时对外界的声音会有一定的反应能力，大脑也开始对声音有了一定的记忆能力。从显像屏上可以观察到，胎宝宝此时对熟悉的父母亲的声音会有喜欢的反应，如出现眨眼、转过头来、吃手、心律增强等表现；对外界噪声或父母亲发怒的声音则会有皱眉、较猛地踢脚等不耐烦的反应。

语言胎教一般从胎宝宝 4 个月时开始，但如果考虑准妈妈温柔的心情、充满爱意的抚摸和言语对胎宝宝早期气血形成方面的好处，语言胎教在胎宝宝开始形成时就可进行。早期可配合抚摸胎教一起进行，准妈妈边轻轻抚摸腹部，边说些温柔的、充满爱意的话，这对胎宝宝不会有任何伤害，只有促使胎宝宝气血调和的好处。也可与音乐胎教交替进行，有时说话，有时准妈妈哼歌曲，有时播放音乐。胎宝宝有了听力、大脑记忆力和对情绪的一定表达能力，就能对语言逐渐产生理解力。所以专家们发现，对6个月以上的胎宝宝经常性地进行“子宫对话”，孩子今后对语言的理解力会早于一般孩子，开口说话的时间也会较早。

夫妻共同做的胎教

有些国外的专家认为，夫妻共同对胎宝宝做胎教，对胎宝宝更有好处。父亲的音质、语调与母亲的不一样，父亲的情感、性格与母亲的也不一样，如果双方能配合起来共同对胎宝宝实施胎教，对胎宝宝的最初影响就是多方面的，这会有助于胎宝宝性格情绪的全面、平衡发展。

胎宝宝在其不同的生长发育阶段，他的6种感觉能力——耳朵的听觉、舌头的味觉、皮肤的触觉、鼻子的嗅觉、眼睛的视觉和躯体的运动感觉，会处在不同的发育水平，有的在胎宝宝发育早期形成，有的则较晚一些。不同的身体发育阶段，其大脑的功能也处在不同的发展阶段，这些感觉能力和大脑活动能力的发展都要靠外界提供的信息来刺激。一般适当刺激越多，这些能力的发展就会越好；没有刺激，感官和大脑的发育发展都会受到延缓，显得平平。这个规律，和孩子出生后如把他放到没有光线、不与人接触的环境就会变成傻子是一样的。我们提倡对胎宝宝进行直接胎教，不是说向胎宝宝直接教授什么知识，而是增加对胎宝宝的良性刺激，以促进胎宝宝各种感官和大脑发展。这是对直接效果胎教的正确理解，并不是像有些人理解的那样狭隘，是大人在外面教，胎宝宝在里面学，即今天你教胎宝宝一首唐诗，明日他出生后不用人教就会背这首唐诗，并且明白其中的所有意思；或天天给胎宝宝听优美的音乐，他长大就一定会成为一个大音乐家……这样直接的功利效果一般是不可能从胎教中获得的。

胎教不同于孩子出生以后的文化教

育，即使是直接效果的胎教，它的作用也只能从间接效果，即给胎宝宝带来了什么深层次的影响这一点上去理解。给胎宝宝提供良性的信息刺激和影响，尽早开发和锻炼他的各种能力，这就是直接效果胎教的主要内容和真正意义所在。

间接胎教的主要方法

间接胎教指的是关注给胎宝宝提供更好的内部和外部环境。胎宝宝成长必须有好的内部和外部环境，既然胎宝宝是在母亲腹腔中成长的，他与母亲的机体健康、心理状况、感情，以及生活方式、生活环境就会有必然的联系，所以胎教就有了广义上的内容，也就是环境胎教、情绪胎教、智力胎教、品格胎教，以及源自中国古代的气血胎教。所有这些胎教方法关注点不是教育胎宝宝本身，而是教育与胎宝宝有着千丝万缕联系的母亲，包括母亲自身的调理和修养，通过这一点，来影响胎宝宝的身体、感情、智力和性格。如关注胎宝宝营养的全面性，母亲尽可能不偏食，并适当补充容易不足的营养成分；母亲关注自己的情绪调理，尽量保持开朗乐观心情，不自寻烦恼、不与人吵架；母亲自己适当阅读一些优美的散文诗歌，以此自娱并使自己处于欣赏美的情绪状态；家人尽可能创造快乐宁静的家庭氛围，使母亲心情恬静、愉快；母亲尽可能注意天气冷暖，保证自己气血调和等。间接效果胎教的要点是为胎宝宝创造全面、和谐、愉悦的良好的内部和外部生存环境。

专家提示

无论是直接胎教还是间接胎教，最终目的只有一个，就是为胎宝宝的成长创造更好的内部、外部条件，使胎宝宝接受更多的良性刺激，从整体上提高胎宝宝的身体和智力素质。

环境胎教

胎宝宝能否正常生长发育，除与遗传因素有关外，还与妊娠期母体内外环境有密切关系。环境胎教是指为确保胎宝宝健康的生长发育，优化母体的内外环境，包括准妈妈的身体健康和心理健康。高质量的精子和卵子是优生的前提条件，因此，环境胎教从孕前就应该开始实施。在备孕期间，夫妻双方改变不良生活习惯，将身体调整到最佳状态，远离有毒有害物质，这些都是环境胎教的重要内容。怀孕后要注意按时产检，预防疾病；远离有毒有害的工作环境和生活环境，少去人多拥挤的地方；日常起居要有规律，要注意身体的清洁；选择适宜的运动方式，坚持身体锻炼。

专家提示

准妈妈沉浸在美好的想象之中，格外珍惜腹中的宝宝，以其博大的母爱关注着宝宝的变化。胎宝宝通过感官得到的是健康的、积极的、乐观的信息，这就是最好的胎教。

情绪胎教

国外专家经研究发现，婴儿出生时往往就已具有明显的性格特征，那些具有胆小、忧郁内向、暴躁、情绪不稳定性格特点的婴儿，往往与其母亲在怀孕时经历过恐惧惊吓、情绪不安、经常与人争吵等场面有关。如在第二次世界大战后出生的不少孩子有心理、情绪上的问题，与其母亲怀孕时经历了战争场面的惊吓和流离失所的生活有关；不少孩子所具有的孤僻、反社会倾向、暴躁等心理问题与母亲怀孕时经历父母争吵、离异的境况有关。美国著名教育家、心理医生罗宾·K. 赖斯在其《育婴室里的幽灵》一书中就介绍了十几位专家经过调查发现的一个事实，即许多因少年暴力而被收容的孩子，他们的家庭环境、父母的个性脾气、他们在胎宝宝时期和幼儿时期的经历都有十分相似的地方，由此他们得出了这样的结论：胎儿期如果大脑经常受到频繁的、有害的、暴力性的刺激，或生长在有暴力氛围的环境中，孩子长大后也就容易有暴力倾向。

中国的古人强调孕妇要在生活起居、为人处世方面保持端正的心态和姿

势，也是关注到了母亲气血是否通畅和端正对孩子品格、情绪及智慧上会有很大影响这一点。一位整日心情愉悦安定、不时对胎宝宝进行充满爱意的抚摸和对话、不时静听优美的音乐、不时阅读精美诗歌散文、适当劳动并散步、起居有规律、关注给胎宝宝提供全面的和更好的营养的孕妇，与一位整日处于不安定的生活之中、内心充满了忧愁和失望、对人对生活充满了仇恨、不时与人为琐事争吵、精神懒惰懈怠、起居无规律、饮食无节制的孕妇，她们生出的孩子必定会在智力、能力等天赋素质和个性气质上存在极大差异，这一点是不用怀疑的。所以关注广义上的胎宝宝教育，对整体提高胎宝宝素质、培养胎宝宝良好的先天禀赋、性格，无疑会是很有意义的。

运动胎教

我们知道，对普通人来说，运动可以增强肺活量、疏通经络、促进血液循环、提高免疫力、改善人的精神状态，从而达到防病健身、延年益寿的目的。对于准妈妈来说，适当的运动也同样是大有好处的。准妈妈气血正，又有活力，胎宝宝就会得到充足的营养、得以顺畅地生长，并且能有助于促进胎宝宝大脑细胞的发育和增强反应能力。准妈妈适当的运动对自己的身体也大有好处，可以减少患感冒和其他疾病的机会，有利于身体更快、更好地调适，从而减少怀孕带来的不舒服。户外活动还可以使准妈妈获得必要的新鲜空气。另外一点是，多活动可以增加准妈妈子宫、腰部、腿部等处肌肉的弹性和耐受能力，有利于减少难产、顺利分娩，也有利于产妇产后身体的保健和迅速恢复。劳动多、活动多的准妈妈分娩容易，这是民间早已关注到的不争的事实。

现在我们的物质生活提高了，出门有车，在家有洗衣机、煤气灶，在单位干活有各种全自动机器，不少人甚至连坐公共汽车也觉得累，不是“打的”就是自己开车，基本活动量已经大大减少。这种生活按中医的理论来说容易“气雍（壅）”，也就是容易使身体内的气血流动不畅，而中医又认为“不通则病”“气雍（壅）为病”，这是致病的主要原因。这种情况对准妈妈和胎宝宝是否有利，每位准父母都是可以想到的。所以现代人的生活更应该关注运动、关注锻炼，准妈妈也不能例外。

有些准父母一定听说过民间说到的准妈妈活动禁忌，如不能跳绳、不能跑步、不能双手举高、不能持重等，因为这样的活动可能会引起胎宝宝流产或准妈妈阴道出血。那么准妈妈该如何锻炼才能保证母子得益、又不致影响胎宝宝健康呢？以下几种运动方式是比较适合准妈妈的：

（1）散步

散步是最适合准妈妈的运动。早晨在林间散步，林间空气清新，可改善和调节大脑皮层及中枢神经系统的功能，还能增加抵抗力，有防病保健之功效，更有利于胎宝宝的发育；饭后散步有利于减少准妈妈腹中积食，有利于消化，也有利于保持气血畅通、提高睡眠质量。散步时准妈妈可以聊天、欣赏美景，心情比较放松、愉悦。

（2）太极拳

打太极拳要求人的精神处于放松和虚灵的状态，动作柔和，气脉连贯，又比较轻松，没有突兀和剧烈的动作，追求身体内气血的和畅融通，很适合准妈妈。

（3）简易气功和瑜伽

准妈妈躺着和坐着时可以做做简单的气功：先暗示自己全身放松，要一个部位一个部位地放松。然后柔和地开始深吸气，再慢慢地、细细地、自然地呼气，呼吸时尽可能让内心处于愉悦状态。这对调节体内血液循环、放松机体、解除疲劳很有帮助。准妈妈容易出现腰酸等不适，可将注意力放在腰部暗示自己放松腰部，再进行上述的吸气和呼气，可以减轻腰酸。

瑜伽功的练习以冥想和放松为主，身体的动作练习要注意适度，有些动作不适合准妈妈，要坚决避免。

（4）适度的家务劳动

“劳动是最好的医生”，这是当年流行在欧洲的一句名言，适当体能劳动能使人气血和畅、经络疏通、精神愉快，显然对准妈妈也是一种很好的活动。准妈妈在家里做做卫生，步行去买点菜，织织毛衣；在农村仍可参加不重的田间劳动。手脚老在活动，筋骨会更有活力、更结实，身体会更好，胎宝宝也会从中得益。实践证明，活动的母亲生的孩子远比不活动或少活动的母亲生的孩子有活力、健康。民间观察发现，原先的大户人家的准妈妈由于经济条件好，无须自己从事体力劳动，结果难产比率较高，她们的后代懒散、肥胖、没出息的也比较多。

现在的情况是，娇生惯养的准妈妈较多，许多独生子女家庭的女孩子也到了结婚生子的年龄，其中有些显得很娇气，一怀孕就什么活都不敢干、不愿干了，动不动嚷嚷着不舒服就躺在床上，动不动觉得累就要坐着休息，动不动就要人伺候自己。对此，我们的建议是，最好适当参加一些家务劳动，适当承担一些生活重担，这不会害你，只会对你有好处。

（5）随意操

坐办公室时、在家坐着看电视时可以抬脚或扭扭脚脖子，甩甩胳膊或转转肩部与肘部，平举胳膊上下活动手腕，扭扭脖子、转转脑袋等，以活动筋骨、减少疲劳；或者按摩按摩头部、颈部、肩部、腰部，以舒舒筋骨，放松肌肉。

（6）产前操

国外出现的专门为产妇分娩做准备而设计的操。我国专家对有些动作有保留意见，但有些还是可取的，有利于分娩时盆骨打开及加强下腹部肌肉收缩的力量。

胎教再好也要适度

有的准妈妈对胎教期望过高、心太切，结果适得其反。如有的准妈妈长时间将耳机放在腹部，使胎宝宝很烦躁，胎宝宝生下以后，变得十分神经质，以致对语言有一种反感和敌视态度；有的没完没了地听音乐，连准妈妈本人都感到疲惫不堪，更不要说胎宝宝的感觉了；还有的人一个劲地抚摸胎宝宝，搅得胎宝宝烦躁不安。养胎的每项内容都会使胎宝宝受益，但如果不能适度实施，恐怕胎宝宝不但不能获益，还会影响胎宝宝的身心健康。

胎宝宝的自然需求是身体的生长发育，这是最基本的，不能受到太多的打扰。胎宝宝太稚嫩、太脆弱，他醒来时需要有自在的活动，睡着时需要有安宁的环境，这两点必须首先给予满足，否则就会影响胎宝宝的身体健康，而没有健康，胎教就会失去意义。

胎教，准爸爸一起来

十月怀胎，胎宝宝与母亲血脉相

连、心心相印，准妈妈对胎宝宝进行胎教有效果是大家很容易认同的观点。但父亲除了贡献良好、健康的精子以外，还能对胎宝宝起什么影响作用吗？答案是肯定的。研究者发现，父亲深沉、浑厚的声音，尤其是带磁性的声音，对胎宝宝会是很悦耳、很舒服的声音。专家从科学仪器上发现，父亲如果经常用柔和的声音对胎宝宝说话，胎宝宝会对父亲的声音有很强的辨别力，每当听到父亲的声音便会显出舒服、满意的神情，或显得安静，甚至露出微笑。父亲如果发火，发出过于暴躁的声音，胎宝宝会显出皱眉、手脚不舒服地舞动、不安等烦躁的神情和动作。

父亲与胎宝宝血脉也相连

父亲与胎宝宝毕竟也是血脉相连的，国外有位育儿专家说得非常好："胎宝宝的脐带与父亲也是相连的！"所以如果能关注这一点，经常对胎宝宝说说话、进行边抚摸边说话或边哼唱的父亲胎教，对培养和健全胎宝宝的优良个性、保护胎宝宝的健康、提高胎宝宝的智力都会有不可估量的作用。

现在不少国家的育儿专家在进行让父亲参与胎教的研究和尝试，如安排一个周密的胎教计划，每日保证母亲、父亲都各有1~2次与胎宝宝对话、为胎宝宝朗读或轻轻哼唱的机会；或者利用外出郊游、晚上睡觉前等机会，让准父母抽10~15分钟，与胎宝宝进行"三人"交谈和倾诉亲情活动，这对胎宝宝的成长都是大有好处的。在这一过程当中，胎宝宝也不是完全被动的，它完全能感觉到三人之间的美好感情，并会有主动参与的表现，比如挥舞手脚、露出微笑等兴奋表情，会变得活跃等表现。

"准爸爸胎教"宝宝更聪明

胎教一般针对准妈妈而言，常忽视

了准爸爸的作用。专家指出，从某种意义上说，要想生出聪明健康的小宝宝，在很大程度上取决于准妈妈是否参与教养。

准妈妈的情绪对胎宝宝发育影响很大。妻子怀孕后，在精神、心理、生理、体力和体态上都将发生很大变化。如果准妈妈在妊娠期情绪低落、高度不安，孩子出生后即使没有畸形，也会发生喂养困难、智力低下、个性怪癖、容易激动和活动过度等问题。所以，在胎教过程中，丈夫应加倍关爱妻子，让妻子多体会家庭的温暖，避免妻子产生愤怒、惊吓、恐惧、忧伤、焦虑等不良情绪，保持心情愉快、精力充沛。此外，丈夫应积极支持妻子为胎教而做的种种努力，主动参与胎教过程，陪同妻子一起和胎宝宝“玩耍”，给胎宝宝讲故事，或描述每天工作和生活中的收获，让胎宝宝熟悉父亲低沉而有力的声音，从而产生安定感和信赖感。另外，丈夫还应主动承担家务，搞好室内外卫生，防止感染疾病，戒烟忌酒，节制房事，协助妻子做好保健，避免她和自身患感冒等。

环境胎教：不要错过生宝宝的最佳年龄

如果你不是坚定的丁克一族，有生宝宝的家庭计划，那一定不要错过“造人”的最佳年龄。对于女性而言，25～30 岁是生育功能最旺盛的时期。这一时期，女性的骨骼系统已经发育完善，腹部肌肉发达有力，骨盆、韧带处于最佳状态，妊娠和分娩都会比较顺利；特别是卵子的质量比较好，胎宝宝发生各种先天性疾病的机会最少。

做妈妈不要超过 35 岁

当然，受个人健康情况、生活环境和心理状态等多方面因素的影响，这个最佳生育年龄不是绝对的，但女性第一次生育最晚不应超过 35 岁。因为 35 岁以后卵细胞逐渐老化，卵子中染色体畸变增多，容易造成胎宝宝畸形、流产或死胎等异常情况。据有关资料统计：35 岁以上女性分娩畸形儿的可能性比 25～30岁的女性高 2 倍以上，而且这种概率会随着年龄增长而递增。35 岁以上的高龄初产妇，怀孕期间还容易发生高血压和糖尿病等合并症，妊娠高血压综合征的发病率也比较高；子宫颈和阴道的弹性差，骨盆关节松弛性差，子宫收缩力弱，分娩时间会延长，更容易发生难产。有许多 35 岁以后才做妈妈的女性，她们明显感到，与年轻的妈妈相比，产后恢复得比较慢，育儿过程中常常感到疲惫不堪。

爸爸年龄太大也不好

国内外多项研究显示，男性的精子质量在30岁时达到最高峰，然后持续5年，到35岁，以后逐年下降。而且，30～35岁的男性普遍已经成家立业、心理成熟，有稳定的收入和一定的经济基础，正是养育孩子的最佳时机。

很多夫妻都想着要把物质条件创造好再要宝宝，比如说多少存款、多大的房子、事业发展到什么程度，但常常物质条件成熟了，自己的年龄也太大了，想要的时候怎么也怀不上。孕育宝宝当然要有一定的物质基础，但物质条件不是最重要的，爸爸、妈妈的爱和稳定的家庭环境才是宝宝最需要的。

也有人说："我自己还是孩子呢，等我成熟了再要吧。"人的一生都在不断地成长，完全成熟的那一天可能就是告别这个世界的时候吧。有了孩子的人都会有这种感觉："其实我们在和孩子一起成长。"

环境胎教：选择最适宜的怀孕时机

选择最适宜的怀孕季节

现代医学证明：孩子的健康不仅与后天的喂养和教育有关，而且与受孕时机和出生季节密切相关。根据气候特点、营养、传染病流行情况等综合分析，医学界普遍认为晚春时节和中秋前后怀孕比较好。因为冬末春初容易流行病毒性感冒等流行病，而病毒对胎宝宝有致畸作用，会使胎宝宝畸形的概率增加。晚春时节病毒性流行病一般已过去，气温又不太高，比较适合怀孕。初秋时，准父母刚刚经历炎夏，因天气太热，人容易睡不好、吃不好，体能消耗太大又得不到好的补充，身体素质较差。中秋时，新鲜水果蔬菜大量上市，有利于人们补充各种营养素和活性物质；天气凉爽，气压高了，人们也可以得到较好的休息，使体能得以恢复，所以有利于胎宝宝的健康。专家认为冬季怀孕不利于胎宝宝的生长发育，因为冬季天气寒冷，一般人家都会紧闭门窗，致使室内废气污染较重、细菌含量较高，空气质量不佳。过年过节时也不宜怀孕，因为节日人们一般忙于应酬，身体较劳累，而且无法避免抽烟、喝酒或吸二手烟、在嘈杂的人群集中的场合活动等，不利于受孕。

当然怀孕季节的选择还是看准父母自己的安排，任何季节，只要注意防范不利因素，安排妥当，应当都是可以的，这里只是给准父母提供一个参考意见。

长期服药期间不宜怀孕

有些女性因疾病需要长期服用某种药物，如激素、抗生素、止吐药、抗癫痫药、抗癌药、抗精神病药物等，这些药物对生殖细胞都有不同程度的影响。因此，长期服药的女性在计划怀孕时最好请专科医师进行指导，然后再安排怀孕的时间。

避孕药有抑制排卵和干扰子宫内膜生长发育的作用，容易造成胚胎质量不高或胎宝宝畸形，因此最好在怀孕前 3 个月就停用。停服避孕药后 1 ~3 个月即可恢复排卵，但此时仍不宜怀孕。一般 3 次正常的经期后身体基本恢复正常，这时尝试怀孕成功率和受精卵质量会有保证。

无论上环时间长短，宫内节育环都会对子宫黏膜有一定的影响。子宫是孕育胎宝宝的场所，如果子宫内膜有损伤、炎症或既往有炎症，则犹如贫瘠的土壤，受精卵不能正常植入或不能正常发育，甚至出现死胎、流产等情况。而且，子宫底部内膜的损伤或炎症还可能导致受精卵着床位置和胎盘发育不正常，有可能形成前置胎盘或分娩时发生胎盘早剥，威胁母婴的生命。因此，使用宫内节育环避孕的女性，取出宫内节育环后应该让子宫内膜有一个恢复期，在月经恢复正常 3 ~6 次，即 3 ~6 个月后再怀孕。

子宫状态不佳时不宜怀孕

怀孕是一个需要多方面、多系统协调和配合的复杂、精密的生理过程，无论哪一方面准备得不充分都会影响妊娠的过程及质量。流产、早产会造成机体的一些器官，如子宫、阴道等的平衡被打破，出现功能紊乱，子宫等器官一时不能恢复正常，尤其是经过刮宫产的女性身体更是受损不小，子宫需要恢复。因此，有过流产、早产经历的女性至少半年以后再怀孕，这样有利于自身和胎宝宝的健康。

剖宫产会给女性的子宫造成创伤和

损害，子宫内膜功能的恢复、疤痕组织的修复都需要较长时间。如果在子宫疤痕还没完全修复时怀孕，在子宫扩大和/或收缩的过程中肌纤维容易发生断裂，有子宫破裂的危险。原则上讲，第一胎进行了剖宫产，如果想再生第二胎，至少一年之后再怀孕，以给子宫一个充分愈合的时间。

工作繁忙时不宜怀孕

准备要孩子还须考虑工作状况，不要选在工作太忙、太紧张或压力太大的时间段受孕。不少工作在春季很忙，新年伊始，一切从头开始，一年的基础全靠此时，工作强度、压力都会过度；有的则是在年末忙，许多指标要完成，还要应付年终各类报表，又要准备过年应酬，压力也很大；处于某些项目的攻关阶段、作者写作的最紧张阶段，或者工作要求加班熬夜时期，家中正值婚丧等大喜大悲事件，或有许多客人要接待，或正建造、装修房子时，人也会很疲劳，抵抗力会下降。所以这些时候最好都不要考虑怀孕。农村农忙时节也不宜怀孕，过度劳累，饮食不规律，体力消耗过多，此时怀孕对优生不利。

营养胎教：有些食物不利于怀孕

咖啡

咖啡对受孕有直接影响。每天喝一杯咖啡以上的女性，怀孕的可能性只是不喝咖啡者的一半。因此，女性如果打算怀孕就应该少喝咖啡。现代医学证明，在孕早期，每天喝 3 杯以上咖啡会使流产的概率增加 1 倍。这是因为咖啡中的咖啡因会加快胎宝宝的心跳及新陈代谢速度，降低母体血液流入子宫的速度，减少胎宝宝血液中的氧气量与养分，对胎宝宝发育造成负面影响。此外，咖啡因还有利尿的作用，会使原本尿频的准妈妈行动更加不便，并造成钙从尿液中流失。

胡萝卜

胡萝卜含有丰富的胡萝卜素、多种维生素以及对人体有益的其他营养成分，但美国新泽西州罗特吉斯医学院的妇科专家研究发现，女性过多吃胡萝卜后，摄入的大量胡萝卜素会引起闭经和抑制卵巢的正常排卵功能。因此，欲生育女性不宜多吃。

葵花子

葵花子的蛋白质部分含有抑制睾丸成分，能引起睾丸萎缩，影响正常生育功能，备孕男性不宜多食。

大蒜

多食大蒜克伐人的正气，还有明显的杀灭精子的作用，备孕男性不宜多食。

毛棉子油

长期食用毛棉子油可对生殖系统造成损害，实验证明：成年男子服用毛棉子油的提取物棉酚40天，每天60～70毫克，短期内精子全部被杀死，并逐渐从精液中消失；女性则可导致闭经或子宫萎缩。

环境胎教：进行一次孕前体检

怀孕前夫妻双方很有必要进行一次孕前检查。孕前检查除了一般体检时的一些常规项目外，很多项目是针对遗传和生育的专项检查，如常见遗传病和传染病的筛查、生殖内分泌功能、免疫功能的检查等，可以帮助你在怀孕前发现异常，及时治疗和避免潜在的问题，在医生指导下有计划地怀孕，减少宝宝的出生缺陷，保证准妈妈平安度过孕期并顺利分娩。

在孕前检查的时候医生会常规性地对夫妻双方的整个身体情况和家庭情况进行详细的询问，主要内容包括月经是否规律、最近的一次是什么时候来的、以前是否做过流产手术、有无流产史、有没有分娩过畸形儿或者有遗传疾病的新生儿、以前得过哪些病、准备怀孕期间是否接触过有害物质以及婚姻史和家族史等。千万不要因为医生的这些问题涉及隐私，或者感到不好意思而拒绝回答，或提供不真实的答案。了解真实、正确的情况是医生做出正确诊断的重要前提，医生只是从医学优生的角度进行判断，并且会为就诊者保密。

孕前检查的主要内容还包括：

★ 妇科检查，以确定准妈妈是否适合妊娠、分娩；

★ 血常规检查，了解有无贫血、感染及其他血液系统疾病；

★ 尿常规检查，了解肾脏和全身营养情况，确认有无泌尿系统感染、肾脏疾病和糖尿病；

★ 肝、肾功能检查，了解有无肝脏、肾脏疾病；

★ 孕期致畸5项病毒（TORCH）检查，主要是检查是否有弓形虫、风疹病毒、巨细胞病毒、单纯疱疹病毒，体内是否有抗体。特别是对喜欢养宠物的生育期女性来说，这项检查意义重大。因为当准妈妈感染以上病毒时，病原体可经过胎盘引起母婴垂直传播，从而导致胎宝宝流产、死胎、早产、先天畸形等，甚至可影响到出生后宝宝的智力发育。

★ 抗感染筛查，了解夫妻双方是否患有感染性疾病，如乙肝、丙肝、梅毒、艾滋病等。如果检查出夫妻双方或者一方有传染病要暂缓怀孕，因为病原微生物也是一种重要的致畸因素，这些病原体会直接把自己的遗传信息整合到人类的染色体上，造成宝宝的DNA出现微小的异常。

环境胎教：孕前处理好牙齿问题

怀孕前要治愈牙龈炎

怀孕后的女性体内的雌性激素，尤其是黄体酮水平，会明显上升，使牙龈血管增生、血管的通透性增强。如果口腔卫生欠佳，容易诱发牙龈炎，称为“妊娠性牙龈炎”。研究证实，怀孕前患牙龈炎的女性，其怀孕后患妊娠性牙龈炎的概率和严重程度均高于孕前没有患牙龈炎的女性；而在孕前就患有牙龈炎或牙周炎的女性，其怀孕后炎症会更加严重，牙龈会出现增生、肿胀，出血显著，个别的牙龈还会增生至肿瘤状，称为“妊娠性龈瘤”，极易出血，严重时还会妨碍进食；有些患者由于牙周袋中细菌毒性增加，对牙周骨组织的破坏也会加重，往往引起多颗牙齿的松动脱落。

怀孕前要治愈蛀牙

孕期由于生理机能的改变和饮食习

惯的变化，以及对口腔护理的疏忽，常常会加重蛀牙病情的发展。如果蛀牙病情持续严重，可能会引发牙髓炎或根尖炎等更为严重的口腔疾病。一旦暴发急性牙髓炎或根尖炎，不但会给准妈妈带来难以忍受的痛苦，而且如果治疗时服药不慎也会给胎宝宝造成不利影响。另外，有调查证明，若怀孕时妈妈患有蛀牙，生出的宝宝患蛀牙的可能性也远远大于怀孕时没有蛀牙的妈妈所生的宝宝，因为妈妈口腔中导致蛀牙的细菌是宝宝蛀牙的最早传播者，所以，怀孕以前要治愈蛀牙。

怀孕前最好拔掉智齿

阻生智齿是指口腔中的最后一颗磨牙，由于受颌骨和其他牙齿的阻碍，不能完全萌出，造成部分牙体被牙龈所覆盖，以下颌第三磨牙最为常见。阻生智齿的牙体与牙龈之间存在较深的间隙，容易积留食物残渣，导致细菌滋生、繁殖而直接引起各种急、慢性炎症，即通常说的“智齿冠周炎”。由于智齿多在18岁以后萌出，且智齿冠周炎又最容易发生在20～35岁，而这个年龄段恰好是育龄女性选择怀孕的时间，所以要想防治这种病的发生，就应该在孕前将阻生智齿拔除。

环境胎教：有些病会影响怀孕

贫血

贫血，尤其是严重贫血，对准妈妈和胎宝宝都非常不利，治愈后才可以怀孕。

高血压

高血压患者是重症妊娠中毒症的高危人群。准备怀孕的女性如果患有高血压，要进一步检查病因，排除由于肾脏或内分泌疾病所引起的高血压。经过医生治疗没有明显血管病变的早期高血压病人一般可以怀孕。如果不清楚自己的血压情况，但时常有剧烈头痛、肩膀酸痛、失眠、眩晕和浮肿等症状应去医院检查，确定是否患有高血压。

心脏病

怀孕和分娩会增加准妈妈的心脏负担，健康女性身体可以承受，但对于心脏病人来说则十分危险，容易造成流产、早产，严重时可危及准妈妈的生命。但也并非患有心脏病的女性都不能怀孕，要根据所患心脏病的性质、心脏被损害的程度、心功能状况及能否进行心脏手术等具体情况，由医生综合考虑。需要注意的是，即使医生认为可以怀孕和分娩，也要在心脏内科与妇产科医生的共同努力下来处理整个怀孕与分娩过程。

肾盂肾炎

肾盂肾炎患者需治疗后才能怀孕。因为女性在怀孕后体内血循环量比怀孕前约增加1/3以上，由于血循环量增加，通过肾脏的血流量也相应增加，所以怀孕后肾脏负担加重，对准妈妈和胎宝宝均不利。另外，膀胱炎可以发展成肾盂肾炎，膀胱炎患者也应该在治疗后再怀孕。

子宫肌瘤

子宫肌瘤是一种常见的良性肿瘤，30岁以上的女性中约有20%～30%患有子宫肌瘤。小的肌瘤一般对怀孕和分娩都没有影响，如果肌瘤较大或数目多，可使子宫体和子宫腔变形，或因输卵管受压而妨碍受孕，影响胚胎发育，引起流产、早产或不孕。因此患有子宫肌瘤的女性如能受孕则可以继续妊娠，怀孕后遵照医嘱定期检查。肌瘤较大者，如超过8厘米可在剖宫产同时切除肌瘤；如肌瘤小于5厘米对怀孕没有影响。

孕1月（第1～4周）胎教计划

胎教常识：这个月胎宝宝的生长发育

受孕成功，受精卵开始分裂

大约在这个月的月中，精子和卵子在输卵管相遇并形成受精卵，受精卵的形成标志着新生命的开始。胎宝宝的性别在受孕的那一刻就已决定，其他遗传性质，如肤色、发色、成年后的身高、单眼皮或双眼皮等，也已经因为遗传因子中的遗传信息而被确定下来。

在接下来的两三天里，受精卵会一边穿过输卵管，一边进行细胞分裂。受孕4天后，受精卵进入“桑葚胚”阶段，并且很快就会含有25～30个细胞。这些细胞有些会发育成为胎宝宝，有些会演变成胎盘。受孕5天后，受精卵上会出现一个洞，此后的桑葚胚被称为“胚泡”，含有70～100个细胞。这时，最初的原始神经细胞已经形成，这些细胞控制着胎宝宝的身体功能，提供意识的雏形。通过这些神经细胞，大脑和意识最终会被建立。

胚胎到达子宫并安顿下来

大约在受孕后的第7天，胚胎到达子宫，并在子宫里找一个合适的位置安顿下来（通常是在子宫的上半部分）。如果胚胎是健康的，它会以极快的速度膨胀，然后在子宫黏膜内定居。与此同时，羊水开始在胚囊聚集，最终会发育成羊膜囊。在接下来的9个月里，胎宝宝都将在羊水中生活。

在胎盘发育成熟之前，胚胎通过一套循环系统获取氧气和营养（同时排出废物），这套循环系统由许多微小的管道构成，这些管道将发育中的胎宝宝和母亲的子宫内壁上的血管连接在一起。到这个月的月末，胎盘发育成熟，将接替这套循环系统为胎宝宝提供氧气和养分。

胚胎分成两层，进入器官发育的关键时期

这个月的最后一周，胚胎开始从圆盘形变成倒置的梨形，并且分成了两层（外胚层和内胚层），胎宝宝所有器官和身体的各个部分都是由这两层发育而来的。从这一周到第10周，胎宝宝所有的器官都将开始发育，有的甚至开始工作了。

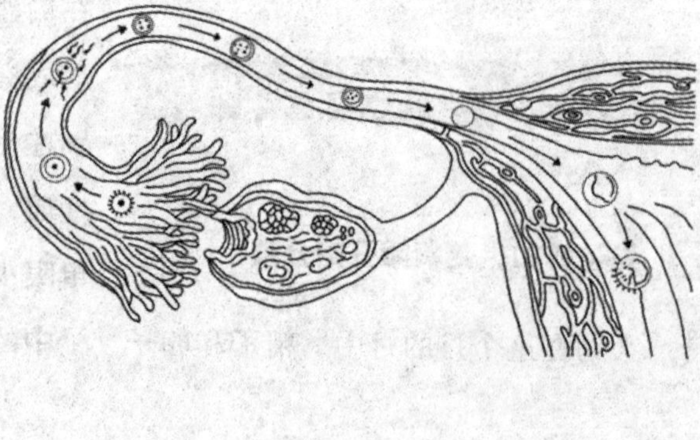

胎教常识：这个月准妈妈的身体变化

按照通常的40周孕期推算法，孕1月是指从准妈妈最后一次月经的第一天算起，到28天结束，一共4周时间。虽然在这个月的前半个月一切都还没有发生，但你应该做好孕育宝宝的心理和身体准备。如果你的月经周期是28天，排卵一般发生在这个月的第15天或第16天，此时最容易受孕。一旦受孕成功，准妈妈体内的荷尔蒙就会开始改变：孕激素会指示卵巢停止排卵，并促使准妈妈的身体产生更多的雌激素和黄体酮。大约1周后胎宝宝开始在准妈妈体内安家落户。这些激素可以阻止子宫内膜带着胚胎一起脱落，还可以促进胎盘的生长。虽然胎宝宝已经在子宫内安家，但子宫的大小并没有改变，只是子宫壁会变得比较柔软，并开始增厚，以保护刚刚成形的胚胎。

怀孕3周末就可以进行早孕测试了，那些敏感的准妈妈能感觉到自己身体的变化：可能会有轻微发热、全身无力等类似感冒的症状，乳房好像变大了，有轻微的胀痛感，乳晕和乳头的颜色变深，乳头非常敏感，对气味和味道会比以前敏感，有的准妈妈甚至会出现恶心想吐、消化不良等妊娠反应。

专家提示

少数准妈妈会在这个月的第3周末有轻微的出血现象，这叫做“植入性出血”，可能是由于胚胎在血管密集的子宫内壁上着床造成的，不需要特殊治疗。

情绪胎教：做好要宝宝的心理准备

从二人世界到三口之家，怀孕、分娩、育儿的过程既充满幸福与甜蜜，也会有辛劳和矛盾，夫妻双方都要做好充分的心理准备。有心理准备的夫妻，在整个孕期感情会越来越好，准妈妈的心情始终比较好，妊娠反应也会比较轻，胎宝宝生长发育得健康、聪明，出生后性格开朗、生活有规律，比较好带；而没有心理准备的夫妻，很容易在怀孕生子这一人生重大的转折前无所适从，矛盾和冲突不断，准妈妈情绪波动较大，妊娠反应也较重，胎宝宝受其影响，容易出现生长发育迟缓、早产等问题，出生后性格极端、生活无规律，比较难带。所以，准备要孩子的夫妻一定要在孕前做好充分的思想准备。

接受准妈妈身体和心理的变化

从怀孕到分娩，甚至是产后较长的一段时间，准妈妈的身体和心理会发生巨大的变化，包括体形的变化、饮食和生活习惯的变化、情绪的变化，准妈妈会对准爸爸更加依赖。夫妻双方要慢慢适应这种变化，尤其是准爸爸，要多给妻子心理上的支持和生活上的关爱。

接受未来生活空间的变化

新生命的诞生在给小家庭带来喜悦和幸福感的同时，也会增加许多繁杂的家务，使夫妻双方感觉生活空间和自由度变小了，往往会感到一时难以适应。如果没有充分的心理准备，双方不能互相体谅，养育孩子的最初两三年往往会成为家庭矛盾频发的时期，有的家庭甚至走向了解体。

接受未来情感的变化

无论夫妻哪一方，在孩子出生后都会自觉或不自觉地将自己情感的一部分转移到孩子身上，从而使另一方感到情感缺乏或不被重视。夫妻双方都要有意识地调整自己的心态，不要用生育前二人世界的思维方式来要求对方，要看到自己的爱人爱孩子其实就是爱自己、爱这个家。如果在情感上还像以前一样要求对方，不仅会增加自己的烦恼，而且会使对方感到无所适从，不利于夫妻感情的维护和家庭的稳定。

接受家庭责任与应尽义务的变化

怀孕的妻子需要丈夫的理解与体贴，尤其平时妻子可以做的家务，在孕期大部分都会转移到丈夫身上；孩子出生后，夫妻双方对孩子的责任和对家庭的义务都在随着时间的推移而增加。双方要合理安排家庭事务，各自承担起应尽的责任和义务。比如说，妻子怀孕后家庭的经济重担由谁来承担，孩子出生后是自己带，还是请保姆或老人带，等等。

总而言之，只有有了充分的心理准备，夫妻俩才能以平和、自然的心情和愉快、积极的态度顺利完成为人父母这一社会角色和家庭角色的转换。也只有顺利完成这种角色转变，准妈妈才能有一个好心情孕育宝宝，胎宝宝才能健康成长。

环境胎教：远离有毒有害物质

当今，环境污染已经大肆蔓延，如果不加注意就会导致精子和卵子的突变、畸变，无法成功受孕，或影响受精卵的质量。

新装修的居室不要马上入住

新建和新装修的房屋中含有多种有害物质，如甲醛、苯、甲苯、乙苯、氨等，而且新建房屋湿度较大，易使有害物质和粉尘微粒滞留于室内，在这样的环境中受孕，胎宝宝容易发生畸形。因此，装修时一定要注意选择有环保标志的产品，乔迁也不应操之过急。为了宝宝请多等一段时间，最好在新居装修完半年或一年后再入住，并且不要忘了提前2周~1个月将门窗打开通风透气。

离开有害的工作环境

最常见和严重的环境污染是工作环境的污染。据研究，男性长期在铅、镉、汞、麻醉气体、化学物质及有机溶剂的环境中工作，或者在噪声、振动、高温、射线、辐射、废气、废水、废渣排放较多的环境中工作，其妻子自然流产的概率明显增加。准备怀孕的女性直接接触这些有毒有害物质的危害会更严重。如果工作中不得不接触这些物质，至少要在准备怀孕的3个月之前转换工作环境，以确保下一代的健康。

远离食品添加剂

由于生活节奏的加快，快餐食品、半加工和加工食品越来越多地进入人们的餐桌。这些食品吃起来虽然方便，有的可能口味也不错，但大多含有食品添加剂，如酸度调节剂、甜味剂、着色剂、增稠剂、防腐剂等，这些东西不仅会降低人体的免疫力，而且含有一些有致畸作用的化学物质，如果摄入过多，会在人体内蓄积，通过母体影响胎宝宝的健康发育。因此，备孕夫妻应该多吃新鲜的天然食品，少吃加工食品，合理进行膳食搭配，减少食品添加剂的摄入。

营养胎教：补充营养叶酸先行

叶酸又称“喋酰谷氨酸”，是人体必需的水溶性B族维生素之一。因为最早是从菠菜叶子中提取出来的，故而得名“叶酸”。孕早期是胎宝宝细胞分化的关键时期，而叶酸是胎宝宝脑神经发育必需的营养成分，一旦摄取不足就可能影响胎宝宝中枢神经系统的发育，引起神经管畸形。神经管畸形的发生率在各种出生缺陷中是最高的，会造成脊柱裂（椎骨未能融合）、无脑畸形（脑或颅顶缺失）等中枢神经系统发育异常，是造成围产儿死亡的主要原因之一。

如果在孕前或者孕早期补充叶酸，能够有效预防神经管畸形的发生，减少比率约为 70%。如果是计划怀孕，自受孕前 1 个月起直至孕早期 3 个月，每天应该额外摄入 400 ~ 1000 微克的叶酸。如果是计划外怀孕，从怀疑已怀孕的那一刻起就要立即补充叶酸或准妈妈专用 的多种维生素补充剂。大多数的复合维生素制剂均包含有日剂量为 400 微克的叶酸。补充叶酸还可以多吃以下食物：动物肝、红苋菜、菠菜、生菜、芦笋、龙须菜、豆类、苹果、柑橘、橙汁。

新的研究证明，叶酸对于准备做爸爸的男性来说也非常重要。当男性体内叶酸含量不足时，精液的浓度会降低，精子的活动能力会减弱，使卵子受孕就会比较困难。另外，叶酸在人体内还能与其他物质合成叶酸盐，它对于孕育优质宝宝也起着关键作用。如果男性体内的叶酸盐不足或缺乏，就可能增加发生染色体缺陷的概率，增大孩子长大后患严重疾病的危险性。

专家提示

药补叶酸越多越好吗

当然不是，准妈妈摄入叶酸的量能维持胎宝宝生长发育即可，补过量了会打破母体内的营养平衡，对胎宝宝发育不利。

营养胎教：营养关键在均衡

有些准妈妈为了孩子将来能健康、聪明，特别注意食物的营养，只要有人说哪种食物对孩子有好处就拼命吃。如有的准妈妈听说核桃对孩子的大脑发育有补益，就天天吃核桃仁，怀孕期间吃了二三十斤核桃仁；有的听说桂圆大补血气，就不断吃桂圆，结果吃得内火过大，嘴唇红得发烫，肚子里也火燥得难受。这样进补是会害了胎宝宝的，因为什么食物再有补性也须在一定量上，过了一定的量就会变成有毒有害的了，身体就得拼命去排斥多余的特殊成分，过犹不及。

营养关键在均衡。首先，作为营养金字塔根基的粮谷类食物，特别是各种杂粮（玉米、黑米、大麦、燕麦、莜麦、薏米等）、杂豆（大豆、黑豆、绿豆等）是每顿正餐中不可缺少的，因为能量、糖分和维生素 B_1、维生素 B_2 摄入少会导致精力不足，是无法孕育出聪明宝宝的。玉米、小米、土豆等所含的维生素和蛋白质比大米、白面高，同时还含有微量元素，是胎宝宝发育的必要原料。

其次，备孕的夫妻双方都应适量增加鱼虾、瘦肉、肝、奶类、大豆制品、核桃、杏仁、芝麻等食物的摄入，因为足够的优质蛋白质、钙、铁、锌、硒是保障精子和卵子质量和活力的重要营养素。

餐桌上还要有各种蔬菜、菌藻类食物，特别是一些含锌、维生素C、胡萝卜素的食物，如胡萝卜、韭菜、蒜薹、油菜、西蓝花、洋葱、南瓜、山药、海带、黑白木耳等；富含维生素C及番茄红素的水果，如西瓜、橙子、木瓜等，有足够的抗氧化、清除毒素和杀菌能力，还能促进精子和卵子的形成并保障其质量。

营养胎教：不要挑食、偏食

人要保持健康，身体内的营养成分必须保持充分并且平衡，有些成分如果长期缺乏就会造成身体的损伤。有些治疗不孕症的专家发现，有些不育症患者之所以不育的原因，是精子过少或精子呈白色，缺少活力，让患者吃一段时间中药或让其吃些黑木耳、黑芝麻之类的补品，患者的症状就会改善，就有可能成功受孕并生出健康的孩子。由此可以推断这些患者是饮食不注意，结果使身体缺乏某些重要营养元素，造成了不育。旧时有些富家女子老是不能受孕，有些老中医用给其吃一些麸皮、麦粒之类的方法就治愈了她们的不孕症，可见偏食、精食也会造成身体内营养素的不平衡，影响受孕。即使受孕成功，孩子也有可能不那么健康。

现在不少年轻人吃喝很随意，有的严重偏食，有的因为懒散饮食上不愿多换花样，有的由于地域原因摄入的食物种类不够全面，有的因为工作学习忙经常吃方便面之类的速食，有的长期吸烟、饮酒，有的长期为减肥在节食，结果造成了身体的某些伤害或某些基本营养素的缺乏。如果身体处于这样的营养状况之中怀孩子，孩子就有可能出现身体缺陷或疾病。所以，为怀上一个聪明健康的宝宝，备孕夫妻一定要注意饮食的均衡，不要挑食、偏食。

专家提示

浓茶、膨化食品、油炸食品、辛辣食品、盐腌食品、罐装食品、霉变食品、不新鲜的鱼虾和果蔬……这些都是越少越好！

营养胎教：太胖或太瘦都不好

准备怀孕的女性过胖或过瘦对怀孕均有不利影响。孕前过胖的准妈妈有患妊娠高血压综合征、妊娠糖尿病的危险，并且可能使宝宝成为巨大儿，产后的体重会更加难以恢复；体重过轻虽然看上去很苗条，但是成功受孕的可能性会比较小，还会影响胚胎的早期发育，易导致早产、宝宝出生体重过轻。所以，在孕前保持适当的体脂比例、达到标准体重非常重要。

衡量体重的标准有很多种，差异也比较大。目前医生一般采用体重指数（BMI）法来判断体重是否正常。体重指数（BMI）的计算方法：

BMI = 体重（千克）÷身高^2（平方厘米）

BMI 在 18 ~ 24 之间属于正常体重。

BMI 在 25 ~ 30 之间属于超重。

BMI 在 30 ~ 35 之间属于轻度肥胖。

BMI 在 35 ~ 40 之间属于中度肥胖。

BMI > 40 属于重度肥胖。

BMI 在 15 ~ 18 之间属于体重过轻。

BMI < 15 属于严重营养不良。

行为胎教：丢弃不良生活习惯

吸烟

有吸烟嗜好的女性在怀孕前和怀孕

期间应戒烟。烟草中含有400余种对人体有害的化合物，燃烧后产生的气体有1/2对人体有害，其中主要为尼古丁。尼古丁可以使胎盘的血管收缩，减少胎宝宝的血液供应，对胎宝宝的发育会造成不良影响。准妈妈如每日吸烟超过20支，所生宝宝围生期死亡率可增加35%左右。尼古丁还可能通过乳汁影响宝宝，引起呼吸系统疾病，甚至埋下肝癌的隐患，还可导致宝宝记忆力差或记忆障碍。

美国曾有过一个畸形宝宝高发期，专家对这一大批畸形宝宝进行过分析，发现他们大多与其父母周末狂欢滥饮、无节制地抽烟有直接关系，因此，此类宝宝被称为“星期天宝宝”。准妈妈吸毒对胎宝宝更是巨大的灾难，海洛因可引起胎宝宝畸形或心肺功能的严重损伤，这是早已公认的。准妈妈吸毒还会把毒瘾传给胎宝宝，小小宝宝有毒瘾，这实在是件可怕的事。

吸烟对男性而言，除危害身体健康外，还会影响精子的质量，削弱性功能，引起精子畸形、染色体异常等。同时，丈夫吸烟会造成妻子被动吸烟，也会影响胎宝宝的健康。因此，丈夫在妻子怀孕前3个月应戒烟。

喝酒

酒精可损伤胎宝宝的脑细胞，使脑细胞发育停止、数目减少，导致不同程度的智力低下、发育不良。无论男性还是女性，酗酒都会使发育中的精子和卵子发生畸变，这种畸变的生殖细胞相结合，就会把有病的遗传基因传给后代，引起胎宝宝酒精中毒综合征，表现为生长迟缓、中枢神经系统发育障碍、面容不正常、头小、前额突出、眼裂小、心脏及四肢畸形等。另外，喝酒的准妈妈在早产、流产及死产方面都高于不喝酒的准妈妈。妈妈饮酒，酒精可以通过乳汁排泄，对宝宝造成不良影响。

用水温度过高

洗个热水澡舒适又解乏，然而，你知道吗？热水在汽化时会产生一种叫氯仿的致癌物质，并随蒸汽被身体部分吸收，会影响未来胎宝宝的健康。因此，准备当爸爸的男性在洗澡、用热水时尽量不要用温度过高的热水，34℃左右为宜。另外，精子的适宜温度是35.5℃～36℃，温度过高会影响睾丸的精子质量，特别是桑拿浴，会造成死精。因此，准备要孩子的男性应提前3个月停洗桑拿浴。

穿紧身裤

紧身裤包裹使女性的阴道分泌物不能透发，适宜细菌滋生繁殖，易引起阴道炎；而男性穿紧身牛仔裤不但压迫生殖器官，影响睾丸正常发育，还因不透气、不散热而不利于精子的生存。为了将来的宝宝还是穿一些宽松、纯棉、透气的裤子吧。

行为胎教：生活起居要有规律

前面已经提到，准备要孩子的夫妻最好选择工作不是太忙、太紧张的时期，同时尽可能选择气候冷热适宜的季节怀孕，经历紧张工作、外出长途旅游后最好能等两三个月时间，让身体恢复后再考虑怀孕。

除此还要注意防范现代生活方式的危害。现代人，尤其是城市青年往往喜欢熬夜，不是看电视、看碟到深夜，就是玩电脑、上网、唱卡拉OK、打牌、舞厅跳舞到深夜，或者是捧一本好书就一口气看到天亮，常熬得身体、大脑疲乏不堪，早上却又不喜早起，结果人劳累不说，生物钟也完全乱了套，还错过了早上空气新鲜、对人最有利的活动时间。

专家们经研究发现，脑垂体主要是在人睡眠时（特别是熟睡时）分泌生长激素，如果总是晚睡或熬夜，激素分泌就会受到影响，喜欢这样的生活节奏的人最好暂时不要怀孕，要在纠正不良起居习惯后3个月再考虑怀孩子。早睡早起有利于人的健康，有利于与生物钟协调，每晚睡觉不应迟于10点半。

有的知识分子由于工作性质关系，整天坐着不动，晚上又喜欢熬夜，看书写字又需要人处于气血相对静止的状态。按中医的观点，这样的生活方式对人没有好处，身体渐渐会变得气滞、气虚，肺部及其他呼吸器官也易变得虚弱，这不仅对准妈妈自身不利，对胎宝宝的生长发育也不利，因为胎宝宝的生长没有了良好的气血环境，不少知识分子的后代体质较弱可能就是这个原因。所以最好能提前调整一下生活方式，每天早晚多活动活动，并尽可能增加室外活动的时间，这样坚持几个月后再考虑怀孕。

专家提示

★ 选择工作淡季、气候冷热宜人的时节怀孕。

★ 注意休息，不熬夜，不过分消耗体力。

★ 起居一定要规律化，尽可能早睡早起。

★ 长期案头工作的人要有调节，多抽时间活动。

环境胎教：经常开窗通风

现代人似乎离大自然越来越远了，很多人不愿意到室外活动，也不爱开窗，身体渐渐受到损害也不觉得。现在有的办公楼干脆建成了全封闭、没法开启窗户的罐头楼，有的住家为防风设了两层窗户，又很少打开通风。他们白天把自己关在全封闭的办公室里，回到家还是把自己全封闭起来。

专家们经过检测发现，在门窗紧闭的室内，一般空气普遍比较混浊，不仅含氧量较低、含二氧化碳等废气较高，细菌、病毒的含量还会超过室外16倍！2003年全国流行的“非典”病毒，专家们发现一个规律，就是只要开窗通风好的地方，病毒的传播可能性就明显降低。可见不通风是多么可怕！而病毒对胎宝宝是会有严重影响的，不少残疾儿的出现，原因就是妈妈在怀孕期间感染了病毒性感冒。在居室门窗紧闭的情况下，人如果没有感染病毒和其他疾病，空气不好缺氧也会对人体有潜移默化的危害，对胎宝宝危害就会更加明显。

厨房是主妇们必去的地方，专家们发现，在人们烧煮食物、开水时，燃气灶具会散发出不少二氧化碳之类的有害气体，现在城市住房的厨房往往都不大，废气浓度会较高，对准妈妈和胎宝宝的健康很不利。所以，使用厨房燃气灶具时一定要打开油烟机。在通常情况下，油烟机并不足以全面排除废气和油烟，并且外面的新鲜空气进不来，所以最好再打开厨房窗户通风，冬天可开一条缝以使废气流出、外面的新鲜空气进来。农村老式房子一般厨房较大，通风也可以，可以不用油烟机，但现在出现的新式楼房也会有通风不良问题，所以也要与城市人一样注意通风。如果条件许可，准妈妈最好少到厨房去，尤其是煎炒炸时。

怀孕前，夫妻俩最好先做到能每日开窗通风，并且每日能有1小时左右的室外活动时间，坚持一段时间之后再考虑怀孩子。怀上孩子后更要注意以上这些方方面面的问题。

专家提示

★在冬日及早春晚秋时节，至少每日早晚各开窗一次通风换气，以保持室内空气新鲜。

★夏日如开空调，要每隔3小时左右开窗通风一次。气温能忍受时，尽可能不开空调，开窗呼吸自然空气。

★多到空气清新的地方散步或活动，多去郊游。

★避开人多不通风、空气混浊的地方。

★室内如用煤炉或用燃气热水器，一定要打开门窗通风。

★厨房在做饭烧水时一定要开窗通风，打开油烟机。

行为胎教：避免不良生活追求

现在的准父母已基本都是看着电视长大的一代人了，生活方式会受电视节目的很大影响，比如时尚一族，往往不愿听从老人的那套生活方式和怀孩子方式，只认时尚，电视上宣扬该过“痛快日子”，要“活出美丽”、活得“酷”，要“排毒养颜”，要吃补品、吃“一片顶五片”的补钙片，就一一跟着学，结果受到伤害的事时有发生。

如有的人看了电视节目，喜欢追求“帅气”“潇洒”，便将好好的一头乌发染成了黄色、红色等颜色。染发剂含有一定的毒素，是会伤害身体的，对胎宝宝更加不宜。染发对普通人尚且有害，孕期更是不该危害较大。现在很多人涂口红，有的准妈妈觉得不涂口红显得苍白、没精神。其实唇膏里含铅，是有毒性的，时间长了会进入人体血液，对胎宝宝也有害，所以孕期最好不用口红。如果准妈妈因工作需要必须讲究外在形象，可适当用些玫瑰花瓣揉碎后和上一点动物油脂，即可成为无害的口红。国外有些专家发现准妈妈用浓香水后，生出的孩子容易得抑郁症，准妈妈产后也

容易由此而得抑郁症，所以最好不用或只用很淡的香水。

另外，有些去皱、去斑、去死皮、增加脸部皮肤亮度的美容品和摩丝等一些润发定型水剂，各种颜色的指甲油，口嚼胶母口香糖，一些瘦身束身的紧身腹带或紧身裤、兜裆紧腹的牛仔裤或束腰束胸的紧身牛仔上衣、电烫化学烫头发、舞厅内强节奏的舞曲和令人眼花缭乱的旋转灯光、乌烟瘴气的麻将桌和纸牌桌前的长时间玩耍、寻找“蹦极”等刺激玩法、“死去活来”的爱情，还有为求家中时髦、阔气、漂亮、典雅而追求豪华室内装修，配备过多的家用电器等，结果造成过多的个人化学污染、光电污染和体能消耗，这些照中医和西医的眼光看都是有损于人的气血和健康，对胎宝宝有毒害作用的。

所以准父母在怀孩子前一定要慎重，尽可能生活得淡泊一些。老人的话和一些传统的生活方式，大多是经过生活的长期考验、长期积累下来证明是有利无害的方式，所以年轻人不要轻易加以否定。

准妈妈平时散步最好能避免市区车多人杂的地方，因为汽车尾气所含的铅、氮、硫和一氧化碳会使准妈妈头晕目眩，会进入血液引起胎宝宝脑发育障碍，含铅粉尘会引起胎宝宝造血系统障碍。

古人认为准妈妈自己的坐、站、躺如都能讲究端正，对胎宝宝气质的优化会有积极意义，这是很有道理的。也许准妈妈连续几天不经意间歪斜地躺了、坐了，可能就阻隔了胎宝宝气血的流通，形成了这个娇嫩小东西某个地方的小小伤害或变异。所以准妈妈最好也学一点古人，练一练“坐有坐相，站有站相，睡有睡相”。准妈妈自己生活起居有规律，也会有助于胎宝宝形成有规律的生物钟。

这些事平时不算什么大事，但怀上孩子以后，这些方面就需要准妈妈多加注意或尽量避免了。

在光怪陆离的现代生活中，准父母千万要记住一条，就是顺应自然是最好的，不要刻意去追求外在的东西，好好保护自己，维持好大自然母亲给予自己的孕育后代的身体，给胎宝宝创造一个气血平衡的、健全的内部环境。

专家提示

从怀孕前3个月起一直到怀孕结束，准父母最好：

★ 不要涂含铅的口红（可用玫瑰花瓣自做的天然口红替代），不使用含铅的化妆品。

★ 尽可能不烫染头发。

★ 远离声音嘈杂、声音强烈的地方，不去迪厅、舞厅、酒吧。

★ 尽可能不要装修房子。

★ 不参与惊险旅游活动和体育活动。

★ 尽可能穿全棉的舒服衣裤，不穿塑料或其他不透气材料做的内衣或外套。

★ 不穿过紧、材料含化纤、含毒素或静电过大的衣裤。

★ 不要长时间坐在电脑、电视机前。

环境胎教：安排好家中的宠物

如今有不少女性喜欢饲养小动物，如小猫、小狗之类的宠物，甚至与宠物同睡一张床，常常将它们抱在怀中亲昵，这是很不卫生的习惯。猫、狗等会传播狂犬病这已经是众人皆知的了，猫、狗身上潜藏的病毒、细菌、弓形虫等感染准妈妈后，可经血液循环到达胎盘，破坏胎盘的绒毛膜结构，造成母体与胎宝宝之间的物质交换障碍，使氧气及营养物质供应缺乏，胎宝宝的代谢产物不能及时经胎盘排泄，导致胚胎死亡而发生流产，或因慢性缺氧而导致胎宝宝宫内发育迟缓或死胎。

弓形虫病是一种人畜共患疾病，猫是传染弓形虫病的罪魁祸首，受到感染的猫排出的大量弓形虫卵囊能够长期存活，食用沾上这些卵囊的食物可使人的眼、耳、喉、内脏等多种器官发病，对准妈妈的危害尤其大。弓形虫感染会造成人类最严重的先天畸形，如弱智、癫痫、精神异常及眼睛畸形等。一般来说，孕早、中期感染弓形虫病多数会引起流产及胎宝宝畸形，而孕晚期感染则多易导致早产、死产或新生儿死亡。此外，猫、狗等宠物身上还易长跳蚤，跳蚤也是传播疾病的媒介，若与宠物过分亲近很容易被传染上疾病。因此，怀孕前应妥善安排家中所养的猫、狗等宠物，不要和猫、狗等宠物居住在一起，并彻底清除它们的排泄物。

怀孕后一定不要吃半熟肉或生肉，及被污染的家畜，如牛、羊、鸡的肉。准妈妈在怀孕的早、中、晚期要注意检测血清，看是否有弓形虫抗体。如果准妈妈感染了弓形虫，怀孕早期在积极治疗的同时应尽早终止妊娠；在怀孕中晚期，要在医生的指导下口服乙酰螺旋霉素。患有弓形虫病的准妈妈分娩的新生儿，即使外观正常，也要口服乙酰螺旋霉素进行治疗。

情绪胎教：夫妻恩爱宝宝聪明

专家在性实验室里发现，男方在双方都达到性高潮时射精，精子的活力旺盛，精液中的营养物质及激素充足，有利于精子及早抵达卵子的所在地，可减少阴道酸性环境的杀伤；而女性处于性高潮时，体内激素分泌旺盛，卵子生命力强，宫颈由于性的兴奋而分泌多量的碱性分泌液，可中和阴道的酸性浓度以降低对精子的杀伤力，同时也使精子在通过子宫颈时得到碱性液的保驾护航，到达子宫腔后又获得能量，提高运行力，并使其穿入卵子的能力更强。女性在性高潮时出现阴道及子宫的收缩和宫腔内的负压现象，有帮助精液或精子向前推进的作用，使精子爬行的时间及路程大大缩短。平时坚硬闭锁的子宫颈口也松弛张开，使精子容易进入。数千万个精子经过激烈竞争，强壮而优秀的精子与卵子结合，从而孕育出高素质的后代。

感情融洽是幸福家庭的前提，也是优生和胎教的重要因素。在幸福和谐的家庭中，胎宝宝愉快地生长发育，出生后孩子往往健康聪明。如果夫妻不和睦，准妈妈长期紧张、忧愁、抑郁，那么大脑皮层的高级神经中枢活动就会受到障碍，并直接影响胎宝宝。准爸妈激烈争吵时，母体受刺激后内分泌发生变化，随之分泌出一些有害激素，通过生理传递途径被胎宝宝接受。同时，准妈妈的盛怒可以导致血管收缩，血流加快、加强，其物理振动传到子宫也会殃及胎宝宝。因此，妊娠期间夫妻双方应互相尊重，互相理解，耐心倾听对方的意见，理智地、心平气和地对待彼此间的分歧。

做丈夫的，吃了妻子做的早餐后多说几句赞美的话；出门上班前给妻子一个温情的道别；妻子换了衣服说一句“很漂亮”“好看”！晚上回家前先打个电话问候一下妻子；尽量不要晚归，如果必须晚归，最好打个电话与妻子说一声，并道明原因，不要无端让妻子等待并瞎猜；晚饭后少看点电视，多帮妻子干点家务或多与妻子说说工作上的事或白天所见的趣事；上床前先与妻子多温存一会儿；妻子发脾气时不要与她顶着来，多找找原因，尽可能化解她的情绪，尽可能去理解她。妻子怀了孕，多给她买些好吃、爱吃的食品，多了解她的需求，不时听听胎心、摸摸胎动；妻子呕吐、心情不好时多说些逗她的笑话，努力从生活的方方面面给妻子创造一些乐趣。这一切都能给妻子带来好心情，对胎宝宝会很有益。

作为妻子，早晨可以为丈夫准备好一双干净的袜子；丈夫出门时给个温柔的微笑和一句道别话；晚上丈夫回来时多与他聊聊单位的有趣事；别埋头干活，与丈夫一起看一会儿电视；要理解男人也有难处，也有烦恼，遇事多给丈夫谅解、关心，主动帮他排忧解难，不要一味要丈夫给予自己关怀和爱护、处处娇惯自己；怀了孕有不舒服不要埋怨丈夫或总是撒娇撒泼；丈夫也刚学会生活，不要一味要他照顾；周末争取时间安排一次与丈夫共同外出上公园或郊游活动；做胎教时尽可能动员丈夫一块参与，努力建立共同从日常生活和育儿中找乐趣的习惯。这一切都能给丈夫带来好心情，一人情绪好，全家情绪也就能好，生活的烦恼自然会烟消云散。在这样的家庭气氛中孕育成长，胎宝宝肯定会是健康聪明的。

环境胎教：远离电磁辐射

人们的日常生活和工作中已离不开（手机、电话、电脑、电视、电灯、冰箱、复印机、微波炉）等带来的便利，但这些通电的物体所产生的电磁波、电磁辐射无时无刻不隐藏在我们身边，要是长期受辐射等同于高强度、长时间、近距离接近辐射源，将会严重影响我们和孩子的身体健康和一家人幸福。

家庭电器电磁辐射数据参考表（MG：毫高斯）

电器	电磁辐射量	电器	电磁辐射量
电饭锅	40	复印机	40
吹风机	70	手机	100
电脑	100	电须刀	100
电冰箱	20	电热毯	100

续表

电器	电磁辐射量	电器	电磁辐射量
空调	20	吸尘器	200
电视机	20	无绳电话	200
洗衣机	30	微波炉	200

专家认为，对于电磁辐射，早防护早受益。因为电磁辐射有累积效应，时间越长损害越大。专家建议准备做妈妈的女性应该在受孕前3个月穿着防辐射服装，男性应该穿着防辐射内裤及马夹。因为健康的宝宝是由健康的卵子和健康的精子相结合而成，只有健康的卵子只达到了一半的目标。

在人体的背后有一条中枢神经，它是主要的造血系统，现在越来越多的人患白血病、癌症，其实都是造血系统遭到了破坏，辐射就是最大的凶手。如果办公室有多台电脑或者复印机等，周围辐射源多，只是注意前面防护是远远不够的，来自后面电磁波穿越人体被前面的防护品挡住，折射回来反而造成二次污染，所以防辐射不要顾前不顾后，尤其是孕妇，后腰防护更为重要。

明星徐若瑄倾力推荐：添香防辐射服。添香是中国防辐射行业龙头品牌，中国服装百强企业。

添香防辐射服采用彩色银纤维防辐射面料，具有抗菌、防臭、调节温度的功能，是当下十分流行的防辐射材料。它的防辐射屏蔽率能远远高于目前国内的金属纤维布料，彩色银纤维防辐射面料的手感好，色泽鲜艳，有效解决了防辐射服装颜色单一的根本问题。

运动胎教：运动有利于成功受孕

要给后代一个强壮的体魄，准父母自己的身体能保持强壮、气血能保持畅通是很重要的。由于现代生活使人的体力劳动时间大大减少，人的体质有普遍下降的趋势，这一点尤其表现在城市人群中。目前城市人群患心脏病、糖尿病、高血压、肥胖症、癌症、肾脏病、白血病和不孕症的比率比以往有了很大提高，主要原因除了环境污染之外，也在于人的体力劳动减少，室外活动减少，又不注意体育锻炼。

现在有很大一部分城市人的生活是：早上出门坐车去单位，在单位几乎是一整天坐在办公桌、会议桌、电脑前，下班时再坐车回家。到家吃完晚饭后马上又坐到沙发上看电视，看到半夜就上床睡觉。体力劳动或活动可以说完全是零，尤其是有车族，连赶车、挤车这样的活动都没有。现在不少农村地区的人群也开始过上城市化生活，即白天去乡镇办工厂上班，晚上坐在沙发上看电视，也出现了室外活动逐渐减少、体力劳动相对不足的趋势，这种生活方式的一大不足是：容易使人失去强健的体魄和旺盛的气血。

女性长期久坐容易造成血液循环不顺畅，月经前及月经期常有剧烈疼痛；有的则因久坐导致经血逆流入输卵管、卵巢，引起下腹痛、腰痛，甚者伴有严重的痛经，此即所谓巧克力囊肿。此外，气滞血淤也易导致淋巴或血行性的栓塞，使输卵管不通；更有因久坐及体质上的关系，使子宫内膜组织因气滞血淤而增生至子宫以外，形成子宫内膜异位症，这些都是不孕的原因。如果工作几乎都离不开坐，那么每40分钟后休息10分钟，做做伸展动作，或下班后多散散步、游游泳、练练瑜伽，都能有效改善因久坐造成的循环障碍。运动可以增加机体的免疫力，使精子和卵子更有活力，更有利于受孕。科学的锻炼还可使全身肌肉更有力量，可以减轻日后分娩时的困难和痛苦，而且运动还可以使心情愉悦。

此外，尽可能自己动手干些家务活，给自己增加些体力劳动，而不要再找小时工干活。美国不少人开始意识到缺乏体力活动带来的长期害处，开始了一个经久不衰的“自己干”运动，不少教授自己爬高修房子，不少家庭主妇自己给栏杆刷油漆，打扫卫生等，家务活很少请人帮忙。我们国家的城市人口实在也该考虑来个“自己干”运动了，否则在健康方面会有不可乐观的长期损害。

怀孕后，准妈妈也要适当参加力所能及的体力劳动，不要一怀孕就当甩手掌柜，万事不再管、不再参与，只想让人伺候自己。古人很推崇孕妇适当劳动对胎宝宝血气方面和日后顺利生产方面的好处，所以孕妇要自觉，日常生活杂事要坚持自己料理，尽可能少依赖他人。

专家提示

★ 孕前尽可能多活动、多参加体力劳动以强身。

★ 怀孕后孕妇要有正确的活动和劳动观念，明白“动则通（气血畅通）”的道理。

★ 孕妇要坚持适当参加劳动及每日散步等力所能及的体力活动，日常家务尽可能自己料理。

★ 避免过度劳累。

孕2月（第5~8周）胎教计划

胎教常识：这个月胎宝宝的生长发育

从怀孕第5周开始，胚胎会发生快速的变化，而要实现这些变化，胚胎必须通过胎盘和母体的血流建立紧密的联系，很多胚胎却做不到这一点，流产就会随之发生。

专家提示

这一阶段十分敏感，即使是最轻微的偏离计划的异常都会导致未来孩子要承受一辈子的损害或畸形。

怀孕第5周

第5周初，胚胎只有2.5毫米那么长，但他发育得很快，每天都可以长大约1毫米，在第7周的时候已经长到了

1.2 厘米长了（测量的是头臀距长度，或称为“CRL”，也就是胚胎在坐立时从头到脚的长度），就像一颗蓝莓那么大。

怀孕第6周

新发育的心脏肌肉细胞收缩，与相邻的细胞产生连锁反应，心脏开始跳动。胎宝宝的心跳非常快，每分钟 150 下，基本上是母体的 2 倍，用非常简单的测听仪器就可以听到。在这个阶段，心脏很大，占据了胚胎身体的大部分空间。肝脏、肺、胃和胰腺开始发育，血液循环系统变得更加复杂。

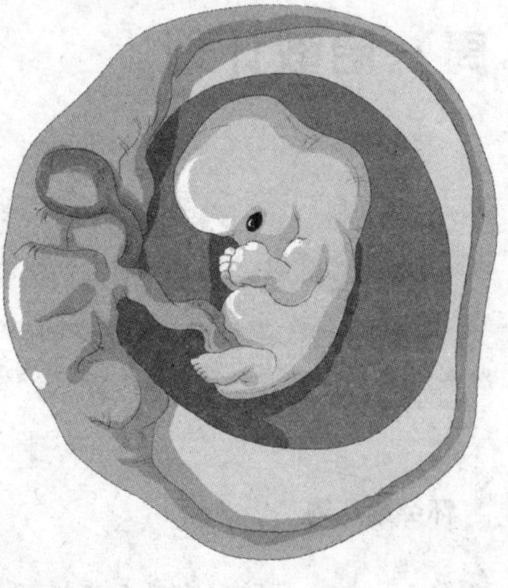

怀孕第7周

胎宝宝的小手、小脚开始从正在发育的胳膊和腿上长出来，像船桨一般。肌肉也在发育，胎宝宝像个会跳的豆子似的不时地动一动。眼睑已经长出一些，半遮着眼球。薄如蝉翼的皮肤下面，静脉血管隐约可见。此时，胎宝宝的牙齿和腭正在形成，耳朵继续生长。

怀孕第8周

胎宝宝大约有 1.6 厘米长，外表不再像原始的哺乳动物的胚胎了，开始像微缩的人形。所有的器官、肌肉和神经都已经开始发挥作用：肾开始产生尿液，胃开始产生胃液。胚胎开始运动，开始是全身性的运动，慢慢地会有一些具体的小动作出现，比如一只手在全身其他部位静止的时候运动。他的小手攥成拳头，脚也渐渐地变得不再是长着蹼的样子了。眼睑开始覆盖住眼球，舌头上开始长出味蕾。

胎教常识：这个月准妈妈的身体变化

因为月经没有如期而至，许多准妈妈会意识到自己可能怀孕了。早孕的症状开始出现或开始明显，早起恶心，甚至呕吐；嗅觉变得敏感，怕闻油腻味；

挑食，食欲不佳；疲乏无力，头晕，嗜睡。早孕反应的个人差异性非常大，有的准妈妈喝口水都要吐，而有的没有一点不适的感觉。无论怎样都要把心情放轻松，焦虑、烦躁不仅会使自己感觉更糟糕，而且对胎宝宝非常不利。

专家提示

怀孕6～10周是胚胎腭部发育的关键时期，如果准妈妈的情绪过分不安，会影响胚胎的发育并导致腭裂或唇裂。

怀孕前，子宫像握紧的拳头那么大。怀孕6周后，子宫变得像一个葡萄柚那么大，但腹部还看不出什么明显变化。下腹部可能会感觉疼痛，因为为了支撑腹部，肌肉和韧带受到拉伸。增大的子宫压迫膀胱，有人可能会出现尿频。外阴湿润，有白色黏稠的分泌物。

乳房开始发育，部分准妈妈有胀痛或刺痛感；乳头和乳晕颜色加深；乳头变大并且敏感，周围出现小结节；有的人偶尔可挤出少量乳汁。

现在最好不要外出旅行，过量的运动有可能引起流产。

营养胎教：少食多餐，保证营养供给

处于孕早期的准妈妈大多受妊娠反应困扰，胃口不佳，日常饮食要注意清淡、易消化，可少食多餐。不用刻意强迫自己吃鸡鸭鱼肉，选择自己喜欢的食物，想吃多少就吃多少。

食物种类	食物数量
米、面	200～250克
杂粮（小米、玉米、燕麦）	25～50克
蔬菜（以绿叶蔬菜为主）	200～400克
水果	50～100克
豆类及豆制品	50～100克
动物类（肉、鱼、禽、内脏及水产品）	150～200克
蛋类	50克
乳类	200～250克
植物油	20克

准妈妈可以多吃一些鱼和其他水产品，因为鱼与人脑营养的关系非常密切。鱼体内有很多营养物质是人脑发育所需要的，尤其是属于冷血动物的深海鱼类，在接近冰点的温度下活动，其体内的牛磺酸有促进大脑发育的作用，还可促进微量元素及其他氨基酸类营养物质的吸收。鱼肉脂肪主要是不饱和脂肪酸，吃鱼还可以补钙。

盐作为调味品，准妈妈是可以吃的，但不可过多食用。一般来说，每天食盐不得超过1.5～2.0克，其中1/3由主食提供，1/3来自烹调用盐，另外1/3来自其他食物。

专家提示

孕吐不是疾病，是一种人体能够忍受的生理状况。为了自己也为了胎宝宝，准妈妈要尽量多补充营养，能吃多少尽量吃多少，不要因为孕吐就什么都不吃。

有些准妈妈在怀孕前就有睡懒觉的习惯，很多时候都是早餐、午餐合为一餐。怀孕以后这种习惯必须改掉，因为早餐对准妈妈及胎宝宝来说都十分重要。早餐摄取的营养素及能量对血糖的调控有重要的意义，如果不吃早餐极易产生血糖波动。准妈妈的血糖产生波动同时也会影响胎宝宝的血糖值，进而影响胎宝宝的生长速度。而且，如果准妈妈不吃早餐，午餐就会吃得比较多，也会给胃造成很大的负担。所以，专家建议有这一习惯的准妈妈，从此时起就要改变生活习惯，做到早睡早起，早、中、晚三餐按时进食。

营养胎教：注意增加蛋白质的摄入

蛋白质是保证准妈妈乳腺发育和胎宝宝健康最重要的原材料，还是脑细胞的主要成分之一，占脑比重的30%～35%，在促进语言中枢发育方面起着极其重要的作用。如果准妈妈蛋白质摄入不足，不仅会使胎宝宝脑发育出现障碍，还会影响到乳汁蛋白质含量及氨基酸组成，导致乳汁减少。

专家提示

妊娠期间，胎宝宝、胎盘、羊水、血容量增加及母体子宫、乳房等组织的生长发育共需925克蛋白质。

虽然孕早期胎宝宝还很小，但大脑和神经系统已经开始发育。而且早期胚胎自己不能合成氨基酸，全部需由准妈妈供给。这时如果某些氨基酸摄入不足，可引起胎宝宝生长缓慢，有的甚至会引起胚胎畸变。因此，从孕早期开始就应注意增加蛋白质的摄入。未孕前女性每天每千克体重大约需要 0.8 克蛋白质，如果体重是 60 千克，每天应该摄入蛋白质 48 克，孕早期应在原有基础上多摄入 5 克。

蛋白质主要存在于瘦肉、蛋类、豆类及鱼类中，这些食物中所含的蛋白质必须经过肠胃道消化、分解成氨基酸后才能被人体吸收利用，人体对蛋白质的需要实际上就是对氨基酸的需要。而吸收后的氨基酸只有在数量和种类上都能满足人体需要，身体才能利用它们合成自己的蛋白质。因此，摄入蛋白质除了要保证数量外，还要保证种类和质量，动物性及大豆蛋白质的摄入量至少占 1/3 以上，每天喝一杯豆浆是简单而又高效的摄取优质蛋白质的方法。

蛋白质不必一次摄入过多，因为人体没有为蛋白质设立储存仓库，如果一次食用过量无法吸收利用，势必造成浪费。应该把一天所需的蛋白质平均分配在三餐中，每餐中都有一定质和量的蛋白质。而且，食用蛋白质要以足够的热量供应为前提。因为如果热量供应不足，机体就会消耗食物中的蛋白质来做能源，影响蛋白质的其他功能。

营养胎教：孕早期就应补充钙和磷

钙是胎宝宝骨骼发育所必需的物质

钙是构成骨骼和牙齿的重要成分，也是胎宝宝骨骼发育所必需的物质。胎宝宝的乳牙胚在怀孕第 7 周时开始发育。这一过程较长，所以，孕期钙的摄取与乳牙的发育及钙化有非常密切的关系。如果准妈妈身体内钙充足，可促进胎宝宝骨骼及牙齿的生长发育；反之缺钙会导致准妈妈小腿抽搐及胎宝宝患软骨病或小儿佝偻病。准妈妈严重缺钙可致骨质软化、骨盆畸形儿诱发难产。

专家提示

2000 年《中国居民膳食营养素参考摄入量》建议孕早期每日摄入钙 800 毫克，孕中期每日摄入钙 1000 毫克，孕晚期每日摄入钙 1200 毫克，最多不能超过 2000 毫克。

食物中钙的最丰富来源是奶和奶制

品，不仅含量丰富，而且吸收率高，发酵的酸奶更有利于钙的吸收，是准妈妈最理想的钙源；虾皮、鱼类（特别是带骨头的小鱼）和芝麻酱含钙也特别丰富。

豆腐是植物性食物中最好的补钙食品，因为大豆本身含有不少钙，凝固豆腐的时候还要加入含钙的凝固剂。但内酯豆腐却不是钙的好来源，因为其中没有添加含钙凝固剂，而是使用葡萄糖酸内酯作为凝固剂。同时，内酯豆腐水分太多，蛋白质和钙含量都很低。除了内酯豆腐，日本豆腐也不可用于补钙。

蔬菜不仅含有大量的钾和镁，可帮助维持机体的酸碱平衡，减少钙的流失，其本身还含有不少钙。绿叶蔬菜大多是钙的中等来源，如小油菜、小白菜、芥蓝、芹菜等，都是不可忽视的补钙蔬菜。

常见食物中钙含量一览表（毫克/100 克）

食物名称	含量	食物名称	含量	食物名称	含量
虾皮	991	木耳	247	豆腐	164
干酪	799	雪里红	230	蛋黄	112
苜蓿	713	黑豆	224	油菜	108
海带（干）	348	青豆	200	牛奶	104
荠菜	294	大豆	91	枣	80
花生仁	284	蚌肉	190	豌豆（干）	67
紫菜	264	苋菜	178	大白菜	45

现代科学证明，睡眠有利于钙向骨骼沉积。所以，较好的补钙方法是，在早上喝一袋牛奶，晚饭吃些豆腐，睡前再喝一杯酸奶，这样不仅有利于补钙，也有改善睡眠的作用。患有乳糖不耐症的人可喝低乳糖奶粉，晚上喝酸奶。如果不容易买到低乳糖奶粉，可以适当地在膳食中增加豆腐或其他豆制品的含量。

专家提示

准妈妈每天应坚持 20 分钟的户外锻炼，让身体充分接受阳光照射，促进体内维生素 D 的合成，促进身体对钙的吸收。

磷也是建造骨骼和牙齿的重要矿物质

磷不但是构成人体的成分，而且参与生命活动中非常重要的代谢过程。人体内总磷量的85%～90%存在于骨骼和牙齿中。磷和钙结合形成磷酸钙，是构成骨骼和牙齿重要成分，其中钙与磷的比值约为2:1。

磷广泛存在于动、植物中，豆类、坚果类、蔬菜、水果中都含有磷，动物性食物，如蛋、乳、肉、鱼和禽类中，磷含量都比较高，准妈妈可以多食用一些含磷量比较丰富的食物来进行补充。

营养胎教：适当增加维生素A的摄入

维生素A是一种很重要的脂溶性维生素，能维护胎宝宝视觉、皮肤、胃肠道和肺部的健康发育，胎宝宝发育的整个过程都需要维生素A。孕期母体缺乏维生素A可致胎宝宝上呼吸道上皮细胞形成不良，出生后易患呼吸道感染。另外，维生素A还能促进胎宝宝骨骼及牙齿釉质的发育。怀孕的头3个月，胎宝宝自己并不储存维生素A，因此一定要供应充足。2000年《中国居民膳食营养素参考摄入量》推荐，孕中、晚期维生素A的适宜摄入量是900微克/日，最多不能超过2400微克/日。

富含维生素A的食物有两类：一是维生素A原，即各种胡萝卜素，存在于植物性食物中，如绿叶菜类、黄色菜类以及水果类，含量较丰富的有菠菜、苜蓿、豌豆苗、红心甜薯、胡萝卜、青椒、南瓜等；另一类是来自于动物性食物的维生素A，能够直接被人体利用，主要存在于动物肝脏、奶及奶制品（未脱脂奶）和禽蛋中。植物来源的维生素A不如动物来源的维生素A吸收利用率高，因此准妈妈摄入的维生素A至少一半应该来源于动物性食物。

专家提示

维生素A原只有加热才能转化成维生素A，因此，生吃胡萝卜不如做熟后维生素A的转化率高。

维生素A的吸收需要脂肪的帮助，因此，富含维生素A的食物应同含油脂的食物同时进食，以利于维生素A的吸收。

营养胎教：准妈妈挑食要不得

有些准妈妈在孕前就有偏食的习惯，怀孕后变本加厉，往往只吃自己喜欢的食物，认为只要多吃就有营养。殊不知，偏食往往导致营养摄入单调，体内长期缺乏某些营养素，会造成营养不良，使妊娠合并症发生率增高，如贫血或骨质软化症等，也会影响胎宝宝正常的生长发育。

主食不能不吃

一些准妈妈在孕前就为了保持体形而很少摄入主食，认为主食是体形发胖的主要原因。大米、面粉等主食是人体热能的主要来源，放弃或减少主食将使母体严重缺乏能量而使胎宝宝发育缓慢。而且，怀孕后准妈妈对热能的需要大大增加，如果热量摄入不足，为了满足胎宝宝的需要，就会动员体内的脂肪大量氧化释放热量，而把节约下来的葡萄糖优先供给胎宝宝，这个过程会产生过多的酮体，酮体能够进入胎宝宝体内，影响胎宝宝的大脑和智力的发育。

动物性食物要限量

也有些准妈妈为了保障孩子的营养而拼命摄入大量的动物性食物，每天每餐都有超量的鸡鸭鱼肉，同时炒菜用很多油脂，大大超过身体的需要而转化为脂肪积存于体内，结果自己体重猛长，孩子却营养不良。

完全吃素危害多

还有些准妈妈日日与蔬菜、水果为伴，不吃其他食物。这些素食虽然含有丰富的维生素及矿物质，但蛋白质与脂肪的含量较低，热能摄入量严重不足，胎宝宝生长缓慢。而且，素食中普遍缺少一种被称为牛磺酸的营养成分，牛磺酸对儿童的智力发育有着至关重要的影响。因此吃素的人应该注意饮食搭配合理，多食用含有蛋白质、脂肪的食物，如奶类、蛋类、豆类、坚果、海藻等。

坚果类食物要适量

还有一些准妈妈每天吃大量的坚果类食物，希望补充必需脂肪酸和优质蛋白质，有助于胎宝宝大脑的发育，甚至说核桃的形状像大脑，多吃些能够补脑。其实孕期对必需脂肪酸的需要只比正常人略高，而普通的烹调用植物油就能满足这一需要，过多的坚果类食物同时含有极高的热能和脂肪量，将影响其他营养素的吸收。

营养胎教：有些食物应少吃或不吃

少喝或不喝碳酸饮料

准妈妈饮用碳酸饮料过多可引起缺铁，尤其容易引起缺铁性贫血。因为碳酸饮料中的碳酸盐较多，进入肠道后能与食物中的铁质发生化学反应，降低人体对铁的吸收利用。此外，碳酸饮料含钠较多，准妈妈摄入过多的钠会加重水肿，因此，孕期应多饮白开水、少饮碳酸饮料。

少喝或不喝含咖啡因的饮料

准妈妈大量饮用含咖啡因的饮料和食品后，会出现恶心、呕吐、头痛、心跳加快等症状。咖啡因还会通过胎盘进入胎宝宝体内，作用于胎宝宝，使细胞发生变异，影响胎宝宝的正常发育。有研究指出，每天喝8杯以上咖啡的准妈

妈，所生的宝宝没有正常宝宝活泼，肌肉发育也不够健壮。欧洲的准妈妈中因饮用过量咖啡导致宝宝损伤甚至流产者不计其数。

茶中含有2%～5%的咖啡因，每500毫升浓红茶中大约含咖啡因0.06毫克。如果每日喝5杯浓茶，相当于服用0.3～0.35毫克咖啡因。此外，茶叶中还含有大量的鞣酸，可与食物中的铁元素结合，影响铁的吸收。因此，过多饮用浓茶有可能引起妊娠贫血，将给胎宝宝造成先天缺铁性贫血的隐患。

少吃糖

有些准妈妈认为吃糖可以补充热量，其实人体所需的热量是有限的，糖吃得过多会出现饱胀感，必然会减少其他营养素的摄入，导致营养不全面、不平衡。人体代谢糖需要消耗大量的维生素B和钙，维生素B不足会使眼球壁强力减弱，不但准妈妈自己易患眼疾，还会直接影响胎宝宝的视力发育；准妈妈缺钙会导致胎宝宝牙齿、骨骼发育不良，出生后容易出现佝偻病、说话晚、出牙晚、走路晚等问题。

慎食罐头食品

罐头食品在制作加工的过程中，出于对食品味道、保鲜等考虑，一般会加入一些人工合成色素、香精、甜味剂、防腐剂等化学物质，准妈妈食用了含有这些化学物质的食品会影响身体各系统的功能，影响胎宝宝的生长发育，甚至会造成流产、早产、死胎或畸形。另外，罐头食品经高温处理后，食物中的维生素和其他营养成分都已受到一定程度的破坏，准妈妈食用后也摄取不到充足的营养。

营养胎教：喝水也要讲究方法

孕期准妈妈的血容量会扩增40%～50%，对水分的需求增加。除了饮食，每天至少要喝6～8杯水。如果呕吐严重，更要酌情补水。早晨起床后应空腹喝一杯新鲜的凉开水，能使血液稀释、血管扩张，从而加快血液循环，补充细胞夜间丢失的水分。有研究表明，早饭前30分钟喝200毫升25℃～30℃的新鲜开水，可以温润胃肠，促进消化液的分泌，刺激肠蠕动，有利于定时排便和防止痔疮、便秘。不要等感觉口渴了才喝水，因为口渴说明体内水分已经失衡，脑细胞脱水已经到了一定的程度，建议准妈妈每隔2小时饮水1次，每日8次。

不是所有的水都能喝，久沸或反复煮沸的开水最好不要喝。因为水反复沸腾后，水中的亚硝酸银、亚硝酸根离子以及砷等有害物质的浓度会相对增加，容易引起血液中毒。另外，在热水瓶中贮存超过24小时的开水也不要喝。

胎教常识：正确认识早孕反应

妊娠早期，尤其是在妊娠40多天到两个多月期间，准妈妈往往有食欲不振、厌食、轻度恶心、呕吐、口水增加、头晕及倦怠等症状，这些症状在清晨更易出现，是准妈妈特有的症状，也是一种正常的生理反应，称为“早孕反应”。早孕反应大多会在孕3个月后自行消失，一般对生活和工作影响不大，不用特殊治疗。

有关早孕反应产生的原因有各种各样的说法，有人认为早孕反应与人绒毛膜促性腺激素的作用有关，证据为早孕反应出现和消失的时间与准妈妈血中人绒毛膜促性腺激素出现和消失时间相吻合；也有人认为早孕反应与植物神经功能失调有关；还有人认为早孕反应是胎盘产生的毒素或精神方面的原因引起的等。一般而言，神经质的准妈妈早孕反应较重；另外，夫妻感情不和、不想要孩子而怀孕时也容易出现比较重的早孕反应。

还有一种多见于第一胎准妈妈的、较为严重的情况，起初为一般的早孕反应，但逐日加重，一般于怀孕第8周时最为严重，表现为反复呕吐，除早上起床后恶心及呕吐外，甚至闻到做饭的味道、看到某种食物就呕吐，吃什么吐什么，以致连喝水都吐，呕吐物中出现胆汁或咖啡渣样物。由于严重呕吐导致食物摄取不足，机体便消耗自身脂肪，引起脱水和电解质紊乱，形成酸中毒和尿酮体阳性。准妈妈的皮肤发干、发皱，眼窝凹陷，身体消瘦，严重影响身体健康，甚至威胁生命，这种严重的妊娠反应称为“妊娠剧吐”。出现这种情况应该立即住院治疗，通过静脉输液使准妈妈尿液中酮体由阳性转为阴性。准妈妈完全不能进食时应静脉补充至少 150 克葡萄糖。住院期间一般要做 B 超检查，确定胎宝宝是否正常；做肝脏功能及乙型肝炎血清学化验，以排除外妊娠合并乙型肝炎等疾病。最初两三天可能需要禁食，主要通过静脉输液补充营养及纠正酸碱及水电解质平衡。一般经上述治疗后病情可迅速好转，呕吐停止，尿量增加，尿酮体由阳性转为阴性，食欲好转，此时可给予少量流食，并逐渐增加进食量或改进软食。

专家提示

这段时期是最容易发生流产的时期，性交对准妈妈和胎宝宝会产生刺激，最好是不进行性交。如果有性要求，也应减少性交次数和注意性交方法。另外，此时准妈妈的生殖器官相对脆弱，进行性生活时一定要注意卫生，防止准妈妈感染一些疾病。准妈妈由于心理和生理的原因，性要求不高，丈夫应克制自己，尽量不要违背妻子的意愿。

营养胎教：缓解孕吐有妙招

早孕反应会影响准妈妈的饮食和对营养素的摄取，严重时还会损害准妈妈的健康和胎宝宝发育，所以要注意调理：少食多餐，缩短进食间隔，避免因饥饿而加重恶心的感觉；呕吐剧烈时、餐前及餐后 1 小时内要避免喝太多液体；感觉恶心时吃一些清淡、易消化且较干的细粮类主食，比如烤面包片、米饭、面条、咸苏打饼干等；避免油炸食物或者肉丸子、鸡翅、猪蹄等高脂肪食物，因为这会延缓胃排空而增加呕吐的可能；避免太咸、太酸、太甜、太辣的食物或饮料（如酱豆腐、柠檬等），也不要接触味重（如鱼腥味、大蒜味、咖喱味等）的食物；保持室内及厨房空气的流通。

为了防止呕吐严重时引起脱水，准妈妈可选食一些含水分比较多的食品，如各种水果、新鲜蔬菜等，这些食品不仅含有大量水分，而且含有丰富的维生素C和钙、钾等矿物质。热食气味大，有些准妈妈会比较敏感，可以适当食用些冷食或将热食凉凉后再食用。可以多食用一些蛋白质丰富的食物，如奶酪、牛奶、藕粉、鸡蛋等。下面介绍几种缓解早孕反应的食谱：

★ 甘蔗姜汁：取甘蔗汁加少量生姜汁，频频缓饮。

★ 柚子皮煎：取柚子皮用水煎服，连服数天。

★ 生姜米汤：取生姜汁数滴，放入米汤内，频服。

★ 橙子煎：取橙子用水泡去酸味，加蜂蜜煎汤频服。

★ 姜汁牛奶：姜1大块，全脂纯牛奶1袋，砂糖适量。姜去皮洗净，把姜磨出姜汁2~3茶匙，并用纱布或小密筛筛过，倒入碗中备用。牛奶煮沸，加糖搅拌均匀。将牛奶搅动至70℃~80℃，迅速地将牛奶倒入盛有姜汁的碗中，放置30分钟后即可。

专家提示

姜自古以来就是民间止孕吐的良方妙药，对轻度孕吐效果最为明显。

★ 奶香烤土豆：土豆中含有丰富的维生素B_6，具有止吐作用。土豆2~3个，奶酪6片，菠萝、盐适量。将土豆洗净、煮熟后去皮，切成条状；将土豆条放在烤盘中，将切碎的奶酪、菠萝及盐均匀地撒在土豆上；烤箱200℃预热10分钟后放入土豆，烤约5~6分钟后即可。

环境胎教：用药应事先咨询医生

孕早期，特别是妊娠的前8周，是胎宝宝最脆弱的时期，也是各种器官、

组织分化、形成的关键时期，最容易受到外界有毒有害物质的影响，导致畸形或流产。所以，如果准妈妈生病了，最好的方法就是咨询医生，在医生的指导下用药，能用一种药物治疗就不要再用其他药物，避免重复用药和同时服用多种药物。切忌自己滥用药物，或听信偏方、秘方等，以防发生意外。

任何药物，包括维生素一类的营养药物，既有其治疗作用的一面，又有其不良反应的一面。这一方面和用药者当时的机体状况有关，也同用药的剂量和方法有关。因为药物在孕妇体内可以通过胎盘运送到胎宝宝体内，甚至达到和母体内的药物浓度相等的程度，可能对胎宝宝造成伤害。现在，经过研究和临床观察证实，药物对胚胎和胎宝宝的影响可分为：肯定有害的、可能有害的、尚不清楚的 3 类。明确有害的药物主要有：

★ 四环素类药物：可致胎宝宝骨骼发育障碍、变黄。

★ 链霉素和卡那霉素：可致胎宝宝先天性耳聋、肾脏损害。

★ 氯霉素：可使胎宝宝骨髓机能受抑制、新生儿肺出血。

★ 磺胺类：可致新生儿核黄疸。

★ 阿司匹林或非那西汀：可致胎宝宝骨骼畸形、神经系统或肾脏畸形。

★ 巴比妥类：可致胎宝宝的手指或脚趾短小、鼻孔通连，精神委靡。口服的鲁米那（片）、速可眠（胶囊）、戊巴比妥钠（片）、异戊巴比妥（片），注射的苯巴比妥钠都属于此类。

★ 各种激素：均可致胎宝宝畸形。

★ 抗癌药：可致畸形、死胎。

专家提示

严禁自己滥用药或听信江湖游医的蛊惑，在孕期随意使用“偏方”“秘方”。中药应按包装盒（瓶）上注明的“孕妇慎用”“孕妇禁忌”执行。

环境胎教：家庭环境应整洁、安全

从前面我们已谈到过的我国古人的胎教方式中可以知道，环境的美与洁对准妈妈心情、气血健康、智力都会有影响，对胎宝宝身心的影响也就可想而知了。既然古人为了使孩子容貌英俊美丽、气质高雅不俗、品行端正无邪，要天天“视美玉”，我们现在也可时常观看一下墙上优美而明快的画或其他装饰品，这在现在实在不是件难事。

有人说在墙上挂张美人像，天天看看，孩子就有可能长得美，这也应该是有些道理的。所以准父母最好能对居室作一些装饰，不必太复杂、太花力气，只要在墙上挂一些喜欢的画或色彩明亮的小饰品、阳台上养几盆无毒的花草就可以。准妈妈可时常对着画或花草进行欣赏，只要能欣赏生活中的美，就是很好的美育养胎，无论什么形式都是好的。

尽可能保持居室洁净、卫生

细心的人在生活中都可以发现，有些衣冠不整、家中凌乱肮脏、居室光线幽暗、由于很少开窗通风使屋内充满了长期积累的体味的家庭，很少会出现气质好、聪明健康、有出息的孩子，这样的家中容易出现体质不佳、精神委靡的孩子。事实证明，新鲜的空气，良好的自然光线，洁净以及雅致宜人的环境，是能激活人的生理细胞、强化它们的功能的。

要注意室内污染问题

要布置宜人的环境，有条件的家庭，比如做了装修：墙很白净，地上铺了木地板，厨房、厕所都镶了瓷砖，放衣服有大的衣柜，准父母往往较容易保持居室的整洁和美化，他们总会去买一些好看的画、花瓶来装点屋子，总体色彩也会很讲究协调，所以美和洁都不成问题，但要注意居室有没有污染问题。

新家具、新装饰屋子的地板和嵌瓷砖、刷墙时必须使用的木料、涂料、胶水中往往会含有苯。这是一种易使人得癌症、白血病等疾病，易使胎宝宝畸形的有毒化学物质，一定要注意，最好装修完后将屋子空晾三五个月再住进去。怀孕前、怀孕期间最好不要装修屋子。另外，准妈妈的生活环境内千万不能堆放农药化肥、化纤和皮革制品、废电池、过多的塑料橡胶制品、油漆涂料、消毒剂等有一定污染性、会释放有害气

体的物品。

要注意室内光电磁波污染问题

条件好了，往往家中会买不少光电设备，现在大彩电、大冰箱、大立体声音响设备、电脑、电饭锅、微波炉等电器在一般家庭都已一应俱全，人们往往毫不在意地过着早上一起便开电视听新闻、开灯，上班路上一路都在听 MP3，在办公室里一天都使用电脑，晚上回家便坐在沙发上看电视、听音乐，然后又是坐到电脑前上网，直至深夜。这样的一天接受的光电磁波辐射量实在不少，对准父母身体会有不利影响，对胎宝宝的伤害就更不会少。所以准备要孩子的准父母及已经怀了孩子的准妈妈，一定要注意尽可能避开光电辐射，尽量少使用电器。微波炉前要少站，使用时人尽可能离远一点；看电视不要时间过长、距离过近，最好不超过 1 小时、保持 1 米以外的距离；电脑尽可能少用。

一般家庭只要追求整齐简洁就行

居住条件差一些的准父母也有办法进行环境养胎。房间小，只要弄整齐干净了，适当放一瓶绢花或野花，贴一张好看的画，自做一个小装饰品，就可以使居室显得舒适宜人。如果光线不好，考虑一下是否有可能把窗户玻璃换换新或擦擦亮？如门外有树或东西挡住光线，是否能去掉一些树的小枝或拿开东西使光线更多地照进屋来？窗户如果打不开，是否能改装一下或换个插销使它能开启？屋内杂物过多显得拥挤凌乱的，是否能整理掉或搬开一些，使屋子变得简洁明快？另外，能保持床单经常更换、沙发罩适时清洗、衣服找地方挂好或叠好了放整齐，杂乱无用的东西及时处理，同样能创造一个宜人的天地。

家庭环境不在于是否豪华漂亮，而在于是否洁净舒适、不易生长细菌，更在于准妈妈是否心情愉悦满足。简单的家具，水泥的地面，只要干净整洁清雅，同样可以起到环境养胎的效果。有些经济条件好的准妈妈易对一切不满足，可能还赶不上条件一般但会收拾、心态好的准妈妈的环境养胎效果呢。

条件更差的可多利用室外环境

居室条件实在太差、无法获得较好的通风透气条件的准父母也有办法进行环境胎教，那就是多到室外活动。只要天气许可就出去晒晒太阳、呼吸呼吸新鲜空气，或到附近的树林、小花园、田野散步，感受感受室外的美和开阔明亮，这样的养胎效果可能还是最好的呢。

准妈妈身处宁静很重要

居住的屋子如果紧挨马路，声音总是很嘈杂，就要想法使准妈妈不受干扰，能得到良好的休息。环境宁静对准妈妈和胎宝宝都是极有好处的，环境静，人心就静，心静气血就容易调和，准妈妈和胎宝宝的健康、胎宝宝的智力发展都需要宁静的环境。如果实在不行，最好让准妈妈转移地方，如住到父母家去等。

避开其他不利胎宝宝的场所

屋子或附近环境如果太潮湿，对准妈妈、胎宝宝不好，最好想法避免。因为环境过于潮湿，容易滋长细菌病毒，人容易得病。南方有些地方梅雨季节家中的桌子也会长毛，雨季墙壁会滴水珠子，最好买个抽湿器经常干燥一下屋子，或者经常开窗通风以驱走湿气。另外，现在有不少公共场所采用完全密闭形式的窗户，比如不少商场，尤其是一楼以上的几层商场，往往没有开启的通风窗户；有的机场候机厅、图书馆、学校教室、阅览室、豪华写字楼内的会议厅、办公室等也是只有没法开启的窗户，这使室内容易积

专家提示

★ 居住环境不用讲究豪华漂亮，只要整洁、舒适就是好环境。

★ 准妈妈最好不要长时间接触、使用电器。

★ 准妈妈居室要能通风，能见到太阳。

★ 如果能够，可在现有条件下美化一下准妈妈居室，只求简单清雅即可。

★ 准妈妈居室一定要安宁，能使准妈妈得到良好的休息，并能保持宁静的心境。

★ 准妈妈居室不能太潮湿、太脏或堆放有害化学物品。

聚人和物排出的废气，新鲜空气却没法流进来，对准妈妈、胎宝宝健康不利，所以最好避免去这样的场所。

环境胎教：不要接受放射或CT检查

不要接受放射或CT检查

有些X射线对胎宝宝是有潜在危害的，比如对胃、肠、胆囊、肾或腰椎拍X光片；有些是无害的，比如对手脚、乳房、牙齿拍X光片。因此，准妈妈最好不要做X线检查，更不能做放射性同位素检查，在孕早期接触放射线可能引起胎宝宝脑积水、小头畸形或造血系统缺陷、颅骨缺损等严重恶果。从事接触放射性辐射工作的准妈妈，在怀孕期间应调离工作岗位。

CT是利用电子计算机技术和横断层投照方式，将X线穿透人体每个轴层的组织，具有很高的密度分辨力，做一次CT检查所受到的X线照射量比X光检查大得多，对人体的危害也大得多。如果准妈妈不是病情急需，还是不做CT检查为好。如果必须做CT检查需要在腹部放置防X射线的装置，以避免和减少胎宝宝发生畸形的可能性。

不要接触农药和汽油

大部分农药均能被准妈妈吸收，并通过胎盘进入胎宝宝体内，甚至在胎宝宝体内的浓度会比母血中的浓度还高，从而导致胎宝宝生长迟缓、发育不全、畸形或功能障碍等，也是引起流产、早产和胎宝宝宫内死亡的原因之一。特别是怀孕早期，正是胚胎重要器官、组织分化发育的关键时期，对外界有害因素的干扰与损害特别敏感，如此期准妈妈接触农药将非常容易导致胎宝宝畸形。

现代交通工具大多以汽油为燃料，汽油很容易经呼吸道吸入或接触皮肤，对人体危害比较大。动力汽油为了防震防爆都加入了一定量的四乙基铅，成为乙基汽油。乙基汽油燃烧时四乙基铅即分解，放出的铅随废气排入大气中，被人吸入体内的铅会在血液中积累，进而对人体产生危害，准妈妈铅中毒会导致胎宝宝畸形。因此，准妈妈不宜继续从事生产、配制或保管四乙基铅、乙基溶液和乙基汽油的工作，平时也要注意远离汽油。

日常用的洗涤剂，如洗衣粉、洗发

水、洗洁精等，含有直链烷基碘酸盐、酒精等化学成分，在孕早期过多接触会使受精卵外层细胞变性，导致流产。

专家提示

准妈妈要避免铅中毒

水污染、墙壁油漆、工业废气和汽车尾气等都可以使准妈妈铅中毒，进而对胎宝宝非常不利的影响。另外，准妈妈被动吸烟、家庭成员接触铅、居室临近马路、居住环境周围有煤烟污染、以煤作为家用燃料、准妈妈喜欢吃松花蛋等，这些都是胎宝宝铅中毒的危险因素。

环境胎教：调离不适宜的工作岗位

准父母在工作环境中必须细心关注几个问题，就是工作场所有没有化学类的、光电类的、物理类的污染源，工作的节奏、性质、压力大小是否适合准妈妈的承受力，人际关系是否谐调。不要对此毫不在意，结果稀里糊涂受了害，影响了胎宝宝的健康。

要十分关注工作场所的有害物质

有一些职业对准爸爸、准妈妈会有伤害，从而也会对胎宝宝造成伤害，准父母一定要加以注意。如前面提到过的油漆厂、化工厂、皮件厂或印染厂、某些药厂、塑料制品厂、电镀厂等工厂中直接接触有毒物质的工作，以及长时间在复印机旁、电脑旁、微波炉旁、电磁类仪器旁、X 光机器旁作业或者从事放射物研究等工作，这些场所产生的化学、光电、物理危害会引起男子不育、产生畸形精子或血液方面的疾病，会引起准妈妈身体不适或内分泌紊乱，有的会直接伤害胎宝宝的身体或神经。X 光辐射会致癌致畸，这一点已得到医学确证；涂料油漆、胶水、复合木材及皮件物中所含的苯易引起白血病或再生障碍性贫血，也已得到医学验证；高温、汽油、电磁辐射、噪声等会使准父亲的精子变畸形，这也是得到专家认证的，准

父母最好对此有清醒意识，注意自我防范。

关注工作节奏、性质是否适合准妈妈

这一点准妈妈也要加以注意，如表演摇滚乐、表演节奏强烈的舞蹈和芭蕾等节目的专业演员，需经常参加竞技比赛的体育运动员，需爬高、举重或挑重物的特殊职业工作人员等，其职业对胎宝宝都会有伤害，最好怀孕后调离专业工作或暂休。

有些季节性的工作会在某个时间段内特别忙、有些工作需要长期加班加点或熬夜、有的工作如流行病医生、律师、商人会一时突然面临巨大工作压力，准妈妈如在这些行业工作，最好自己适当调整一下工作强度和压力，如不能避免，最好暂休而不要硬撑。

努力为自己创造一个和谐的工作环境

工作环境中的人际关系好坏也会极大地影响准妈妈和胎宝宝的身体。有人的地方就会有矛盾、有明争暗斗，准妈妈如不小心已经卷入人际矛盾不可挣脱，唯一的办法是进行自我调节，把一切想开。怀孕期间万事应该抛开，切不可一点小事就耿耿于怀、气急败坏，心胸狭窄，否则对胎宝宝的身心会十分不利。我们在前面已提到过，古人认为准妈妈郁火盛，孩子就会得胎毒、长痘疹、得癫痫，或变得“暴狠”“诈为”。工作中人际关系的好与坏，其实还是能靠自己来调理的，你遇事想得开、多让一步，吃点小亏不在意，就没什么大烦恼了。

专家提示

★ 准妈妈在工作场所要远离化学物污染、光电污染、放射物污染。

★ 准妈妈不宜继续进行节奏过强、工作形式或性质不宜胎宝宝、工作压力过大的有关工作。

★ 为自己创一个气氛宜人的工作环境，调理好人际关系，不受琐事烦扰。

行为胎教：第一次到医院接受产检

一般来说，最晚也要在停经6~8周时去医院就诊，以尽早确认是否怀孕，并准确推算预产期。

产检医院的选择

孕期检查和分娩最好选择一家离家近、交通方便、设备先进、医务人员经

验丰富的医院。对于准妈妈来说，医院离家近非常重要，孕期中的产前检查就可以节约不少时间，减少很多麻烦；而临产前，有时经常会出现一些突发紧急情况，如早破水、胎动过频或突然减少、剧烈腹痛、阴道出血等情况，如处理不及时会危及母婴安全，医院离得近可减少路途奔波，避免延误处理时间。可考虑首选专科医院，如妇产医院或妇幼保健院，大多技术力量雄厚，设备先进，有齐全的辅助科室，住院环境舒适，拥有设施优越、抢救设备齐全的产房、手术室、宝宝室。综合医院，特别是三级甲等综合医院，也是值得信赖的选择。特别是怀孕时伴有肺结核、病毒性肝炎、心脏病等严重疾病或出现严重并发症的，最好选择综合性医院产科做检查和分娩。

第一次问诊

第一次孕期检查医生通常会问以下问题：

★本次妊娠情况：月经周期，最后一次月经的时间，停经后的情况（腹痛、阴道出血、妊娠反应等）；

★以前妊娠情况：妊娠次数，分娩次数，流产次数，人工流产方式等；

★既往有无心、肝、肺、肾等慢性疾病史，有无手术外伤史、药物过敏史；

★丈夫的健康情况；

★有无家族性遗传疾病史。

主要检查内容

不同的医院检查项目会有一些差异，一般来说，除了进行妊娠测试以确认是否怀孕外，还会包括完整的体格检查：身高、体重、血压测量，颈部触诊及甲状腺检查，心肺部听诊，乳房、腹部及四肢检查，阴道检查，等等。还有一些孕期的非常规检查项目，如微量元素检查、骨密度检测、甲胎蛋白检测（AFP）等，医生会根据每个人的具体情况给出合理的建议。

专家提示

第一次到医院检查一定要空腹，以便采血。采血的目的是查血型、血色素、Rh因子、肝功能、乙肝表面抗原、甲胎蛋白及梅毒血清，看看有无风疹病毒、血清巨细胞病毒等。

行为胎教：不要长时间用手机、看电视

手机本身所发射的高频电磁波对人体会产生危害，在通话过程中，有40%的高频电磁波会被手机的机体本身吸收到深部，从而使使用者的器官发热，但使用者却没有感觉。那么，准妈妈怎样远离手机辐射呢？

尽量让手机离自己远一点。据说手机信号刚接通时，产生的辐射比通话时产生的辐射高20倍。因此，信号接通的瞬间最好把手机放在离自己远一点的地方，这样能减少绝大部分的辐射量。最好在手机接通时让手机离自己15厘米远。

不要在胸前挂手机。手机挂在胸前会对心脏和内分泌系统产生一定的影响。即使在待机状态下，手机周围也存在电磁波辐射，虽然没有接通时危害大，但对胎宝宝来说也是非常不利的。

充电器的辐射也很厉害。手机充电器是大家都比较容易忽略的。充电器在充电时，它周围会产生很强的电磁波，能杀死人体内的免疫细胞，所以准妈妈最好远离手机充电插座30厘米以上，另外也不要把充电器放在床边。

许多准妈妈担心看电视、用电脑会受到辐射而影响胎宝宝的健康。其实，合格的电视机所产生的射线穿透力很弱，容易被物体吸收，一般不致对人体产生伤害。如果准妈妈使用的电视机符合安全检测标准，并且看电视时身体能离开电视机1米以上，从理论上说是安全的。但是，长时间看电视，除了射线辐射外还会受到电磁波辐射的影响，对胎宝宝及准妈妈的健康是会有一定影响的。所以，准妈妈不宜长时间看电视，每1小时应起立活动5~10分钟。长时间不活动会让准妈妈感到头昏脑涨、乏力疲惫。也不能吃完饭后就立即看电

视，饭后立即看电视会造成供给胃肠的血液减少，影响准妈妈的消化吸收。看电视时音量不要太大，要避免看刺激性强的电视节目，以免身体疲劳、精神紧张，从而影响休息、睡眠。

情绪胎教：轻松应对5大负面情绪

随着妊娠早期激素水平的改变和随之而来的角色、责任等心理变化，刚刚升级为准妈妈的你内心越来越敏感、越来越脆弱，复杂而多变的坏情绪仿佛不可理喻的孩子，搅得你和全家人都诚惶诚恐，不得安宁。我们请专业人士梳理出孕早期容易出现的几种负面情绪，分析来源，探讨解决之道。

担心害怕

（1）情绪来源

★曾有流产史；

★出现不良症状和体征，比如腹痛等；

★药物、烟酒和环境对胎宝宝的负面影响。

（2）你该怎么办

相信宝宝的生命力！孕早期，由于胚胎和母亲的连接还不稳定，每一次轻微的腹痛和少量出血都会让准妈妈万分恐惧。生理性出血一般会在孕12周自然停止，病理性出血需要在医生指导下保胎，这些对准妈妈的内心都是极其严峻的考验。生长是每一个生命最基本、最蓬勃的力量，不会因为环境的小干扰而停下脚步，准妈妈，请相信宝宝的生命力！

委屈生气

（1）情绪来源

★长辈对胎宝宝的关注多于对准妈妈的关注；

★不满意丈夫的表现。

（2）你该怎么办

心态平和，保持自己。怀孕产子既是人生神圣而重要的时刻，又是自然而正常的生理过程。准妈妈要做的就是尽量保持自然平和的心态，收获家人的关爱和照顾，并在力所能及的范围内关爱、体贴家人。要知道，付出和获得都是幸福的。请相信，你还是你。建议家人和朋友也以常态对待准妈妈，不必将她们时时处处高高供起，任何活动都对准妈妈亮红灯。

烦躁不安

（1）情绪来源

★孕吐和其他身体不适；

★总觉得：我自己还是孩子呢！

（2）你该怎么办

练习心灵瑜伽。如今，80后的女生也陆续进入准妈妈行列了。在别人甚至自己眼中她们还是孩子呢，一想到将要成为妈妈，兴奋之余难免心慌意乱。加上孕早期恶心、头疼、疲倦等五花八门的不适反应，弄得这些年轻的准妈妈们心情一团糟。当你感到烦躁不安时请停下手头的事情，闭上眼睛，深呼吸，想象自己正在海滩上散步，凉风拂面，或者在清爽怡人的林荫大道中行走，让心灵练一场瑜伽。

压力增大

（1）情绪来源

★重男轻女的思想；

★工作和孕育的相互影响；

★经济和生活的负担。

（2）你该怎么办

把压力做减法和除法。压力是每个人生活中都会面临的问题，准妈妈因为其特殊的生命阶段而面临着更大的压力和考验。只要身心状态良好，孕期完全可以继续工作，但要尽量放慢生活节奏，在身体不适时请求他人帮助或对工作进行弹性调整。无论面对来自哪方面的压力，准妈妈应当避免压力不加控制地产生叠加和放大效应，要学着给压力做减法和除法。

专家提示

清凉油在日常生活中应用广泛，具有爽神止痒和轻度的消炎退肿作用，但清凉油含有的樟脑可穿过胎盘影响胎宝宝的正常发育，严重的可以导致畸胎、死胎或流产。因此，准妈妈不宜涂用清凉油、万金油、风油精等，尤其是孕早期应绝对禁止使用。

忧郁情绪

（1）情绪来源

★非计划怀孕；

★夫妻关系不和睦。

（2）你该怎么办

宝宝是你最大的成就。在女性还没有做好迎接新生命的准备时，或者在夫妻双方磨合不够好、关系尚不稳定时，宝宝的不期而至会给准妈妈带来不小的情绪冲击，她们为自己、也为宝宝的未来感到迷茫、担忧。这时候请仔细体会宝宝的存在带给你的温暖与感动，你要相信，宝宝是母亲最大的成就，他会让你有勇气迈过每一个难关！

情绪胎教：欣赏古筝名曲《渔舟唱晚》

《渔舟唱晚》是20世纪30年代以来，在中国流传最广、影响最大的一首古筝独奏曲。乐曲描绘了夕阳映照万顷碧波，渔民悠然自得，渔船随波渐远的优美景象。这首乐曲取自唐代诗人王勃《滕王阁序》中："渔舟唱晚，响穷彭蠡之滨"的诗句。乐曲描绘了晚霞辉映下渔人载歌而归的动人画面。乐曲开始，以优美典雅的曲调、舒缓的节奏，描绘出一幅夕阳映照万顷碧波的画面。接着，以音乐的主题为材料逐层递降，音乐活泼而富有情趣。当它再次变化反复时，采用五声音阶的回旋，环绕一段优美的旋律层层下落，此旋律不但风格性很强，且十分优美动听，确有"唱晚"之趣。最后先递升后递降的旋律接合成一个循环圈，并加以多次反复，而且速度逐次加快，表现了心情喜悦的渔民悠然自得，片片白帆随波逐流，渔舟满载而归的情景。这首富于诗情画意的筝曲曾被改编为高胡、古筝二重奏及小提琴独奏曲。这样舒缓悠扬的音乐，可以让怀孕初期的妈妈们平复心情的同时对新的一天充满生机、充满希望。

抚摸胎教：胎宝宝对触觉已经有反应

抚摸养胎是父母与胎宝宝沟通的重要途径，是建立在胎宝宝具有触觉的基础上的，可促进胎宝宝的感知觉发育，能使胎宝宝感知到父母的存在，也可以带给父母无穷的乐趣。研究表明，胎宝宝发育到第4周时神经系统已经开始建立，第8～11孕周时胎宝宝对触觉有了反应，这时准妈妈就可以开始进行抚摸胎教了。可在每日午睡或晚上睡觉前做，

一天有 2 次就可以，每次进行 10 分钟。平躺下后，先放松全身肌肉，调整好心情，使情绪处于宁静、愉悦的状态，然后把手放到子宫部位，温柔地、轻轻地抚摸，可以轻轻地用手掌绕圈子抚摸，加上温柔的、充满爱意的语言，或者轻轻地哼摇篮曲等旋律柔和的歌曲。

实行抚摸养胎时，准妈妈对胎宝宝充满了关爱，气血处于很顺畅的状态，胎宝宝的气血也会随之变得顺畅，对于胎宝宝大脑的发育和个性的形成益处多多。胎宝宝在接受抚摸时会有很愉悦、舒服的表情，非常喜欢此类刺激。

父母在抚摸胎宝宝时，一边和胎宝宝轻轻地说说话，一边相互之间谈谈心，交流交流感情，好似一家三口围坐在一起，充满温馨、亲密的气氛。专家们根据对胎宝宝出生后的跟踪调查发现，经过抚摸养胎训练的胎宝宝，出生后会比一般宝宝动作灵活、感受力强，对环境的反应能力也较强，身体也会更健康。

运动胎教：到大自然中去走一走

我们每个人都是大自然的产物，并且只能永远生活在大自然的怀抱里，离开了大自然我们的生命就会逐渐萎缩，这一点谁都明白，然而大自然对我们生命一点一滴的影响与塑造主要体现在什么地方、在依照什么规律进行，我们什么地方已经忘记了大自然、背离了大自然的规则，背离后从长远看会有什么后果，大部分人却几乎想都没去想过。

我想，首先我们该明白大自然对我们每个人的意义，也就是明白大自然能给我们什么？能给胎宝宝什么？显然，大自然是人类取之不尽的宝库，既是物质宝库，也是精神和生命活力的宝库。

新鲜空气是最好的补药

永远不要忘记大自然能给胎宝宝最好、最新鲜的空气，而这是保证胎宝宝健康的最关键因素之一。长期生活在城里的人也许不觉得空气好一点、差一点有什么害处，但如果想一想三代住城里的人的后代，就会发现他们容易脸色苍白、身体瘦弱、不经折腾、易患慢性病，结果还是很明显的。美国总统罗斯福患有气管炎哮喘，每当发作就苦不堪言，但他发现一个很有效的治愈方法，就是到空气纯净的大自然去待十来天，病就容易好。现在的胸外科医生都发现，居住在人口稠密的城市里的居民，许多人做胸部透视时可发现胸部有黑色斑点，有些是肺结核自愈后的钙化点，而农村来的人胸透时就没有这样的斑点。可见空气对人是至关重要的，对环境极度敏感的胎宝宝，作用就更不用提了。

现在城市环境的空气可以说已经是一个“大污池”，其中含有二氧化碳、一氧化碳、铅、苯、硫酸、有毒粉尘、含很高可吸入颗粒物的工业、汽车废气，以及油漆、油墨和塑料等散发出的有害挥发性物质，加上噪声、电磁辐射等现代污染，对生命来说实在不是个好地方。目前医学研究发现，大城市儿童的血液中含铅量基本已经全部超标。

所以准父母要关注这一问题，尽可能让胎宝宝远离这种污染之地，有条件最好能多去空气清新的郊外活动，多搞“有氧运动”，适当在大自然中散步、游玩，不时清清肺中的浊气，使自己获得较有利于身体健康的空气，也使胎宝宝能获得尽可能好的空气。

大自然的美是最好的美育胎教

大自然各种各样的绿草绿树、万花盛开的情景、令人赏心悦目的山水、自由自在的动物、和谐美妙的鸟鸣虫叫都会给人带来美好的心情，准妈妈如能多去欣赏、观看，从中能获得愉悦和美感，这对胎宝宝也是极有好处的。

有时一棵树或一片叶子的形状、一朵花的色彩、一只蚂蚱的动作、一两声虫鸣，就足以给人创造美好的心情，就是非常好的胎教材料，准妈妈要善于发现美，要好好利用大自然里美妙的一切，让它们为胎宝宝起最好的作用。

阳光是人和万物的生命力源泉

阳光对人具有神奇的作用，没有它就不会有人类、不会有生命万物，把宝宝长期关在屋子里不见阳光，宝宝就会因缺维生素 D 而得软骨病，身体的其他组织会极度不正常、虚弱，并缺乏活力；长期生活或工作在缺少阳光的环境中的父母，其本身会缺少许多种生命必需的元素，他们孕育的后代就更不可能健康健全了。农村的孩子为什么体质容易健康、有活力，耐寒暑耐艰苦，一个原因就是“得阳光独厚”——从小得到了充足的阳光之故。所以准妈妈要尽可能生活在阳光充足的屋子里，也要多到阳光充足的大自然环境中活动，这样才能获得活泼健壮的孩子。

大自然是一种精神资源

大自然是孕育、培养人的活力的最好场所，人不仅能从新鲜的空气、充足的阳光里获得活力，也能从欣赏大自然的美和雄伟的气势中获得活力。当然这需要准妈妈有一定文化修养。

比如当准妈妈面对一座高耸云际的大山时，心中会感觉到它雄伟的气势给自己带来的豪迈和心旷神怡；面对活泼流动的清澈的泉水时，心态会变得非常活泼开朗；面对开阔的原野时，心胸又会有被舒展开的美妙感觉；面对奔跑的骏马时，心里会充满了神奇的力量。云起云涌的天空、布满星星的穹宇、春天鲜花遍布的草地、夏天被风吹动的满池荷叶、秋天金黄色的田野、冬天“山舞银蛇、原驰蜡象”的雪原，还有大自然固有的、奇妙的、寂静或喧闹的蛙声虫鸣……所有这一切，都可成为一位有修养的准妈妈的良好的精神源泉，从而成为胎宝宝成长的最好“外在营养”，可以说，大自然的美是准妈妈进行胎教、养胎的极难得的资源，浪费了真的很可惜。

专家提示

★记住大自然是人身体、精神健康的最好源泉，大自然是养胎、进行胎教的最好场所。

★阳光、空气、美景是大自然给我们的三大育儿法宝。

★城市准妈妈要定期去郊外“清肺、换气”。

★准妈妈不要怕晒黑。

★准父母、尤其准妈妈要设法提高自己的文化修养、学会欣赏大自然。

★注意防感冒、慎用药物、戒除不良嗜好。

大自然是人生命的本源，在大自然中孕育的孩子会更有活力、会更健康、会更有灵性，这是肯定的，请准妈妈关注这一点。

孕3月（第9~12周）胎教计划

胎教常识：这个月胎宝宝的生长发育

进入怀孕的第3个月，胎宝宝器官建立的重要任务已经顺利完成，剩下的任务就是生长并提高它的能力，为适应子宫外面的世界做准备。

怀孕第9周

虽然这时胎宝宝的重量还不到10克，但胳膊、腿、眼睛、内生殖器和其他器官等身体的各个部分已经成型。此时，胎宝宝的上下眼睑还是连接在一起的，要到第27周时才能睁开。他的手腕进一步发育，脚踝已经成型，手指和脚趾清晰可辨。此时他的胳膊甚至都能在肘部弯曲了。

怀孕第10周

胎宝宝的主要器官已完全长成，而且会吞咽和踢动了。他的外生殖器正在发育，几周后就能成型，通过B超就能看出是男孩还是女孩。更加细小的身体部分也长出来了，如手指甲和毛茸茸的胎发。

怀孕第11周

胎宝宝的身长已经有4厘米。从牙

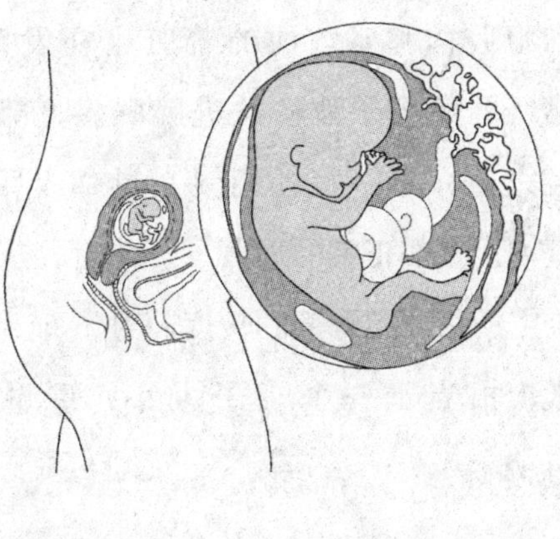

蕾到脚指甲，他身体的各个部分都已长全。他现在整天伸腰踢腿，没完没了。但他还太小，漂浮在羊水中，准妈妈还感觉不到胎动。他的手指和脚趾已经完全分开了。从现在到出生，他的主要任务就是长得更大更壮。

怀孕第12周

胎宝宝最显著的发育变化是出现反射性动作：手指很快就能开合，脚趾会弯曲，眼部肌肉会收缩，嘴也开始做吮吸的动作了。如果准妈妈用手指轻戳自己的腹部，胎宝宝就会动一动来回应，但准妈妈还感觉不到。

胎宝宝的组织和器官开始迅速地发育并成熟。神经细胞正在迅速增多，大脑中的突触（两个神经细胞的连接点）在快速地形成。他的肠子最初只是脐带里的一大团肿胀物，此时开始向腹腔内移动。他的肾脏也在发育，已经开始将尿液输送进膀胱。脸部已经完全长成：双眼位于头的前部，耳朵基本上是在正常的地方了。此时，从胎宝宝的头顶到臀部的长度超过了5.5厘米，相当于一个橙子大小，重量为14克。

胎教常识：这个月准妈妈的身体变化

这个月是很容易流产的时期，因为绒毛和子宫内膜尚未完全结合，早孕反应也渐渐变得严重。为了自己和腹中的胎宝宝，准妈妈一定要多多休息。

★ 子宫有一个柚子那么大了，几乎能充满整个骨盆。准妈妈的下腹部已有些微微的隆起，但这样细微的变化可能从外表上还看不出来。

★ 体内激素的变化会使新陈代谢加快，分泌物也跟着增加。分泌物成乳白色黏稠状，不会有异味，也不会觉得痒。阴道和外阴部血液供给量增加，使得外阴部颜色加深，呈深青紫色。激素的变化会使准妈妈的腹部出现一条由黑色素沉积形成的黑线，还可能会影响准妈妈的情绪，甚至可能会引起头疼。

★ 在第12周时，激素水平开始稳定下来，早孕反应可能会渐渐消失，但也有些准妈妈会持续到14周，甚至16周。早孕反应是因人而异的一种怀孕现象，有人严重到连喝水都会觉得恶心想吐，有人则是胃口好得很，一点儿异常的症状也没有。另外，还有可能产生饮食口味的改变，以前喜欢的东西现在觉得恶心，而原本不喜欢的食物却爱不释口。

营养胎教：早孕反应强烈应注意补锌

锌是体内100多种酶的组成成分之一，一旦机体缺锌，很多酶都不能发挥作用，易造成生命代谢障碍。大脑中的神经细胞是决定智力高低的主要物质，而锌在促进脑神经细胞核酸的复制与蛋白质的合成中扮演着重要角色，因此锌对促进智力发育也有非常重要的作用。大脑神经细胞从孕10～18周开始快速发育，到怀孕8个月时神经细胞增殖基本结束，宝宝出生时脑神经细胞的数目已与成人大致相同。孕期缺锌不仅会影响胎宝宝脑细胞的分裂与数量，还会对胎宝宝的视觉、性器官的发育有不利影响。孕早期缺锌会影响胎宝宝四肢的发育，增加胎宝宝发生畸形的概率。如果补锌不及时还会使胎宝宝在宫内生长迟缓，严重缺锌时甚至会引起“缺锌性侏儒症”。所以，准妈妈，特别是孕吐严重的准妈妈，要注意补锌。孕早期每天应该摄入11.5毫克锌。

专家提醒本阶段的准妈妈，补锌当以食补为佳，多吃含锌丰富的食物，如贝壳类海产品（如牡蛎、蛏子、扇贝、海螺、海蚌）、红色肉类、动物内脏等，栗子、核桃、花生、瓜子等带皮壳的坚果类食品、蛋类、乳类等也是锌的良好来源。精细的粮食加工过程可导致锌的大量丢失，故准妈妈应少吃经过精细加工的米、面。

专家提示

铁剂补充量每日超过30毫克时可能会干扰锌的吸收，所以，如果准妈妈贫血，正在进行药物治疗，每日应该增加锌的摄入量（每日摄入15毫克）。如果严重缺锌则应在医生指导下以药剂补充。

营养胎教：为胎宝宝的大脑提供营养

人的大脑是一种在结构上极其复杂的组织，最基本的构造单位是脑细胞，即神经元。在胚胎发育过程中，神经元的发育与胎宝宝机体任何器官的增长一样，都意味着是细胞数量的增殖和细胞体积的增长，或者两者同时进行。任何器官的发育和所有生物体的生长一样，可分为3个或多或少相连续的细胞发育期：第一阶段称为增殖阶段，即细胞数量的增加；第二阶段称为增殖和增肥阶段，即细胞的数量和体积的大小都在增加；第三阶段称为增肥阶段，即细胞停止增殖（数量不再继续增加），而体积继续增肥、增大，这意味着质的增加。这些连续的过程呈相互重叠状态。

人脑在胎宝宝3个月时开始迅速发育，妊娠3～6个月是大脑细胞迅速增殖的第一阶段，称为“brain growth spurt”（意即大脑猛长期），这时脑细胞的体积和神经纤维的增长会使脑的重量不断增加；第二阶段是妊娠7～9个月期间，在这3个月中，主要是神经系统细胞的增殖及树突分支的增加，使已经建立起来的神经细胞发展成神经细胞与细胞之间的突触接合，以便传导神经细胞中的兴奋冲动。神经细胞的增殖与神经细胞树突分支的增加这两个发展阶段是重叠的，许多细胞一直生长到胎宝宝出生后1岁半～2岁才停止。第二阶段是神经细胞的树突增加和形成突触（一个神经细胞的轴突的末梢与另一神经细胞的树突彼此接近，从而保证前一个神经细胞的兴奋冲动，可顺利地传递给后一个神经细胞）的时期，对人的智力来说，要远比神经细胞数目的增加更为重要。所以，应当切记怀孕第3～6个月和第7～9个月这两个胎宝宝大脑增长发育特别快的时期，在这期间准妈妈的营养摄入非常重要。

胎儿期如果营养不良，胎宝宝大脑细胞的总数只有正常细胞数的82%。如果在出生前和出生后均有营养不良，则大脑细胞总数仅为正常细胞数的40%，并且脑的各部位的脱氧核糖核酸的数量与重量，在出生后也会相应地与月龄成比例地下降。如果胎宝宝长期营养不良，则脱氧核糖核酸的数量与重量，无论是大脑、小脑或脑干的都会远远落后于正常宝宝，相当于正常宝宝的1/2～3/4。早期营养不良能使脑细胞分裂期缩短，晚期营养不良能使每个脑细胞的体积减小，但不影响细胞的数量。

以上这些情况，用智力测验的方法也可得到证实。如果宝宝出生后早期营养良好，只是稍长大后或断奶后营养状况不良，只要继续补充营养，智力仍可以恢复。如果早期特别是胎儿期营养不良，虽然出生以后营养得到改善，智力恢复仍会较慢或难以恢复。所以，准妈妈应特别注意胎宝宝生长发育时期的营养供给。这里，首要条件是在妊娠3~6个月期间，在按准妈妈的工作条件所决定的体力消耗适当、准妈妈本人的体重所决定的热量供给充分的情况下，注意增加蛋白质、俗称脑黄金的二十二碳六烯酸（DHA）和铁、铜、碘、锌等微量元素，及多种维生素的及时补给。

营养胎教：选择适合自己的奶制品

怀胎十月，营养为先。奶类无疑应首当其冲被列入Top10食物行列。奶类是热量、优质蛋白质（包括免疫球蛋白）、脂肪、钙、磷、镁、维生素B_2等营养素的重要来源。其中，乳钙是最佳钙源；乳糖可改善肠道菌群、缓解便秘；部分特殊脂肪还可预防乳腺癌、卵巢癌和直肠癌。

鲜奶VS孕妇奶粉，哪个更有营养

孕妇奶粉中强化添加了钙、铁、锌、碘、维生素A、维生素D、维生素E、维生素K、维生素C、叶酸等B族维生素、胆碱、牛磺酸、DHA、EPA和膳食纤维等，甚至加入了益生菌成分，可谓营养全面。其含钙量是鲜牛奶的3.5倍左右，更利于补钙。而市售鲜奶大多只强化了维生素A、维生素D，一部分品种添加了钙、铁、锌，但其他微量营养素无论质与量都明显不敌孕妇奶粉。单就营养成分而言，孕妇奶粉在PK台上无疑是以全胜姿态出现的。

但孕妇奶粉也有不足之处，比如加工程度复杂、添加剂较多；添加了蔗糖、葡萄糖等精制糖类，易造成热量超标并影响血糖水平；在正常均衡饮食的前提下过量饮用时易导致某些营养素过量甚至中毒，危害母婴健康；口味不如鲜奶香浓，味道偏甜，并非人人都能接受。

鲜奶虽然营养相对简单，但有特别的优势：最接近原奶，富含包括免疫球蛋白、细胞因子在内的生物活性物质，添加剂少；各种营养成分（如脂肪、维生素B_2）等受破坏程度低；由于不必担心某些营养素（如脂溶性维生素和一些矿物质）摄入过量，饮用量可多于孕妇奶粉，可摄入更多的热量和蛋白质；口味香浓，更易接受；不含精制糖类，对体重和血糖的影响相对较小。

孕妇奶粉和鲜奶，适合怎样的准妈妈

有以下情况的准妈妈适合喝孕妇奶

粉：妊娠反应明显，因恶心、呕吐、偏食、厌食等问题而造成饮食失调，使得包括热量在内的营养素摄入不足或不均衡；怀孕前体重较轻，总体营养状况不理想或某些营养素不足或缺乏；孕期体重增加不足；因为工作等原因无法保证营养均衡的三餐或体能消耗过大。

有以下情况的准妈妈不适合喝孕妇奶粉：妊娠糖尿病或糖耐量异常，或体重超重，或体重增加过快；饮食合理、食欲很好的准妈妈不宜大量饮用，最好控制在每日300毫升左右，再搭配适量鲜奶、酸奶等其他奶制品。

有以下情况的准妈妈适合喝鲜奶：饮食全面均衡、种类丰富，营养状况好；孕前体质好、体重达标，孕期体重增加量正常且已经补充了多种营养素制剂；不习惯偏甜口味；存在妊娠糖尿病或糖耐量异常等问题。

营养胎教：让家人做几道开胃美食

怀孕初期最难过的就是早孕反应，消化系统总是不舒服，不想吃东西，有时胃里翻江倒海，吃进去的东西都被吐了出来……这一阶段不少准妈妈体重不仅没增长，反而瘦了。以下两款酸甜适口、操作简单的佳肴既能让你躲开油烟的侵扰，又能让你享受清新爽口的开胃美食！

西红柿牛腩

西红柿富含维生素C、维生素A和尼克酸，特含的番茄红素是强抗氧化剂，可以减少自由基对机体的损害、提高免疫力。牛肉蛋白质含量丰富，脂肪含量较低，能够提供丰富的钙、铁、锌等微量元素。色泽鲜艳、味道酸甜的西红柿汤汁搭配美味可口的牛腩肉不仅为准妈妈们提供丰富的营养，还可以有效促进准妈妈的食欲。

原料：牛腩300克，土豆200克，西红柿200克，洋葱50克，花生油10克，精盐5克，白砂糖5克，姜10克，葱10克，八角3克，桂皮3克，香叶3克。

做法：牛腩洗净后切成3厘米左右的块；将牛腩块放入热水锅中，烧沸后去除浮沫，再用清水洗净牛腩；牛腩放入沙锅，加葱、姜、八角、桂皮、香叶，待大火烧开后再用小火慢炖；土豆削皮后切块，洋葱切片，西红柿切成小块；向炒锅中倒入油，烧至六七成热，放入西红柿不断煸炒，直至熟烂呈西红柿酱状；牛腩慢炖1.5小时左右，然后放入煸好的西红柿，加入土豆块、洋葱、精盐、白砂糖，中火烧至牛肉软烂入味。

专家提示

西红柿中的番茄红素是脂溶性营养素，适合炒食或者与脂肪类食物同吃。牛肉不易煮烂，煮牛肉时可以将少量茶叶用布袋包好，放入锅里；或者放几个山楂、几片萝卜，不仅能使牛肉很快煮烂，而且味道清香；加少量的醋也有同等功效。

凉拌菠菜

菠菜中的蛋白质含量较高，200克菠菜中的蛋白质含量与1个鸡蛋相等。菠菜中还含有丰富的叶酸、花生蛋白质、不饱和脂肪酸、维生素E、尼克酸等准妈妈必需的营养物质，并因此被誉为“长生果”。

原料：嫩菠菜250克，花生仁50克，香油10克，姜5克，醋5克，精盐3克，白砂糖3克。

做法：将菠菜择洗干净，放入滚水中氽烫；捞出后用清水过一遍，沥干水分；姜切末，花生仁用小火炒熟；将菠菜放入盘中，倒上姜末，调入盐糖、醋、香油，撒上花生仁，拌匀即可。

营养胎教：千万不要让胎宝宝缺碘

准妈妈补碘很重要

碘堪称智力营养素，是人体合成甲状腺素不可缺少的原料。而甲状腺素参与脑部发育期大脑细胞的增殖与分化，是具有决定性因素的营养成分。准妈妈碘摄入不足会使自身的甲状腺素合成减少，从而导致甲状腺功能减退，降低了准妈妈的新陈代谢，并因此减少了胎宝宝的营养，导致胎宝宝生长发育迟缓。有研究证明，孕早期是胎宝宝大脑发育的关键期，如果准妈妈缺碘，会使胎宝宝的神经受到严重损害。因此，孕早期应该适当补碘，这样生出的宝宝，体

专家提示

世界卫生组织估计，全世界有2000万人因孕期妈妈碘缺乏而使大脑受到损害。2000年《中国居民膳食营养素参考摄入量》推荐孕期碘的推荐摄入量是200微克/日。

重、身高及智商水平都会高于未补碘准妈妈生出的宝宝。

碘的安全补充法

经常吃一些富含碘的食物，如海带、紫菜、裙带菜等。中国营养学会建议，孕期每周应该吃一次富碘的海产品，以满足体内碘的需求，使胎宝宝大脑得到充分发育。

食用碘盐。一定要购买含碘盐，买回的碘盐平时一定要盖上盖子，以防止碘挥发掉。炒菜时，要在菜临出锅时再放盐。

如果经医生诊断，准妈妈严重缺碘，可以在医生指导下服用含碘酸钾的营养药。需要注意的是，一定要在医生指导下服用，千万不要自行用药。

（1）海带炖肉

原料：猪肋条肉（五花肉）500克，海带（鲜）250克。酱油40克，白砂糖5克，大葱15克，姜10克，花椒5克，八角2克，盐5克，味精3克，花生油30克。

做法：将五花肉刮洗干净，切成块；海带切成与肉块大小相同的片；葱切段，姜切片。锅内加底油少许烧热，放入肉块煸至变色，然后放入调料和鲜汤烧沸，撇去浮沫，转用小火炖至八成熟时，再放入海带，炖20分钟左右，拣去葱、姜、花椒、八角即可。

（2）紫菜饭卷

原料：米饭100克，紫菜50克，黄瓜、胡萝卜各30克。

做法：米饭熟后凉凉，放一点白醋和糖搅拌均匀。将黄瓜、胡萝卜分别洗净，切条，备用。紫菜剪成6厘米见方的块，放上米饭，铺平，把黄瓜、胡萝卜平放在米饭上，卷成条形，压紧，吃时切适口大小。

营养胎教：吃对水果，准妈妈更健康

众所周知，多吃水果对准妈妈和胎宝宝都有好处。但你可知道，准妈妈吃水果是很有讲究的，有些水果可以多吃，有些水果尽量不要吃。虽然没有某种水果是绝对禁忌的，但如果吃得不当也有造成不良反应的可能。

水果不能代替正餐

在妊娠反应仍然存在的孕3月，很多准妈妈都吃不下什么东西，都想用水果代替正餐。水果虽然含有丰富的维生素，但是它所含的蛋白质和脂肪却远远不能满足准妈妈子宫、胎盘及乳房发育的需要，因此准妈妈不能以水果代替正餐。

水果要吃，蔬菜也要吃

水果中维生素的含量没有蔬菜高，如果完全用水果代替蔬菜，会直接导致准妈妈维生素摄入量不足。所以水果要吃，蔬菜也要吃，两者同样重要。

不要过量食用含糖量高的水果

准妈妈应该首选含糖量较低的水果，比如西瓜、苹果、梨、橘子、桃、葡萄等，每天吃水果别超过500克。妊娠期糖代谢异常或是患有妊娠糖尿病的准妈妈则要减半，最好等血糖控制平稳后再吃水果。如果喜欢吃香蕉、菠萝、荔枝、柿子之类含糖量较高的水果就一定要减量。吃水果的时间最好选在两餐之间，这样既不会使血糖太高，又能防止低血糖的发生。

吃完水果最好漱漱口

准妈妈在吃水果后要记得漱口，因为水果一般都含有发酵类能量物质，对牙齿有较强的腐蚀作用。因此吃完水果后最好漱口。不然残留在口腔中的水果残渣会造成龋齿。

有些水果准妈妈最好少吃

山楂可活血、化淤、通经，对子宫有一定的收缩作用，所以在怀孕早期应该少吃。有流产史或者有流产征兆的准妈妈更应该忌吃，即使是山楂制品也不例外。

从中医角度来说，女性怀孕之后体质一般偏热，阴血往往不足，此时一些热性的水果，比如荔枝、桂圆等应该适量食用，否则容易产生便秘、口舌生疮等上火症状。尤其是有先兆性流产的准妈妈更要谨慎，因为热性水果容易引起胎动不安。

适量吃西瓜可以利尿，但吃太多容易造成脱水等症状，特别是胎动不安和胎漏下血（有早产症状者）的准妈妈更要忌吃。

过量食用柑橘容易引起燥热、上火，发生口腔炎、牙周炎、咽喉炎等。准妈妈每天吃柑橘不宜超过3个，总重量应该控制在250克以内。

柿子有涩味，吃多了会感到口涩舌麻，收敛作用很强，容易引起大便干燥；遇酸则容易凝集成块，与蛋白质结合后产生沉淀。因此，吃柿子应该适可而止，最好一次只吃 1 个，不可以多吃。

猕猴桃性寒，所以脾胃虚寒的准妈妈要慎食，经常性腹泻和尿频的准妈妈也不宜吃。饭后 1～3 小时吃较为合适，不宜空腹吃。有先兆性流产现象的准妈妈千万别吃猕猴桃。

环境胎教：腹痛和出血要警惕

孕早期的有些腹痛是怀孕后的正常生理反应，比如子宫迅速增大引起的腹痛，但这种腹痛一般是隐隐的，不明显。如果出现小腹阵痛或腰痛，并伴有阴道出血，可能预示着流产等危险的发生，应及时到医院就诊。

妊娠的前 3 个月自然流产多由胚胎原因引起，主要是染色体异常造成的。引起自然流产的另一个重要原因是淋病，有关统计资料表明，在自然流产的准妈妈中，淋病导致的流产约占 32%。育龄期女性的淋病几乎 100% 是通过性交感染的，从这一点来说，孕早期应避免性交。

腹痛和出血的另外两个危险的原因是宫外孕和葡萄胎。什么是宫外孕？在正常的妊娠中，精子和卵子相遇并完成受精，受精卵经过输卵管后在子宫内膜上着床。但是，也会出现受精卵不在子宫内部，而是在其他部位着床的情形，这就是宫外孕。90% 的宫外孕属于受精卵在输卵管上着床的输卵管妊娠，如果这种状态持续下去，将导致输卵管破裂或流产，引起大出血，若不及时进行处理会危及准妈妈的生命。阴道流血、腹

痛下坠是宫外孕的典型表现，如果准妈妈下腹疼痛加剧，伴有恶心，呕吐、头晕、出汗、面色苍白，是危险之兆。此时准妈妈应保持头低、脚高的体位，安静，保温，寻求急救，如拨打急救中心电话等。

什么是葡萄胎？葡萄胎是指实际上没有胎宝宝，胎盘发育不正常的情形。因胎盘底部的微细绒毛产生异常，子宫内形成葡萄形状的水泡，并充满子宫。葡萄胎的发生概率为0.5%，但如果不消除产生的葡萄胎，有可能发展为癌症。葡萄胎患者在孕早期大多会出现间断性阴道出血、子宫异常增大、腹痛、恶心、呕吐症状重且持续时间长等现象。如果有上述现象，准妈妈一定要及时就医，以便明确诊断。

被确诊为葡萄胎后要及时住院吸宫，常需清宫2~3次，清除物一定要送病理检查，根据病理检查结果决定是否需要进行预防性化疗及子宫切除手术。有15%左右的葡萄胎可转为恶性，手术后一定要定期到医院检查，间隔为1个月、3个月、半年、1年，直到2年。按医生的要求进行随诊，同时严格实施避孕措施，2年后完全没有问题了才可以考虑是否再次妊娠。

环境胎教：远离霉菌，快乐怀孕

霉菌性阴道炎是由霉菌，也就是白色念珠菌引起的阴道炎症。怀孕后阴道内酸碱环境改变，适合霉菌的生存，因此准妈妈得霉菌性阴道炎非常普遍。1/3的准妈妈阴道带有霉菌，其中一半准妈妈没有症状，成了带霉菌者，另一半有明显症状，就成了霉菌性阴道炎。

霉菌性阴道炎有哪些症状

霉菌性阴道炎最主要的表现就是瘙痒、灼痛、豆腐渣样白带，常出现下列不适症状：

★ 白带增多，白带呈豆腐渣样或凝乳状；

★ 外阴部和阴道瘙痒并伴有烧灼痛感；

★ 排尿不适，尿频，尿急。

为何准妈妈容易患霉菌性阴道炎

★ 怀孕后全身的抵抗力下降，是霉菌乘虚而入的好时机；

★ 怀孕后阴道充血、分泌旺盛、

外阴湿润，有利于霉菌生长；

★ 准妈妈阴道 pH 值较怀孕前明显增高，适合霉菌繁殖。

霉菌性阴道炎对宝宝有哪些影响

以下 4 点对宝宝的影响中前两点很常见，第 3 点较少见，第 4 点很少见，但却是最严重的。

★ 新生儿鹅口疮；

★ 新生儿肛门周围念珠菌性皮炎；

★ 女婴可出现霉菌性阴道炎典型症状；

★ 胎宝宝感染、早产：极少数准妈妈阴道的霉菌经宫颈上行，穿透胎膜感染胎宝宝，引起早产。

怎样治疗霉菌性阴道炎

怀孕早期（12 周以内），症状较轻的准妈妈可以用 2% ~ 3% 的苏打水、洁尔阴清洗外阴，或选择中药洗剂改善瘙痒症状；感染情况严重的准妈妈可以在进行阴道擦洗后由专科医生决定是否使用阴道栓剂、使用何种栓剂，放置栓剂的过程必须由医院的妇产科护士完成，以免用药不慎给宝宝带来不良影响。

霉菌可以寄生于男性生殖道内，再通过性交传染给女性。所以，让老公一起来治疗是防止复发的关键。

患有霉菌性阴道炎的准妈妈，应该每天换内裤，用过的内裤、毛巾洗净后应该煮沸 5 分钟后再暴晒才能使用。

远离霉菌的好方法

治病不如防病，准妈妈想要远离霉菌性阴道炎应该从下面 5 个方面加强注意：

★ 单独清洗内衣裤：特别是在家人有霉菌感染时，如香港脚、灰指甲等；

★ 慎用女性清洁液：尤其不要做阴道冲洗，不然改变了阴道酸性环境可正中霉菌下怀；

★ 避免长时间使用抗生素：杀灭了阴道正常细菌，霉菌当然乘虚而入了；

★ 少吃甜食，控制血糖：准妈妈是糖尿病的高发人群，血糖升高会间接改变阴道的 pH 值；

★ 保持外阴干燥，注意外阴清洁，穿宽松、透气性高的内裤。

意念胎教：多看可爱宝宝的图片

有些科学家认为，在妈妈怀孕期间，如果经常设想孩子的形象，则这种设想的形象在某种程度上与将要出生的胎宝宝较相似。因为妈妈与胎宝宝具有心理与生理上的相通，从胎教的角度来看，准妈妈的想象是通过妈妈意念构成胎教的重要因素，并转化渗透在胎宝宝的身心感受之中。同时，妈妈在进行胎宝宝形象的构想时，会使情绪达到最佳状态，促进体内具有美容作用的激素增多，使胎宝宝面部器官的结构组合及皮肤的发育良好，从而塑造出理想中的胎宝宝。我们在日常生活中看到许多相貌平平的父母却能生出非常漂亮的孩子，这与怀孕时妈妈经常强化孩子的形象是有关系的。

进行想象胎教是一个非常愉快的过程。准妈妈可以静静地躺在床上，看一些可爱宝宝的图片。准妈妈可以一边看这些可爱的宝宝，一边想象自己宝宝可爱的样子。如果准爸爸有时间也可以加入进来，在抚摸胎宝宝的同时，还可以对胎宝宝说些想说的话，比如："宝宝，你也会像这些小朋友一样漂亮可爱。""宝宝，看这个宝宝笑得多甜呀！你也笑一笑吧！"这个时刻肯定是准妈妈和准爸爸最开心的时刻，对宝宝的憧憬，对爱人的温情体贴的言语赞赏，肯定会让准妈妈的心情豁然开朗。

美育胎教：欣赏王维的《鹿柴》

王维是唐代山水田园诗派诗人，《鹿柴》是他的代表作之一，是他隐居辋川时的作品。这首诗描绘了鹿柴附近的山林在傍晚时分的幽静景色，充满了绘画的意境，反映了诗人对大自然的热爱和对尘世官场的厌倦。宋代刘辰翁在

《唐诗品汇》卷三十九中说："无言而有画意。"清代沈德潜《唐诗别裁》卷十九说："佳处不在语言，与陶公'采菊东篱下，悠然见南山'同。"

鹿柴

空山不见人，
但闻人语响。
返景入深林，
复照青苔上。

这首诗是王维五言绝句组诗《辋川集》二十首中的第五首。鹿柴，是辋川的地名。

第一句"空山不见人"，先正面描写空山的杳无人迹。王维特别喜欢用"空山"这个词语，但在不同的诗里，它所表现的境界却有区别。"空山新雨后，天气晚来秋"（《山居秋暝》），侧重于表现雨后秋山的空明洁净；"人闲桂花落，夜静春山空"（《鸟鸣涧》），侧重于表现夜间春山的宁静幽美；而"空山不见人"，则侧重于表现山的空寂清冷。由于杳无人迹，这并不真空的山在诗人的感觉中显得空廓虚无，宛如太古之境。"不见人"把"空山"的意蕴具体化了。

如果只读第一句，读者可能会觉得它比较平常，但在"空山不见人"之后紧接"但闻人语响"，却境界顿出。"但闻"二字颇可玩味。通常情况下，寂静的空山尽管"不见人"，却非一片静默死寂。啾啾鸟语，唧唧虫鸣，瑟瑟风声，潺潺水响，相互交织，大自然的声音其实是非常丰富多彩的。然而此刻，这一切都杳无声息，只是偶尔传来一阵人语声，却看不到人影（由于山深林密）。这"人语响"，似乎是破"寂"的，实际上是以局部的、暂时的"响"反衬出全局的、长久的空寂。空谷传音，愈见空谷之空；空山人语，愈见空山之寂。人语响过，空山复归于万籁俱寂的境界；而且由于刚才那一阵人语响，这时的空寂感就更加突出。

三、四句由上幅的描写空山中传语进而描写深林返照，由声而色。深林，本来就幽暗，林间树下的青苔，更突出了深林的不见阳光。寂静与幽暗，虽分别诉之于听觉与视觉，但它们在人们总的印象中，却常属于一类，因此幽与静往往连类而及。按照常情，写深林的幽暗，应该着力描绘它不见阳光，这两句却特意写返景射入深林，照映的青苔上。读者猛然一看，会觉得这一抹斜晖，给幽暗的深林带来一线光亮，给林间青苔带来一丝暖意，或者说给整个深林带来一点生意。但细加体味，就会感到，无论就作者的主观意图或作品的客观效果来看，都恰与此相反。一味的幽暗有时反倒使人不觉其幽暗，而当一抹余晖射入幽暗的深林，斑斑驳驳的树影照映在树下的青苔上时，那一小片光影和大片的无边的幽暗所构成的强烈对比，反而使深林的幽暗更加突出。特别是这“返景”，不仅微弱，而且短暂，一抹余晖转瞬逝去之后，接踵而来的便是漫长的幽暗。如果说，一、二句是以有声反衬空寂；那么三、四句便是以光亮反衬幽暗。整首诗就像是在绝大部分用冷色的画面上掺进了一点暖色，结果反而使冷色给人的印象更加突出。

静美和壮美，是大自然的千姿百态的美的两种类型，其间原本无轩轾之分。但静而近于空无，幽而略带冷寂，则多少表现了作者美学趣味中独特的一面。同样写到“空山”，同样侧重于表现静美，《山居秋暝》色调明朗，在幽静的基调上浮动着安恬的气息，蕴涵着活泼的生机；《鸟鸣涧》虽极写春山的静谧，但整个意境并不幽冷空寂，素月的清辉、桂花的芬芳、山鸟的啼鸣，都带有春的气息和夜的安恬；而《鹿柴》则带有幽冷空寂的色彩，尽管还不至于幽森枯寂。

王维是诗人、画家兼音乐家。这首诗正体现出诗、画、乐的结合。无声的静寂、无光的幽暗，一般人都易于觉察；但有声的静寂，有光的幽暗，则较少为人所注意。诗人正是以他特有的画家、音乐家对色彩、声音的敏感，才把握住了空山人语响和返景入深林的一刹那所显示的特有的幽静境界。但是这种敏感，又和他对大自然的细致观察、潜心默会分不开。

美育胎教：欣赏杜甫的《春夜喜雨》

《春夜喜雨》是唐诗中的名篇之一，是杜甫在成都草堂居住时所作（创作于公元761年）。诗中以极大的喜悦之情，赞美了来得及时、滋润万物的春雨。其中对春雨的描写，体物精微，绘声绘形，是一首入化传神，别具风韵的咏雨诗，为千古传诵的佳作。

春夜喜雨

好雨知时节，当春乃发生。

随风潜入夜，润物细无声。

野径云俱黑，江船火独明。

晓看红湿处，花重锦官城。

《春夜喜雨》是杜甫在公元761年（唐肃宗上元二年）春天，在成都浣花溪畔的草堂时写的。此时杜甫因陕西旱灾来到四川定居成都已两年。他亲自耕作，种菜养花，与农民交往，因而对春雨之情很深，写下了这首诗描写春夜降雨、润泽万物的美景，抒发了诗人的喜悦之情。文章中虽没有一个喜字，但四处洋溢着作者的喜。《春夜喜雨》抒发诗人对春夜细雨的无私奉献品质的喜爱赞美之情。

全诗这样写道："好雨知时节，当春乃发生。随风潜入夜，润物细无声。野径云俱黑，江船火独明。晓看红湿处，花重锦官城。"一、二句"好"字含情，赞盛春雨。"知时节"赋予春雨以人的生命和情感，在作者看来，春雨体贴人意，知晓时节，在人们急需的时候飘然而至，催发生机。多好的春雨！首联既言春雨的"发生"，又含蓄地传达出作者热切盼望春雨降临的焦急心绪。颔联显然是诗人的听觉感受。春雨来了，在苍茫的夜晚，随风而至，悄无声息，滋润万物，无意讨好，唯求奉献。听雨情景作者体察得很细致，就连春雨洒洒，静默无声也被诗人听出来了。可见，惊喜于春雨的潜移默化，诗人彻夜难眠。颈联紧承颔联，诗人唯愿春雨下个通宵，又恐突然中止，亦喜亦忧，推门而出，伫立远眺，只见平日泾渭分明的田野小径也融入夜色，漆黑一片，可见夜有多黑，雨有多密。而江船渔火红艳夺目，又反衬出春夜的广漠幽黑，也从侧面烘托出春雨之繁密。尾联系想象之辞，诗人目睹春雨绵绵，欣慰地想到第二天天亮的时候，锦官城将是一片万紫千红的春色。花之红艳欲滴、生机盎然正是无声细雨潜移默化，滋润洗礼的结果。因此，写花实乃烘托春雨的无私奉献品格。通过以上对诗句的分析，不难看出，杜甫是按这样一条情感思路来构思行文的：盼雨——听雨——看雨——想雨。俗话说，"春雨贵如油"，对于这珍贵如油的春雨，众人皆盼，诗人亦然。而当春雨飘然降临的时候，诗歌意在盛赞春雨默默无闻、无私奉献的崇高品质，这份对春雨的喜爱之情描绘得如此细腻逼真，曲折有致，让人能感受到当时的情景，这不能不令人惊叹杜甫洞幽显微，体物察情的艺术功力。此外，诗歌细节的捕捉和描绘也能体现诗人体物察情的优长。“随风潜入夜，润物细无声。”“潜”字拟人化，描摹春雨来去悄无声息、无影无踪的情态，颇具情趣，诱发人们对春雨的喜爱之情。“润”字传达神，准确而生动地写出了春雨滋润万物，静默无声的特点，既绘形，又言情，形情皆备，精深独妙。“花重锦官城”，着一“重”字，准确地写出了经受春雨一夜洗礼滋润之后锦官城花朵红艳欲滴，饱含生机的情态，寄寓了作者对春雨的盛赞之情。“野径云俱黑，江船火独明”则又抓住典型细节，工笔细描，精妙传神地渲染出春雨迷蒙、色彩迷离的氛围。总之，杜甫的《春夜喜雨》无论在锤字炼句方面，还是在意象的捕捉、细节的描写方面，都体现了他体物察情，精细入微的过人之处。结合杜甫诗风沉郁顿挫来对比赏读，读者必将获得对杜诗另一种生命情趣的深刻理解。这是描绘春夜雨景，表现喜悦心情的名作。

诗歌一开头（首联）就用一个“好”字赞美“雨”。在生活里，“好”常常被用来赞美那些做好事的人。这里用“好”赞美雨，已经会唤起关于做好事的人的联想。接下去，就把雨拟人化，说它“知时节”，懂得满足客观需要。的确，春天是万物萌芽生长的季节，正需要下雨，雨就下起来了。它是多么“好”。

第二联（颔联），进一步表现雨的“好”。雨之所以“好”，就好在适时，好在“润物”。称赞春雨霏霏、悄无声息的特点，而且表现了它无私的品质。春天的雨，一般是伴随着和风细细地滋润万物的。然而也有例外。有时候，它会伴随着冷风，由雨变成雪。有时候，它会伴随着狂风，下得很凶暴。这样的雨尽管下在春天，但不是典型的春雨，只会损物而不会“润物”，自然不会使人“喜”，也不可能得到“好”评。所以，光有首联的“知时节”，还不足以完全表现雨的“好”。等到第二联写出了典型的春雨伴随着和风的细雨，那个“好”字才落实了。

“随风潜入夜，润物细无声。”这仍然用的是拟人化手法。这两句也是名句，比喻无微不至的关爱与和风细雨的教诲。“潜入夜”和“细无声”相配合，不仅表明那雨是伴随和风而来的细雨，而且表明那雨有意“润物”，无意讨“好”。如果有意讨“好”，它就会在白天来，就会造一点声势，让人们看得见，听得清。唯其有意“润物”，无意讨“好”，它才选择了一个不妨碍人们工作和劳动的时间悄悄地来，在人们酣睡的夜晚无声地、细细地下。

雨这样“好”，就希望它下多下够，下个通宵。倘若只下一会儿，就云散天晴，那“润物”就很不彻底。诗人抓住这一点，写了第三联（颈联）。在不太阴沉的夜间，小路比田野容易看得见，江面也比岸上容易辨得清。此时放眼四望，“野径云俱黑，江船火独明。”只有船上的灯火是明的。此外，连江面也看不见，小路也辨不清，天空里全是黑沉沉的云，地上也像云一样黑。看起来，准会下到天亮。

尾联写的是想象中的情景。如此“好雨”下上一夜，万物就都得到润泽，发荣滋长起来了。万物之一的花，最能代表春色的花，也就带雨开放，红艳欲滴。等到明天清早去看看吧：整个锦官城（成都市南）杂花生树，一片“红湿”，一朵朵红艳艳、沉甸甸，汇成花的海洋。

这首诗写的是“雨”，诗人敏锐地抓住这场雨的特征，从各个方面进行描摹。前两句写了下雨的季节，直接赞美了这场雨的及时。雨仿佛知晓人们的心思，在最需要的时候悄然来临。后面六句集中写了“夜雨”。野外一片漆黑，只有一点渔火若隐若现。诗人于是兴奋地猜测：等到天明，锦官城里该是一片万紫千红吧。诗中没有一个“喜”字，但从“潜”“润”“细”“湿”等字，都体现着诗人的喜悦之情。

浦起龙说：“写雨切夜易，切春难。”这首《春夜喜雨》诗，不仅切夜、切春，而且写出了典型春雨的、也就是“好雨”的高尚品格，表现了诗人的、也是一切“好人”的高尚人格。

情绪胎教：学会调整自己的情绪

学会平易对待一切

家里、单位里，我们每个人都会遇到不顺心、不愉快的事，遇到时多想一想人世间的一切各有其理、各有其规律，强求不行，强扭也不行。生活原本是很平常的，无论是多么显赫的人也会有各种烦恼，也会遇到各种不幸，心情就容易平静下来。所以，平易淡泊，忧患就不会入心。这种心态遇到不顺心事时要有，没有遇到不顺心事时也要有，因为没有过分的欲望，人也就可以少些忧患不满。

怀孕期间准妈妈由于体内内分泌的变化会有不适，有时甚至会有肝火旺、想发火的冲动。现在有不少独生子女进入了生育期，由于从小受父母呵护长大，娇生惯养、不会料理生活，也不会体谅别人，自控力又差，面对婚姻和繁杂的家居生活、面对怀孕生孩子的艰辛，往往思想准备不足，委屈感特别多，遇事情绪特别容易变坏。这类准妈妈怀孕后一定要学会调整好自己的情绪，理解生活本来就是充满艰辛和繁杂的，一切只有靠自己去担当才会有乐趣、才会变得容易，千万别让一时任性脾气失控，影响了胎宝宝的身心健康。

另外，现代人的生活常常会受电视广告的影响，广告天天在诱导人去追求豪华的东西、奢侈的生活，再追求更豪华的东西和更奢侈的生活，不少人由此会有非分的欲望，以为我们的生活应该就是奢华的，不那样就是生活的不公或他人的不是，于是无端地生活于不满和不平等不良情绪之中，无形中伤害了自己，也伤害了胎宝宝。所以，准爸爸和准妈妈更要树立起平易对待生活的人生态度，以免被不适当欲望所误，忽视了给胎宝宝提供必要的情绪环境的使命。

学会理解他人

家里、单位里，准妈妈也常会遇到与他人意见不相合的时候，此时最好不要固执己见，非要他人迁就自己，非要争个水落石出。我们都身处于社会之中，每个人都有自己的意志，如果谁都不相让，社会及家庭都会变得可怕地难处，如果是胎宝宝的父母，就会给胎宝宝带来不安、不舒服的环境。所以准父母要多从对胎宝宝的利害、多从他人的立场想问题，尽量多理解他人的意见，即使不能理解也要学会淡然处之。遇事这样想了一切就会迎刃而解了，即使是棘手的问题也会变得容易解决、沟通。俗话说得好，后退一步，海阔天高。学会理解他人的人，生活往往就容易、顺利得多。准妈妈从保护胎宝宝考虑，更应该心胸开阔，不与人计较，尽可能避免争议和动肝火。

夫妻之间因为生活和工作的辛苦往

往也会有不少摩擦，相互间一定要学会体谅。有些娇惯的准妈妈会因为怀孕而需要丈夫的无条件迁就，不这样就觉得委屈，其实这样的情绪对胎宝宝也是不利的。怀孕有不适，固然需要丈夫更多的关切、体谅和生活上的帮助，准妈妈自己也要多自持，多理解丈夫的不易和辛苦，并从为胎宝宝的角度出发，努力调整好情绪。善于理解他人、心胸宽阔会使准妈妈自身更有舒适感，因为它也能使你的气血更为畅通，从而有利于健康。

妻子怀了孕，当丈夫的自然应该多给妻子一些关心和体贴，平时适当减少一些社交活动和外部工作，少看一些足球，少做一些纯个人的事，工作后少晚归，多给妻子一些相处和共同娱乐的时间，细心帮助妻子解决一些生活小问题，有时间带妻子出去散散心、透透新鲜空气，尽可能维护好妻子的情绪和心态，使她有幸福感和愉悦感。这对你们未来的宝宝是大有益处的，因为家庭和睦、妻子幸福，胎宝宝一定健康活泼聪明。

学会营建积极的家庭气氛

平常而繁杂的家庭生活，如果夫妻能用积极的态度去对待，可能会变得很有滋味，这不仅能给每个家庭成员带来好心情，还会有益于各人的健康，这对胎宝宝当然也会是极有益的。许多事是有趣还是平淡，关键还是看你怎么去对待。准父母要学会从平常的生活事件中发现乐趣，比如剥毛豆，有人会认为是件烦人的费时间的事，不得已干了，心里会闷闷不乐，甚至对他人发脾气；有人却能剥得有滋有味，从中得乐；也有人会把它当成一种培养自己耐心的机会。如果你能把它当成是在从事一件艺术创作，把豆剥得干净，放到漂亮的碗里，配上别种色彩的菜丁，炒成一盘色香味俱全的惹人喜爱的菜肴，它就是一项能让人进行艺术创作、从中获得激情

的活动了。如果你用积极的态度去对待，日常生活的每一件小事都可以成为有乐趣的事，从这一点出发，你可以把平常的生活变得很美好，这就给胎宝宝创造了最佳生长环境。

情绪胎教：听听其他准妈妈怎么说

还记得怀孕那个月月经推迟了20多天还没有来，我跟老公说我可能怀孕了，一验竟然真的有了！

根据末次月经和排卵期推算，我怀上康康应该是在5月中下旬。6月1日前后，每天都觉得恶心，胃里说不出的难受，想吃酸东西。记得有报道说，意外怀孕的女性孕吐的概率以及程度大大高于有备怀孕的女性。随着时间的推移，怀孕不到40天的时候我已经吃不下东西，人也瘦了快6斤。

因为是意外怀孕，我很担心胎宝宝的质量，因为我没有提前补充叶酸什么的，而且那个时候孩子爸爸还没戒烟！虫子质量肯定受影响，更何况意外漏出的少量虫子中万一并不是最健康的夺标怎么办？总之，我想得很多，天天提心吊胆，太焦虑了，吐得就更厉害了。

下面说说我五花八门的吐。

吃钙片就吐：都说要补钙，我都能感觉到钙片在我胃里刚一化了我就吐了，经常是想吐还没来得及跑到厕所直接喷了一地。

喝水吐：喝什么水都吐，牛奶必须加一点咖啡。虽然都说咖啡对宝宝不好，但如果不加咖啡，就会和喝水一样，甚至可以吐自己一身。白开水不能喝，喝完直接进厕所，不走肾，吐出来就是“柠檬汁”一样酸极了的东西，一直吐到嘴里发苦才停下。没辙，人不能不喝水啊，于是全家人就在超市一样一样的饮料买回来试验，后来发现只能喝某品牌的无糖乌龙茶，3个条件缺一不可！说来也怪，这是我大学时代自习时最喜欢喝的饮料。虽然茶对宝宝也不好，可是没有办法，大夏天的实在太渴了。顺便说一句，汤也不能喝，水果也不能吃。但这个乌龙茶也只是持续了两周，随后也不能喝了，我几乎到了崩溃的边缘。我实在熬不住了，去医院检查，排队3小时，医生连10句话都没和我说，还都是我主动发问，说到我剧烈呕吐的事情，他只是轻描淡写地说了句：“吐也得喝啊。”我几乎要疯掉的时候，老公载我出门放风，偶然发现某品牌的纯净水竟然喝了可以不吐！我终于得救了，我还记得我第一次喝下水却没有吐的那天，我突然发现屋外竟然是阳光明媚……

吃东西吐：本来喜欢吃酸的我，不知从什么时候开始酸的、甜的都不能吃了，炒菜不能放糖、醋、辣椒。最痛苦的是，无论什么原因某种食物只要吃了吐过之后，以后就再也不能吃这种食物了，包括韭菜、西红柿、苹果、西瓜等，我感觉我快要变成熊猫了。经常是凌晨1点多，我吐了个精光后，非要吃麦当劳的板烧鸡腿堡，吃了绝对不会再吐。所以无论多晚，老公总是可怜兮兮地从被窝里爬出来去给我买回来，风雨无阻……

不知不觉孕吐慢慢减轻了，到底怎么减轻的我也不知道，我只知道我能大口大口吃东西了，孕吐折磨我的次数也越来越少了。

我知道，正因为怀的、生的都很辛苦，才更加珍惜上帝赐给我们的这个小天使，其实回想起来也是一种不同寻常的经历呢！

摘自《红孩子孕产育儿宝典》，本文作者：宁静月夜（网名）

抚摸胎教：边抚摸边与胎宝宝说说话

抚摸胎教是父母与胎宝宝沟通的重要途径，是建立在胎宝宝具有触觉的基础上实行的，能使胎宝宝感知到父母的存在，也可以带给父母无穷的乐趣。父母在抚摸胎宝宝时，一边和胎宝宝轻轻地说话，一边相互之间谈谈心，交流交流感情，好似一家三口围坐在一起，充满温馨、亲密的气氛。

孕早期，胎宝宝的大脑处在迅速发育的阶段，对情感有较灵敏的感受，并不是无感觉、无头脑的。抚摸养胎有利于胎宝宝大脑的发育。实行抚摸养胎，准妈妈一般心情愉快，对胎宝宝充满了

关爱，气血处于很顺畅的状态，胎宝宝的气血也会随之变得更顺畅，对于胎宝宝机体平衡的发育很有利，对于胎宝宝大脑平衡的发育也很有利。

一个人的情绪处于平和愉快的状态之中，身体会分泌多种能补养身体的化学物质，及有利于健康的激素；相反，如情绪处于不快、忧郁的状态，身体则分泌多种有害物质，有害物质日积月累，会导致心脏病、癌症等疾病。准妈妈充满爱意的抚摸是一种感受上的补剂，对胎宝宝的心情能起到抚慰作用，自然也会有利于胎宝宝个性的健康发展。

专家们根据对胎宝宝出生后的跟踪调查发现，经过抚摸养胎训练的胎宝宝，出生后会比一般宝宝动作灵活，感受力强，对环境的反应能力也较强，身体也会更健康；而胎宝宝在接受抚摸时，会有很愉悦、舒服的表情，表现得非常喜欢此类刺激。

专家提示

胎宝宝的触觉出现得很早，甚至早于感觉功能中最为发达的听觉。由于黑暗的宫内环境限制了视力的发展，所以胎宝宝的触觉和听觉就更为发达。

孕4月（第13~16周）胎教计划

胎教常识：这个月胎宝宝的生长发育

怀孕第13周

胎宝宝已有7~8厘米长，体重将近23克。令人惊叹的是，尽管此时他仍然很小，却已经有指纹了。如果胎宝宝是个女孩，那么此时她的卵巢中已经有了大约200万颗卵子，但是到她出生时，卵子的数量就只剩下一半了。

怀孕第 14 周

胎宝宝大约像一只柠檬那样大，体重为 43 克。他的牙床上有了牙槽，20 颗乳牙将会从这里长出。虽然他在出生前还不能发出任何声音，但是已经长出了小小的声带。

在大脑的指挥下，胎宝宝能做出一个又一个表情：他会斜眼看、皱眉，还会做鬼脸。虽然胎宝宝的手脚非常灵活好动，但此时准妈妈还感觉不到胎宝宝微弱的拳打脚踢。手指甲开始长出，而且会做抓的动作了。如果做个超声波扫描的话，也许还能看到胎宝宝吮吸自己的大拇指。

胎宝宝的肝脏在这一周开始分泌胆汁，这表明他的肝脏正常地发挥着自己的作用。脾脏也开始辅助制造红细胞了。肠子已经从脐带里移动到腹腔中，消化道的肌肉开始收缩。肾脏开始制造尿液，他把这些尿液排泄到包围着他的羊水里。

专家提示

胎宝宝的生殖器官开始呈现出男性或女性的特征了，不过在做 B 超检查的时候还看不出来。

怀孕第 15 周

胎宝宝身长将近 11 厘米，体重 70 克左右。腿长得比胳膊长了，手指甲已经完全长成。所有的关节和四肢都能动了。此时，胎宝宝经常会打嗝。他无法发出任何声音，因为他的气管中充满了液体，而非空气。

怀孕第 16 周

胎宝宝已经有一个大鳄梨那么大了，体重大约有 100 克，并且在接下来的 3 周时间里，他的体重还会翻倍，身长也会增加不少。他可能已经找到了他的第一件玩具——脐带，他喜欢对脐带又拉又抓。

胎教常识：这个月准妈妈的身体变化

从这个月开始进入孕中期，早孕反应逐渐消失，食欲开始好转。流产危险期已经过去，准妈妈和胎宝宝都进入了安定期。

★ 早孕反应逐渐消失，食欲开始好转，甚至是胃口大开。到怀孕的第 16 周，体重可能已经增加了 4. 5 千克。

此时，准妈妈要开始做好孕期的体重控制。另外，可能会出现贫血、牙龈出血的问题。

★ 子宫会逐渐变大，从外表已经可以看出下腹部的突起。到这个月的月末，宫底达脐和耻骨联合上缘之间。此时子宫上升到骨盆上方，对膀胱的压迫减少。不过，因为支撑子宫的韧带被拉长，准妈妈会时常觉得腰酸。乳房的发育还在继续，乳头和乳晕呈深褐色，但相比前几个月，表现并不明显。有的准妈妈乳房已经开始分泌初乳。

★ 准妈妈的基础体温开始下降，逐渐呈低温状态并持续到分娩结束。阴道内的酸度降低，容易感染细菌，要注意保持清洁。供给胎宝宝血液、氧气和营养素的胎盘已经发育完善，且准妈妈与胎宝宝之间已有脐带连接，所以流产危险降低。

营养胎教：适当增加能量的摄入

怀孕3个月后，大部分准妈妈的妊娠反应基本停止，恶心、呕吐症状大体消失，食欲趋于好转，胃口开始大增，应抓紧时机进补，及时、有效、合理地补充此时胎宝宝生长发育所需要的营养。

从这个月开始，胎宝宝的生长速度开始加快，准妈妈的子宫、胎盘和乳房等也逐渐增大，需要充足的能量。孕中期，每日对能量的需求大约比未孕前增加5%～10%，约增加200千卡，即一天需要摄入2300千卡能量。影响能量需要的因素很多，如孕前体重、孕期体重增加的情况和准妈妈的活动量等，不可能有一个确切的能量需要量适用于所有的准妈妈。一般可根据准妈妈体重的增长来评价和判断能量的摄入是否适宜，孕中、晚期每周增重应不少于0.3千克、不多于0.5千克。

碳水化合物、脂类和蛋白质经体内代谢可释放能量，统称为“三大产能营养素”。其中，碳水化合物是人体最重要的能量来源，人体所需的能量50%是由食物中的碳水化合物提供的。粮谷类食物是碳水化合物的主要来源，中国营养学会建议孕中期每日应摄入350～450克粮谷类食物。

脂类是人类膳食能量最经济的来源，1克脂肪在体内分解成二氧化碳和水并产生9千卡能量，比1克蛋白质或

1克碳水化合物高一倍多。2000年《中国居民膳食营养素参考摄入量》推荐准妈妈膳食脂肪供能比为20%～30%，即一天需要从脂类食物中摄入460～690千卡能量（约合51～76克脂肪）。

食物脂肪含量排行榜

排名顺序	食物名称	含量（克/100克）
1	猪肉（肥）	90.4
2	猪肉（脖子）	60.5
3	猪肉（肋条肉）	59.0
4	核桃	58.8
5	松子（炒）	58.5
6	葵花子（炒）	52.8
7	南瓜子仁	48.1
8	花生（炒）	48.0
9	西瓜子仁	45.9
10	北京填鸭	41.3

在一般情况下，人体主要依靠碳水化合物和脂肪供应能量，但如果这两者供能不足，如长期不能进食或消耗量太大时，体内的糖原和贮存脂肪已大量消耗之后，将依靠组织蛋白质分解产生氨基酸来获得能量，以维持必要的生理功能。

营养胎教：保证优质蛋白质的摄入

怀孕期间，胎宝宝、胎盘、羊水、血容量的增加及准妈妈子宫、乳房等组织的生长发育约需925克蛋白质，其中胎宝宝体内约440克，胎盘100克，羊水3克，子宫166克，乳腺81克，血液135克。胎宝宝早期肝脏尚未发育成熟，缺乏合成氨基酸的酶，所有的氨基酸都是必要氨基酸，需要由母体提供。

孕中期要注意摄入足量的蛋白质，特别是优质蛋白质。2000年《中国居民膳食营养素参考摄入量》建议，孕中期准妈妈每日应摄入15克蛋白质。世界卫生组织建议：孕中期应每日增加优质蛋白质9克，相当于牛奶300毫升，或鸡蛋2个，或瘦肉50克。如果准妈妈以素食为主，则每日应增加蛋白质15克，相当于干黄豆40克，或豆腐200克，或豆腐干75克，或主食200克。

蛋白质的食物来源主要分为动物性和植物性两种，动物蛋白质营养价值优于植物蛋白质，是人体蛋白质的重要来源。动物蛋白质中，蛋类含蛋白质11%～14%，是优质蛋白质的重要来源；奶类（牛奶）一般含蛋白质3.0%～3.5%，是婴幼儿蛋白质的最佳来源；肉类包括禽、畜和鱼的肌肉，新鲜肌肉含蛋白质15%～22%。

植物蛋白质中，谷类含蛋白质10%左右，蛋白质含量不算高，但由于是人们的主食，所以仍然是膳食蛋白质的主要来源。豆类含有丰富的蛋白质，特别是大豆含蛋白质高达36%～40%，氨基酸组成也比较合理，在体内的利用率较高，是植物蛋白质中非常好的蛋白质来源。特别是豆浆，蛋白质的消化吸引率高达95%，每天喝一杯豆浆是摄取优质蛋白质的有效方法。

准妈妈摄入蛋白质时应注意：动物性蛋白质应占全部蛋白质的一半，另一半为植物性蛋白质，包括大豆蛋白质。

食物蛋白质含量排行榜

排名顺序	食物名称	含量（克/100克）
1	黄豆	35.0
2	紫菜（干）	26.7
3	花生仁	24.8
4	绿豆	21.6
5	蘑菇（干）	21.1
6	牛肉（肥瘦）	19.9
7	鸡	19.3
8	羊肉（肥瘦）	19.0
9	草鱼	16.6
10	鸡蛋	13.3

营养胎教：孕中期要特别注意补铁

怀孕早期的妊娠反应使准妈妈铁的摄入量下降，机体铁的储备减少。怀孕期间的胃酸减少也会影响铁的吸收。而到怀孕中期，胎宝宝生长发育速度加快，准妈妈的血容量的急剧增大，都需要大量的铁。如果此时铁的摄入满足不了需求而缺铁，准妈妈机体的红细胞增生不足，出现缺铁性贫血、水肿、心功能障碍、妊娠中毒症的概率将会大大提高，使胎宝宝生长发育受阻，出现发育不良、低体重，甚至早产、死亡。

孕中期，准妈妈每日需铁量增加5～10毫克，也就是说，每日应摄入铁25毫克。一般每月查一次，如果检查发现血红蛋白低于10克，可以遵照医生的建议补充各种铁剂药物及维生素。

在早孕反应消失、饮食恢复正常后就应多吃含铁丰富的食物，如猪肝，每100克含铁25毫克，吸收率也高，最好每周能吃2～3次，每次100～150克；还可经常吃些瘦肉肉松、黑木耳、海带、紫菜、莲子、豆制品、虾米等含铁丰富的食物。用铁锅炒菜也是增加菜肴中铁含量的好方法。可以多吃些新鲜蔬菜、水果，增加维生素C的摄入，以提高食物中铁的吸收率。血红蛋白的生成不仅需要铁，也需要蛋白质，因此在饮食中补充铁的同时应注意补充蛋白质，只有补充足量的蛋白质才能提高补铁的效果。

专家提示

鉴于准妈妈贫血发生率较高，中国营养学会将孕妇铁的推荐摄入量定为正常成年人的1.25（孕中期）～1.75（孕晚期）倍。不要在饭后喝茶，更不要喝浓茶，因为茶叶中的鞣酸可妨碍铁的吸收。

食物中铁的吸收率极低，尤其是植物性食物中的非血红素铁吸收率不足10%，孕期对铁的需要通常很难从膳食中得到充分满足。一些学者主张自孕中期起通过补铁剂来改善准妈妈的贫血症状，常见的补铁剂有硫酸亚铁（剂量为150毫克/日）、富马酸亚铁（剂量为100毫克/日）等。

营养胎教：补血益气食谱举例

据资料显示，女性孕期患病率可高

达30%～40%。介绍以下几款益气补血营养佳肴，给任重道远的准妈妈们加油打气，为将来更好地照顾宝宝打下良好基础。

羊肉胡萝卜汤

原料：羊肉200克，胡萝卜150克，葱15克，姜10克，料酒5克，盐5克，糖2克。

做法：（1）胡萝卜洗净切块，葱姜洗净分别切成葱段和姜片；（2）羊肉洗净切成小块，入热水锅中汆煮约5分钟，捞出用温水洗净沥干；（3）将羊肉块、葱段、姜片放入沸水沙锅中，加入黄酒和糖，大火烧开后小火炖煮40分钟左右；（4）加入胡萝卜块继续炖煮约半小时；（5）出锅前根据个人口味调入食盐。

营养含量：能量295千卡，蛋白质41克，脂肪7.2克，碳水化合物17.8克，维生素A 3510国际单位，维生素B_2 0.43毫克，维生素C 22毫克，尼克酸13.1毫克，维生素E 1.33毫克，钙70毫克，铁7.2毫克，锌4.83毫克，硒10.2微克。

营养提示：羊肉肉质细嫩，易消化，蛋白质含量高而胆固醇含量低，脂肪含量低而有益于宝宝大脑发育的磷脂高，微量元素如锌、硒、铁等含量均较丰富。中医认为羊肉性质温热，益气补虚，暖中滋阴，是冬令进补的首选。胡萝卜中富含脂溶性的维生素A，与羊肉搭配可促进维生素A的吸收。

黄芪炖鸡

原料：乌鸡400克，干香菇30克，红枣20克，葱15克，姜10克，枸杞10克，黄芪5克，料酒5克，盐5克。

做法：（1）乌鸡去除内脏和头尾，洗净；（2）干香菇用清水泡发，泡香菇的水留取备用；（3）黄芪、红枣、枸杞用清水洗净；（4）把乌鸡放入沙锅中，一次性倒入足量清水，大火烧开后撇去浮沫；（5）锅中加入香菇、香菇水、黄芪、红枣、枸杞、姜、葱、料酒，大火煮开后，改小火慢炖1.5小时左右；（6）出锅前根据个人口味调入食盐。

营养含量：能量597千卡，蛋白质97.7克，脂肪9.9克，碳水化合物41.7克，维生素A 560国际单位，维生

素 B_2 1.27 毫克，维生素 C 12 毫克，尼克酸 35.4 毫克，维生素 E 8.12 毫克，钙 122 毫克，铁 13.6 毫克，锌 9.38 毫克，硒 34.61 微克。

营养提示：乌鸡不仅肉质较为细嫩，其蛋白质、烟酸、维生素 E、磷、铁、钾、钠的含量均高于普通鸡肉，而胆固醇和脂肪含量则较少，富含多种人体必需的氨基酸和维生素，是药食两用佳品。中医认为乌鸡性平味甘，滋阴清热，益气补血，非常适合女性使用。黄芪素以“补气诸药之最”著称，性温味甘，有补气固表、利尿退肿之功效。

鸭血粉丝汤

原料：鸭血 100 克，内酯豆腐 100 克，高汤 100 克，粉丝 30 克，香菜 5 克，香葱 5 克，姜 5 克，食盐 3 克，白胡椒粉 3 克，醋 3 克。

做法：（1）鸭血用清水反复冲洗后，切成 1 厘米见方的小丁，略焯；（2）姜切薄片，香葱、香菜切末，粉丝用温水泡软备用；（3）汤锅中加水、高汤和姜片，烧开后依次放入粉丝、豆腐、鸭血、食盐，中火煮至再次沸腾；（4）关火加入白醋、白胡椒粉调味；（5）出锅前撒一点香葱末和香菜末。

营养含量：能量 283 千卡，蛋白质 20.8 克，脂肪 2.7 克，碳水化合物 45 克，维生素 C 4 毫克，维生素 B_2 0.11 毫克，维生素 E 3.66 毫克，钙 48 毫克，铁 34 毫克，锌 1.28 毫克，硒 2.27 微克。

专家提示

贫血尤其是缺铁性贫血是孕期高发病，对胎宝宝危害甚大，严重的贫血会导致胎宝宝缺氧，引起胎宝宝宫内发育迟缓、早产甚至死胎。因此，孕妇一定要提防贫血的发生。孕前就要开始补充叶酸，怀孕后定期监测血红蛋白含量，注意补充铁含量丰富的食物，如瘦肉、动物血、肝脏、芝麻酱、蛏子等，必要时可遵医嘱补充铁剂。

营养提示：鸭血中铁含量非常高，每 100 克鸭血中含有高达 30.5 毫克的血红素铁，而且吸收率很高，适合用于补血。此外，鸭血还有净化肠道、促进有毒物质排出的作用。

桂圆红枣鸡蛋糖水

原料：干桂圆 50 克，鸡蛋 1 个，红枣 30 克，红糖 10 克，银耳 10 克。

做法：（1）干桂圆去壳去核，留取桂圆肉备用；（2）红枣去核洗净，银耳洗净泡发；（3）桂圆肉、红枣、银耳、红糖入炖锅，煮沸后转小火炖煮约1个半小时；（4）熄火前将鸡蛋打入汤羹，待鸡蛋煮熟后即可食用。

营养成分：能量332千卡，蛋白质9.9克，脂肪3.8克，碳水化合物70.2克，维生素A 320国际单位，维生素$B_2$0.39毫克，维生素C 10毫克，钙80毫克，铁2.4毫克，锌1.26毫克，硒12.96微克。

营养提示：桂圆性温味甘，具有补血安神，益气健脾的作用，是卫生部认定的药食两用食物，维生素C、尼克酸、钙、铁、硒等含量均较丰富；红枣同样具有补中益气、养血安神的作用；鸡蛋可为机体提供丰富的蛋白质；红糖矿物质含量较高。本汤水非常适合作为准妈妈甜点。

腰果玉米

原料：腰果50克，西芹80克，玉米80克，盐，味精1/2匙。

做法：（1）将芹菜择洗干净，切成小段；（2）将玉米粒和芹菜段分别放入开水中焯烫，芹菜焯烫完要立即过凉；（3）炒锅倒入适量油，先放入腰果，小火慢慢的炒熟，然后放入玉米粒和芹菜段，加入盐，味精，快速翻炒几下就可以出锅了。

营养提示：腰果营养丰富，含蛋白质达21%，含油率达40%，各种维生素含量也都很高，具有补充体力和消除疲劳的良好功效，还能使干燥的皮肤得到改善，同时还可以为准妈妈补充铁和锌。

火爆腰花

原料：猪腰100克，黄瓜1根，红泡椒15克，姜、葱、蒜适量。

做法：（1）猪腰用刀切成腰花；将盐、糖、酱油、醋、料酒和水淀粉倒碗中调成汁；（2）中火加热油锅，放葱、姜、蒜和红泡椒碎爆香，再开大火爆炒腰花1分钟；（3）放入准备好的调味汁和黄瓜片，待汤汁收稠后装盘。

营养分析：猪腰中含有丰富的铁质，且人体的吸收利用程度高，是补铁的好食物。

营养胎教：继续补充钙和维生素 D

一个成熟的胎宝宝体内含钙约 30 克，在孕早、中、晚期日均积累量分别是 7 毫克、110 毫克和 350 毫克。怀孕 17～20 周这段时间胎宝宝的骨骼和肌肉开始迅速发育，它的体重和身长都将在这段时间内增加两倍以上，准妈妈需要充足的维生素 D 和钙（每日应保证摄入 1000 毫克）来帮助胎宝宝生长。如果准妈妈钙质摄取不足，自己骨骼等处的钙质便会分解，以补充血钙的不足来供给胎宝宝。研究显示，孕期钙的补充还可降低准妈妈妊娠高血压综合征和先兆子痫的危险。钙的最好来源是奶及奶制品、豆类及其制品，芝麻和小虾皮等海产品也是钙的良好食物来源。

钙的吸收和使用需要维生素 D。中国营养学会建议准妈妈从怀孕第 4 个月开始补充维生素 D，推荐的每日适宜摄入量为 400IU。晒太阳是无偿获得维生素 D 的好方法，服用富含脂肪的乳、蛋类和鱼肝油是在阳光条件不足时的补充途径。但维生素 D 也不是多多益善，如果过多的维生素 D 存于体内，将不断刺激组织钙化，如肺、肾等，从而造成胎宝宝心肺等器官发育不正常，也会影响智力的发育。

下面为准妈妈介绍几款高钙美食：

豆腐吞拿鱼

原料：豆腐 1 盒，吞拿鱼 1 罐，圣女果 5 个，白醋 1 匙，味噌 2 匙。

做法：（1）豆腐切成小块放在盘中；（2）将白醋和味噌充分拌匀，淋在切好的豆腐块上；（3）吞拿鱼沥去油，放在豆腐上，盘边摆上切好的圣女果即可。

吞拿鱼饭团

原料：吞拿鱼 1 罐，米饭 2 碗，沙拉酱 2 匙，豌豆适量，玉米粒适量。

做法：（1）豌豆、玉米粒焯熟并放凉，蒸好的米饭放凉备用；（2）将豌豆、玉米、吞拿鱼、沙拉酱与米饭拌匀；（3）用保鲜膜包成小饭团即可。

蔬菜奶酪沙拉

原料：圣女果 5 颗，生菜叶 2 片，黄瓜 1/2 根，樱桃萝卜 5 颗，罐头玉米粒20克，稀奶酪100克。

做法：（1）将生菜叶、黄瓜切片，圣女果、樱桃萝卜切成适口的块与玉米粒共同放入碗中备用；（2）将稀奶酪调入切好的原料中即可。

营养胎教：合理安排每日饮食

每日应摄入谷类350～450克，大豆制品50～100克，鱼、禽、瘦肉交替选用150克，鸡蛋每日1个，蔬菜500克（其中绿叶菜300克），水果150～200克，牛奶或酸奶250克。每周吃一次海产品，以补充碘、锌等海产品。每周吃一次动物肝脏（约25克）和动物血，以补充维生素A和铁。另外，此阶段由于孕妇子宫逐渐增大压迫肠道，容易引起便秘，所以应该有针对性地摄入一些富含纤维素的食物，以增加肠蠕动，促进排便，还可吃些汤汁以补充水分。

营养胎教：小心调味品的副作用

很多准妈妈在怀孕时总是偏好某一种味道，百吃不厌，总是会叮嘱掌勺的人多加点调料，但她们往往忽略了，部分调料除了美味外还会带给她们副作用。添加调味品时要仔细阅读其配料，含防腐剂、色素的制成品少用为好。

盐

盐分摄入过多会导致孕晚期出现浮肿，可见足踝及小腿皮肤绷紧光亮，用手按压出现凹陷，长时间站立行走、中午不午睡则更加严重。这是因为准妈妈体内内分泌变化而导致水潴留；同时增大的子宫压迫下肢静脉，使血液回流受阻。

酱油

酱油中含有18%的盐，准妈妈在计算盐的摄入量时要把酱油计算在内。同时酱油中含有防腐剂和色素，应该尽量少吃。

辣椒

辣椒是一种营养丰富的蔬菜，尤其含有大量的维生素，但辣椒会刺激肠胃、引起便秘、加快血流量等，准妈妈虽然不是绝对禁止吃辣椒，但应适量，如果属于前置胎盘的情况则应绝对禁止食用。

紫苏

含丰富的矿物质、维生素及蛋白质等营养素，可以缓解头痛、减轻流行性感冒的症状，具有发汗解热的作用，含有的紫苏醛等芳香物质被美食家们用于提味，制作海鲜类水产品时有助于去腥，缓解很多准妈妈怕腥的不适感。

花椒、八角、桂皮、五香粉

均属于热性调味品，这些调料易消耗肠道水分，使肠道分泌液减少而造成肠道干燥和便秘，准妈妈应尽量少吃或不吃。

味精

味精可使食物味道鲜美，还含有一定的营养，但摄入过多会消耗掉大量的锌，导致准妈妈体内缺锌。而锌是胎宝宝生长发育的必需品，因此准妈妈要少吃味精。

姜

生姜刺激性较大，容易引起肠道不适感，但适量的姜能够缓解早期孕吐，所以，做饭时用少量的姜调味即可。

营养胎教：每周吃一次排毒餐

怀孕时的首要任务莫过于补充营养了，但你可知道，大量摄入蛋白质和脂肪会产生各种生理垃圾，食物中的农药残留、激素滥用、空气污染、电脑辐射等也会造成体内的毒素堆积。毒素会通过胎盘进入胎宝宝体内，这恐怕是准妈妈最害怕的事情了。别担心，隔三差五吃一顿排毒餐，准保能缓解。

海带牛肉

原料：牛肉 300 克，水发海带 200 克，胡萝卜 200 克，大豆油 50 克，酱油 10 克，料酒 10 克，白糖 5 克，盐 3 克，花椒、八角、葱、姜、蒜各少许。

做法：（1）牛肉切成 5 厘米见方的小块，入锅焯水后捞出待用；（2）海带洗净，放入水中浸泡至柔软，剪成 6 ~ 8 厘米宽、10 厘米长的小段，打一个海带结；（3）胡萝卜切成小块，葱姜切丝，蒜切片；锅里倒少许大豆油，烧至七成热，用葱丝、蒜片、花椒炝锅，再放入切好的牛肉翻炒，待其变色后加入适量水；（4）大火烧开后，加入盐、白糖、酱油、料酒、姜、八角等，再用小火慢炖；（5）待牛肉炖至八分熟时放入海带结，煮30～40分钟后，再加入胡萝卜，继续用小火炖熟即可。

营养分析：海带是理想的排毒养颜食物，其中所含的碘可以促进有害物质的排泄，硫酸多糖可以促进胆固醇的排出，甘露醇具有良好的利尿作用，可以治疗药物中毒、浮肿等症。

绿豆浆

原料：绿豆80克，花生仁15克，核桃仁10克，薏仁5克，黑芝麻5克，冰糖适量。

做法：（1）将绿豆洗净，浸泡6～16小时，花生、核桃仁、黑芝麻洗净；（2）将泡好的绿豆、花生仁、核桃仁、黑芝麻、冰糖放入豆浆机中，加入适量清水，启动机器，十几分钟后豆浆就煮熟了。

也可以发挥想象力，添加糙米、黄豆、黑米甚至水果等成分，做出各种营养丰富的豆浆来满足身体需求。

营养分析：绿豆有清热、解毒、祛火之功效，中医用之解毒，对重金属、农药以及各种食物中毒均有一定防治作用；绿豆还具有消暑止渴、利水消肿之功效，是准妈妈补锌及防治妊娠水肿的食疗佳品。

酸奶水果沙拉

原料：苹果100克，西瓜100克，香蕉100克，猕猴桃100克，草莓6个、原味酸奶200毫升、蜂蜜5克，松子仁20克。

做法：（1）将各种水果洗净；（2）苹果削皮去核、切丁，猕猴桃、香蕉去皮切丁，西瓜去子切丁，保持各种水果小丁大小均匀一致，一起放入沙拉碗中；（3）将蜂蜜与酸奶搅拌均匀，倒在水果丁上；在搅拌好的沙拉上撒上松子仁；（4）草莓切半，点缀于沙拉碗边。

营养分析：苹果中的膳食纤维能够吸收胃肠道代谢废物，促进肠道蠕动，预防便秘；草莓、猕猴桃富含强抗氧化剂——维生素C，可有效清除体内自由基，增强免疫力；香蕉润肠通便、清热解毒；西瓜利尿、助消化；酸奶中的乳酸菌能够平衡和改善胃肠功能，促进机体排毒。

鲜韭虾仁蛋

原料：韭菜150克，鸡蛋100克，鲜虾仁30克，色拉油20克，精盐3克。

做法：（1）韭菜洗净，切成3厘米长的段；（2）虾仁用清水洗净，去掉虾肠线，鸡蛋打散；（3）将锅用旺火加热，倒入色拉油，将打散的鸡蛋炒至八分熟后盛出；（4）炒锅中倒入少量色拉油，烧制八成热后放入虾仁，用中火炒熟，然后放入韭菜翻炒片刻；（5）最后放入鸡蛋炒熟，加一点盐调味。

营养成分：能量407千卡，蛋白质25.1克，脂肪30.6克，碳水化合物9.7克，维生素A 2033国际单位，维生素C 36毫克，维生素E 10.75毫克，钙286毫克，铁6.7毫克，锌2.93毫克。

专家提示

韭菜根部容易遭虫害，所以多采用灌根的方式除虫，但这样会导致农药残留较多。因此，选择韭菜时建议不要选择特别油绿、特别粗壮、叶片特别厚实的。买回韭菜后可以多次反复浸泡冲洗，切除根部再食用。

营养胎教：体质不同，饮食不同

如果准妈妈较胖、怕热、性子急躁，说明属于阳性体质，饮食上就要注意适当多补充一些阴性物质，比如多吃些西瓜、黄瓜、青菜、梨、西红柿等凉性或平和性的蔬菜瓜果，适当喝些绿茶，少吃桂圆、红枣等热性干果和过量的肉食。如果自己觉得有上火的症状，能学会用多吃凉性食物、少吃热性食物的方法来调理。

如果准妈妈脸色较苍白、嘴唇不红，说明有些贫血，饮食上就要注意多吃些红枣、桂圆、黑木耳、菠菜及肉蛋类含铁丰富的食物。

如果准妈妈较瘦弱但嘴唇很红，说明不是血虚而是气虚类体质，就要适当多吃些牛羊肉，以及加香料烹调的其他红烧类肉食，这样可以补气强身。

怕冷、容易腹泻说明体质为阴性阳虚，就要适当多吃些羊肉、桂圆、红枣、阿胶等热性壮阳的食物。

中医认为人之所以会得病，天气变化是一个因素，情绪不稳定是一个因素，饮食不当也是一个因素。有时有些病完全是饮食不注意引起的，比如体质较弱的人多吃了青菜会腹泻。医生们认为准妈妈腹泻，胎宝宝也会腹泻。所以遇到腹泻的情况，准妈妈就该细心关注一下自己的饮食，看看是否是因为多吃了青菜或别的有细菌感染的食物。如有可能是这些原因就该赶快停吃，这样就会把危害减少到最低。有些人吃海鲜类食品会过敏，怀孕时最好不吃海鲜食物，以免胎宝宝也过敏受害，孕早期胎宝宝过敏往往会出现畸变。准妈妈多吃某些食物会上火，就最好避免吃或少吃这些食物，以免胎宝宝得胎毒。怀孕期间吃大油猛煎、发烫或大凉的食物、过于辛辣刺激的食物对胎宝宝都不利，所以准妈妈要能够防患于未然，在不适出现之前就早作预防。

行为胎教：重拾性爱甜蜜

由于性激素的作用，准妈妈的生殖器官血流更加丰富，血管充血而粗大，容易受伤和出血；阴道变得湿润而容易进入，生殖器和乳房更加敏感。有的准妈妈在孕中期会出现性欲增强和性反应提高的现象，可以适当进行性生活。健康而适度的性生活能大大增进准妈妈和丈夫的感情，又不必担心避孕的问题，可以使夫妻更放松、更能体验到性爱的快乐。此时性生活的原则是选择适宜的体位，不要过于激烈，不能压迫或撞击准妈妈的腹部，不要给子宫以直接的强烈刺激，次数也不宜过多。因为此时羊水增多，胎膜张力增加，如果性生活频繁，性交的力量过大，准妈妈腹部受压，可能导致胎膜早破，脐带可能从破口脱落到阴道里，甚至阴道的外面，胎宝宝失去了供应氧气和营养的脐带会流产。即使胎膜不破，没有发生流产，也可能造成子宫腔感染。轻度的感染会使胎宝宝的智力和发育受到影响，而严重的感染可致胎宝宝死亡。

美育胎教：欣赏王维的《鸟鸣涧》

鸟鸣涧

人闲桂花落，
夜静春山空。
月出惊山鸟，
时鸣春涧中。

这首诗主要写春山夜静。花落，月出，鸟鸣，都是动的，作者用的是以动衬静的手法，收到“鸟鸣山更幽”的艺术效果。

鸟鸣涧是一处风景极优美的地方。涧，是山涧，夹在两山间的流水。这首诗描写的是春山夜晚异常幽静的景象。诗的大意说：在寂静没有人声的环境里，桂花自开自落，好像可以感觉到桂花落地的声息。夜静更深的时候，景色繁多的春山，也好似空无所有。月亮刚出，亮光一显露，惊动了树上宿 的小鸟，它们在春涧中不时地鸣叫几声。

“闲”说明周围没有人事的烦扰，说明诗人内心的娴静。有此作为前提，细微的桂花从枝上落下，才被觉察到了。诗人能发现这种“落”，或仅凭花落在衣襟上所引起的触觉，或凭声响，或凭花瓣飘坠时所发出的一丝丝芬芳。总之，“落”所能影响于人的因素是很细微的。而当这种细微的因素，竟能被从周围世界中明显地感觉出来的时候，诗人则又不禁要为这夜晚的静谧和由静谧格外显示出来的空寂而惊叹了。这里，诗人的心境和春山的环境气氛，是互相契合而又互相作用的。

写空灵娴静的环境和心境，主人公用他全部的心神去细细地啼听花落鸟鸣的天籁，他的内心宁静淡泊，但又富于幽雅情致。静到极处的自然在诗人笔下有声有色，生意盎然。月出无声，而山鸟惊飞，这是动静相衬的艺术佳境。《而庵说唐诗》：“右丞精于禅理，其诗皆合圣教。”《唐诗笺注》：“闲事闲情，妙以闲人领此闲趣。”《诗法易简录》：“鸟鸣，动机也；涧，狭境也。而先着夜静春山空；五字于其前，然后点出鸟鸣涧来，便觉有一种空旷寂静景象，因鸟鸣而愈显者，流露于笔墨之外。一片化机，非复人力可到。”

这首诗是王维山水诗中的代表作品之一。从文学创作的角度来赏析，这首诗的精妙之处在于“动”“静”对比衬托的诗情画意。首句“人闲桂花落，夜静春山空”，便以声写景，巧妙地采用了通感的手法，将“花落”这一动态情景与“人闲”结合起来。花开花落，都属于天籁之音，唯有心真正闲下来，放下对世俗杂念的执著迷恋，才能将个人的精神提升到一个“空”的境界。当时的背景是“深夜”，诗人显然无法看到桂花飘落的景致，但因为“夜静”，更因为观风景的人“心静”，所以他还是感受到了盛开的桂花从枝头脱落、飘下、着地的过程。而我们在诵读的同时也似乎进入了“香林花雨”的胜景。此处的“春山”还给我们留下了想象的空白，因是“春山”，可以想见白天的喧闹的画面：春和日丽、鸟语花香、欢声笑语。而此时，夜深人静，游人离去，白天的喧闹消失殆尽，山林也空闲了下来，其实“空”的还有诗人作为禅者的心境。唯其心境洒脱，才能捕捉到到别人无法感受的情景。

末句“月出惊山鸟，时鸣春涧中”，便是以动写静，一“惊”一“鸣”，看似打破了夜的静谧，实则用声音的描述衬托山里的幽静与闲适：月亮从云层中钻了出来，静静的月光流泻下来，几只鸟儿从睡梦中醒了过来，不时地呢喃几声，和着春天山涧小溪细细的水流声，更是将这座寂静山林的整体意境烘托在读者眼前，与王籍“蝉噪林逾静，鸟鸣山更幽”（《入若耶溪》）有异曲同工之妙。

“文章本天成，妙手偶得之”，这是一句古语，古来好诗都是就天成好景，用妙手记叙出来。而我们在低吟浅酌之时，脑海胸襟似乎也随着诗人的文字进入那片清幽绝俗的画面之中。

在这春山中，万籁都陶醉在那种夜的色调、夜的宁静里了。因此，当月亮升起，给这夜幕笼罩的空谷，带来皎洁银辉的时候，竟使山鸟惊觉起来。鸟惊，当然是由于它们已习惯于山谷的静默，似乎连月出也带有新的刺激。但月光之明亮，使幽谷前后景象顿时发生变化，亦可想见。所谓“月明星稀，乌鹊南飞”（曹操《短歌行》）是可以供联想的。但王维所处的是盛唐时期，不同于建安时代的兵荒马乱，连鸟兽也不免惶惶之感。王维的“月出惊山鸟”，大背景是安定统一的盛唐社会，鸟虽惊，但决不是“绕树三匝，无枝可依”。它们并不飞离春涧，甚至根本没有起飞，只是在林木间偶尔发出叫声。“时鸣春涧中”，它们与其说是“惊”，不如说是对月出感到新鲜。因而，如果对照曹操的《短歌行》，在王维这首诗中，不仅可以看到春山由明月、落花、鸟鸣所点缀的那样一种迷人的环境，而且还能感受到盛唐时代和平安定的社会气氛。

王维在他的山水诗里，喜欢创造静

谧的意境，该诗也是这样。但诗中所写的却是花落、月出、鸟鸣，这些动的景物，即使诗显得富有生机而不枯寂，同时又通过动，更加突出地显示了春涧的幽静。动的景物反而能取得静的效果，这是因为事物矛盾着的双方，总是互相依存的。在一定条件下，动之所以能够发生，或者能够为人们所注意，正是以静为前提的。“鸟鸣山更幽”，这里面是包含着艺术辩证法的。

情绪胎教：分享其他准妈妈的感受

怀宝宝的时候，每晚给肚子里的宝宝讲故事，是我和孩子他爹必做的功课之一。

第一天讲的是《三只小猪》，接下来是《白雪公主》《陀螺和皮球》《小豆的保姆》等，每天宝宝都会听到不同的新故事。

需要表扬孩子他爹。本来是爸爸、妈妈给宝宝讲，现在变成了爸爸给妈妈和宝宝讲，有的时候爸爸讲得口干舌燥，妈妈说：“没有听懂。”爸爸很有信心地说：“没事，宝宝听懂了。”

真不知道现在肚子里的宝宝是什么状态，他应该是有感觉的吧，不管能不能听懂爸爸讲故事，总是可以感受到爸爸、妈妈的爱吧。而且为了让宝宝有更多的感知，我都是要爸爸一边摸着肚子、一边讲故事，听听爸爸的声音，宝宝也应该很开心吧！

现在爸爸讲故事成了习惯，妈妈和宝宝听故事也成了习惯。昨天，妈妈和宝宝在爸爸的抚摸和故事中竟然迷迷糊糊地睡着了。呵呵！隐隐约约，听到爸爸说：“看来我的声音真的很有磁性啊！”唉，这个自我感觉良好的爸爸！

还有好多故事要给宝宝讲呢，亲爱的宝宝，等着每天听好故事吧！

爸爸、妈妈吻你！

摘自《红孩子孕产育儿宝典》，本文作者：Marianne（网名）

情绪胎教：远离负面情绪

不良情绪对胎宝宝的危害，我国明智的古人已有那么多的观察和记录，这是一笔非常珍贵的遗产，它使我们能够少走不少弯路、少受不少无端的伤害，所以我们应该好好保留、好好运用。准父母平时要尽可能调理好自己的情绪以提高生活质量，尤其要从保护胎宝宝的健康成长出发，控制好自己的不良情绪，以免伤害胎宝宝。生活是复杂的，处于其中，谁也不可能没有一点烦恼和不幸。你觉得自己情绪一直不错，可家中可能突然遭遇了亲人得病、受伤或故去、破产、与他人发生纠纷、生意不顺等意外，开朗的情绪会一下跌入深谷。遇到这种情况，准父母一定要自持，尽量控制好心态，设法靠心理暗示法（进行自我安慰）、替代法（找些别的事干以忘却自己遭遇的不幸和烦恼）明智地处理好自己的情绪。以下是调节不良情绪的几种方法，供读者参考：

大怒时

先深呼吸几口气，然后往相反的角度想一想问题，记住这句俗语："退一步，海阔天高"，心情就容易平静下来。

大悲

要把自己从情绪状态转向理性地考虑问题的状态。人生在世，谁都难免碰到悲哀的事情，只有往开了想，尽量把注意力放到乐观的事情上，放到怎样把悲伤事扭转过来等方面，或者放到其他

要紧的事情上。记住该学会以平静的态度对待悲伤的事情，因为人一生会遇到的风浪会很多。

忧郁时

多去看看开阔的景色或大海，多与乐观豁达的人交谈。忧郁往往是人过于狭隘地钻入某一点想不开造成的，换个角度去想一想，许多问题也许就容易想通、想开了。有个例子很值得每位容易陷入忧愁的人深思：有位下岗工人因为自己的下岗整日忧愁满面，因此食不甘味、睡不香甜，人弄得很憔悴，甚至觉得自己快病倒了。一天遇到一位开电梯的工人，开心地与坐电梯的人聊着天，她身体健康有活力、脸上阳光灿烂，还

不时哈哈哈地发出极爽朗的笑声，一看就知道活得很开心。下岗工人问她怎么老是那么开心。不问不知道，一问吓一跳，原来那位电梯工人竟也是个下岗工人，而且是与丈夫同时下岗的。因为家中还有一个正上中学的孩子，政府照顾她，给了她一份收入并不高的开电梯的工作。她家中显然很困难，但她依然保持了乐观生活的态度，照样活得自在，“我要整天发愁，愁出病来怎么办？开心和健康也是一大笔财富哪！再说已经这样了，愁有什么用？多想想怎么办，天无绝人之路啊！”她说。这使那位下岗工人很受感动和启发，从此她再也不忧郁了，下岗在家的日子把家里的气氛弄得阳光灿烂、开开心心，同时积极外出找工作，很快就再就业了，人也变得很开朗。

急躁时

有些人脾气冲，遇事容易急躁，坐公共汽车遇到堵车或等很长时间不来车、什么事办得不顺利等，都会犯急脾气，还会上升到大发雷霆的地步。一般急脾气上来时，可暗示自己放松一些，如连续几遍地暗示自己：“放松——我不该发急，这事没必要发急，完全是可以放松的——我要放松下来——”，然后再深呼吸几口，急脾气可能就过去了。

经常这样会收到意想不到的效果，甚至可以改善自己的坏脾气。准妈妈如能这样，对胎宝宝真是太有利了。准妈妈气顺，胎宝宝也能气顺，今后你的孩子就不致有太坏的脾气，同时也不会因你的或他自己的坏脾气而出现健康问题了。放松术是一种古老的心理调节技术，我们的古人早已给我们积累了很好的经验，国外也不少，这几年由于生活节奏的加快，古老的放松术又获得了不少人的关注，有些专家将古人技术与现代生活方式相结合，创设了非常易学又有效的放松新术，准妈妈学学放松技巧很有好处。

运动胎教：适当增加运动量

对于准妈妈来说，运动可以减轻怀孕期间产生的各种不舒适症状，如背痛、便秘、四肢肿胀等，使母亲更健康，从而为宝宝提供良好的内环境。

此阶段，大多准妈妈妊娠反应消

失，腹中的胎宝宝也比较稳定，可以适当增加运动量以增强体质，并为顺利分娩做准备。散步、妊娠体操、游泳等均是适宜准妈妈进行的运动，也可以进行适量的、安全的腹部肌肉锻炼，增强腹肌的收缩能力，以利于顺利分娩。

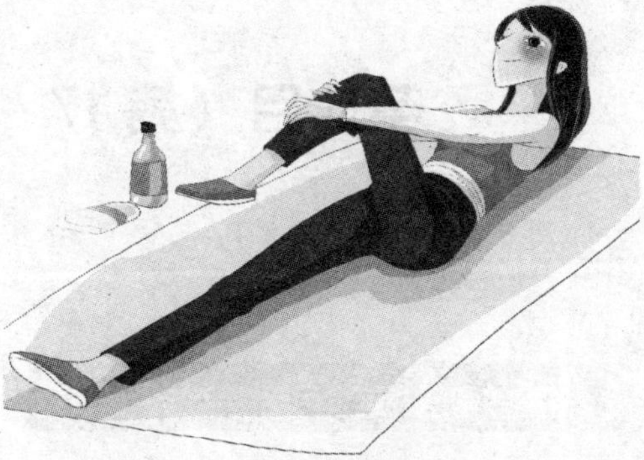

专家提示

如果你生活在城市中，从下午4点到晚上7点之间空气污染相对严重，准妈妈做运动或者外出最好避开这段时间。

游泳是非常适合在孕中期进行的运动。因为，在水中运动时身体负担小，很轻松就可以锻炼到腰腿部肌肉，因此游泳很适合准妈妈。游泳消耗热量多，可以减掉身体上的多余脂肪，时间短见效快。游泳技术好的准妈妈还可以通过潜泳等方式增加肺活量。此外，游泳还能明显减轻怀孕期间的每位准妈妈都难以逃避的腰痛、痔疮、静脉曲张等问题，并有效纠正胎位异常。相关统计数据显示，参加过游泳训练的准妈妈不仅顺产率高，连产程也能缩短一半左右。

准妈妈对游泳池的水质要求较高，必须经过严格消毒，如果细菌含量超标，有可能诱发妇科炎症，一旦用药治疗便容易对胎宝宝发育造成影响。所以，一定要选择干净清洁的游泳池。而且，有流产、早产、死胎病史及阴道出血、腹部疼痛病史的准妈妈，或者患有妊娠中毒症、心脏病的准妈妈不能游泳。

孕5月（第17~20周）胎教计划

胎教常识：这个月胎宝宝的生长发育

到了孕5月，胎宝宝的生长速度加快了，此时的他，头部已占全身长度的1/3，而且胎动已经十分明显了。伴随着十分美妙的胎动，准妈妈已经能真切地感受到小生命的存在了。

怀孕第17周

胎宝宝将近13厘米长，体重约有140克。骨骼和肌肉开始发育，肢体的活动能力增强，可有明显的胎动，更容易被准妈妈感觉到。运动神经和感觉神经进一步发育，出现肌肉的细微活动。神经元数量的增长开始减慢，但是神经元之间的相互连通开始增多。

用一般听诊器即可在准妈妈的腹部听到强而有力的胎心音。肝脏开始造血；循环系统和泌尿系统完全进入正常的工作状态；肺也开始工作，他已经能够不断地吸入和吐出羊水了。味蕾也在逐渐形成。

怀孕第18周

胎宝宝的体重增至190克左右。如果是个女孩，那么她的阴道、子宫和输卵管已经长好；如果是个男孩，他的生殖器已经长出来能看到了。全身皮肤由透明的深红色变为不太透明的红色，皮下开始储存脂肪。从头、面部开始，全身逐渐被汗毛所覆盖，头上长出少量的

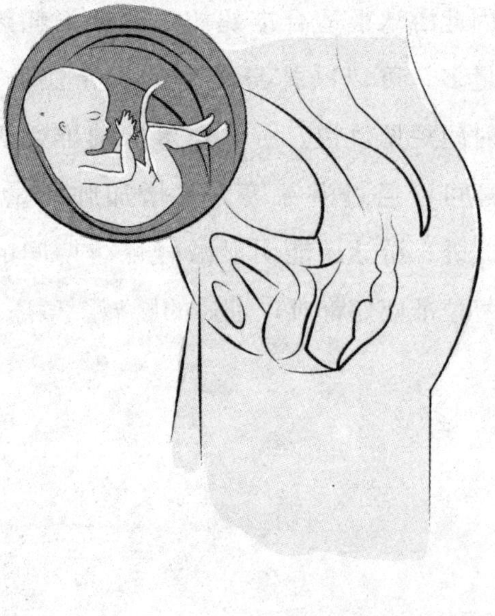

头发。

怀孕第19周

胎宝宝身长约有15厘米，体重约为240克。各种感官——味觉、嗅觉、听觉、视觉和触觉都通过神经细胞来实现，此时，这些神经细胞正在胎宝宝的大脑中各自特定的区域内发育。

怀孕第20周

胎宝宝从头顶到臀部的长度约有16.5厘米。一种呈白色、光滑的脂肪状物质开始覆盖在他的身体表面，这种物质叫做胎宝宝皮脂。胎宝宝长期浸泡在羊水中，这种物质有助于保护他的皮肤，还能帮助他顺利地出生。

胎教常识：这个月准妈妈的身体变化

★本月准妈妈在外貌和体形上出现了较大的变化：子宫的增大使下腹部明显隆起，子宫底的高度与肚脐平齐。即使吃得不多，体重也会迅速增加。乳房、臀部更加丰满，皮下脂肪增厚。

★乳房明显变大了，乳头和乳晕（乳头周围的一圈皮肤）的颜色变深。乳晕周围出现了小突起，这些小突起叫做“蒙哥马利结”，它们会分泌一种油性物质，能在哺乳期间保持乳头的清洁和润滑，并保护乳头免受感染。

★虽然胎宝宝很早就开始在子宫内活动，但大多数准妈妈在这个月才开始感觉到胎动。

★由于怀孕的缘故，准妈妈的生理会发生一些变化。由于血液里的增多。鼻子里的毛细血管承受的压力增大，准妈妈可能会经常流鼻血；清晨刷牙时牙龈也可能出血；阴道局部充血，宫颈分泌功能旺盛，阴道分泌物继续增多。由于关节、韧带的松弛，还会感到腰背酸痛。准妈妈还可能会感到气短，随着子宫的增大，向上挤压肺部，这种现象会越来越严重，直到36周胎宝宝下降到骨盆中之后，这种现象才会渐渐消失。

营养胎教：确保DHA、EPA、ARA的摄入

孕20周开始，胎宝宝脑细胞分裂加速，需要大量的磷脂、长链多不饱和脂肪酸，如花生四烯酸（ARA）、二十二碳六烯酸（DHA），是脑磷脂合成所

必需的营养物质。2000年《中国居民膳食营养素参考摄入量》推荐，准妈妈每日所需的能量中应该有20%～30%来源于脂肪，其中饱和脂肪酸、单不饱和脂肪酸和多不饱和脂肪酸分别为<10%、10%、10%，多不饱和脂肪酸n-6系与n-3系的比值为4:6。

n-3系多不饱和脂肪酸DHA的母体是α-亚麻酸，n-6系多不饱和脂肪酸ARA的母体是亚油酸，二者均不能在人体内合成，必须从食物中摄取。亚油酸几乎存在于所有植物油中，而α-亚麻酸仅存在于大豆油、亚麻子油、低芥酸菜子油等少数油中，但α-亚麻酸的重要代谢物DHA和EPA也可源于鱼、鱼油及鸡蛋黄中。

营养胎教：食盐摄入要适量

准妈妈最好吃清淡些，口味过重容易引发水肿。但准妈妈千万不要误认为清淡饮食就是不吃盐，这样对人体健康也没有好处，因为盐进入人体即分离成钠离子和氯离子，氯离子保持细胞及周围水的平衡，这对生命至关重要。钠离子帮助控制血的含量及血压，对于心脏和肌肉的收缩时非常重要的。同时，肾脏有防止摄入过多盐的作用。如果准妈妈体内缺盐，甚至几乎没有盐，准妈妈就会发生肌肉痉挛、恶心、抵抗力降低等情况，腹中的胎宝宝也将深受其害。对准妈妈来说，只要饮食稍淡些，每日食盐不超过5克即可。

营养胎教：别让体重增长得太快

体重增长是反映准妈妈健康与营养状况的一项综合指标。虽然整个孕期和产后哺乳阶段准妈妈都需要加强营养，但并不是吃得越多越好。吃得太多会造

成营养过剩，表现为体重增长过多、过快。

妊娠期准妈妈的体重平均增加10～12.5千克，孕早期增加较少，约增加0.7～1.4千克；孕中期和孕晚期体重增幅较大，孕中期平均增重4～5千克，每周体重增加以0.4千克为宜；孕晚期增重超过6千克，每周大约增加350～400克。孕前体重过轻的准妈妈（体重指数BMI＜19.8），体重可以多增加一些，建议每周增重≥0.5千克；而超重者（体重指数BMI＞26）应适当控制体重增加，减少每周能量摄入量，增重约0.3千克为宜。

孕期体重增长过多、过快对准妈妈和胎宝宝都没有好处。报道称体重增加超过平均值50%的准妈妈易诱发妊娠高血压、妊娠期糖尿病、生殖和泌尿系统感染，所怀的宝宝往往过大，胎宝宝过大容易出现宫内缺氧、胎位不正、早破水、难产等问题，导致准妈妈产道损伤、伤口愈合不良、新生儿产伤等情况，胎宝宝和新生儿的死亡率也明显增加。如果孕期体重增长过多，分娩后体型也难以恢复。

体重超标的准妈妈不能通过药物减肥，可在医生的指导下通过调节饮食来减轻体重。要注意控制糖类和高脂肪食物的摄入，米饭、面食等粮食均不宜超过每日标准供给量；动物性食物中可多选择含脂肪相对较低的鸡、鱼、虾、蛋、奶，少选择含脂肪量相对较高的猪、牛、羊肉，并可适当增加一些豆类，既可以保证蛋白质的供给，又能控制脂肪量；少吃油炸食物、坚果、植物种子类等含脂肪量较高的食物；多吃蔬菜水果，注意选择含糖分少的水果，既缓解饥饿感，又可增加维生素和矿物质的摄入。除了控制饮食之外还要注意多活动，多活动对减轻分娩时的痛苦也是大有好处的。

专家提示

巧克力是容易使人发胖的食物，准妈妈常吃会令体重快速增加，不利于分娩。另外，巧克力还会使人产生饱腹感，准妈妈常吃会阻碍对其他营养成分的摄取。

行为胎教：准妈妈要注意身体清洁

怀孕期间，汗腺和皮脂腺分泌旺盛，头部的油性分泌物增多，阴道的分泌物也比较多，应当经常洗头、洗澡、换衣服。全身清洁可以促进血液循环和皮肤代谢，增强准妈妈的体质。夏季酷热，每天洗澡不可少于两次；春秋气候宜人，每周 1～2 次即可；寒冬腊月每周 1 次就足够了。洗澡的时间要适当，饥饿时、饱食后 1 小时之内不宜洗澡。水温要适当，无论春夏秋冬，浴水温度最好与体温接近，太凉或太热的水会对准妈妈皮肤造成刺激，影响准妈妈的血液分布，不利于母体健康及胎宝宝发育。淋浴比盆浴更适合准妈妈，因淋浴可防止污水进入阴道，避免产前感染。而且，孕中期，准妈妈的身体日渐笨重，进出澡盆、浴缸不便，容易滑倒，使腹部受到撞击。

洗澡时要注意通风，并避免时间过长。一般每次洗澡时间不宜超过 15 分钟。如果浴室通风不好，空气混浊，湿度大，空气的含氧量就会相对较低，再加上热水的刺激，使皮肤血管扩张，造成血液流入躯干、四肢的较多，进入大脑和胎盘的相对减少，可能造成准妈妈在洗澡的时候晕厥或胎宝宝缺氧，胎宝宝脑缺氧时间较短，一般不会有什么不良后果，如果过长会影响其神经系统的生长发育。

孕期准妈妈的外阴部会发生明显变化，皮肤更柔弱，皮脂腺及汗腺的分泌较体表其他部位更为旺盛。同时，由于阴道上皮细胞通透性增高，以及子宫颈腺体分泌增加，使白带大大增多。准妈妈要每天进行外阴局部清洁，以免发生感染，但注意不可用热水、碱性肥皂水和高锰酸钾液清洗。

胎教常识：了解胎动的一般规律

孕 18 周时，胎宝宝四肢运动范围更大，部分准妈妈可感觉到胎动。孕 20 周时，胎宝宝四肢活动明显增加，大多数准妈妈可感觉到胎动，特别是夜间更为明显。孕 29～38 周为胎动最频繁的时期，接近足月胎动略为减少，如妊娠过期胎动次数会减少。

胎动的强弱和次数个体差异很大，一般每小时胎动 3～5 次，12 小时内胎动次数约为 30～40 次。在正常情况下，一昼夜胎动强弱及次数有一定的变化，一天之中以早晨次数最少，下午 6 点以后增多，晚上 8～11 点是胎动最活跃的时间，说明胎宝宝已有自己的睡眠—觉醒规律，即胎宝宝生物钟。胎动还与准妈妈的性格、情绪、爱好以及外界环境的声音、光线和宫内压力有关系，如巨大的声响、强光的刺激、触压准妈妈的腹壁等，均可使胎动次数增加。胎宝宝活动的方式有蠕动、踢撞、搅动和呃逆打嗝4种，怀孕6个月开始，胎宝宝有剧烈地踢脚或冲撞；产前3个月左右有缓慢地蠕动或扭动。

尽管现在的准妈妈都会定期到医院进行检查，但这种检查观察到的胎宝宝情况毕竟只能反映当时的一般情况，不能逐日连续监测，也不能预示实发、突发情况。胎宝宝对缺氧十分敏感，有时妈妈身体不佳或过于劳累会造成宫内缺氧，有时胎宝宝在转动过程中出现脐带绕颈，也会出现呼吸窘迫，这类情况如不及时发现常常会危及胎宝宝的生命。有时临床上会有这样的情况：一周前还正常的胎宝宝，一周后检查时被发现已胎死腹中。如何避免这种悲剧的发生呢？如果准妈妈自己学会在家中测胎动，就能及时发现胎宝宝是否缺氧。胎动对缺氧的反应比胎心要敏感明显，从胎动消失到胎心消失一般有数小时到3天的时间。所以准妈妈一旦发现胎动异常应该立即到医院就诊，一般可以挽救胎宝宝的生命。因此，监测胎动对保障胎宝宝的安全有着非常重要的意义。

胎教常识：不要害怕B超检查

很多准妈妈对于做超声检查（尤其是在妊娠早期）存在很大的顾虑，因为有些资料认为过于频繁的应用超声检查在妊娠早期会增加流产和胎宝宝畸形的风险，而有些准妈妈则直观地把超声等同于一种声音，接下来产生的就是这种声音听多了会不会对胎宝宝听力造成影响的担忧。但是目前没有任何一项研究能够证明上面所提到的观点，仅有

的关于超声对于妊娠早期影响的文献中所提到的，仅仅是有可能引起胚囊的轻微水肿和变形，但是在很短的时间内就能够恢复正常形态，不会造成流产或是胎宝宝畸形。与这些推测的危害和风险相比，B 超检查的优点显而易见，它能够在妊娠早期动态检测胚芽的生长，及时发现胚芽和孕囊的异常，除外胎宝宝的复杂畸形，如先天性心脏病、消化道或是泌尿系统畸形等，在怀孕晚期检测胎盘功能、胎盘位置、羊水量等。总之，孕期检查很大一部分依赖于超声检查的结果，所以遵从医生的指导，定期进行超声检查非常重要。在发达国家一般产前检查每次都用 B 超看胎宝宝大小。

在孕 16 周左右，通过超声检查能够清楚地看到胎宝宝的性器官，尤其是男宝宝的“小鸡鸡”。但是在我国，受到计划生育相关法律的限制，医生是不会告知你宝宝的性别的，只有在宝宝降生的那一刻谜底才会被最终揭晓。当然，一些特殊情况下，比如要对一些随性染色体遗传的特殊疾病进行产前筛查的时候，医生此时能够特别准确地告知准妈妈胎宝宝的性别，这也是产前筛查的目的——避免和减少出生缺陷的发生。

行为胎教：了解和预防静脉曲张

妊娠期间子宫逐渐增大，增大的子宫会压迫下腔静脉和髂静脉，子宫对下腔静脉和髂静脉的持续压迫（四五个月的时间），使下肢静脉血回流不畅，导致下肢静脉压力持续增高，形成下肢静脉曲张。从妊娠第 5 个月开始就应做好预防工作。

★ 经常做下肢的屈伸活动，可以调动小腿肌肉泵的作用，增加静脉血的流速，促进下肢静脉血的回流，减少下肢静脉的压力。

★ 仰卧床上，抬高双下肢，使两腿交替屈伸，像骑自行车一样的动作。子宫增大后，不便仰卧时可以侧卧，活动一侧下肢，然后翻身，改为另一侧侧卧，活动另一个下肢。这样可以降低下肢静脉的压力，有利于下肢静脉的回流，使静脉瓣膜得到适当的休息。

★ 有条件的应购买进口的循序减压弹力袜，可选择弹力在 15 ~ 20 毫米汞柱的弹力袜即可。经济条件差的可用弹力绷带包扎双下肢，只需包扎至膝关节下方3~57厘米即可。

★ 应摒弃传统的产后“坐月子”的陋习，产后早期可在床上适当活动下肢，最简单的动作就是屈伸踝关节。方法是：用力向下伸脚，尽量使踝关节伸直，保持1~2秒钟；然后用力将脚背屈，再保持1~2秒钟，如此反复练习，可调动小腿肌肉泵的作用，加速下肢静脉血的流速，也有利于下肢静脉的回流。

★ 孕期穿弹力袜的准妈妈，应继续穿至产后能正常活动为止，这样不但能预防下肢静脉曲张，还可以预防下肢深静脉血栓形成，并有保持体型的作用。

美育胎教：欣赏孟浩然的《春晓》

春晓

春眠不觉晓，
处处闻啼鸟。
夜来风雨声，
花落知多少。

孟浩然，唐代诗人，以写田园山水诗为主，与另一位山水田园诗人王维合称为“王孟”。这首诗是诗人隐居在鹿门山时所做，意境十分优美。诗人抓住春天的早晨刚刚醒来时的一瞬间展开描写和联想，生动地表达了诗人对春天的热爱和怜惜之情。

此诗没有采用直接叙写眼前春景的一般手法，而是通过“春晓”（春天早晨）自已一觉醒来后瞬间的听觉感受和联想，捕捉典型的春天气息，表达自己喜爱春天和怜惜春光的情感。诗的前两句写诗人因春宵梦酣，天已大亮了还不知道，一觉醒来，听到的是屋外处处鸟儿的欢鸣。诗人惜墨如金，仅以一句“处处闻啼鸟”来表现充满活力的春晓景象。但人们由此可以知道就是这些鸟儿的欢鸣把懒睡中的诗人唤醒，可以想见此时屋外已是一片明媚的春光，可以体味到诗人对春天的赞美。正是这可爱的春晓景象，使诗人很自然地转入诗的第三、四句的联想：昨夜我在蒙眬中曾听到一阵风雨声，现在庭院里盛开的花儿到底被摇落了多少呢？联系诗的前两句，夜里这一阵风雨不是急风暴雨，而当是轻风细雨，它把诗人送人香甜的梦乡，把清晨清洗得更加明丽，并不可恨。但是它毕竟要摇落春花，带走春光，因此一句“花落知多少”，又隐含着诗人对春光流逝的淡淡哀怨以及无限遐想。

这首诗之所以深受人们喜爱，除了语言明白晓畅、音调朗朗上口之外，还在于它贴近生活，情景交融，意味隽永。

美育胎教：欣赏《断臂的维纳斯》

雕像《断臂的维纳斯》也称“米洛的维纳斯”，是一尊希腊神话中代表爱与美的女神维纳斯的大理石雕塑，高2.14米。作为一座圆雕，这座雕像可四面欣赏，不论从哪个角度看，都有统一而富于变化的美。

维纳斯是罗马神话中爱和美的女神，即希腊神话中的阿佛洛狄忒。大约公元前4世纪时，希腊著名的雕刻家阿海山纳在神话的基础上加以想象和创造，用大理石雕成了这一艺术珍品，但后来遗失了。1820年在密罗斯岛上，一个叫尤尔赫斯的农民在翻挖菜地时发现了一个神龛。里面有个半裸美女的雕像。尤尔赫斯非常惊奇，但并不知道是维纳斯雕像，便把它搬到家里。这时有两个法国海员刚巧来到该岛考察水文。他们看到这个雕像，但没有购买。几天后，他们的船到了伊斯坦布尔，在应邀到法国大使馆赴宴席间，讲起了尤尔赫斯的发现。法国驻土耳其大使立刻派大使馆秘书马采留斯前去收买。然而在这期间，尤尔赫斯已把雕像廉价卖给了当地的一位神甫，神甫又打算把它献给君士坦丁总督的翻译员。正当神甫准备把雕像装船起运时，马采留斯刚巧赶到。马采留斯向神甫交涉出让，被神甫断然拒绝。于是双方展开激烈的争夺。在混战中，维纳斯雕像被抛在泥泞里，双臂被摔断了。官司打到米洛当局，米洛当局以8000银币将雕像卖给了法国人。法国人把它看做国宝，收藏在卢浮宫里，成为卢浮宫的“镇馆之宝”。

这座雕像自从被发现以后，100 多年一直被公认为希腊女性雕像中最美的一尊。她像一座纪念碑，给人以崇高的感觉，庄重典雅，貌美婀娜，体态万方。丰满的胸脯，浑圆的双肩、柔韧的腰肢，都呈现出一种成熟的女性美。她既有女性的丰腴妩媚和温柔，又有人类母亲的纯洁、庄严和慈爱，体现了充实的内在生命力和人的精神智慧。雕像的躯体采取螺旋状上升的趋向，略微倾斜，各部分的起伏变化富有音乐的节奏感；下肢用衣裙遮住，从舒卷自然的衣褶中显示出人体的动态结构，给雕像增添了丰富的变化和含蓄的美感。

一百多年来，很少有人知道维纳斯雕像断臂之前的形象。后来在旧档案中发现了杜蒙·居维尔的回忆录，它记述了居维尔是最初在伊奥尔科斯家看到的完整雕像：维纳斯右臂下垂手扶衣襟，左臂上伸过头，握着一只苹果，双耳还悬有耳环。然而至今无人能将此雕像复原。

情绪胎教：学会放松自己

有时候准妈妈的不良情绪可能不是来自他人，而是源于自身内分泌的变化、源于劳累或睡眠不足、源于生活压力，这就需要准妈妈学会放松自己，以保持良好的情绪和心态，并调理好工作和生活起居。

要使自己得到放松，首先要保证自己有充足的睡眠，睡眠不足，准妈妈容易精神紧张、内分泌出现不平衡，脾气容易变坏。怀孕期间准妈妈营养、精力、体力均消耗较大，睡眠时间应该比平时增加一些，尤其是孕晚期，胎宝宝生长迅速，准妈妈需要更多的休息时间，晚上最好增加 1 小时的睡眠，如果晚上睡得不好，早上可适当晚起一些，或在白天抽时间小睡 20 分钟。中午有条件最好能午睡一会儿，能打 30 分钟盹儿也好。午睡就是不能睡着，躺一会儿也可缓解准妈妈腰部腿部的重负，得到放松；眯一会儿眼睛，也能养养神，使精神得以放松。所以午睡是很有必要的。

有效的身体放松技巧

现代人的生活节奏越来越快，人很容易由于过于紧张而出现疲劳不适或得病。准妈妈也同样不可避免，即使工作不忙，也会因看电视、晚睡，或者精神紧张、压力大而出现不适或亚健康症状。所以最好学一些放松术。瑜伽术、我国古人创设的气功导引术、太极拳等都是很好的放松术，还有非常简易的、随意的放松术，准妈妈只要掌握基本要领，可以自己随意编。

如先仰躺于床上或坐于沙发上（不要背靠沙发背），然后暗示自己："我放松了——放得很松很松了——我的头部放松了——脑袋里面放松了，里面很舒服，还有一股清水在流动，舒服极了——我脑袋外面也放松了——，眉头舒展开了，眼周肌肉放松了，嘴角微微笑了，脸上的肌肉一点也不紧张了——我的肩膀和两臂放松了，肌肉筋骨都放松了，手完全放松了，真轻松啊——我的脖子也放松了，前后都放松了，气过得多舒畅啊——我的胸部放松了，心脏好舒服啊，肺部一点也不发紧了，心胸多开阔舒畅啊——我的腹部放松了，里面回肠荡气，好舒服啊——。我的腰部终于也放松了，像卸下了一个重负，真舒服啊——"依此类推，最后使全身的五脏、肌肉、筋骨都得到放松。

如果没有时间和耐心，可以简化一些，只是暗示自己"我全身放松了，很轻松了，很舒服了"。然后将某个觉得不舒服、不轻松的部位专门暗示一下放松就可以了。做的时候呼吸要缓慢自然，脑袋内要放松，心情要平静、愉悦。每天最好在一定的时间内坚持做，会有很好的放松效果。没有整块时间做的，也可在汽车上、办公室休息时在办公桌旁，或早上起床前、晚上睡觉前在床上做。也可在自己情绪紧张焦虑、感觉疲劳或腰酸、身体有不适时做以作为缓解剂。

有效的精神放松技巧

先放松全身肌肉筋骨，然后开始轻松地、均匀而缓慢地深呼吸，可以数数：吸气的同时，心中缓慢地数1、2、3，一直数到吸足了气但不感到勉强为止；然后慢慢地呼气，一边慢慢地数1、2、3，一直数到把气呼完，吸气呼气之间的连接要自然和顺。

暗示自己保持内心的愉悦，“我的内心微微地笑了，遍地开花地笑了——”，记住内心愉悦是最好的精神放松方法。

让自己联想辽阔的草原、清澈而叮咚跳跃的泉水、嫩绿的春天的草地和五彩的鲜花，以及一些自己看到过的很美、自己很喜欢、很愉快的东西和场景。想象自己将会获得一个美丽、活泼、笑声很有感染力、很聪明的孩子，想象他会是什么样子的。

情绪胎教：分享其他准妈妈的感受

我是从怀孕3个月时开始产检的。产检的人那叫一个多呀！要是早上8点左右去挂号，中午才能看上，也可能都挂不上号。每次产检的流程是这样的：挂号→分诊→交检查费→验血验尿→称体重→量血压→听胎心→量腹围→接受医生问诊及医嘱，外加出来后与亲友分享此次检查的心得与体会。

3个月时是第一次产检，要照B超。说实话，每次照B超时心情都超紧张。第一次照完B超，医生在单子上“单胎”或“双胎”的地方画钩，那医生画得太潇洒了，钩在了两个选项之间，老妈看到后还很兴奋，以为怀的是双胞胎呢！她一直很想让我一下生俩娃，我跟她强调就一个BB，呵呵！那她也很高兴！第二次照B超时是怀孕5个月时，照的是彩超，说是能照出BB的容貌和四肢，能看出有没有唇裂之类的。这次照时更紧张了，生怕照出什么问题，从约B超到照完一直都是提心吊胆。好在一切正常，终于松了一口气。现在想想，怀胎十月也需要极高的心理素质呢。

从怀孕5个月开始做胎心监护。医生说做胎心监护前要吃饱，这样宝宝在妈妈肚子里才爱动，做监护就很好、很快了。有的妈妈在做监护时宝宝好像在睡觉，一动不动，妈妈就要在监护室里等上很久。我家宝宝还是很配合的，每次虽说不是动得很强烈，但也不会让我等很久，真是善解人意的好孩子，哈！记得有一次做完产检都是中午了，医生说下午才能做胎心监护，于是我和老妈就在医院附近的餐厅吃饭，一进餐厅就往无烟区走，结果发现桌桌都有大肚MM呀。忍不住点了水煮鱼，自从怀孕我这个超爱吃辣的人就开始控制辣椒的摄入量了，可那天周围的环境加气味实在让我“忍无可忍”了，我跟妈妈说只吃一点点，呵呵！终于解馋了，可是吃完又开始害怕了，担心宝宝会不会上火呀。人家说准妈妈吃辣的，宝宝会烂眼角的，真吓人呀！心想以后可不敢吃了。

怀孕时的每一天都充满着期盼、担心、欣喜、惊奇，真是五味杂陈、百感交集呀。

摘自《红孩子孕产育儿宝典》，本文作者：samantha_ yy（网名）

孕6月（第21～24周）胎教计划

胎教常识：这个月胎宝宝的生长发育

怀孕第21周

从这周开始胎宝宝的体重开始明显增加，到这个月的月末体重可达630克，身长约30厘米。肌肉和神经已经充分发育，具备了活动能力，加之羊水量的不断增多，胎宝宝在羊水中的活动更加频繁了，准妈妈能够更多地感觉到胎动。

怀孕第22周

胎宝宝已经长成了一个微型的小人儿了：他嘴唇的轮廓越来越清晰，眼睛也发育完全了；尽管他的虹膜还没有颜色，不过眼眉和眼睑已经长好了。胰腺（分泌激素的重要器官）正在稳步地发育。在牙龈下面，恒牙的牙胚也开始发育了，为此准妈妈要多补充些钙质，为宝宝将来能长出一口好牙打下基础。

怀孕第23周

胎宝宝身长约为29厘米，体重500克左右。听觉已经形成，开始逐步适应各种声音。即使准妈妈的声音变了样，胎宝宝也能分辨得出。胎宝宝还能听出准妈妈的心跳声和胃蠕动的声音。子宫外大的响声他也能听到，如犬吠声和吸尘器的声音。在今后的日子里，他会对亲人的声音越来越熟悉。除了听觉有所发展外，视网膜也已形成，具备了微弱的视觉。

怀孕第24周

胎宝宝肺部已有一定的功能，如果此时早产可有浅呼吸，在特殊的照顾下是可以存活下来的。

胎教常识：这个月准妈妈的身体变化

★ 子宫迅速增大，宫底高22～25厘米，下腹明显隆起。腹围的增长速度为整个怀孕期间最快的阶段，孕22周的子宫顶端和肚子的底端平行，怀孕至第6个月末宫底平脐。支撑子宫的腹部韧带被拉长，因此时常会感觉疼痛。呼吸变得急促，心脏负担更重了。

随着子宫的增大，身体的重心发生了变化，突出的腹部使重心前移，为了保持平衡，准妈妈不得不腆起肚子走路。这时不能再穿高跟鞋了，因为穿高跟鞋不仅会使背部肌肉紧张程度加重而导致疼痛，而且还会使重心不稳，很危险。

★ 增大的子宫适应了快速生长的胎宝宝的需要，但不可避免地会压迫周围的组织和器官，准妈妈出现心悸、气短、胃部胀满感、腹部下坠、尿频、便秘等症状，下半身也由于血液循环不畅而极易疲劳，并且难以缓解。

★ 另外，由于孕激素的作用，准妈妈的手指、脚趾和全身关节韧带变得松弛，这也会使准妈妈觉得有些不舒服。甲状腺的机能变得活跃，容易流汗、感觉燥热。

★ 乳房继续发育，乳腺发达，可出现泌乳现象。这个阶段准妈妈的体重在稳定增加，大约每周增重225克。

★ 由于血液量的增加，阴道分泌物增多，血管扩张，脸及手都容易变红，严重时还会出现淤血，不过通常分娩后就会消失。

★ 因为胎盘中分泌的激素影响肝脏，所以这个时期的准妈妈皮肤会出现瘙痒的感觉，严重时会长出水疱，甚至发展成湿疹。

营养胎教：食物中的激素和抗生素

因为激素、抗生素对提高农牧业产量有一定的作用，所以近年来激素、抗生素在农牧业中的应用十分普遍，但滥用的后果对人类的健康是灾难性的。比如，如果牛羊体内抗生素含量过多，人们喝牛、羊奶或吃牛、羊肉，抗生素的抗性会通过食物进入人体，使人体产生耐药性。一旦生病需要使用抗生素的时候，抗生素已经对人体没有保护作用了。那么，准妈妈如何尽可能避免激素、抗生素对胎宝宝的影响呢？

保证准妈妈没有受到毒物的影响

曾有6个多月大男婴被诊断为农药中毒，原来是其妈妈在地里洒农药，经呼吸道及皮肤接触，使她的乳汁含有农药并经乳液哺乳传给宝宝。由于激素抗体、农药都可由乳汁危害宝宝，所以，如妈妈较长时期生活或工作在污染严重的环境中（包括空气、水、食品、衣物等），乳汁可能含有毒成分。

怀孕了要多吃鱼，宝宝多吃鱼健脑。但如果怀孕期间，准妈妈每月吃2～3次受污染的鱼，可造成胎宝宝早产，新生儿体轻，血液里的PCB（多氯联苯，一种毒物）含量高，神经发育相关指标差，推测智商低的后果。

我国台湾地区1999年做了PCB大规模研究。在128名被试者中，有的孩子是在胚胎发育时妈妈受到污染，有的则是在妈妈还未怀孕的时候受到污染，结果新生宝宝有影响。1985～1992年检查和测试发现小孩出现一系列外科的、神经的、青春期等方面的问题，如青春期男孩阴茎短小不正常，还有运动机能和智力方面永久性障碍。

专家提示

鱼内的黑膜，是有毒物质往外排的时候的淤积，在做鱼时要把鱼鳞刮净，鱼内黑膜去掉。鸡、鸭、鹅的臀尖，最好不吃。

减少使用抗生素的机会

家庭中要减少抗生素对病原菌耐药性的机会，例如，洗手洗干净就可以了，不要什么都“抗菌”。家庭食品安全来源于厨房，要保持厨房卫生，经常用开水烫洗餐具、用具（案板、刀等），少用消毒剂、化学清洗剂。

过量比不足更糟糕

如确实需要服用保健品须经医院检查，在医生指导下有计划地进行，千万不要滥补。实际上，如一日三餐营养素足够就没必要补。

环境胎教：≥35 岁应进行产前筛查

一般年龄在 35 岁以上的准妈妈需要进行产前筛查（一般在孕 21 周之前进行），目的是在产前检查的基础上进一步对高危人群确诊，并提供终止妊娠的方法，预防和减少出生缺陷。目前产前筛查的两种主要疾病是唐氏综合征（又称 21 三体综合征）和先天性神经管畸形。

唐氏综合征是由于第 21 号染色体异常造成的，胎宝宝可能很快就会流产或是早产。如果侥幸存活，智商可能也会比同龄儿童低，容貌也和正常宝宝有很大不同，寿命也比较短。所以，一旦确诊，通常医生会建议准妈妈进行选择性流产，但是最终的选择还是由准妈妈自己决定。

神经管指的是胎宝宝的中枢神经系统。在胚胎形成的过程中神经管应该完全闭合，如果在闭合过程中出现任何异常，宝宝就会出现各种各样的先天畸形，如无脑儿、脑膨出、脑脊髓膜膨出、隐性脊柱裂、唇裂及腭裂等。

筛查不是诊断某一种疾病，而是筛选出患某一种疾病可能性较大的人。通过了解准妈妈的年龄、体重、血液和激素水平，并结合其他的一些情况，如是否吸烟或酗酒等，计算出胎宝宝分别患有唐氏综合征和先天性神经管畸形的风险值，依据风险值的高低得到一个阳性（高危）或阴性（低危）的结果。通常把区别唐氏综合征高危和低危的风险值设定为 1/270，如果唐氏综合征风险值低于该水平（如 1/1000），那么就是筛查低危，但是筛查低危并不能等同于零风险。如果准妈妈年龄较大（大于 35 岁），或者以前曾经有过分娩畸形儿的病史，往往医生会推荐进行羊水穿刺和染色体测定以进一步进行诊断。

环境胎教：预防妊娠高血压综合征

妊娠高血压综合征是怀孕中晚期常见的疾病，发病率为5%～10%，仅次于产科出血，是威胁产妇生命安全的第二大疾病。妊高征大多发生在妊娠20周以及产后两周，主要症状为高血压、蛋白尿及水肿，并伴有头痛、眼花、恶心、呕吐等症状，严重的还会发生抽搐。全身肌肉抽搐时可引起子宫收缩，导致早产、胎宝宝窘迫甚至宫内死亡。患有妊高血征的准妈妈所怀的宝宝，宫内发育迟缓的发生率高，出生体重低于正常的标准，严重者可致胎宝宝死亡或新生儿死亡。营养不良、贫血、肥胖、有高血压及糖尿病家族史的准妈妈是妊高征的高危人群。

妊娠高血压疾病与营养因素密切相关，动物脂肪、热能摄入太多，蛋白质、各种维生素、矿物质和微量元素摄入不足，水果、红糖、蜂蜜、冰糖等及其他含糖食品或饮料超量，钠盐摄入超量，都会诱发或加重妊娠高血压。为了增加营养而大补特补，往往会使准妈妈患上妊高征。因此，每周体重增加应控制在500克以内，整个孕期的最佳体重增加量为12～13千克。此外，要保证充分休息，每天睡眠的时间至少在8小时，包括中午休息半小时到1小时。

专家提示

患有妊高征的准妈妈大多存在低蛋白血症，饮食方面注意减少脂肪摄入，烹调选用植物油，增加优质蛋白质的比例，如牛肉、脱脂牛奶、鸡蛋、豆腐、鱼、虾等。但蛋白质也是一把双刃剑，肾功能异常的准妈妈要控制摄入量，避免增加肾脏负担。

按时进行产前检查是及早发现妊娠高血压疾病的最好方法。每一次检查时医生都会测量血压、验尿及称体重，并检查腿部水肿现象。已经患上妊高征的准妈妈要注意营养，保证蛋白质、钙、钾、维生素的摄入，控制钠盐的摄入量。钙可以调节血管收缩和舒张能力，建议准妈妈每天吃3～4份奶制品，还有脆骨、带皮的小鱼和小虾、大豆之类，再加上适量补钙，从而保证每天钙元素的摄入量达1000毫克，同时每天晒1～2小时的太阳，以帮助钙的吸收。维生素，特别是抗氧化类维生素A、维生素C、维生素E，有助于增加血管弹性、降低血压。每天食盐的摄入量应控制在3~4克，还要警惕所有含钠高的“膳食杀手”，如酱油、酱类、浓肉汁、调味汁、腌熏制品、咸菜、酱菜、炖菜、罐头肉、罐头鱼、罐头菜、薯条、汉堡、香肠火腿等熟食、含盐黄油、人造黄油、奶酪等。

营养胎教：妊高征饮食原则

妊高征与营养密切相关，只要合理安排饮食就能够预防和控制妊高征的发生、发展。热能摄入太多，蛋白质、维生素A、维生素C、钙、铁、锌、钾摄入不足，钠摄入过量都会诱发或加重妊高征。因此，饮食方面要遵照“三高一低”原则，即高蛋白、高钙、高钾及低钠饮食，多吃鱼、肉、蛋、奶及新鲜蔬菜，适量补充铁和钙剂，减少钠盐摄入。

除了钙和钠以外，微量元素钾、锌也与血压有密切关系。钾能够促进钠的排出，锌能够提高机体免疫力，适量补充钾和锌有助于调节血压。绝大部分新鲜水果和蔬菜中钾含量丰富，如香蕉、杧果、芦笋、青豆、坚果、奶制品等。

锌含量丰富的食物有牡蛎、扇贝、肝脏、瘦肉、坚果等。钠与高血压的关系众所周知，因此患有妊高征的准妈妈必须严格控制钠盐的摄入，每天吃盐不宜超过3~5克。

酱油摄入也不能过多，6毫升酱油约等于1克盐。同时，减少隐匿性高钠食品的摄入，如味精、调味汁、汤料、咸菜、火腿、酱菜、罐头制品等，更不宜吃用碱或苏打制作的食物。除此以外，口味较重的准妈妈，可以多做一些糖、醋较多的酸甜口味的菜，可以在一定程度上改善口味、满足食欲。

环境胎教：关注自己的血压变化

孕中期血压正常值的标准和孕前一样，仍然是不能超过140/90毫米汞柱。从怀孕20周后开始，医生更加注意血压的变化，因为在20周之前发现血压升高的准妈妈属于原发高血压的范围，也就是说，该高血压是你在孕前就已经存在的疾病，不是妊娠所诱发的；而20周之后出现的高血压则提示准妈妈罹患了一种新的妊娠期并发症：妊娠期高血压疾病，其中单纯的妊娠期高血压症状不会给母儿带来太大的危害，但是妊娠期高血压症状带来的先兆子痫和子痫则完全不同。

先兆子痫是指准妈妈在怀孕20周到分娩后第一周之间发生的高血压、蛋白尿或水肿等一系列症状的总称。肥胖、高龄、患有高血压、肾病等慢性疾病的准妈妈更容易患上先兆子痫。疾病一旦发生会影响到准妈妈全身各个脏器，一旦机体器官先后出现问题，产妇就会有生命危险，严重的时候会并发胎盘早剥或引起子痫（由先兆子痫发展成的更为严重的症状），可引起孕产妇的抽搐或昏迷，甚至在很短时间内导致胎宝宝死亡。

轻度先兆子痫的准妈妈只需要在家卧床休息，但必须每周去医院检查，如果病情没有迅速改善应当住院治疗。若住院期间病情仍在继续发展，应尽快终止妊娠。严重先兆子痫的准妈妈应住院治疗，卧床休息，静脉输液和硫酸镁可缓解症状，通常在用药后4~6小时血压能够得到控制。

先兆子痫和子痫不同于一般的高血压，治疗中不强调利尿剂及低盐饮食的作用。鼓励准妈妈正常摄入盐分，多饮水，多卧床休息。建议准妈妈在睡觉或卧床时采用左侧卧位，可减少下腔静脉的压力，增加回心血量，改善血液循环。

环境胎教：有些准妈妈需要进行产前诊断

在遗传咨询的基础上，对有高风险的准妈妈应该进行产前诊断，如果确认

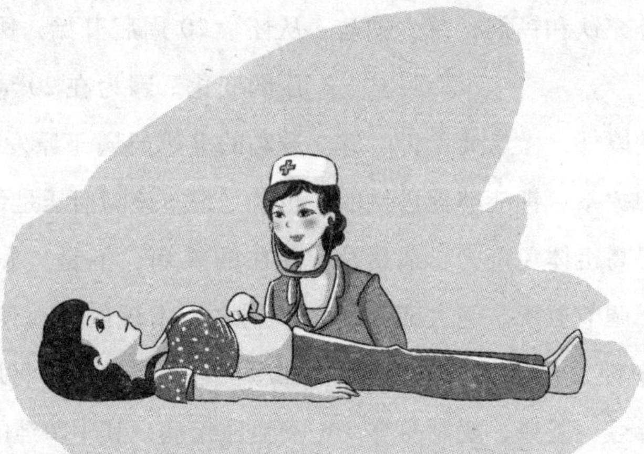

为正常胎宝宝可以继续妊娠至足月生产，如果诊断为存在严重遗传病则应该尽早结束妊娠，这是降低有缺陷新生儿出生率的有效手段。下列准妈妈需要进行产前诊断：

★ 性连锁遗传病携带者。在孕期应该确定胎宝宝性别：对有X连锁隐性遗传病，如血友病、红绿色盲、假性肥大型肌营养不良症等家族病的胎宝宝，及早确定胎宝宝性别，男胎应终止妊娠。

★ 35岁以上的高龄准妈妈。易发生胎宝宝染色体异常：主要指染色体（常染色体及性染色体）数目或结构异常，常染色体异常有先天愚型唐氏综合征；性染色体异常有先天性卵巢发育不全症等。

★ 前胎为先天愚型或有家族病史者。从羊水细胞提取胎宝宝DNA，针对某一基因做直接或间接分析或检测，如诊断地中海贫血、苯丙酮尿症、进行性肌营养不良等。

★ 准妈妈有常染色体异常、先天代谢障碍、酶系统障碍的家族史者。其基本病因是由于遗传密码发生突变而引起某种蛋白质或酶的异常或缺陷。遗传性代谢病涉及各代谢系统，如脂代谢病、粘多糖沉积病、氨基酸代谢病、碳水化合物代谢病等。

★ 前胎为神经管缺陷或此次孕期血清甲胎蛋白（AFP）值明显高于正常妊娠者。

★ 产前筛查血清标记物异常，属于高风险的准妈妈。

产前诊断的方法主要有：羊膜腔穿刺法、绒毛取样法、B型超声扫描、脐带血穿刺、X线检查、胎宝宝镜检查。现在各个医院进行的比较多的产前诊断的方法是羊膜腔穿刺、超声检查和脐带血穿刺检查。这3项检查中只有超声检查是无创的，其他两项都是有创检查。所谓“有创”指的是检查有可能对准妈妈或者宝宝造成损伤，因此需要在医生和准妈妈进行充分沟通并签订协议之后才能进行。如果准妈妈有疑虑检查就不会进行，直到准妈妈对检查的目的和内容以及可能出现的意外有了充分的了解之后，检查才会在资深医生的指导下进行。

环境胎教：羊水过多或过少都不好

什么是羊水

羊水由准妈妈血清经羊膜渗透到羊

膜腔内的液体及胎宝宝的尿液所组成，它可保护胎宝宝免受挤压，防止胎体粘连，保护子宫腔内恒温恒压。

羊水过多怎么办

正常足月妊娠时，羊水量约1000毫升，羊水量超过2000毫升称为羊水过多。如果羊水量在数天内急剧增加超过正常量称为“急性羊水过多”，不过大多数都是在较长时间内缓慢增加形成羊水过多，称为“慢性羊水过多”。

羊水过多的原因现在尚未完全搞清楚，临床观察到的原因主要有：胎宝宝畸形（无脑儿、脊柱裂等神经管畸形为多）最常见，其次为胎宝宝大脑发育不全、多胎妊娠，准妈妈患糖尿病、妊娠高血压综合征和肾功能不全者也常合并有羊水过多。

一般羊水超过3000毫升，准妈妈会有不适感觉。急性羊水过多可引起准妈妈腹痛、腹胀、气短、不能平卧等不适，也可出现下肢、外阴部浮肿及腹水。慢性羊水过多由于羊水量是逐渐增加的，上述症状较轻，准妈妈一般能够适应。

准妈妈发现腹部增大明显应及时到医院就诊，如确认为胎宝宝畸形，应及时终止妊娠，并检查有无其他合并症如双胎、妊娠高血压等。如胎宝宝无畸形，症状不重者，可以继续妊娠，但必须给予临床监测，酌情治疗，并注意防止胎膜早破。

羊水过少怎么办

羊水量少于300毫升称为羊水过少，最少的只有几十毫升或几毫升。此时胎宝宝紧贴羊膜，B超检查羊水平段小于3厘米。羊水过少与胎宝宝泌尿系统畸形同时存在，如先天肾缺陷、肾发育不全。孕晚期羊水过少常与过期妊娠、胎盘功能不全并存。

羊水过少对准妈妈的影响较小，但对胎宝宝的威胁较大，围产儿死亡比正常妊娠高出5倍以上。羊水过少的产妇在分娩时子宫收缩疼痛剧烈，收缩不协调，宫口扩张缓慢，分娩时间长。

定期产前检查及B超检查可以发现羊水量的情况。如果出现羊水过少应及时到医院检查。准妈妈应密切注意胎动变化，医生应及时测定胎宝宝有无缺氧情况，一旦发现异常情况应考虑立即施行剖宫产，尽快娩出胎宝宝。如果发现胎宝宝畸形应立即终止妊娠。

语言胎教：告诉胎宝宝一天的生活

怀孕的第6个月，胎宝宝已经有了记忆和学习的能力，因此，准妈妈要时刻牢记胎宝宝的存在，经常与之谈话，这是十分重要的。这一时期对话胎教主要采用同胎宝宝谈话的方式，以逐渐加强对胎宝宝的语言刺激，以语言手段来激发胎宝宝的智力。

准妈妈可以告诉胎宝宝一天的生活，从早晨醒来到晚上睡觉，自己或家庭成员做了什么，想了什么，有什么感想，说了些什么话，这些都可以用语言讲给胎宝宝听。这是母子共同体验生活节奏的一种方法。如早晨起来，先对胎宝宝说一声“早上好”，告诉他新的一天已经开始了。打开窗户告诉胎宝宝：“早上空气真新鲜”“啊，太阳升起来了，阳光洒满大地”“今天是一个晴朗的好天气”。关于天气，可教的有很多，如阴天、下雨、飘雪花等，气温的冷热、风力的大小、温度的高低等都可以作为话题。在洗手间也有很多可以同胎宝宝说的话，如天天要洗脸，饭后要刷牙，便后要洗手，衣服要经常换，爸爸为何要刮胡子，妈妈为什么爱梳妆，肥皂为何起泡泡，吹风机为什么能把头发吹干等，都是很好的说话内容。

准妈妈还可以告诉胎宝宝，今天穿的衣服是什么样式的，什么颜色的，什么布料的。接着把镜子里的自己视觉化，将信息传递给腹中的胎宝宝，如“今天很冷，穿风衣吧”“应邀赴会，还是穿套服的好”“这件上衣，还是配蓝色的领带合适”等。吃饭时，先深深地吸口气，问胎宝宝：“闻到了吗?饭菜真香啊!”还可以告诉胎宝宝各种蔬菜的名称、味道、营养和制作方法，要胎宝宝出生后喜欢吃各种蔬菜。

此外，准妈妈可在散步时把眼前的景色生动地讲给胎宝宝听：“瞧，公园真美丽，青青的草，红红的花，鱼儿在池塘里游来游去。”准妈妈还可以利用诸如打扫房间、洗衣服、做饭、买东西、上银行、去医院，或者织毛衣、看电视、洗澡等活动同胎宝宝谈话。

准爸爸对胎宝宝的讲话也是很重要的，准爸爸的声音更易被胎宝宝所接受，通过与胎宝宝讲话，可以培养父子感情。并且，准爸爸对胎宝宝进行胎教，还可增进夫妻感情。准爸爸与胎宝宝讲话时，准妈妈应仰卧或端坐在椅子上，准爸爸把头俯在准妈妈的腹部，嘴巴离腹壁不能太近也不能太远，一般以3~5厘米为宜。准爸爸同胎宝宝讲话的时间，一般选在晚上睡觉前为好，每次讲话时间以5~10分钟为宜。如就寝前，可以由准爸爸通过准妈妈的腹部轻轻地抚摸其中的胎宝宝，同时与胎宝宝谈话："爸爸来啦，起来活动吧，对啦，小手伸出来，小脚又在哪里呢？让爸爸摸一摸，啊，会蹬了，再来一个……再见！"

语言胎教：给胎宝宝起个可爱的名字

自妊娠6个月起，胎宝宝就开始不断地"凝神倾听"。妊娠期间，母亲的腹内（子宫）是一个非常"嘈杂"的场所，有大量的声音传入胎宝宝耳内。在传入胎宝宝耳内的声音中，最为嘈杂的是母亲胃内发出咕噜咕噜的声音。另外，即使是父母比较微弱的谈话声，胎宝宝也会全神贯注地倾听。

然而，支配胎宝宝所处环境的声音，毕竟是母亲那富有节奏的心脏搏动声。如其节奏正常，胎宝宝就会知道一切正常，即胎宝宝会感到所处环境安全而无忧虑。

何以见得呢？随着现代医学的发展，借助于B型超声波诊断仪，人们已能观察到胎宝宝在母体子宫内的活动情况，以及吞吐羊水的有趣模样。胎宝宝能接受外界刺激，并作出反应。当胎宝宝听到音响时，胎心音会变快；听到汽车的喇叭声时，会出现频繁的胎动。用光照射准妈妈的腹部，胎宝宝会有眼球活动。

有人还做了这样一个实验，在准妈妈妊娠期间，让父母给胎宝宝起一个小名，并让父母常常向腹中的胎宝宝呼唤他的小名。胎宝宝出生以后，当他听到呼唤他的小名时，会突然停止吃奶或在哭闹中安静下来，有时甚至会露出似乎高兴的表情。这项试验结果在一定程度上说明，胎宝宝不但只有听力，而且还有一定的领悟能力。

据数年前的研究结果表明，在新生儿室内给一部分新生儿播放人心脏跳动的录音时，听到这种录音的新生儿比没有听到这种录音的新生儿表现得活泼，饮食和睡眠状况良好，体重迅速增加，呼吸能力不断增强，不爱哭闹，不易生病。

专家们认为，胎宝宝在宫腔内被羊水包围，是生活在一个水环境中，而水对声音具有选择的过滤作用，它能除去一部分低音而对高音则有较多的保留，故而胎宝宝对高音具有更强的敏感性。

究竟哪种解释更为合理，或二者兼而有之，这里并不想下结论。重要的是胎宝宝对母体及母亲的声音具有依赖性与敏感性，这是与胎教直接有关的问题。

音乐胎教：欣赏莫扎特的《小夜曲》

美国、日本、德国、韩国等发达国家研究表明：莫扎特音乐与人体神经有独一无二的微妙感应，孕育期听过莫扎特音乐的宝宝，对声音、画面、气味的空间感觉更早、更准备，记忆外部刺激的能力也更强，莫扎特的音乐能刺激胎宝宝大脑成长，培养宝宝的多种智力和各项潜能。

《第十三号小夜曲》又叫《G 大调弦乐小夜曲》是 18 世纪中叶器乐小夜曲的典范，莫扎特于 1787 年 8 月 24 日在维也纳完成。最早为弦乐合奏，后被改编为弦乐五重奏和弦乐四重奏，尤以弦乐四重奏最为流行，是莫扎特所作十多首组曲型小夜曲中最受欢迎的一首。

这首乐曲原有 5 个乐章，后第二乐章因故失传，所以现存只有 4 个乐章。

第一乐章，快板，G 大调，4/4 拍，是一首完整的小奏鸣曲。第一主题开门见山，以活泼流畅的节奏和短促华丽的八分音符颤音，组成了欢乐的旋律，其中充满了明朗的情绪色彩和青春气息；随后是轻盈的舞步般旋律。

第二乐章，行板，C 大调，2/2 拍，抒情的浪漫曲。音乐开头乐队奏出简易、动听如歌的主题，旋律温柔恬静，犹如轻舟荡漾，充满了绵绵情思。

第三乐章，小快板，G 大调，3/4 拍，小步舞曲。主题节奏鲜明，旋律流畅，充满了青春的活力。

第四乐章，回旋曲，G 大调，快板，4/4 拍，主题是一首威尼斯流行歌曲，旋律明澈流丽，跳荡着无忧无虑的情感，象征着幸福完美的爱情。它在该乐章中共出现五次，每次都作了调性变化。最后仍重复这一主题，结束全曲。

胎教常识：不能把耳机放在腹部

据报刊报道，一位女士带两岁半的

儿子至某医院，医生发现该宝宝严重失聪，再仔细检查，孩子的耳蜗和听觉神经已损坏，且没有治愈的可能。原来，该女士在怀孕3个月时，听到了有关胎教好处的传言，于是每天将耳机放在腹部让胎宝宝听1小时的音乐，结果造成了胎宝宝听力的损害。

许多人认为，对胎宝宝来说，母亲的子宫是一个不受外界干扰的理想环境。而事实并非如此，胎宝宝在子宫内亦深受外界噪声之害。美国科学家实验发现，外界声音的基本音节能全部传入子宫，胎宝宝能清晰地听到3米外人们的讲话声、开门声和小车通过的声音，其所感受的声音只比外界低25～30分贝。

构成胎宝宝内耳一部分的耳蜗从准妈妈怀孕第20周起开始发育，其成熟过程在宝宝出生后30多天内仍在继续进行。由于胎宝宝的耳蜗正处于发育阶段，极易遭受噪声损害，对2000赫兹以上的高音尤为敏感，所以胎教音乐中若出现2000赫兹以上高音时，必将损害胎宝宝的听力。

令人吃惊的是，不久前，国家优生优育协会和中科院声学研究所对市面上出售的胎教音乐进行随机抽样调查，音频超过2000赫兹的不合格胎教音乐大量存在。有的包装盒上标明音频范围是500～2000赫兹，但实际检测结果音频最高者竟达4000～5000赫兹。用这样不合规格的产品进行胎教，对胎宝宝听力造成的损害是可想而知的。

美育胎教：欣赏白居易的《池上》

《池上》是唐代著名诗人白居易创作的一首五言精编创作基调为闲情偶寄，该作品文字洗练，内容通俗淡雅，是经典佳作之一。

池上

小娃撑小艇，
偷采白莲回。
不解藏踪迹，
浮萍一道开。

池塘中一个个大莲蓬，新鲜清香，多么诱人啊！一个小孩儿偷偷地撑着小船去摘了几个又赶紧划了回来。他还不懂得隐藏自己偷摘莲蓬的踪迹，自以为谁都不知道；可是小船驶过，水面原来平铺着的密密的绿色浮萍分出了一道明显的水线，这下子泄露了他的秘密。

这首诗好比一组镜头，摄下一个小孩儿偷采白莲的情景。从诗的小主人公撑船进入画面，到他离去只留下被划开的一片浮萍，有景有色，有行动描写，有心理刻画，细致逼真，富有情趣；而这个小主人公的天真、活泼淘气的可爱形象，也就栩栩如生，跃然纸上了。

专家提示

白居易（772—846），唐代诗人，字乐天，号香山居士，今陕西渭南人。他的诗歌题材广泛，形式多样，语言平易通俗，有“诗魔”和“诗王”之称。

美育胎教：欣赏民间剪纸艺术

剪纸是中国民间流行的一种历史悠久、流传广泛的艺术形式。每逢过节或新婚喜庆，人们便将美丽鲜艳的剪纸贴在家中窗户、墙壁、门和灯笼上，节日的气氛也因此被烘托得更加热烈。在农村，剪纸通常是由妇女、姑娘们来做。在过去，剪纸几乎可以说是每个女孩所必须掌握的手工艺术，并且还是人们用来品评新娘的一个标准。

从技法上讲，剪纸实际就是在纸上镂空剪刻，使其呈现出所要表现的形象。劳动群众凭借自己的聪明才智，在长期的艺术实践和生活实践中，将这一艺术形式锤炼得日趋完善，形成了以剪刻、镂空为主的多种技法，如撕纸、烧烫、拼色、衬色、染色、勾描等，使剪纸的表现力有了无限的深度和广度。细可如春蚕吐丝，粗可如大笔挥抹。其不同形式可粘贴摆衬，亦可悬空吊挂。由于剪纸的工具材料简便普及，技法易于掌握，有着其他艺术门类不可替代的特性，因而，这一艺术形式从古到今，几乎遍及我国的城镇乡村，深得人民群众的喜爱。

光照胎教：促进胎宝宝的视觉发育

胎宝宝在怀孕第8周时，眼睛已经

开始发育，但直到怀孕23周左右的时候，对光才有了最初的反应。当一道亮光穿过母亲的皮肤，甚至子宫壁到达胎宝宝时，胎宝宝的眼睛就开始在黑暗中一开一合，似乎在为出生后做练习。怀孕27周以后，胎宝宝的大脑才能感知外界的视觉刺激。怀孕30周以前，胎宝宝还不能凝视光源，直到怀孕36周，胎宝宝对光照刺激才能产生应答反应。

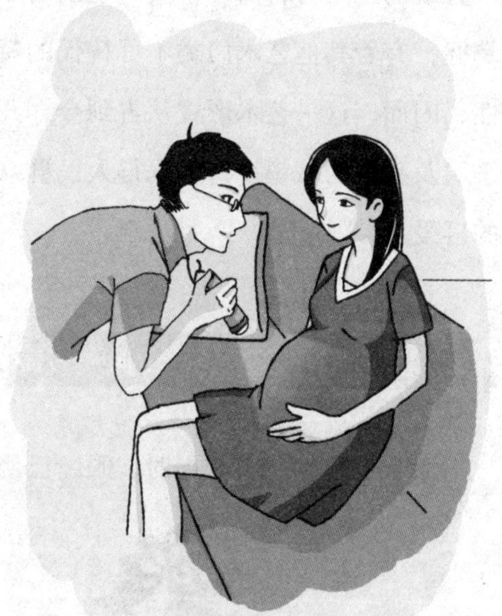

如果从怀孕24周开始，每天定时在胎宝宝觉醒时用手电筒（弱光）作为光源，照射准妈妈腹壁胎头方向，每次5分钟左右，结束前可以连续关闭、开启手电筒数次，这样做可促进胎宝宝视觉功能健康发育。因为有研究表明，当用手电筒照射准妈妈腹壁胎头部位时，可感到胎宝宝心率增快的现象，持续照射数分钟，胎心率又恢复至照射前的状态。光照5分钟，通过刺激胎宝宝的视觉信息传递，使胎宝宝大脑中动脉扩张，对胎宝宝脑细胞的发育有益。

因此，准妈妈可以利用胎宝宝所具有的视觉功能，对其进行胎教，以锻炼胎宝宝的视觉，并且有助于提高胎宝宝的智力。但需注意的是，在对胎宝宝进行光照刺激时，切忌强光照射，并且时间也不宜过长。

抚摸胎教：和胎宝宝一起嬉戏

妊娠的第6个月，可以在准妈妈腹部明显地触摸到胎宝宝的头、背和肢体，是进行抚摸胎教的好时机。抚摸胎教可以在起床后和睡觉前进行，应避免在饱食后进行。一般每天可进行3次，每次约5分钟。具体的方法是：准妈妈排空小便，平卧床上，下肢膝关节向腹部弯曲，双足平放于床上，全身放松。此时准妈妈腹部柔软，利于触摸。

抚摸可由准妈妈进行，可由准爸爸进行，也可轮流进行。先用手在腹部轻轻抚摸片刻，再用手指在胎宝宝的体部轻压一下，可交替进行。有的胎宝宝在刚开始进行抚摸或按压时就会作出反应，随着孕周的增加，胎宝宝的反应会越来越明显，当胎宝宝习惯指压后，他会主动迎上来。怀孕28周以后，轻轻的触摸配合轻轻的指压可区别出胎宝宝圆而硬的头部、平坦的背部、圆而软的臀部以及不规则且经常移动的四肢。当轻拍胎宝宝背部时胎宝宝有时会翻身，手足转动，此时可以用手轻轻抚摸以安抚之。在用手触摸胎宝宝的时候，别忘了还要同时轻轻地、充满柔情地对胎宝宝说话，让胎宝宝更强烈地感受到父母的爱意。父母也可以在触摸胎宝宝的时候谈谈心，交流交流感情，憧憬一下宝宝出生后美好的生活，营造出温馨、亲密的气氛，这样有利于加深一家三口间的感情。

在进行抚摸胎教时，抚摸及按压的动作一定要轻柔，以免用力过度引起意外。有的准妈妈在怀孕中、后期经常有一阵阵的腹壁变硬，可能是不规则的子宫收缩，此时不能进行抚摸胎教，以免引起早产。准妈妈如果有不良分娩史，如流产、早产、产前出血等，则不宜使用抚摸胎教。

做完抚摸后，可用双手轻轻推动胎宝宝在宫内“散步”。这样反复的锻炼，可以使胎宝宝建立起有效的条件反射，并增强肢体肌肉的力量。经过锻炼的胎宝宝出生后肢体的肌肉强健，抬头、翻身、坐、爬、行走等动作都比较早。训练时，手法要轻柔，要循序渐进，不可急于求成，即使在怀孕7～8个月的训练高峰期，每次也不能超过5分钟，否则只能是拔苗助长，适得其反。一旦胎宝宝出现踢蹬不安时，便应立即停止刺激，并轻轻抚摸之，以免发生意外。在进行运动胎教过程中，思想一定要集中，心里应有幸福喜悦的感受。

有些准妈妈对运动胎教怀有戒心，生活中常常看到一些准妈妈用手捂住肚子等待胎宝宝反应，好像害怕锻炼会损害胎宝宝似的。其实，这种担心是多余的。胎宝宝在4个月时，胎盘已经很牢固，胎宝宝在羊水中活动不会受到直接冲击，因而也不会受到任何伤害。相反，经常采用运动胎教法会收到很好的效果。

孕7月（第25~28周）胎教计划

胎教常识：这个月胎宝宝的生长发育

怀孕第25周

胎宝宝身长约34.6厘米，体重将近660克。他的肺里还没有空气，只有羊水，但是他已经会做出像呼吸一样的动作了。长出了一些胎脂，皱皱巴巴的皮肤开始变得平滑。

怀孕第26周

胎宝宝的眼睛已经能完全睁开了，对于声音的反应也更为持久。此时，他从头顶至脚跟的长度已达到35.6厘米左右，体重为760克左右。他仍旧在微微地呼吸，尽管吸进去的还只是羊水而非空气，这却不失为一种为将来的出生而做的不错的练习。

怀孕第27周

从头部到脚跟的长度为36.6厘米，体重有将近875克。大脑表面开始出现沟回，随着更多脑组织的发育，胎宝宝的大脑活动变得十分活跃。此时胎宝宝的眼睛能够开合，睡眠也有规律了。有些专家认为，到了28周胎宝宝就开始有梦境了。胎宝宝开始有喜怒哀乐的表情和动作，也开始有小脾气了。这个时候，小家伙对外界刺激更容易接受，出现记忆和意识的萌芽。

怀孕第28周

胎宝宝身长约为38厘米，体重达到1千克多一点儿。胎宝宝会眨眼了，睫毛忽闪忽闪的。当胎宝宝注意到从准妈妈的子宫壁透进来的光亮时，他会转向光源。此时，他体内的脂肪层开始形成，为他出生后的生活做准备。骨骼、关节及肌肉继续不断发育生长，动作能够自控，手脚可自由地伸展、摆动。此时胎宝宝可以在子宫内自由活动，胎动更加频繁，并且非常有力。

胎教常识：这个月准妈妈的身体变化

随着胎宝宝的不断长大，准妈妈的腹部更加突出，行动较前几个月更加笨拙了，妊娠纹和色素沉积也越来越明显。所以，从本月起准妈妈要注重肌肤的保养。这个时候，胎宝宝的动静也越来越大了，准妈妈要做好心理准备。

腹部更加突出

怀孕第七个月末时，宫底在脐上3横指处。准妈妈的腹部更大了，向前高高隆起，站立时必须保持胸部向后、颈部向前、肩部下垂、脊柱前凸才能使身体保持平衡，这会引起背部一些肌肉过度劳累，准妈妈会感到明显的腰部酸痛。增大的子宫压迫下半身的静脉，使下半身出现静脉曲张。下肢承担体重并被子宫压迫而影响回流，容易出现浮肿。子宫压迫骨盆底部，容易发生便秘和痔疮。

子宫变得敏感

子宫肌肉对外界的刺激越来越敏感，如果用手稍用力刺激腹部，腹部可能会出现较微弱的收缩。收缩时子宫内的压力一般不超过2千帕，所以不会引起疼痛，也不会使子宫颈扩张。一般持续数秒即会消失，不必紧张。

妊娠纹增多

腹部越来越沉重，腰腿痛因而更加明显，现在你可能会感到有些疲惫。另外，随着腹部的不断增大，这时你会发现肚子上、乳房上会出现一些暗红色的妊娠纹，脸上的妊娠斑也明显起来。有的准妈妈还会觉得眼睛发干、发涩、怕光，这些都是正常现象，不必过于担心。

乳房开始分泌乳汁

乳房的乳腺管和腺泡增生，脂肪沉积，乳头增大变黑、易勃起，乳晕变黑。孕28周前后，乳房可能分泌初乳，是真正乳汁产生之前的分泌物。

这时你可能会觉得心神不安，睡眠不好，经常做一些记忆清晰的噩梦，这是你在怀孕阶段对即将承担的妈妈的重任感到忧虑不安的反应。这是正常的，你不必为此自责。你应该为了胎宝宝的健康发育保持良好的心境，你可以向丈夫或亲友诉说你的内心感受，他们也许能够帮助你放松下来。

营养胎教：增加奶制品的摄入

中国营养学会2007年发布的《中国居民膳食指南》中指出，奶类营养成分齐全，组成比例适宜，除含有丰富的优质蛋白质和维生素外，含钙量也较高，容易消化吸收，建议各年龄段人群多喝奶，每人每天300毫升左右为宜。准妈妈对能量与营养素的需要高于一般个体，更需要增加奶制品的摄入。

牛奶麦片

原料：鲜牛奶300克，鸡蛋100克，核桃100克，麦片50克，膨化谷物50克，葡萄干20克。

做法：（1）将鸡蛋打散、搅匀，摊成蛋饼；（2）将蛋饼、麦片和膨化谷物放入常温的鲜牛奶中；（3）撒上葡萄干，拌匀即可。

营养含量：能量1345千卡，蛋白质48.2克，脂肪82.9克，碳水化合物118.9克，维生素A 1063国际单位，维生素B_1 0.57毫克，维生素B_2 0.93毫克，尼克酸4.8毫克，维生素E 48.35毫克，钙445毫克，磷940毫克，镁285毫克，铁10.7毫克，锌6.49毫克。

营养提示：牛奶含有8种人体必需氨基酸，可为机体提供生长发育所需的全部营养物质。牛奶是维生素A和B族维生素的良好来源，矿物质种类也非常丰富，还具有镇静安神的作用，对于准妈妈的营养补充和静养很有帮助。

自制酸奶

原料：鲜牛奶500克，原味酸奶125克，蜂蜜20克。

做法：（1）将盛放酸奶的容器清洗净，备用；（2）鲜牛奶500克煮开，放凉到40℃左右（用手摸容器壁温热），倒入干净容器中；（3）按照4:1的比例加入125克原味酸奶，充分搅拌均匀，盖上保鲜膜；（4）在40℃条件下静置6~8小时，至酸奶呈半凝固状，闻起来有奶香，但没有淡黄色透明状液体析出时即可；（5）加入蜂蜜就可以吃了。

营养含量：每100克酸奶可提供能

量72千卡，蛋白质2.5克，脂肪2.7克，碳水化合物9.3克，维生素A 87国际单位，维生素B_1 0.03毫克，维生素B_2 0.15毫克，尼克酸0.2毫克，维生素C 1毫克，维生素E 0.12毫克，钙118毫克，磷85毫克，镁12毫克，铁0.4毫克，锌0.53毫克。

营养提示：酸奶是牛奶经过微生物发酵而成的，保留了牛奶的大部分营养，但比牛奶更容易消化吸收。牛奶发酵后乳糖转化为乳酸，牛奶不耐受的人也能食用，不会发生胃肠胀气的现象。酸奶钙磷含量丰富，还能改善肠道功能，预防便秘。这些对于准妈妈来说都有极大帮助。

专家提示

自制酸奶耗时长，但并不麻烦。自制酸奶中没有增稠剂和稳定剂，乳酸杆菌含量高，非常营养健康。需要注意的是，做酸奶时使用的器皿必须干净、无油、无水，最好用瓷碗或玻璃容器盛放，有盖子最好，因为乳酸菌是厌氧菌，无氧环境更有利于其发酵。自制酸奶最好现做现吃，不然必须放入冰箱冷藏保存，保质期为2~3天。40℃的条件可用酸奶机、烤箱、电饭煲控制，北方冬天放在暖气片上进行发酵也是个很好的选择。

奶油蘑菇浓汤

原料：牛奶250克，淡奶油20克，橄榄油50克，面粉20克，口蘑50克，洋葱10克，糖5克，盐5克，胡椒粉5克。

做法：（1）将口蘑切片，洋葱切成细小的粒；（2）少量橄榄油下锅，放洋葱炒到透明，放蘑菇片炒熟，盛出备用；（3）小火将橄榄油加至5分热，放适量面粉炒至发黄有香味，注意不能炒煳；（4）分次加入牛奶，边加边搅拌；（5）加入炒好的蘑菇、糖、盐、胡椒粉，继续搅拌；（6）根据自己的口味加淡奶油，继续煮开即可出锅。

营养含量：能量906千卡，蛋白质30.3克，脂肪69.7克，碳水化合物48.7克，维生素A 200国际单位，维生素B_1 0.18毫克，维生素B_2 0.44毫克，尼克酸22.8毫克，维生素C 3毫克，维生素E 5.19毫克，钙394毫克，铁12.3毫克，锌6.05毫克。

营养提示：奶油含有较多的脂溶性维生素，如维生素A、维生素D以及人体必需的脂肪酸和卵磷脂。但奶油的脂肪含量较高，淡奶油含脂率为25%左右，比鲜牛奶的脂肪多5倍，因此不宜多吃，每日摄入量以不超过20克为宜。

意式奶酪面

原料：意大利面150克，火腿50克，奶酪50克，鲜奶油20克，橄榄油10克，洋葱10克，蒜10克，盐5克，黑胡椒粉5克。

做法：（1）将奶酪擦成细丝，洋葱切圈，蒜做成蒜蓉；（2）将意大利面放入加少许盐的水中，煮熟备用；（3）在锅中放入橄榄油，将洋葱圈、蒜蓉和火腿炒香，备用；（4）炒锅加热，放入少许黄油溶化，然后加入鲜奶油、奶酪，充分搅拌成黏稠状，再放入盐和黑胡椒，继续搅拌片刻后关火备用；（5）将意大利面捞出放入碗中，将酱汁和煸好的火腿丁倒入锅内，搅拌均匀，即可食用。

营养含量：能量969千卡，蛋白质34.9克，脂肪46.4克，碳水化合物104.6克，维生素A 330国际单位，维生素B_1 0.51毫克，维生素B_2 0.65毫克，尼克酸6.9毫克，维生素C 2毫克，维生素E 1.71毫克，钙465毫克，铁8.7毫克，锌6.95毫克。

营养提示：奶酪中含有丰富的蛋白质、钙、脂肪、磷和维生素等营养成分，很多营养物质数倍于牛奶。其中的乳酸菌和其代谢产物对人体有一定保健作用，有利于维持人体肠道内正常菌群的稳定与平衡，能够防治便秘和腹泻。

专家提示

奶油主要可分为动物奶油和植物奶油。动物奶油是从牛奶脂肪中分离获得的，是天然食品，而植物奶油是植物油经过氢化反应制成的，是人工食品。经加工的人工奶油含有反式脂肪酸，可诱发多种疾病，不宜多吃。准妈妈们购买时需小心识别，凡标注有“氢化植物油”“植物奶油”“起酥油”“人工黄油（奶油）”“麦淇淋”“植物末”的食物均需谨慎购买。

行为胎教：开始数胎动

准妈妈从怀孕7个月就应该开始数胎动。测胎动时，准妈妈取侧卧位或半坐位，两手轻放在腹壁上。每日测3次，早、中、晚各1次，每次1小时。正常胎动为每小时4～5次，3小时胎动次数相加乘4等于12小时的胎动次数，12小时内正常胎动数为30次左右。若下降至20次以下，或每小时少于3次，或比以前减少一半，或胎动频繁，结合胎心有异常变化，表示胎宝宝宫内有异常，胎宝宝可能有危险，应立即就医，做进一步的检查。

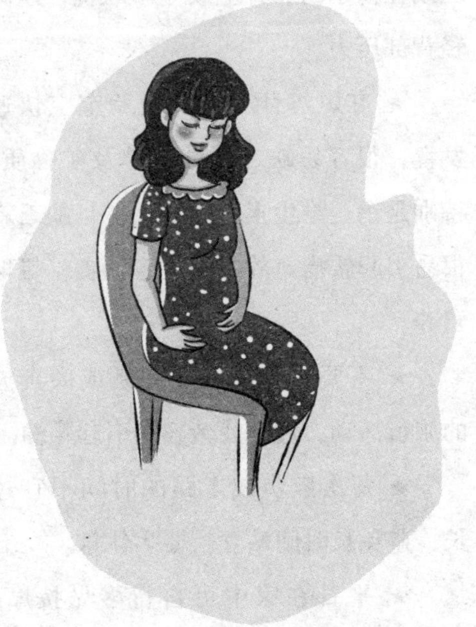

行为胎教：密切关注胎位的变化

胎宝宝出生前在子宫里的姿势非常重要，它关系到准妈妈是顺产还是难产。子宫内的胎宝宝是浸泡在羊水中的，由于胎宝宝头部比胎体重，所以胎宝宝多是头下臀上的姿势。正常的胎位应该是胎头俯曲、枕骨在前，分娩时头部最先伸入骨盆，医学上称之为“头先露”，这种胎位分娩一般比较顺利。不过，有些胎宝宝虽然也是头部朝下，但胎头由俯曲变为仰伸或枕骨在后方，就属于胎位不正了。至于那些分娩时臀部先露（臀位），或者脚或腿部先露，甚至手臂先露（横位）等，更是胎位不正。这些不正常的胎位容易导致难产，比如臀位容易导致胎膜早破，造成脐带脱垂或分娩时的出头困难，从而会危及胎宝宝的安全；横位的胎宝宝，由于分娩时先露部分不能紧贴宫颈，对子宫的压力不均匀，也容易造成胎膜早破，甚至出现胎宝宝手露出阴道外、脐带脱垂等问题，危及胎宝宝生命。

孕晚期到医院进行孕期检查时，医生会通过四步手法来确定胎位是否异常。在妊娠28周前发现胎宝宝为臀位可以做膝胸卧位操进行纠正，每天早晚各1次，每次做15分钟，连续做1周。其姿势是：在硬板床上，膝胸着床，臀部高举，大腿和床垂直，胸部要尽量接近床面，但要注意不能在饱食之后进行，以防准妈妈呕吐。膝胸卧位也有一定风险，如脐带过短，胎宝宝在转的过程中会对脐带有牵拉，甚至会造成胎盘早剥。目前主张顺其自然。

还可以用艾卷灸两小脚趾外侧的至阴穴，每日一次，每次 15 分钟，连续做一周。注意艾卷离皮肤不要太近，以免烧伤皮肤。

如果到怀孕 36 周时胎位仍然不正则需要提前决定分娩方式，并及早入院待产。横位者也可采取一定的措施进行纠正，以确保在分娩前能转为正常。医生可用手法扭转横位胎位，但要注意有可能因此产生脐带绕颈，如临产时仍然不能纠正则应剖宫产。

行为胎教：小方法缓解腰酸背痛

腰酸背痛令准妈妈感到困扰，尤其是高龄孕妇。其实要舒缓腰背疼痛也有很多方法，以下方法可帮助各位准妈妈：

★ 坐公共交通工具时别害羞，可主动要求年轻人让座，周围的人一定会支持你的。

★ 如果要提东西，首先确保东西不能太重，然后用腿力而不是用腰力提起来，保持背部挺直，自膝盖处弯曲举物。不要在胳膊上携带东西。

★ 不要睡软床，休息时不要躺在软的沙发上，选用可提供良好支撑的坚硬的床垫。不要穿高跟鞋。

★ 平日应保持良好的姿势，背部立直坐正，切勿驼背。坐下时可抬高双腿或在椅子的靠背上放一个软枕，以减轻背部压力。

★ 准妈妈怀孕期间，胎宝宝快速发育，很容易缺乏各种营养及矿物质，特别是钙、维生素和铁等，一旦缺乏就很易引起腰痛。故必须注意饮食，摄取营养。

★ 不要参与紧张、刺激或太奔波的旅行活动，过于疲劳容易引起腰痛。

★ 每次散步或走路的时间不宜过长，避免长时间站立，要多休息。

★ 平日在家中可自行多做按摩。另外，也可以做局部热敷，用热毛巾、纱布和热水袋也可以，每天热敷半小时可减轻疼痛感觉。

★ 使用止痛药或药膏前一定要听取医生的意见，谨慎使用药物，以免对胎宝宝有不良影响。

★ 注意体重，避免过胖。因为准妈妈体重增加，背部需要平衡的分量就越重，背部也就越痛，故不要吃过多高脂肪的食物。

行为胎教：积极预防和应对下肢浮肿

下肢浮肿的原因

妊娠中晚期时，随着子宫一天天增大，准妈妈的下肢会出现水肿。一开始仅仅是脚踝部的皮肤发紧、发亮，手指按下去皮肤出现凹坑，逐渐向上蔓延到小腿、大腿，使准妈妈特别容易感到疲劳。

一般情况下，准妈妈在孕期的体重平均增加 9～12.5 千克。这些增加的体重实际上有 2/3 以上是液体，而皮肤下面疏松的组织间隙是这些液体潴留的最好场所。因此，它们会在妊娠最后 10 周左右分布于皮肤下面疏松的组织间隙中，引起皮肤水肿。

准妈妈的体位与水肿的形成也有很大关系。比如，夜晚准妈妈睡眠时如果取仰卧位，增大的子宫就会压迫下腔静脉，阻碍下肢的静脉血液往心脏回流；坐或站立时会阻碍髂总静脉回流，这些都会引起下肢静脉血液淤滞，导致静脉压增高。当静脉里的压力增高到一定程度时就会迫使血管内的液体跑到皮肤下的组织间隙中，在皮下形成凹陷性水肿。

应对下肢浮肿的好方法

招数 1：妊娠中晚期尽量少取站立姿势，不要久坐不动，不要经常盘腿而坐，也不要步行走远路。

招数 2：不得不久站或久坐时，最好每隔半小时就站起来走动走动，活动一下腿脚，促进静脉血液回流。

招数 3：站立时注意不时地变换姿势，可以先让一条腿的膝盖稍弯曲一些，然后另一条腿也这样做，使腿部得到轮流休息。

招数 4：上班时注意在工间找一个合适的地方坐下来，把腿抬高一会儿，减轻下肢静脉的淤血。

招数 5：睡眠或平时躺卧时取左侧卧位姿势，减轻增大的子宫对下腔静脉的压迫，增加回心血流量。

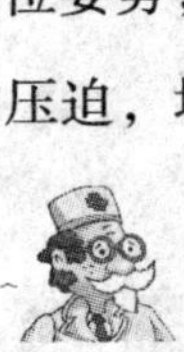

专家提示

秋初的老鸭可以滋阴清热、利水消肿，很适合体质燥热、容易水肿的准妈妈。

招数 6：饮食上注意控制盐分摄

入，盐里的钠离子会加重水在组织间隙中的潴留，使水肿不容易消退。

营养胎教：多吃纤维素缓解便秘

准妈妈由于胃酸减少，体力活动减少，胃肠蠕动缓慢，加之胎宝宝挤压肠部，肠肌肉乏力，常出现便秘，严重时可发生痔疮。如果准妈妈进食大量高蛋白、高脂肪的食物，而忽视蔬菜的摄入，就会使胃肠道内纤维素含量不够，不利于食糜和大便的下滑。而粗纤维有刺激消化液分泌、促进肠蠕动、缩短食物在消化道通过的时间等作用。粗纤维在肠道内吸收水分，使粪便松软、容易排出。

健康的膳食模式应该是谷类食物、水果和蔬菜兼顾。全谷类食物是获取膳食纤维的重要途径，但不是唯一途径，

蔬菜、水果、坚果和植物种子中也含有丰富的纤维。膳食纤维在这些食物中的含量因食物种类不同而存在差异，比如豆类、梅子、李子、无花果中纤维含量较高，而莴苣、芹菜、菜花中的含量很低。购买食物时应该选择成分标签上注明是全谷类的食物，标有“100%全谷类”的食物是最好的。需要提醒大家的是，不要被一些标签上的“多种谷类”“6种谷类”“用无漂白面粉制造”等字样所误导，这些食品大多是精制谷类食物。另外，没有标明“全谷类”字样的黑麦和小麦面包同样也是使用精制面粉为原料的。准妈妈们可在手边准备一些富含纤维素的小零食，既能解馋，又能随时随地补充纤维素。

语言胎教：朗诵《荷塘月色》

《荷塘月色》是中国著名文学家朱自清任教清华大学时所写的一篇散文，是现代抒情散文的名篇，因收入中学语文教材而广为人知。

荷塘月色

作者：朱自清

这几天心里颇不宁静。今晚在院子

里坐着乘凉，忽然想起日日走过的荷塘，在这满月的光里，总该另有一番样子吧。月亮渐渐地升高了，墙外马路上孩子们的欢笑，已经听不见了；妻在屋里拍着闰儿，迷迷糊糊地哼着眠歌。我悄悄地披了大衫，带上门出去。

沿着荷塘，是一条曲折的小煤屑路。这是一条幽僻的路；白天也少人走，夜晚更加寂寞。荷塘四面，长着许多树，蓊蓊郁郁的。路的一旁，是些杨柳，和一些不知道名字的树。没有月光的晚上，这路上阴森森的，有些怕人。今晚却很好，虽然月光也还是淡淡的。

路上只我一个人，背着手踱着。这一片天地好像是我的；我也像超出了平常的自己，到了另一世界里。我爱热闹，也爱冷静；爱群居，也爱独处。像今晚上，一个人在这苍茫的月下，什么都可以想，什么都可以不想，便觉是个自由的人。白天里一定要做的事，一定要说的话，现在都可不理。这是独处的妙处，我且受用这无边的荷香月色好了。

曲曲折折的荷塘上面，弥望的是田田的叶子。叶子出水很高，像亭亭的舞女的裙。层层的叶子中间，零星地点缀着些白花，有袅娜地开着的，有羞涩地打着朵儿的；正如一粒粒的明珠，又如碧天里的星星，又如刚出浴的美人。微风过处，送来缕缕清香，仿佛远处高楼上渺茫的歌声似的。这时候叶子与花也有一丝的颤动，像闪电般，霎时传过荷塘的那边去了。叶子本是肩并肩密密地挨着，这便宛然有了一道凝碧的波痕。叶子底下是脉脉的流水，遮住了，不能见一些颜色；而叶子却更见风致了。

月光如流水一般，静静地泻在这一片叶子和花上。薄薄的青雾浮起在荷塘里。叶子和花仿佛在牛乳中洗过一样；又像笼着轻纱的梦。虽然是满月，天上却有一层淡淡的云，所以不能朗照；但我以为这恰是到了好处——酣眠固不可少，小睡也别有风味的。月光是隔了树照过来的，高处丛生的灌木，落下参差的斑驳的黑影，峭楞楞如鬼一般；弯弯的杨柳的稀疏的倩影，却又像是画在荷叶上。塘中的月色并不均匀；但光与影有着和谐的旋律，如梵婀玲上奏着的名曲。

荷塘的四面，远远近近，高高低低都是树，而杨柳最多。这些树将一片荷塘重重围住；只在小路一旁，漏着几段空隙，像是特为月光留下的。树色一例是阴阴的，乍看像一团烟雾；但杨柳的丰姿，便在烟雾里也辨得出。树梢上隐隐约约的是一带远山，只有些大意罢了。树缝里也漏着一两点路灯光，没精打采的，是渴睡人的眼。这时候最热闹的，要数树上的蝉声与水里的蛙声；但热闹是它们的，我什么也没有。

忽然想起采莲的事情来了。采莲是江南的旧俗，似乎很早就有，而六朝时为盛；从诗歌里可以约略知道。采莲的是少年的女子，她们是荡着小船，唱着艳歌去的。采莲人不用说很多，还有看采莲的人。那是一个热闹的季节，也是一个风流的季节。梁元帝《采莲赋》里说得好：

于是妖童媛女，荡舟心许；鷁首徐回，兼传羽杯；櫂将移而藻挂，船欲动而萍开。尔其纤腰束素，迁延顾步；夏始春余，叶嫩花初，恐沾裳而浅笑，畏倾船而敛裾。

可见当时嬉游的光景了。这真是有趣的事，可惜我们现在早已无福消受了。

于是又记起《西洲曲》里的句子：

采莲南塘秋，莲花过人头；低头弄莲子，莲子清如水。今晚若有采莲人，这儿的莲花也算得"过人头"了；只不见一些流水的影子，是不行的。这令我到底惦着江南了。——这样想着，猛一抬头，不觉已是自己的门前；轻轻地推门进去，什么声息也没有，妻已睡熟好久了。

1927年7月，北京清华园

带着淡淡的忧愁走出家门，趁月色出来散心，顺着幽静的小路一路走来，自然而然地来到了日日经过的荷塘边，一去看那月下的荷塘。月色下的荷塘是那样的美，比之白天又别有一番风致。荷叶是亭亭的如舞女的裙，可以想象荷叶随风起舞时婆娑婀娜的美妙身姿；而点缀其间的白色的荷花，不禁让人想起它出淤泥而不染的特性。荷花又是形态各异的："有袅娜地开着的，有羞涩地打着朵儿的；正如一粒粒的明珠，又如碧天里的星星，又如刚出浴的美人"。用上"袅娜、羞涩"二词，在作者的眼里荷花俨然已是仙子一般了。作者用细致的工笔和绝妙的比喻，对荷叶的形神、荷花的资质进行一番令人神往的描绘，荷花、荷叶的优美形象似已展现眼前。

这还不是最美的，一缕“微风”让这幅极美的荷花图动了起来：“微风过处，送来缕缕清香，仿佛远处高楼上渺茫的歌声似的。这时候叶子与花也有一丝的颤动，像闪电般，霎时传过荷塘的那边去了。叶子本是肩并肩密密地挨着，这便宛然有了一道凝碧的波痕。叶子底下是脉脉的流水，遮住了，不能见一些颜色；而叶子却更见风致了。”霎时，荷香如歌，似有若无，花叶颤动，流波溢彩，叶、花、形、色、味浑然一体。人也在微风中全身心地沉醉在这荷塘美景之中了。

而这似乎还不够极致！再看看塘上的月色：“月光如流水一般，静静地泻在这一片叶子和花上。薄薄的青雾浮起在荷塘里。叶子和花仿佛在牛乳中洗过一样；又像笼着轻纱的梦。”叶下的流水被密密的叶子遮住了，不能看见，而叶上“如流水”一般的月光却在

“静静地泻”着，一个“泻”字，化静为动，使人看到了月光的流动感；“薄薄的青雾浮起在荷塘里”，一个“浮”字又突出了雾的轻飘朦胧。叶子和花在薄雾笼罩下，迷迷蒙蒙，仿佛在牛乳中洗过一样，如梦似幻。月色迷蒙柔和、薄雾轻笼飘浮，这月下的荷塘真是恍如仙境了！满月而有淡淡的云雾，给人的感觉如“小睡”一般，正如作者此时的心境，却是恰到好处。作者在这里无意中流露出了淡淡的喜悦。“弯弯的杨柳的稀疏的倩影，像是画在荷叶上。”

杨柳的倩影不是“投”在荷叶上，作者偏偏用了一个“画”，仿佛是一位绘画高手在泼墨挥毫，精心描绘一般，使投在荷叶上的影子贴切自然、美丽逼真，富有情趣。

“光与影有着和谐的旋律，如梵婀玲上奏着的名曲”。月色清淡，黑白相间的光和影犹如和谐的旋律，荷香缕缕，水乳交融，作者如此细腻入微的感受真是令人如痴如醉！

这美丽的景色可以让作者忘记自己的忧愁了吧？但是“热闹是它们的，我什么都没有”。作者还是无法摆脱那一缕愁绪，淡淡的哀愁与淡淡的喜悦相互交织，给优美的月下荷塘披上朦胧的轻纱，清幽淡雅、安谧柔和、朦胧和谐，荷塘与月色融为了一体！

读着朱老先生的《荷塘月色》，便宛若置身荷塘一般，仿佛在那幽径上走

着的是自己了。那亭亭碧绿的荷叶，那婀娜多姿的荷花，月色迷蒙、薄雾缭绕的荷塘便又展现在眼前。

音乐胎教：聆听《安睡吧，小宝贝》

沃尔夫冈·阿玛多伊斯·莫扎特（德语：Wolfgang Amadeus Mozart，1756~1791年），1756年1月27日生于奥地利（神圣罗马帝国时期）的萨尔茨堡一位宫廷乐师的家庭，他的父亲奥波德是那座城中宫廷大主教乐团的小提琴手，也是一个作曲家。他的母亲也酷爱音乐，会拉大提琴和小提琴。

莫扎特是奥地利作曲家，欧洲维也纳古典乐派的代表人物之一，作为古典主义音乐的典范，他对欧洲音乐的发展起了巨大的作用。他无疑是一个天分极高的艺术家，谱出的协奏曲、交响曲、奏鸣曲、小夜曲、嬉游曲等成为后来古典音乐的主要形式。

歌剧是莫扎特创作的主流，他与格鲁克（Gluck）、瓦格纳（Wagner）和威尔第（Verdi）一样，是欧洲歌剧史上四大巨子之一，其中最出名的歌剧是《费加罗的婚礼》《唐璜》和《魔笛》。他又与海顿、贝多芬一起为欧洲交响乐写下了光辉的一页。另外，他的《安魂曲》也成为宗教音乐中难能可贵的一部杰作。

35岁便英年早逝的莫扎特，一生创作了549部作品，其中包括22部歌剧、41部交响乐、42部协奏曲、一部安魂曲以及奏鸣曲、室内乐、宗教音乐和歌曲等作品，留下的重要作品总括当时所有的音乐类型。莫扎特赋予音乐以歌唱优美欢乐性，然而，其中又深含着悲伤，这正反映了莫扎特时代知识分子的命运。

《安睡吧，小宝贝》这首乐曲旋律轻柔甜美，节奏和伴奏常带有摇篮的动荡感，具有安静、温暖、亲切的特点，非常适合胎宝宝。

美育胎教：欣赏林风眠的国画《鸟》

林风眠（1900 年～1991 年），原名林凤鸣，生于广东梅县，自幼喜爱绘画。19 岁赴法勤工俭学，先在法国蒂戎美术学校进修西洋画，后又转入巴黎国立高等美术学校深造，是中西融合最早的倡导者和最为主要的代表人。

他还是中国美术教育的开辟者和先驱。1925 年回国后出任北平艺术专科学校校长兼教授。1926 年受中华民国大学院院长——蔡元培之邀出任中华民国大学院艺术教育委员会主任，1927 年林风眠受蔡元培之邀赴杭州西子湖畔创办中国第一个艺术高等学府暨中国美术高等学府——国立艺术院（中国美术学院）任校长。解放后任上海中国画院画师，中国美术家协会顾问，常务理事，理事。20 世纪 70 年代定居香港地区。1979 年在巴黎举办个人画展，取得极大成功。

情绪胎教：做一做情绪养胎心灵操

当不良情绪上来时，准妈妈可学做以下“情绪养胎心灵操”：

第一节：在椅子上端坐，微闭眼睛，把注意力集中到自己身上，先深深地吸一口气，然后轻轻地控制住稍停一会儿，再慢慢地呼气，要又细又柔和地呼气。

第二节：暗示自己放松下来：“放松——慢慢地放松——我的头部放松了——脑袋内部放松了——脑袋外部也放松了——我的颈部放松了——肩部也放松了——我的胸部开始放松了——后背部也放松了——我的腰部放松了——腹部也放松了——我浑身都放松了——我内心的结已经解开了——我放松极了——全身很舒服——非常舒服——啊，真好——没什么可忧愁烦恼或不安的了——。”

第三节：继续暗示自己：“我的气

已经平息下来了——它不再往头上冲了——不再往上冲了——也不再聚结在心头了——它开始往下走，回到腹部了——它已经平静下来了——它现在已经像清澈的泉水在我全身均匀地流动，使我感觉很舒服——真的很舒服。”

第四节：慢慢睁开眼睛，内心保持微笑，然后站起来去干别的事。

孕8月（第29~32周）胎教计划

胎教常识：这个月胎宝宝的生长发育

怀孕第29周

胎宝宝身长约为38厘米，体重约为1.1千克。如果是男孩，那么现在他的睾丸会从肾脏附近经过腹股沟降至阴囊内；而如果是女孩，那么她的阴蒂会十分突出，但尚未被小小的阴唇覆盖，阴唇要在她出生前几周才会覆盖阴蒂。

怀孕第30周

胎宝宝从头顶到脚趾的长度约为40厘米，体重会继续稳步增加。在这个时候，通常认为胎宝宝可能已经能分辨光明与黑暗了。如果用手电筒照射准妈妈的腹部，他可能会伸出手去想要触摸手电筒的光线。此时，包裹着胎宝宝的羊水约有1升，不过，随着胎宝宝逐渐长大，羊水的量也越来越少。

怀孕第31周

胎宝宝从头部到脚跟的长度约为41厘米，体重约为1.5千克。胳膊、腿和身躯还在生长，最终将长得与头的大小成比例。事实上，他看上去更像是一个新生婴儿了。如果胎宝宝现在动得很厉害，不必担心，是因为他觉得空间太狭小了！

怀孕第32周

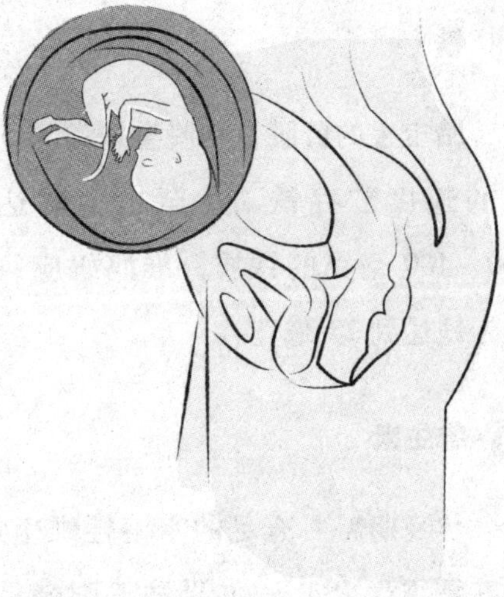

胎宝宝从头顶到脚跟的长度约为42厘米，体重大约为1.7千克。皮下脂肪更加丰富，皱纹减少，看起来更像一个婴儿了。到了这个时候，胎宝宝可能已经长出了满头的头发，但也有可能只有几绺。虽然他的肺要到临产前才能发育完全，但是他已经在不停地吸入羊水了，这是他在锻炼肺部功能并练习呼吸，为出生后的生活做准备。

胎教常识：这个月准妈妈的身体变化

★ 身体越发沉重

现在胎宝宝的生长发育相当快，这个月准妈妈的体重可增加1.3~1.8千克。最后这个时期，体重每周增加0.5千克是很正常的，因为胎宝宝正在为出生做最后的冲刺。准妈妈的肚子大得看不到自己的脚，行动越来越吃力，如果长时间走动会感到下腹部或脚跟疼痛。

★ 心口胀闷

随着胎宝宝的生长，子宫位置上移压迫腹部和心脏，会产生胸闷，也会有类似于因食物堵噎而引起的心口胀闷。

★ 排尿次数增多

由于子宫压迫血管，会伴有腰痛、浮肿、痔疮等现象。阴道分泌物增多，排尿次数也增多了。子宫每天收缩4~5次，超过5次则有早产的危险，这个时期要保持绝对的安定，一旦发生不规则宫缩应立刻停下来休息，最好中午睡个午觉。

营养胎教：孕晚期营养需求

孕晚期，胎宝宝的生长发育速度加快，表现为体重迅速增加，大脑增长达到高峰。这时，准妈妈的营养摄取非常重要。

铁

胎宝宝的肝脏在孕晚期以每天5毫克的速度贮存铁，直至出生时达到300～400毫克的铁质，准妈妈应每天摄入铁达到28毫克。

维生素

孕晚期需要充足的水溶性维生素，尤其是维生素 B_1，如果缺乏则容易引起呕吐、倦怠，并在分娩时子宫收缩乏力，导致产程延缓。

蛋白质

胎宝宝从怀孕28周到40周，体重要从1000克增加到3000克左右，胎盘、子宫和乳房也要增大，需要增大蛋白质摄取量，特别是在孕期的最后10周，是蛋白质储存最多的一个时期。

热能

除了母体代谢加快、组织增大和胎宝宝快速生长发育外，胎宝宝开始在皮下和肝脏储存糖原和脂肪。因此，胎宝宝需要增加热量。

钙和维生素D

虽然准妈妈在怀孕的整个过程中都需要补钙，但怀孕晚期的准妈妈对钙质的需求量明显增加。同时，胎宝宝的牙齿和骨骼的钙化速度也在加速。胎宝宝体内一半的钙质，都是在怀孕的最后两个月储存的。而且补充钙质有助于预防准妈妈发生妊娠高血压综合征。

维生素D缺乏会引起血钙下降，不仅准妈妈发生骨质软化，胎宝宝也可发生骨骼钙化障碍和牙齿发育缺陷，甚至引起先天性佝偻病。

营养胎教：孕晚期不要暴饮暴食

在怀孕的最后3个月，胎宝宝发育非常迅速，准妈妈常常会有一种肠胃被胎宝宝挤压的感觉。矛盾的是，营养师特别强调胎宝宝在这个阶段所需要的营养却是直线增加的。因此，我们采取的对策是少食多餐。

每日可以安排6餐到8餐，这是非常有必要的。虽然进食步骤变得很琐碎，但是各种营养素却是都不能缺，除增加一定的蛋白质、碳水化合物和必要的脂肪摄入外，还应在食谱中补充各类维生素和矿物质等营养成分，以及富含强健胎宝宝骨骼的钙和促进胎宝宝智力发展的多种营养食物。

在菜单中加入足够避免贫血发生的血红素铁成分是这个阶段的营养调理重点，如肝、蛋、蔬菜等。其实每一个准妈妈在这个阶段都会有一定的铁质缺乏问题，所以，足够营养摄入是非常重要的。当然适量饮食也非常必要，无节制的进食会给自己和宝宝在健康和身材上都带来极大伤害。

此外，一定要在这个时候控制糖分、盐分和饱和脂肪的摄入。调味要尽量清淡，少吃盐和酱油。如果味道太淡造成实在难以下咽，可用果酱、醋来调味。

营养胎教：铁的需求量达到高峰

健康专家指出，铁是人体生成红细胞的主要原料之一，孕期缺铁性贫血不但可以导致准妈妈出现心慌气短、头晕、乏力，还可导致胎宝宝宫内缺氧、生长发育迟缓、低出生体重、早产、生后智力发育障碍，生后6个月之内易患营养性缺铁性贫血等。此外，还会影响到胎宝宝免疫系统的发育。孕30～34周对铁的需求量达到高峰，每日应保证摄入35毫克的铁。动物肝脏、动物血、瘦肉是铁的良好来源，含量丰富、吸收好。此外，蛋黄、豆类、某些蔬菜，如油菜、芥菜、雪里红、菠菜、莴笋叶等也提供部分铁。水果和蔬菜不仅能够补铁，所含的维生素C还可以促进铁在肠道的吸收。因此，在吃富铁食物的同时，最好一同多吃一些水果和蔬菜，也有很好的补铁作用。例如，鸡蛋和肉同时食用，可提高鸡蛋中铁的利用率；或者鸡蛋和番茄同时食用，番茄中的维生素 C 可以提高铁的吸收率。

胡萝卜牛腩饭

原料：胡萝卜，南瓜，牛肉。

做法：（1）胡萝卜洗净，切块；南瓜洗净，去皮，切块待用。

（2）将牛肉洗净，切块，焯水。

（3）倒入高汤，加入牛肉，烧至牛肉八分熟时，下胡萝卜块和南瓜块，调味，至南瓜和胡萝卜酥烂即可。

（4）饭装盆打底，浇上炒好的牛肉即可。

营养提示：牛肉含铁丰富，是准妈妈补铁的良好选择。

木耳枣豆羹

原料：黑木耳，黄豆，红枣。

做法：将黑木耳、黄豆、红枣分别洗净，加水泡胀，然后一同置于锅内，加水适量，小火炖至熟烂，加精盐调味即成。

营养提示：木耳中铁的含量极为丰富，故常吃木耳能养血驻颜，令人肌肤红润，容光焕发，并可防治缺铁性贫血。枣中富含钙和铁，它们对防治贫血有重要作用，其效果通常是药物不能比拟的。此食谱可提供铁 21 毫克。

专家提示

做菜时尽量使用铁锅、铁铲，这些传统的炊具在烹制食物时会产生一些小碎铁屑溶解于食物中，形成可溶性铁盐，容易让肠道吸收铁。

咖喱牛肉土豆丝

原料：牛肉，土豆，葱，姜，淀粉，酱油，料酒，盐，咖喱粉。

做法：（1）将牛肉自横断面切成丝，将淀粉、酱油、料酒调汁浸泡牛肉丝；土豆洗净去皮，切成丝；（2）将油热好，先干炒葱、姜，再将牛肉丝下锅于炒后，将土豆丝放入，再加入酱油、盐及咖喱粉，用旺火炒几下即成。

营养提示：富含铁、维生素 B_2、烟酸等，适合准妈妈食用。

行为胎教：每日作息时间要有规律

怀孕后，准妈妈一般在 3 个半月或 4 个多月时会觉到胎动，怀孕后期会较频繁。胎动是胎宝宝醒时的正常活动现象，准妈妈不必惊慌。如果没有胎动或胎动过弱、次数过少，则要注意有无胎宝宝脐带绕颈问题，或者是否宫内缺氧，这两种情况对胎宝宝都不好，甚至会造成胎宝宝窒息、发生生命危险，所以要尽早去医院作检查。

虽然胎宝宝的胎动你无法找出时间上的规律，但有了胎动，就说明胎宝宝已经开始了自己的生活规律。胎宝宝后期形成的活动习惯，会在他出生后一段时间内留存，如果他是黑夜白天颠倒的，产妇和新父亲就会被折腾得无法入睡、疲劳不堪。那么，胎宝宝的生活规律有办法塑造吗？答案是肯定的。

准妈妈在怀孕7个月后，要十分关注自己的作息时间，生活一定要很有规律，如果准妈妈起居有规律，胎宝宝也能受影响养成相同的生活作息规律；如准妈妈每天晚上晚睡，胎宝宝也会有晚睡习惯。出生后也可能会出现夜晚你想睡时，他清醒得很，怎么哄也不能入睡；你醒着时，他却总是呼呼大睡的现象，这不仅会影响大人的休息，对宝宝的健康也是十分有害的。科学研究证明，人的生长激素是由脑垂体在晚上入睡后分泌的，如果人随意打破了作息时间，破坏了自身的生物钟规律，生长素就不能得以更好地分泌，这会影响孩子的生长和健康。

而如果准妈妈每日能早睡，每日能坚持一定的作息时间表，胎宝宝也会养成早睡和起居有规律的习惯，出生后会比较容易调整睡觉和醒来的时间与大人相协调，与白天和黑夜的宇宙规律相协调，并能更好地形成自己的生物钟规律。所以准妈妈最好每晚能在9点以前上床睡觉，孕晚期尤其要遵守这个规律，每天最好能坚持。

每天早晨或傍晚的一定时候，准妈妈最好能到户外散散步，呼吸呼吸新鲜空气，原因是孕晚期的胎宝宝长肉长骨骼迅速，需氧量会大增，准妈妈每天有一定户外活动不仅有利于胎宝宝养成好的生活习惯，也有助于胎宝宝的身体生长，并增加胎宝宝的生命活力和灵性。注意户外活动的准妈妈容易有活泼健康的孩子，这是肯定的。而准妈妈如果爱活动、爱户外，胎宝宝也会养成这样的好习惯，出生后会比较喜欢活动、喜欢户外，喜欢新鲜空气，这就给他奠定了一个好的生活习惯。

语言胎教：给胎宝宝读《丑小鸭》

《丑小鸭》是丹麦作家安徒生创作的一篇著名的童话，一般都认为是安徒生的一篇自传，描写他童年和青年时代所遭受的苦难，他对美的追求和向往，以及他通过重重苦难后所得到的艺术创作上的成就和精神上的安慰。

乡下真是美。到了夏天！小麦是金黄的，燕麦是绿油油的。干草在绿色的牧场上堆成垛，鹳（guàn）鸟用它又长又红的腿子在散着步，噜嗦地讲着埃及话。（因为据丹麦的民间传说，鹳鸟是从埃及飞来的。）

这是它从妈妈那儿学到的一种语言。田野和牧场的周围有些大森林，森林里有些很深的池塘。的确，乡间是非常美丽的，太阳光正照着一幢老式的房子，它周围流着几条很深的小溪。从墙角那儿一直到水里，全盖满了牛蒡的大叶子。最大的叶子长得非常高，小孩子简直可以直着腰站在下面。像在最浓密的森林里一样，这儿也是很荒凉的。这儿有一只母鸭坐在窠里，她得把她的几个小鸭都孵出来。不过这时她已经累坏了。很少有客人来看她。别的鸭子都愿意在溪流里游来游去，而不愿意跑到牛蒡下面来和她聊天。

最后，那些鸭蛋一个接着一个地崩开了。“噼！噼！”蛋壳响起来。所有的蛋黄现在都变成了小动物。他们把小

头都伸出来。“嘎！嘎！”母鸭说。他们也就跟着嘎嘎地大声叫起来。他们在绿叶子下面向四周看。妈妈让他们尽量地东张西望，因为绿色对他们的眼睛是有好处的。“这个世界真够大！”这些年轻的小家伙说。的确，比起他们在蛋壳里的时候，他们现在的天地真是大不相同了。“你们以为这就是整个世界！”妈妈说。“这地方伸展到花园的另一边，一直伸展到牧师的田里去，才远呢！连我自己都没有去过！我想你们都在这儿吧？”她站起来。“没有，我还没有把你们都生出来呢！这只顶大的蛋还躺着没有动静。它还得躺多久呢？我真是有些烦了。”于是她又坐下来。“唔，情形怎样？”一只来拜访她的老鸭子问。“这个蛋费的时间真久！”坐着的母鸭说。“它老是不裂开。请你看看别的吧。他们真是一些最逗人爱的小鸭儿！都像他们的爸爸——这个坏东西从来没有来看过我一次！”“让我瞧瞧这个老是不裂开的蛋吧，”这位年老的客人说，“请相信我，这是一只吐绶鸡的蛋。有一次我也同样受过骗，你知道，那些小家伙不知道给了我多少麻烦和苦恼，因为他们都不敢下水。我简直没有办法叫他们在水里试一试。我说好说歹，一点用也没有！——让我来瞧瞧这只蛋吧。哎呀！这是一只吐绶鸡的蛋！让他躺着吧，你尽管叫别的孩子去游泳好了。”“我还是在它上面多坐一会儿吧，”鸭妈妈说，“我已经坐了这么久，就是再坐它一个星期也没有关系。”“那么就请便吧。”老鸭子说。于是她就告辞了。

最后这只大蛋裂开了。“噼！噼！”新生的这个小家伙叫着向外面爬。他是又大又丑。鸭妈妈把他瞧了一眼。“这个小鸭子大得怕人，”她说，“别的没有一个像他；但是他一点也不像小吐绶鸡！好吧，我们马上就来试试看吧。他得到水里去，我踢也要把他踢下水去。”第二天的天气是又晴和，又美丽。太阳照在绿牛蒡上。鸭妈妈带着她所有的孩子走到溪边来。扑通！她跳进水里去了。“呱！呱！”她叫着，于是小鸭子就一个接着一个跳下去。水淹到他们头上，但是他们马上又冒出来了，游得非常漂亮。他们的小腿很灵活地划着。他们全都在水里，连那个丑陋的灰色小家伙也跟他们在一起游。

“唔，他不是一个吐绶鸡，”她说，

"你看他的腿划得多灵活，他浮得多么稳！他是我亲生的孩子！如果你把他仔细看一看，他还算长得蛮漂亮呢。嘎！嘎！跟我一块儿来吧，我把你们带到广大的世界上去，把那个养鸡场介绍给你们看看。不过，你们得紧贴着我，免得别人踩着你们。你们还得当心猫儿呢！"

这样，他们就到养鸡场里来了。场里响起了一阵可怕的喧闹声，因为有两个家族正在争夺一个鳝鱼头，而结果猫儿却把它抢走了。"你们瞧，世界就是这个样子！"鸭妈妈说。她的嘴流了一点涎水，因为她也想吃那个鳝鱼头。"现在使用你们的腿吧！"她说。"你们拿出精神来。你们如果看到那儿的一个老母鸭，你们就得把头低下来，因为她是这儿最有声望的人物。她有西班牙的血统——因为她长得非常胖。你们看，她的腿上有一块红布条。这是一件非常出色的东西，也是一个鸭子可能得到的最大光荣：它的意义很大，说明人们不愿意失去她，动物和人统统都得认识她。打起精神来吧——不要把腿子缩进去。一个有很好教养的鸭子总是把腿摆开的，像爸爸和妈妈一样。好吧，低下头来，说：'嘎'呀！"他们这样做了。别的鸭子站在旁边看着，同时用相当大的声音说："瞧！现在又来了一批找东西吃的客人，好像我们的人数还不够多似的！呸！瞧那只小鸭的一副丑相！我们真看不惯！"于是马上有一只鸭子飞过去，在他的脖颈上啄了一下。"请你们不要管他吧，"妈妈说，"他并不伤害谁呀！""对，不过他长得太大、太特别了，"啄过他的那只鸭子说，"因此他必须挨打！""那个母鸭的孩子都很漂亮，"腿上有一条红布的那个母鸭说，"他们都很漂亮，只有一只是例外。这真是可惜。我希望能把他再孵一次。"

"那可不能，太太，"鸭妈妈回答说，"他不好看，但是他的脾气非常好。他游起水来也不比别人差——我还可以说，游得比别人好呢。我想他会慢慢长得漂亮的，或者到适当的时候，他也可能缩小一点。他在蛋里躺得太久了，因此他的模样有点不太自然。"她说着，同时在他的脖颈上啄了一下，把他的羽毛理了一理。"此外，他还是一只公鸭呢，"她说，"所以关系也不太大。我想他的身体很结实，将来总会自己找到出路的。""别的小鸭倒很可爱，”老母鸭说，“你在这儿不要客气。如果你找到鳝鱼头，请把它送给我好了。”他们现在在这儿，就像在自己家里一样。

不过从蛋壳里爬出的那只小鸭太丑了，到处挨打，被排挤，被讥笑，不仅在鸭群中是这样，连在鸡群中也是这样。

“他真是又大又丑！”大家都说。有一只雄吐绶鸡生下来脚上就有距，因此他自以为是一个皇帝。他把自己吹得像一条鼓满了风的帆船，来势汹汹地向他走来，瞪着一双大眼睛，脸上涨得通红。这只可怜的小鸭不知道站在什么地方，或者走到什么地方去好。他觉得非常悲哀，因为自己长得那么丑陋，而且成了全体鸡鸭的一个嘲笑对象。

这是头一天的情形。后来一天比一天糟。大家都要赶走这只可怜的小鸭；连他自己的兄弟姐妹也对他生气起来。他们老是说：“你这个丑妖怪，希望猫儿把你抓去才好！”于是妈妈也说起来：“我希望你走远些！”鸭儿们啄他。小鸡打他，喂鸡鸭的那个女佣人用脚来踢他。

于是他飞过篱笆逃走了；灌木林里的小鸟一见到他，就惊慌地向空中飞去。“这是因为我太丑了！”小鸭想。于是他闭起眼睛，继续往前跑。他一口气跑到一块住着野鸭的沼泽地里。他在这儿躺了一整夜，因为他太累了，太丧气了。

天亮的时候，野鸭都飞起来了。他们瞧了瞧这位新来的朋友。

“你是谁呀？”他们问。小鸭一下转向这边，一下转向那边，尽量对大家恭恭敬敬地行礼。

“你真是丑得厉害，”野鸭们说，“不过只要你不跟我们族里任何鸭子结婚，对我们倒也没有什么大的关系。”可怜的小东西！他根本没有想到什么结婚；他只希望人家准许他躺在芦苇里，喝点沼泽的水就够了。

他在那儿躺了两个整天。后来有两只雁——严格地讲，应该说是两只公雁，因为他们是两个男的——飞来了。他们从娘的蛋壳里爬出来还没有多久，因此非常顽皮。“听着，朋友，”他们说，“你丑得可爱，连我都禁不住要喜欢你了。你做一个候鸟，跟我们一块儿飞走好吗？另外有一块沼泽地离这儿很近，那里有好几只活泼可爱的雁儿。她们都是小姐，都会说：‘嘎！’你是那么丑，可以在她们那儿碰碰你的运气！”“噼！啪！”天空中发出一阵响声。这两只公雁落到芦苇里，死了，把水染得鲜红。“噼！啪！”又是一阵响声。整群的雁儿都从芦苇里飞起来，于是又是一阵枪声响起来了。原来有人在大规模地打猎。猎人都埋伏在这沼泽地的周围，有几个人甚至坐在伸到芦苇上空的树枝上。蓝色的烟雾像云块似的笼罩着这些黑树，慢慢地在水面上向远方漂去。这时，猎狗都扑通扑通地在泥泞里跑过来，灯芯草和芦苇向两边倒去。这对于可怜的小鸭说来真是可怕的事情！他把头掉过来，藏在翅膀里。不过，正在这时候，一只骇人的大猎狗紧紧地站在小鸭的身边。它的舌头从嘴里伸出很长，眼睛发出丑恶和可怕的光。它把鼻子顶到这小鸭的身上，露出了尖牙齿，可是——扑通！扑通！——它跑开了，没有把他抓走。

“啊，谢谢老天爷！”小鸭叹了一口气，“我丑得连猎狗也不要咬我了！”他安静地躺下来。枪声还在芦苇里响着，枪弹一发接着一发地射出来。

天快要暗的时候，四周才静下来。可是这只可怜的小鸭还不敢站起来。他等了好几个钟头，才敢向四周望一眼，于是他急忙跑出这块沼泽地，拼命地跑，向田野上跑，向牧场上跑。这时吹起一阵狂风，他跑起来非常困难。到天黑的时候，他来到一个简陋的农家小屋。它是那么残破，甚至不知道应该向哪一边倒才好——因此它也就没有倒。狂风在小鸭身边号叫得非常厉害，他只好面对着它坐下来。它越吹越凶。于是他看到那门上的铰链有一个已经松了，门也歪了，他可以从空隙钻进屋子里去，他便钻进去了。

屋子里有一个老太婆和她的猫儿，还有一只母鸡住在一起。她把这只猫儿叫“小儿子”。他能把背拱得很高，发出咪咪的叫声来；他的身上还能迸出火花，不过要他这样做，你就得倒摸他的毛。母鸡的腿又短又小，因此她叫“短腿鸡儿”。她生下的蛋很好，所以老太婆把她爱得像自己的亲生孩子一样。

第二天早晨，人们马上注意到了这只来历不明的小鸭。那只猫儿开始咪咪地叫，那只母鸡也咯咯地喊起来。“这是怎么一回事儿？”老太婆说，同时朝四周看。不过她的眼睛有点花，所以她以为小鸭是一只肥鸭，走错了路，才跑到这儿来了。“这真是少有的运气!”她说，“现在我可以有鸭蛋了。我只希望他不是一只公鸭才好！我们得弄个清楚!”

这样，小鸭就在这里受了三个星期的考验，可是他什么蛋也没有生下来。那只猫儿是这家的绅士，那只母鸡是这家的太太，所以他们一开口就说：“我们和这世界!”因为他们以为他们就是半个世界，而且还是最好的那一半呢。小鸭觉得自己可以有不同的看法，但是他的这种态度，母鸡却忍受不了。

“你能够生蛋吗?”她问。

“不能!”

“那么就请你不要发表意见。”

于是雄猫说：“你能拱起背，发出咪咪的叫声和迸出火花吗?”

“不能!”

“那么，当有理智的人在讲话的时候，你就没有发表意见的必要!”

小鸭坐在一个墙角里，心情非常不好。这时他想起了新鲜空气和太阳光。他觉得有一种奇怪的渴望：他想到水里去游泳。最后他实在忍不住了，就不得不把心事对母鸡说出来。“你在起什么念头?”母鸡问。“你没有事情可干，所以你才有这些怪想头。你只要生几个蛋，或者咪咪地叫几声，那么你这些怪想头也就会没有了。”

“不过，在水里游泳是多么痛快呀!”小鸭说。“让水淹在你的头上，往水底一钻，那是多么痛快呀!”

“是的，那一定很痛快!”母鸡说，“你简直在发疯。你去问问猫儿吧——在我所认识的一切朋友当中，他是最聪明的——你去问问他喜欢不喜欢在水里游泳，或者钻进水里去。我先不讲我自己。你去问问你的主人——那个老太婆——吧，世界上再也没有比她更聪明的人了！你以为她想去游泳，让水淹在她的头顶上吗?”

“你们不了解我。”小鸭说。

“我们不了解你？那么请问谁了解你呢？你决不会比猫儿和女主人更聪明吧——我先不提我自己。孩子，你不要自以为了不起吧！你现在得到这些照顾，你应该感谢上帝。你现在到一个温暖的屋子里来，有了一些朋友，而且还可以向他们学习很多的东西，不是吗？不过你是一个废物，跟你在一起真不痛快。你可以相信我，我对你说这些不好听的话，完全是为了帮助你呀。只有这样，你才知道谁是你的真正朋友！请你注意学习生蛋，或者咪咪地叫，或者迸出火花吧！”

“我想我还是走到广大的世界上去的好。”小鸭说。

“好吧，你去吧！”母鸡说。

于是小鸭就走了。他一会儿在水上游，一会儿钻进水里去；不过，因为他的样子丑，所有的动物都瞧不起他。秋天到来了。树林里的叶子变成了黄色和棕色。风卷起它们，把它们带到空中飞舞，而空中是很冷的。云块沉重地载着冰雹和雪花，低低地悬着。乌鸦站在篱笆上，冻得只管叫：“呱！呱！”是的，你只要想想这情景，就会觉得冷了。这只可怜的小鸭的确没有一个舒服的时候。

一天晚上，当太阳正在美丽地落下去的时候，有一群漂亮的大鸟从灌木林里飞出来，小鸭从来没有看到过这样美丽的东西。他们白得发亮，颈项又长又柔软。这就是天鹅。他们发出一种奇异的叫声，展开美丽的长翅膀，从寒冷的地带飞向温暖的国度，飞向不结冰的湖上去。

他们飞得很高——那么高，丑小鸭不禁感到一种说不出的兴奋。他在水上像一个车轮似的不停地旋转着，同时，把自己的颈项高高地向他们伸着，发出一种响亮的怪叫声，连他自己也害怕起来。啊！他再也忘记不了这些美丽的鸟儿，这些幸福的鸟儿。当他看不见他们的时候，就沉入水底；但是当他再冒到水面上来的时候，却感到非常空虚。他不知道这些鸟儿的名字，也不知道他们要向什么地方飞去。不过他爱他们，好像他从来还没有爱过什么东西似的。他并不嫉妒他们。他怎能梦想有他们那样美丽呢？只要别的鸭儿准许他跟他们生活在一起，他就已经很满意了——可怜的丑东西。

冬天变得很冷，非常的冷！小鸭不得不在水上游来游去，免得水面完全冻结成冰。不过他游动的这个小范围，一晚比一晚缩小。水冻得厉害，人们可以听到冰块的碎裂声。小鸭只好用他的一双腿不停地游动，免得水完全被冰封闭。最后，他终于昏倒了，躺着动也不动，跟冰块结在一起。

大清早，有一个农民在这儿经过。他看到了这只小鸭，就走过去用木屐把冰块踏破，然后把他抱回来，送给他的女人。他这时才渐渐地恢复了知觉。小孩子们都想要跟他玩，不过小鸭以为他们想要伤害他。他一害怕就跳到牛奶盘里去了，把牛奶溅得满屋子都是。女人惊叫起来，拍着双手。这么一来，小鸭就飞到黄油盆里去了，然后就飞进面粉桶里去了，最后才爬出来。这时他的样子才好看呢！女人尖声地叫起来，拿着火钳要打他。小孩们挤做一团，想抓住这小鸭。他们又是笑，又是叫！——幸好大门是开着的。他钻进灌木林中新下的雪里面去。他躺在那里，几乎像昏倒了一样。要是只讲他在这严冬所受到困苦和灾难，那么这个故事也就太悲惨了。当太阳又开始温暖地照着的时候，他正躺在沼泽地的芦苇里。百灵鸟唱起歌来了——这是一个美丽的春天。忽然间他举起翅膀：翅膀拍起来比以前有力得多，马上就把他托起来飞走了。他不知不觉地已经飞进了一座大花园。这儿苹果树正开着花；紫丁香在散发着香气，它又长又绿的枝条垂到弯弯曲曲的溪流上。啊，这儿美丽极了，充满了春天的气息！三只美丽的白天鹅从树荫里一直游到他面前来。他们轻飘飘地浮在水上，羽毛发出飕飕的响声。小鸭认出这些美丽的动物，于是心里感到一种说不出的难过。

“我要飞向他们，飞向这些高贵的鸟儿！可是他们会把我弄死的，因为我是这样丑，居然敢接近他们。不过这没有什么关系！被他们杀死，要比被鸭子咬、被鸡群啄，被看管养鸡场的那个女佣人踢和在冬天受苦好得多！”于是他飞到水里，向这些美丽的天鹅游去：这些动物看到他，马上就竖起羽毛向他游来。“请你们弄死我吧！”这只可怜的动物说。他把头低低地垂到水上，只等待着死。但是他在这清澈的水上看到了什么呢？他看到了自己的倒影。但那不再是一只粗笨的、深灰色的、又丑又令人讨厌的鸭子，而却是——一只天鹅！

只要你是一只天鹅蛋，就算是出生在养鸭场里也没有什么关系。

对于他过去所受的不幸和苦恼，他现在感到非常高兴。他现在清楚地认识到幸福和美正在向他招手。——许多大天鹅在他周围游泳，用嘴来亲他。

花园里来了几个小孩子。他们向水上抛来许多面包片和麦粒。最小的那个孩子喊道：“你们看那只新天鹅！”别的孩子也兴高采烈地叫起来："是的，又来了一只新的天鹅！"于是他们拍着手，跳起舞来，向他们的爸爸和妈妈跑去。他们抛了更多的面包和糕饼到水里，同时大家都说："这新来的一只最美！那么年轻，那么好看！"那些老天鹅不禁在他面前低下头来。

他感到非常难为情。他把头藏到翅膀里面去，不知道怎么办才好。他感到太幸福了，但他一点也不骄傲，因为一颗好的心是永远不会骄傲的。他想他曾经怎样被人迫害和讥笑过，而他现在却听到大家说他是美丽的鸟中最美丽的一只鸟儿。紫丁香在他面前把枝条垂到水里去。太阳照得很温暖，很愉快。他扇动翅膀，伸直细长的颈项，从内心里发出一个快乐的声音：

"当我还是一只丑小鸭的时候，我做梦也没有想到会有这么的幸福！"

准妈妈说给胎宝宝的话：丑小鸭历经千辛万苦、重重磨难之后变成了白天鹅。是金子早晚会发光，命运其实没有轨迹，关键在于对美好境界、美好理想的追求。人生中的挫折和痛苦是不可避免的，要学会把它们踩在脚下。每个孩子都会有一份属于自己的梦想，只要他们学会树立生活目标，在自信、拼搏中，他们会真正地认识到自己原来也可以变成"白天鹅"，也可以像丑小鸭一样实现心中的梦想，人只要有了梦想，那么，困难也不再是困难了。

音乐胎教：欣赏名曲《雪花飞舞》

阿希尔·克劳德·德彪西是19世纪末20世纪初欧洲音乐界颇具影响的作曲家、革新家，同时也是近代印象主义音乐的鼻祖，对欧美各国的音乐产生了深远的影响。德彪西的代表作品有管弦乐《大海》《牧神午后前奏曲》，钢琴曲《前奏曲》和《练习曲》，而他的创作最高峰则是歌剧《佩利亚斯与梅丽桑德》。第一次世界大战期间，他写过一些对遭受苦难的人民寄予同情的作品，创作风格也有所改变。此时他已患癌症，于1918年德国进攻巴黎时去世。

《雪花飞舞》这首乐曲是根据法国作曲家德彪西所创作的钢琴组曲《儿童园地》中的第四首改编的。乐曲开始，高音区奏出一小节柔和而清淡的旋律，接着第二小节模仿雪花在逐渐变大，随着音乐节奏的加快、密集音型在快速的流动和不断重复中游离，惟妙惟肖地模仿了漫天飞雪的景象，同时，乐曲弥漫着一丝淡淡的忧郁。第二部分。连续的三连音、丰富的和声色彩、多变的节奏与音色、渐强的力度变化，仿佛漫天大雪、刺骨的寒风，也使人隐约感到狂躁与不安。第三部分减弱力度、逐渐上行音区，仿佛漫天大雪、刺骨的寒风已逐渐变为纷纷扬扬的雪花。最后，大地变得一片沉寂。

美育胎教：欣赏名画《哺乳圣母》

列奥纳多·达·芬奇，意大利文艺复兴三杰之一，也是整个欧洲文艺复兴时期最完美的代表。他是一位思想深邃，学识渊博、多才多艺的画家、寓言家、雕塑家、发明家、哲学家、音乐家、医学家、生物学家、地理学家、建筑工程师和军事工程师。他是一位天才，他一方面热心于艺术创作和理论研究，研究如何用线条与立体造型去表现形体的各种问题；另一方面他也同时研究自然科学，为了真实感人的艺术形象，他广泛地研究与绘画有关的光学、数学、地质学、生物学等多种学科。他的艺术实践和科学探索精神对后代产生了重大而深远的影响。

这一幅圣母像完成于1490年，是达·芬奇前期肖像艺术的一个范例，现藏于俄罗斯艾尔米塔日博物馆。在这幅画中，画家更多强调的是一种母爱的普遍人性。圣母形象丰满，神态恬静，洋溢着一种年轻母亲的温柔的爱子之心。圣母怀里的婴儿形象被画得很生动。

孕9月（第33~36周）胎教计划

胎教常识：这个月胎宝宝的生长发育

怀孕第33周

胎宝宝从头顶到脚跟的长度约为44厘米，体重约为2千克。从这个月开始一直到出生，体重的增长特别明显，出生时的体重有近半数都是在这两个月增加的。此时他可能已经在调整自己的胎位，为出生做准备了——头下脚上。在接下来的几周里，医生可能会密切关注宝宝的胎位。虽然他此时的胎位可能极佳，不过有些胎宝宝还是会再转上几圈。

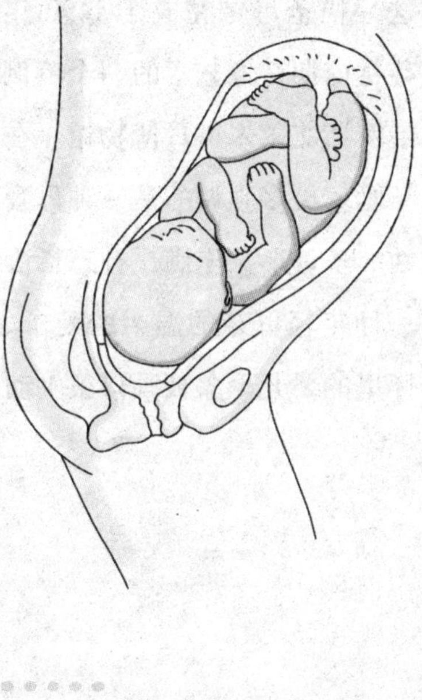

怀孕第34周

胎宝宝身长约为45厘米，体重已经超过2.2千克。脂肪层开始长出，胎宝宝逐渐变得丰满而圆润。脂肪层能够帮助胎宝宝保持正常的体温，还能够在胎宝宝出生后帮助他调节体温。如果准父母此前还从未跟胎宝宝说过话，那么现在开始也不错，因为到了35周时他的听觉已经完全发育成熟了。

怀孕第35周

胎宝宝身长45厘米左右，体重大约为2.4千克。很快，当准妈妈的子宫壁和腹部由于拉伸而变得更薄的时候，更多的光亮会照射进来，宝宝的睡眠会变得有规律。这个时候，手指甲和脚指甲正在逐渐长成，一对肾脏已经发育完全。有的胎宝宝已长出了一头胎发，也有的头发稀少，前者并不意味着将来宝宝头发就一定浓密，后者也不意味着将来宝宝头发就一定稀疏，所以不必太在意。

子宫里的空间已显得很拥挤，胎宝宝的活动余地小多了。这时每当胎宝宝在你腹中活动时，他的手肘、小脚丫和头部可能会清楚地在你的腹部突现出来，这是因为此时的子宫壁和腹壁已变得很薄了。会有更多的光亮透射进子宫，这会使胎宝宝逐步建立起自己每日的活动周期。

怀孕第 36 周

胎宝宝身长约为 47.4 厘米，体重是 2.7 千克左右。此时，准妈妈可能会感到下腹部的压力持续增加，因为胎宝宝正在进入准妈妈的骨盆，准备出生了。到了这周末胎宝宝就算足月了，此时胎宝宝随时都可安全出生，不会再被视为早产儿。

胎宝宝的头骨现在还很柔软，而且每块头骨之间还留有空间，这是为了在分娩时使胎宝宝的头部能够顺利通过狭窄的产道。但是现在身体其他部分的骨骼已经变得结实起来，皮肤也不再那么又红又皱了，皮下脂肪明显增加，身体开始变得圆润。

如果是个男孩，他的睾丸很可能已经从腹腔降入了阴囊，但是也有的胎宝宝的一个或两个睾丸在出生后当天才降入阴囊。别担心，绝大多数的男孩都会是正常的。如果是个女孩，她的大阴唇已明显隆起，左右紧贴。这说明胎宝宝的生殖器官发育也已近成熟。

胎教常识：这个月准妈妈的身体变化

预产期越来越近，准妈妈不免会感到焦虑和紧张，主要是担心自己和胎宝宝会出现各种不测，以及害怕分娩。这个时期的胎教，准爸爸的角色特别重要，应加强对妻子的呵护，注意妻子的情绪，和她一起学习分娩知识，以平常之心来迎接分娩。这是胎教的巩固时期，和前几个月相比，胎教内容可适当增加，胎教时间可适当延长。

体重增长迅速

体重大约以每周 250 克的速度增

长，主要是因为胎宝宝在出生前的最后几周内体重猛增，这段时间胎宝宝增长的体重大约是此前共增体重的一半还要多。

腹部已相当沉重

你会发现自己的肚脐变得又大又突出，躺着时变换姿势会很困难，睡觉时翻身也会不便。变大的子宫压迫膀胱，出现尿频，打喷嚏、咳嗽时会有小便漏出。

胸闷现象加重

子宫上升至心口附近，压迫胃、心脏、肺，胸口疼痛、呼吸困难现象加重。但是光明即将出现，情况很快会有所缓解。大约 36 周时，胎宝宝的头部将开始下降，进入骨盆，到达子宫颈，这是在为即将到来的分娩做准备。那时你会觉得呼吸和进食舒畅多了。

胎宝宝在逐渐下降

由于胎宝宝增大，并且逐渐下降，相当多的准妈妈此时会觉得腹坠腰酸，骨盆后部附近的肌肉和韧带变得麻木，甚至有一种牵拉式的疼痛，使行动变得更为艰难。你还会感到骨盆和耻骨联合处酸疼不适，不规则宫缩的次数增多，这些都标志着胎宝宝在逐渐下降。

环境胎教：阴道出血要及时就医

在妊娠期间，阴道出血都不是正常的表现，一旦出现应立即到医院就诊。孕晚期阴道出血有两种情况最多见，即前置胎盘和胎盘早剥。

前置胎盘

前置胎盘造成的阴道出血不伴有腹痛，一般是在休息状态下出现，主要是胎盘位置附着在子宫下段所致。由于胎盘附着在子宫口附近，子宫的下段在整个孕期都在逐渐拉长、变薄，而在这个变化中胎盘并不随着拉长，这就出现胎盘与其附着的部位发生错位从而导致血管破裂出血。因为这种出血是在无外界因素影响下发生的，所以出血往往不伴腹痛。这种出血的时间越早，说明胎盘的位置越低、越接近子宫口、危险性越大。胎盘位置虽在子宫的下段，但距离子宫口较远，出血常发生较晚或要到临产时才出血。

由于前置胎盘的诊断率很高，B 超可诊断出 95%，所以出现阴道出血时要立即到医院就诊，听从医生的安排。切忌在阴道出血少时不在乎，以为没有肚子疼就不在意，或不愿住院，因为如果最终发生大出血，母亲及胎宝宝的生命都会受到很大的威胁。

胎盘早剥

胎盘早剥造成的阴道出血伴有腹痛。这种情况主要是由于胎盘后部的血管破裂，血液不能及时流出，在胎盘后形成血肿，当增大的血肿在胎盘后不能容纳时，便会冲开胎盘边缘，沿着子宫壁流出子宫口。由于胎盘后增大的血肿使子宫内的压力增高，准妈妈会感到明显的腹痛，并且是无法缓解的。当胎盘与子宫完全分离后，母亲与胎宝宝的血液供应关系就断开了，胎宝宝在子宫内就会出现缺氧甚至死亡。

这种情况发生时，医生会决定马上终止妊娠，因为不及时将胎宝宝及胎盘娩出，剥离的胎盘会使母体的凝血系统发生变化，使其出现大出血，由于这种出血是凝不住的，所以对产妇的生命有直接的威胁。这种情况多发生在母亲患有高血压、妊高征及糖尿病等病症时，所以积极治疗妊娠期的疾病，避免腹部的外伤，妊娠晚期禁止性生活是非常重要的。在妊娠晚期一旦出现腹痛，无论有无阴道出血，都要立即到医院就诊，以防延误病情。

由于 B 超对胎盘早剥的诊断率较低，医生主要是根据病人的临床表现及检查的情况和化验结果进行诊断的。

行为胎教：暂时和性爱说再见

经历了好几个月的孕育，妊娠到了最后的关键时刻，这个时期也是胎宝宝容易发生危险的时期，怀孕晚期的性生活该注意什么也成了一个值得关注的问题。

在孕 8 个月以后，准妈妈的肚子突然膨胀起来，腰痛，身体懒得动弹，性欲减退。此阶段胎宝宝生长迅速，子宫增大很明显，对任何外来刺激都非常敏感。夫妻间应尽可能停止性生活，以免发生意外。若一定要有性生活，必须节制，并注意体位，还要控制性生活的频率及时间，动作不宜粗暴。这个时期最好采用丈夫从背后抱住准妈妈的后侧位，这样不会压迫准妈妈的腹部，也可使准妈妈的运动量减少。

尤其是临产前1个月或者3星期时必须禁止性交。因为这个时期胎宝宝已经成熟。为了迎接胎宝宝的出世，子宫已经下降，子宫口逐渐张开。如果这时性交，羊水感染的可能性更大。有人做到调查后证实，在产褥期发生感染的妇女，50%在妊娠的最后1个月夫妻性交过。如果在分娩前3天性交，20%的妇女可能发生严重感染。感染不但威胁着即将分娩的产妇安全，也影响着胎宝宝的安全，可使胎宝宝早产。而早产儿的抵抗力差，容易感染疾病。即使不早产，胎宝宝在子宫内也可以受到母亲感染疾病的影响，使身心发育受到障碍。

对于丈夫来说，目前是应该忍耐的时期，只限于温柔地拥抱和亲吻，禁止具有强烈刺激的行为。为了不影响准妈妈和胎宝宝的健康，夫妻间不但要学会克制情感，而且最好分床睡，以免不必要的性刺激。

胎教常识：假性宫缩别紧张

如果准妈妈长时间用同一个姿势站或坐，会感到腹部一阵阵地变硬，这就是假宫缩。假宫缩也叫迁延宫缩，没规律，每次持续的时间也不尽相同，几分钟到十多分钟都有可能。尤其在准妈妈感觉疲劳或兴奋时，更易出现这种现象，在产前2～3周内会时常出现，是临近分娩的征兆之一，但与真正的产前有规律的宫缩不同，所以也称之为“假宫缩”。而在临产前，由于子宫下段受胎头下降的牵拉刺激，假宫缩的情况会越来越频繁。如果上述症状仅是偶尔出现，并且持续时间也不长，也没有阴道流血的现象，就不必紧张，多为正常。如果上述现象频繁出现，间隔时间

较短，并且出现明显的腹痛、阴道流血等现象，就要及时到医院就诊，以免发生意外。

语言胎教：《小蝌蚪找妈妈》

暖和的春天来了，池塘里的冰融化了，柳树长出了绿色的叶子。青蛙妈妈在泥洞里睡了一个冬天，也醒来了。她从泥洞里慢慢地爬出来，伸了伸腿，扑通一声，跳进池塘里，在碧绿的水草上，生下了许多黑黑的、圆圆的卵。

春风吹着，阳光照着，池塘里的水越来越暖和了，青蛙妈妈生下的卵，慢慢地活动起来，变成一群大脑袋、长尾巴的小蝌蚪。小蝌蚪在水里游来游去，非常快乐。

有一天，鸭妈妈带着小鸭到池塘来游水。小鸭子们跟在妈妈后面，嘎嘎嘎叫着。小蝌蚪看见了，就想起了自己的妈妈。他们你问我、我问你：“我们的妈妈在哪里呢？”可是谁也不知道。

他们一齐游到鸭妈妈身边，问：“鸭妈妈，鸭妈妈，您看见过我们的妈妈吗？您告诉我们，她在哪里？”

鸭妈妈亲热地回答说：“看见过。你们的妈妈有两只大眼睛，嘴巴又阔又大。好孩子，你们到前面去找吧！”

“谢谢您，鸭妈妈！”小蝌蚪高高兴兴地向前面游去。

一条大金鱼游过来了，小蝌蚪看见大金鱼头顶上有两只大眼睛，嘴巴又阔又大。他们想：一定是妈妈来了，就追上去喊：“妈妈！妈妈！”

大金鱼笑着说：“我不是你们的妈妈。我是小金鱼的妈妈。你们的妈妈肚皮是白的，好孩子，你们去找吧！”

“谢谢您！金鱼妈妈！”小蝌蚪又向前面游去。

一只大螃蟹从对面游了过来。小蝌蚪看见螃蟹的肚皮是白的，就迎上去大声叫：“妈妈！妈妈！”

螃蟹摆着两只大钳子，笑着说：“我不是你们的妈妈。你们的妈妈只有四条腿，你们看我有几条腿呀？”

小蝌蚪一数，螃蟹有八条腿，就不好意思地说：“对不起呀，我们认错了。”一只大乌龟在水里慢慢地游着，后面跟着一只小乌龟。小蝌蚪游到大乌龟跟前，仔细数着大乌龟的腿：“一条，两条，三条，四条。四条腿！四条腿！这回可找到妈妈啦！”

小乌龟一听，急忙爬到大乌龟的背上，昂着头说："你们认错啦，她是我的妈妈。"

大乌龟笑着说："你们的妈妈穿着好看的绿衣裳，唱起歌来'呱呱呱'，走起路来一蹦一跳。好孩子，快去找她吧！"

"谢谢您，乌龟妈妈。"小蝌蚪再向前面游过去。

小蝌蚪游呀游呀，游到池塘边，看见一只青蛙，坐在圆圆的荷叶上"呱呱呱"地唱歌。

小蝌蚪游过去，小声地问："请问您：您看见我们的妈妈吗？她有两只大眼睛，嘴巴又阔又大，四条腿走起路来一蹦一跳的，白白的肚皮绿衣裳，唱起歌来呱呱呱……"

青蛙没等小蝌蚪说完，就"呱呱呱"大笑起来。她说："傻孩子，我就是你们的妈妈呀，我已经找了你们好久啦！"

小蝌蚪听了，一齐摇摇尾巴说："奇怪！奇怪！为什么我们长得跟您不一样呢？"

青蛙笑着说："你们还小呢。过几天，你们会长出两条后腿来；再过几天，又会长出两条前腿。四条腿长齐了，脱掉尾巴，换上绿衣裳，就跟妈妈一样了。那时候，你们就可以跳到岸上去捉虫吃啦。"

小蝌蚪听了，高兴得在水里翻起跟斗来："呵！我们找到妈妈了！我们找到妈妈了！"

青蛙扑通一声跳进水里，带着小蝌蚪一块儿游玩去了。

后来小蝌蚪长大了，变成了小青蛙。小青蛙常常跳到岸上捉虫吃，还快活地唱着："呱呱呱，呱呱呱，我们长大啦！我们长大啦！我们会捉虫，捉尽了害虫，保护庄稼。"

音乐胎教：欣赏名曲《牧童短笛》

贺绿汀（1903 年 ~ 1999 年），音乐教育家、作曲家。早年即投身于革命并进行音乐创作。后入上海国立音专，攻读音乐。1934 年所作钢琴曲《牧童短笛》《摇篮曲》在"征求中国风味的钢琴曲"评选中分别获头奖和名誉二奖。此后进入电影界，为进步电影《风云儿女》《十字街头》《马路天使》等创作音乐。抗日战争期间创作了《游击队歌》

《垦春泥》《嘉陵江上》等歌曲，广为流传。解放战争期间，又创作了管弦乐小品《森吉德玛》《晚会》等佳作。解放后，任上海音乐学院院长和中国音协副主席，主要从事培养音乐人才，但仍坚持音乐创作园地上的耕耘。

19 世纪上半叶，当西欧的钢琴音乐已经进入浪漫主义黄金时代时，中国开始传入欧洲的现代钢琴，随着教堂和新学堂在中国的兴起，钢琴逐渐被中国人接受并在中国得到推广和应用。在当时还没有出现能独立举办钢琴独奏会的中国钢琴家之前，一些音乐家们却已开始写作中国自己的钢琴音乐作品了。从赵元任所作的第一首钢琴小曲《和平进行曲》到之后的《偶成》《小朋友进行曲》《锯大缸》（李荣寿曲）等，这些构思简单、曲式短小、专业技巧相当于儿童钢琴初级教材程度的小曲均在民间音调因素的基础上对欧洲传统和声尝试性地进行了结合运用，为后来中国钢琴曲的专业创作提供了宝贵的经验。

之后的 1927 年萧友梅在上海创办的“上海国立音乐院”为中国钢琴艺术的发展奠定了基础，同时他以校长名义高薪特聘俄籍钢琴家查哈罗夫、阿克萨可夫、皮得罗娃等教授主持音专钢琴教学工作，更是对中国钢琴艺术发展产生了重要的深远影响。正是查哈罗夫等外籍钢琴教授的到来，使得中国当时唯一的高等音乐学府——国立上海音专的钢琴水平，由当初弹小奏鸣曲、钢琴小品的初级、中级程度，迅速向高水准的演奏艺术发展。而 1931 年考入上海国立音专的贺绿汀也正是边从黄自学作曲，边从查哈罗夫、阿克萨可夫学钢琴。在名师的指导下，经过不断的努力刻苦学习，贺绿汀在作曲和钢琴方面都有了长足的进步。终于在 1934 年由俄罗斯著名作曲家亚历山大·车列浦宁（中国名：齐尔品，彼得堡人，1934—1937 年在中国居住，从事钢琴演奏和创作。作为著名的作曲家和钢琴家，他于 1934 年 4 月在上海音专举行了自己作品的钢琴演奏音乐会，当即被该校聘为名誉教授）个人出资创办的中国音乐史上首次“征求中国风格钢琴曲”的创作评奖活动中，贺绿汀创作的《牧童短笛》以其美妙的旋律、新颖的手法一举夺得引人瞩目的一等奖。以《牧童短笛》为首的六首中国钢琴风味作品的诞生，立刻引起世人关注，成为人们研究、借鉴的成功典范。这次比赛对于当时尚处于起步状态的中国钢琴音乐创作和后来钢琴音乐的发展，具有深远的意义。

《牧童短笛》是一首标题音乐的三段式小曲，从写实出发，描写了中国20世纪30年代的农村风光，远处的山、近处的田、弯曲的池塘边柳枝飘动，两个穿背心短裤的小牧童坐在牛背上，悠闲自得地吹着竹笛。这首乐曲没有用中国任何一首民间音调的乐曲作素材，完全是作者植根于中国民间，由心底自然流出的一支充满中国泥土芬香，带有浓郁中国特色的乐曲。

美育胎教：欣赏名画《草地上的圣母》

拉斐尔是意大利杰出的画家，和达·芬奇、米开朗琪罗并称文艺复兴时期艺坛三杰。他的作品博采众家之长，形成了自己独特的风格，代表了当时人们最崇尚的审美趣味，成为后世古典主义者不可企及的典范。其代表作有油画《西斯廷圣母》、壁画《雅典学院》等。

《草地上的圣母》是意大利文艺复兴绘画的杰出代表之一。拉斐尔借助宗教主题表现现实与理想相结合的完美女性形象，以颂扬人性中的至善、至美。画面中的人物画得令人赞叹不已，圣母俯视着两个孩子，她的表情使人难以忘怀。

在画中圣母子呈三角形构图，两个可爱的孩子又构成另一个三角形。圣母侧身而坐，她照看着两个正在嬉戏的孩子。图中两个孩子明亮的肤色在圣母深蓝的外衣及绿色的草原之前明显地浮现出来，圣婴耶稣正玩弄着施洗约翰谨慎交出的十字架，这使圣母表情慈爱静谧又微妙，笼罩着预感儿子未来命运的忧郁。

画面线条柔和，远景优美，近景是

鲜花遍地，天空有几朵轻盈的白云，映着柔和的微光。情与景富有浓郁的诗意，洋溢着人世间天伦之乐的幸福、美好的情调。由于拉斐尔与达·芬奇的密切接触，从这幅画中我们很容易联想到《蒙娜丽莎》那静谧冥想微妙心理的表现方式。

情绪胎教：做好分娩的心理准备

“十月怀胎，一朝分娩”。准妈妈此时的心情是十分复杂的。既对即将到来的分娩和即将迎来的小生命感到十分的好奇和惊喜，又对马上要面对的漫长的产程、难忍的产痛、可怕的出血以及产程中可能出现的问题感到恐惧和不安，并且对自己能否顺利地度过产程、新生儿是否健康等抱怀疑的态度。凡此种种，均是不良的心理状态。分娩前是否具有充分的、正确的心理准备，是关系到能否顺利地分娩、生育健康的新生儿、避免分娩损伤的大事，应做好以下几点：

参加产前学习班，掌握分娩常识

如果条件允许，夫妇双方应共同参加医院举办的准妈妈学校。一起学习分娩的相关知识，了解临产的征兆，分娩的全过程，分娩的不同方式，缓解疼痛的方法，分娩中紧急情况的处理，新生儿的特点及护理等知识。这对于缓解分娩前的紧张和恐惧是很有帮助的。

学习班中还讲授实用的分娩中的呼吸运动、体位调整以及减轻疼痛的方法。并且，现今的准妈妈学校，已有别于老式的单纯讲课的模式，有些准妈妈学校可以让准妈妈及其家属参观住院病房、待产室、产房、新生儿沐浴室等，使得准妈妈更早地熟悉医院的环境，尽快适应，以消除紧张情绪。

充分相信医生、医院，树立分娩信心

有些准妈妈担心分娩时疼痛，也害怕宝宝不能顺利出生，就盲目要求剖宫产，这是不必要的，应该认识到阴道分娩是一个正常的生理过程，而剖宫产仅仅是应付难产的补救措施。如果准妈妈骨盆大小正常、胎宝宝大小适中、胎位正常、无产科并发症和其他疾病，阴道分娩是完全可行的。应当消除不必要的顾虑，放下年龄的包袱，坦然地面对分娩的考验，树立必胜的信心。同时也要

认识到分娩中的风险和困难，应充分地信任医院设施和条件及医生的医德和医术，要与医生充分地沟通，密切配合，就一定能够使母婴平安。

积极调整心态，主动配合分娩

分娩是一个艰难而又痛苦的历程，只有抱有积极、乐观的心态，主动与医生、助产士、儿科医生配合，才能顺利度过漫长的产程。在产程刚开始的时候，要注意休息，努力进食，避免喊叫，为接下来的产程积蓄能量，保存体力。在第二产程中，要主动屏气用力，配合宫缩，顺利娩出胎宝宝，避免产道损伤。在第三产程中，配合宫缩，娩出胎盘，避免产后出血。

情绪胎教：树立自然分娩的信心

很多准妈妈对即将来临的分娩可能会有过多的顾虑，其实大可不必过分担心。俗话说，十月怀胎，一朝分娩。分娩是人类繁衍过程中的一种正常生理过程，是人类的一种本能行为，母亲和胎宝宝都具有天生的潜力主动参与并完成分娩过程。从受精卵开始胎宝宝在母体内经历280天的生长发育逐渐成熟，而准妈妈的身体结构也逐渐地发生变化，变得更有利于分娩，尤其是生殖系统的变化更为突出，为胎宝宝的降生做好充分的准备。比如骨盆各骨的关节活动度增大，韧带松弛，各骨会有轻度的移位，骨盆的容积增加，临产后子宫下段逐渐拉长、变薄，子宫颈管逐渐消失，宫颈口逐渐扩张，阴道变薄，阴道黏膜皱襞增多，极富伸展性。胎宝宝在分娩过程中也会主动参与，比如胎宝宝在通过产道时，为适应骨盆各个平面不同的形状会作出一系列适应性的转动，以最小的径线通过产道。另外我们常会看到自然分娩的小宝宝头颅都拉长变形，有的头顶上还有1～2个小包，医学上叫做产瘤，这些都是由于受产道的挤压胎头的颅骨变形，头皮水肿而形成的。也是胎宝宝为适应产道所做的努力，这样就使得大部分产妇都可以自然分娩。如果产妇妊娠已过期，胎宝宝头颅骨变硬，产程中不易变形，则有可能增加难产的机会。而宝宝的这种头颅变形或水肿准妈妈们也不必担心，出生几天后就会自然消退。

知道了以上这些母亲和胎宝宝的天

生的本领还不够，准妈妈们还要了解阴道分娩对自己和胎宝宝有哪些好处。如分娩过程中子宫有规律的收缩能使胎宝宝肺脏得到锻炼，使胎宝宝肺泡得到扩张，促进胎宝宝肺成熟，出生后很少发生肺透明膜病；胎头受宫缩和产道挤压，头部充血，可提高脑部呼吸中枢的兴奋性，有利于新生儿娩出后迅速建立正常呼吸；受宫缩和产道的挤压，胎宝宝呼吸道内的羊水和黏液被排挤出来，使新生儿患吸入性肺炎的机会大大减少；此外，母体内免疫球蛋白在自然分娩过程中可传给胎宝宝，剖宫产的胎宝宝缺乏这一获取抗体的过程，因而自然分娩的新生儿具有更强的抵抗力。而对母亲来说，自然分娩产后子宫复原更快，并且减少了产后出血。

下面是已做妈妈的人向准妈妈介绍怎样增强信心、战胜恐惧，保持轻松的好心情：

★ 临近分娩的日子，可能会由恐惧变得烦躁不安起来，要意识到这样对腹中的胎宝宝没有好处，可通过听音乐，看美丽、可爱的东西，使情绪稳定下来。

★ 参加准妈妈学习班和看有关的杂志，了解分娩的过程，学习呼吸减痛法等，通过掌握知识获得力量，以此鼓励自己。

★ 通过自我暗示坚信：大多数女人都要走这样的路，自己也能走过去，采取顺其自然的态度。

★ 无论宫缩是否疼痛，想到宝宝在和自己一起努力，身上就充满了力量，总之，你应该相信自然的力量和自己的潜力，坚定自然分娩的信心，去体验一个女人，一个母亲的完整经历，当你走过这段路程后，就会为自己的坚强和勇敢感到骄傲。

运动胎教：练习瑜伽，准备迎接分娩

为了给分娩做准备，准妈妈需要对一些特殊部位和肌肉群进行锻炼和调整。瑜伽所崇尚的适度、温和的修炼方式和针对人由内及外的整体关注能够带给准妈妈全面的帮助。

跪坐调息

动作说明：（1）跪坐，脚背贴地，两膝盖、两脚尖并拢，脚跟分开。（2）双手手心向下，分别置于大腿上，上身挺直，闭眼。（3）感受呼吸，平静思想。

运动量：根据自己的身体情况决定运动时间，最好是在饭后进行，这样有助于消化。练习时间由短至长，以舒服为度，慢慢感觉身体和思想的平静和完全放松。

练习时间：直至整个孕期结束。

益处：可以锻炼大腿和小腿肌肉，使下肢更有力量，有助于顺利生产。

注意事项：患严重关节炎、静脉曲张的准妈妈忌做。

坐姿展髋式

动作说明：（1）坐下，双脚向趾骨方向拉近，脚掌合对，脚跟尽量接触会阴部。（2）屏住呼吸6秒钟，躯干和脖子挺直，两膝尽量贴近地面展开，双手抱住脚趾，或放在膝盖上。（3）呼气3秒钟，还原。

运动量：2~3轮。

练习时间：直至整个孕期结束。

益处：伸展下肢，可以加强大腿内侧和骨盆区域的肌肉，为分娩做好充足准备。

注意事项：患严重关节炎、痔疮、下腹部炎症的准妈妈忌做。

平蹲式

动作说明：（1）吸气2秒钟，手心向下，伸直双臂从体前抬起至与地面平行，同时踮起脚尖（如不能保持平衡，可以采用双手扶住椅子或窗台的方法做踮起动作。）缓慢向下蹲。（2）呼气2秒钟，保持手臂平伸及踮脚下蹲的姿势，大腿压在小腿肚上。（3）吸气2秒钟，保持踮脚姿势慢慢站起。呼气，还原。

运动量：做3轮。

练习时间：以感觉舒服为限

益处：加强大腿和骨盆肌肉，使分娩更加顺利。

注意事项：如果感觉踮脚吃力，可采用不踮脚的方式来做。有眩晕、严重关节炎的准妈妈忌做。

准妈妈练习瑜伽要根据身体情况量力而行，随时请教瑜伽教练，切不可盲目练习。建议准妈妈从妊娠第4个月开始练习瑜伽，每周2~3次，每次练习以身体舒适为宜。如果没有流产史、身体健康，那么只要觉得准备好了就可以进行轻柔的增强身体力量、提高肌肉柔

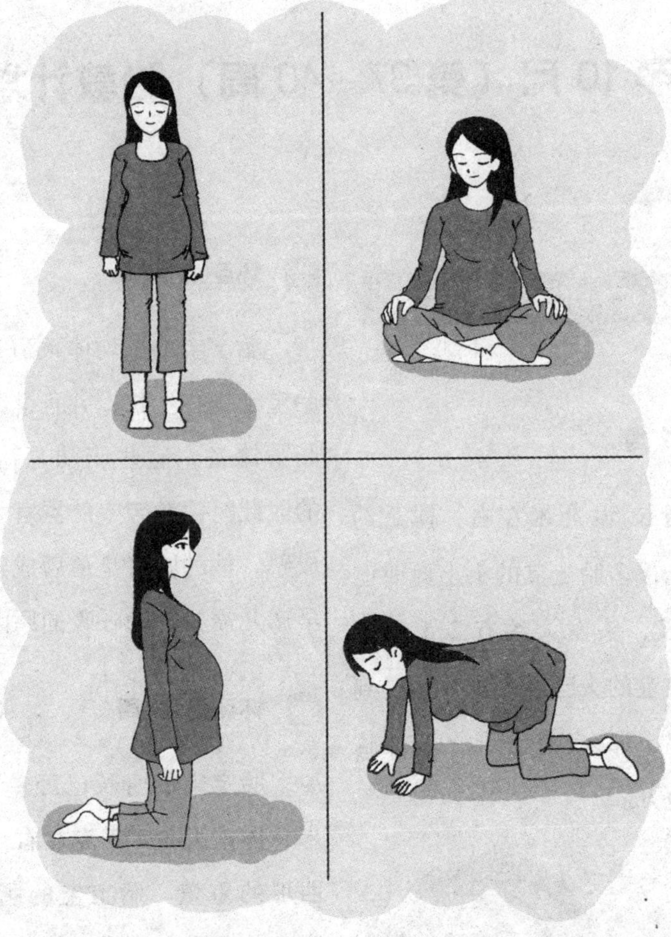

韧性和张力的锻炼。需要注意的是，要循序渐进地增加运动量，不要突然加大运动量或者延长运动时间。如果你有习惯性流产史或者身体特别虚弱则要谨慎地练习。

在整个妊娠过程中，准妈妈可以练习不同的瑜伽姿势，但必须以舒适度为准。瑜伽练习因人而异，必须与身体状况相协调。练习时如感觉不适应该马上停止。孕期锻炼很必要，但切忌过量。如果有轻微出血则要按照医生要求卧床休息，停止锻炼。

孕10月（第37~40周）胎教计划

胎教常识：这个月胎宝宝的生长发育

怀孕第37周

胎宝宝身长50厘米左右，体重约为2.8千克。很多胎宝宝的头上此时已经长满了头发，头发大约有2.5厘米长。如果胎宝宝的头已经入盆并且受到了骨盆的支撑，那么这就给他的身体腾出了一点儿地方。

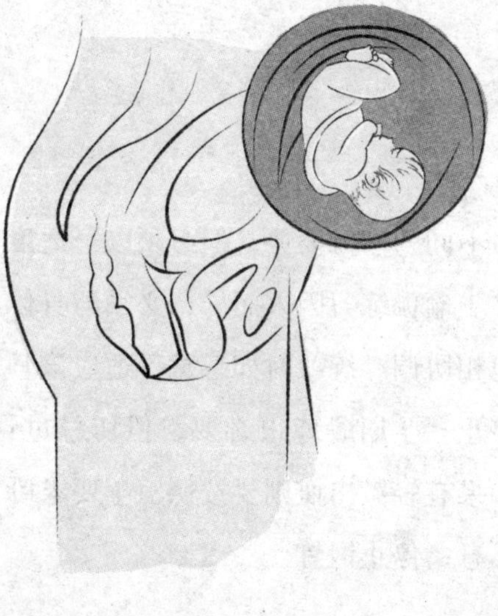

怀孕第38周

胎宝宝的平均体重为3~3.2千克。胎宝宝仍在生长，并且继续增加体内的脂肪储备，这些脂肪是用来调节体温的。此时，胎宝宝的器官系统均已发育成熟，他的肺将是最后成熟的，这也是早产儿需要辅助呼吸的原因。

怀孕第39周

胎宝宝的身长已经差不多有51厘米，体重为3.2千克左右，相当于一个西瓜的重量。胎宝宝的脂肪层仍在发育，并且还会分泌一种白色的油脂状物质，这种物质一直保护着他的皮肤。胎宝宝就要出生了，如果超过预产期了也没关系，因为只有5%的胎宝宝在预产期那天出生，而有75%的是超过预产期才出生。

怀孕第40周

胎宝宝的头骨要在出生以后才会逐渐闭合，这样他就能顺利地通过产道了。大自然母亲安排好了一切。胎宝宝在通过产道时，尚未闭合的头骨会重叠一点点，因此胎宝宝在出生后头部可能会略呈圆锥形。用不着担心，这种情况很正常，只是暂时性的。新生婴儿的平均体重是3.4千克，身长51厘米。

胎教常识：这个月准妈妈的身体变化

马上就要和宝宝见面了，准妈妈现在可能既紧张又焦急，既盼望宝宝早日降生，又对分娩的痛苦有些恐惧。这个月应该适当活动、充分休息，密切关注自己身体的变化，随时做好入院准备。

★ 接近预产期，子宫下移，胃肠感到舒适，但膀胱会受到压迫，要经常去厕所。

★ 胎宝宝进入骨盆中央，准妈妈的脚踝或耻骨会有疼痛感。

★ 准妈妈的身体整体进入分娩准备状态，产道变软，分泌物增多，经常有腹坠现象。阵痛每间隔10分钟1次，最后开始产前阵痛，初产妇在规则的阵痛后约12小时就会分娩。

营养胎教：准妈妈产前要注意营养

由于孕晚期是胎宝宝长肌肉脂肪、身体迅速长大的时期，胎宝宝需要的营养量会大增，准妈妈此时的血容量也会大增以满足胎宝宝发育的需要，准妈妈的心、肺和肾脏的负担也会加大，所以一定要注意营养，不要为了自己的身材而不敢多吃，尤其是脂肪蛋白类食品，以免造成胎宝宝营养缺乏或不全。但也要注意不要吃得无度，以免胎宝宝过大而不容易生产，因为此时准妈妈的胃口会过分的好。胎宝宝的饮食和胃口受孕晚期准妈妈的饮食习惯的影响也会是很大的。

营养胎教：注意补充钙和维生素K

足月胎宝宝体内约含钙25克，其中大部分是在妊娠期的最后一个月从母体获得的。这一时期，胎宝宝骨、牙齿的钙化速度明显加快，至出生时，全部乳牙均在牙床内形成，第一恒磨牙也已钙化，胎宝宝时期钙、磷的摄入量对其一生牙齿的整齐、坚固起着很大的决定作用。如果孕晚期钙、磷供给不足，胎宝宝就会从母体的骨、牙齿中争夺大量的钙、磷以满足自身的需要，很可能导致准妈妈产生骨质软化症，同时，胎宝宝也可能产生先天性佝偻病或缺钙抽搐。中国营养学会建议孕晚期准妈妈每日应该摄入钙1500毫克。

在妊娠后期，准妈妈应注意食用富含维生素K的食物，以预防产后新生宝宝因维生素缺乏而引起颅内出血、消化道出血等症状。维生素K有“止血功臣”的美称，经肠道吸收，在肝脏能产生凝血酶原及一些凝血因子。若维生素K吸收不足，血液中凝血酶原减少，易引起凝血障碍，发生出血症。预产期前1个月左右的准妈妈，尤其应注意每天多摄入些富含维生素K的食物，如菜花、白菜等，必要时可每天口服维生素K 1毫克。

环境胎教：高危妊娠的准妈妈要做好自我监护

高危妊娠是指高度危及母婴健康和安全的妊娠，包括高龄初产妇、胎位不正、母婴血型不合、胎宝宝在宫内发育迟缓、妊娠高血压综合征、胎膜早破、羊水过少和过期妊娠等。高危妊娠准妈妈，首先，不要紧张，因为紧张有弊无益。只有有了良好的心境，才有利于母婴的身心健康。其次，要学会计数胎动。每日计数胎动3次，每次数1小时，时间分别在上午7~8点钟，中午11~12点钟，晚上9~10点钟。3次胎动次数相加乘4，便是12小时的胎动次数。正常胎动次数每小时3~5次，12小时不能少于10次。胎动过频或过少，均提示胎宝宝缺氧；胎动消失，则是求救信号。

最后，睡姿应取左侧卧位。这种睡姿有三大优点：（1）避免子宫压迫下腔静脉，增加血液排出量，减少浮肿，增加子宫、胎盘和绒毛的血流量；（2）

使右旋子宫转向直位，有利于胎宝宝发育，减少胎宝宝窘迫和发育迟缓的发生率；（3）避免子宫对肾脏的压迫，使肾脏保持充足的血流量，有利于预防和治疗妊娠高血压综合征。

高危准妈妈只有做好自我监护，密切配合医生的观察、处理，才能顺利度过怀孕期，迎接“小天使”的降临。

行为胎教：选择合适的住院时机

选择适当的住院时机非常重要，既不要过早住院，造成不必要的经济负担和精神负担，也不要延误住院时机，造成母婴不必要的伤害。

正常妊娠和无妊娠并发症的准妈妈不需提前入院

孕41周以前，如无产兆、无妊娠并发症、无剖宫产指征、无特殊不适的准妈妈，可不必提前住院，仅需做好住院准备即可。因为过早住院，会导致待产时间过长，住院期间除日常监测外无任何处理，这常常导致准妈妈休息不足，心情烦躁，且易受其他产妇的影响，造成不必要的产程干预和手术分娩，也额外地增加了经济和精神负担。

经产妇稍有征兆即可住院

距离医院较远者也应提前入院。经产妇因有过分娩经历，软产道均比较松弛，临产的征兆往往并不明显，有时仅稍感腰酸、腹坠。一旦临产，往往产程迅速，有发生急产、产道裂伤、院外生产的可能。因此，一旦稍有征兆，应提前住院。距离医院较远的准妈妈因路途遥远，一旦发生紧急情况，往往来不及转送，因此，也应提前住院。

妊娠超过41周仍无分娩征兆者应住院待产

妊娠超过41周，因胎盘功能已下降，其发生胎死宫内、羊水减少、巨大儿、胎宝宝宫内缺氧等危险明显增高，应及时住院，加强监测，一旦出现不利因素，应及时引产、适时终止妊娠。

经产前系统检查有以下情况之一者应适时入院待产

★ 准妈妈患有内科疾患，如心脏病、慢性高血压、肾炎、哮喘、甲亢、重度贫血等，应提前住院，进行系统检查，并严密监护，有情况及时处理。

★ 经孕期骨盆检查，确定存在骨盆狭窄、畸形，软产道异常，胎宝宝估计巨大，阴道分娩困难者，应适时入院进行剖宫产。

★ 确诊妊高征的准妈妈，如突然出现头痛、眼花、恶心呕吐、浮肿加重、抽搐甚至昏迷者，应立即住院，积极治疗，待病情稳定后适时分娩。

★ 孕晚期检查发现胎位异常者，如臀位、横位、斜位，多胎妊娠等，应提前住院，随时做好剖宫产准备。

★ 以前有过前置胎盘、剖宫产再孕、早产史的准妈妈，应提前入院待产，加强监护。

语言胎教：给胎宝宝讲《小猫钓鱼》

有一天，大猫妈咪带着小猫儿子，到河边去钓鱼。

在路上，大猫对小猫说：“猫仔啊！我们做猫的，无论做什么事都要一心一意，千万不能三心二意，钓鱼也是一样，三心二意的话，就会钓上来六条无头鱼，九条无尾鱼，还有八条半截鱼。”

小猫说：“哇，为什么会这么神奇?”

大猫说：“神奇什么呀！我的意思是，会钓上0条鱼，也就是一条都钓不到！所以说呢，专注是做猫的第一要义!”

小猫说：“妈咪，你好像忘记带水桶了耶!”

大猫一看：“对哦!”于是就气喘吁吁地跑回去拿水桶，再气喘吁吁地跑回来。

俩猫再向前走了一段，大猫又说：“一心做好一件事，这个道理是很明显的，就好比抓老鼠一样，要专心再专心，钓鱼也是这样。”

小猫说：“妈咪，你好像忘记带钓竿了哦！”

大猫一看：“对哦！”于是就气喘吁吁地跑回去拿钓竿，再气喘吁吁地跑回来。

到了河边，大猫又再次叮嘱小猫：“我们马上就要开始钓鱼了，你记住妈咪的话了吗？专心致志，不要精神分散，更不要丢三落四的哦！”

小猫说：“妈咪，你好像又把水桶忘在家里了耶！”

大猫一看：“对哦！”于是就气喘吁吁地跑回去拿水桶，再气喘吁吁地跑回来。

在河边坐下后，大猫再也不敢说什么了，俩猫开始安安静静地钓鱼。

不一会儿，一只蝴蝶飞了过来，大猫看见了，赶忙大叫：“猫仔啊！千万不要去抓蝴蝶，世间都惊艳蝴蝶的绚丽，却不知道蝴蝶是色盲，我们还是一心一意地钓我们的鱼吧！”

小猫说：“哦！我不会去抓蝴蝶的。”

一只蜻蜓飞了过来，大猫看见了，赶忙大叫：“猫仔啊！千万不要去抓蜻蜓，世间都羡慕蜻蜓点水的轻盈，却不知道蜻蜓是在生娃，我们还是一心一意地钓我们的鱼吧！”

小猫说：“哦！我不会去抓蜻蜓的。”

一架飞机飞了过来，大猫看见了，赶忙大叫：“猫仔啊！千万不要去抓飞机，世间都惊叹飞机的自由，却不知整个飞机有多重，我们还是一心一意地钓我们的鱼吧！”

小猫说：“哦！我……我才不敢去抓飞机。”

一艘UFO飞了过来，大猫看见了，赶忙大叫：“猫仔啊！有火星人！”

……

就这样，由于大猫不停地大喊大叫，从上午一直到下午，大猫一条鱼都没钓上来。它大发雷霆：“都怪你不一心一意，一会儿说想抓蝴蝶，一会儿说想抓蜻蜓，害得我光顾为你担心！钓不到鱼！我不是说了吗？做事不要三心二意呀！”

小猫委屈地说：“可是……可是我压根儿没想要去抓蜻蜓和蝴蝶啊……”

大猫怒气冲冲：“不要解释了，要不是你三心二意，怎么会一条鱼都钓不到?”

小猫说:“可我钓到鱼了呀!”

大猫定睛一看,小猫水桶里有一头鲸鱼、一尾鲨鱼和一条比目鱼。

“你……你看!这些本来是海里的鱼,就是因为你三心二意,都给你从河里面钓上来了!所以啊!小朋友们,读者们,三心二意是不对的!喵——”

音乐胎教:欣赏名曲《献给爱丽丝》

贝多芬是集西方古典乐派之大成,开浪漫乐派之先河的伟大作曲家。人们都比较熟悉他的交响曲、协奏曲、室内乐和歌剧等大型作品,但是,他的为数不多的器乐小品,也同样给人留下了深刻的印象。钢琴小品《献给爱丽丝》就是其中比较著名的一首。

贝多芬一生没有结过婚,但是,他一直盼望着能得到一位理想的伴侣。因此,这类事在贝多芬的生活中也有些浪漫色彩的故事流传。1808 年~1810 年间,贝多芬已经是近四十岁的人了。他教了一个名叫特蕾泽·玛尔法蒂的女学生,并对她产生了好感。在心情非常甜美、舒畅的情况下,他写了一首《A 小调巴加泰勒》的小曲赠给她。“巴加泰勒”(Bagatelle)意思是小玩意儿。贝多芬还在乐谱上题上了“献给特蕾泽”这样几个字。以后,这份乐谱一直留在特蕾泽那里。贝多芬逝世以后,在他的作品目录里也没有这支曲子。直到 19 世纪 60 年代,德国音乐家诺尔为写贝多芬传记,在特蕾泽·玛尔法蒂的遗物中,才发现了这首乐曲的手稿。1867 年,在斯图加特出版这首曲子的乐谱时,诺尔把曲名错写成《献给爱丽丝》。从此,人们反而忘记了《献给特蕾泽》的原名,而称之为《献给爱丽丝》了。

《献给爱丽丝》基于一个淳朴而亲切的主题:(见下谱)这个主题把特蕾泽温柔、美丽的形象作了概括的描绘。它在这支曲子里先后出现了十六次,因此,给人以极为深刻的印象。好似贝多芬有许多亲切的话语正向特蕾泽诉说。后半部分左右手交替演奏分解和弦,犹如二人亲切地交谈。

《献给爱丽丝》全曲由 5 段组成。

A段用的是A小调，显得温柔而亲切。然后，转到C大调，它是A小调的关系大调，情调顿时明朗起来。B段转到F大调上，出现一个新的曲调：（见下图）

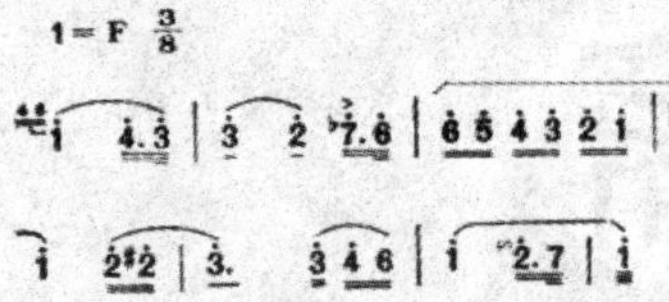

这个曲调，感情更加明朗。经过一连串快速音的过渡，又回到A段。C段多用和弦，气氛有了转换。情绪显得严肃而稳重，好似作者在沉思。接下去，出现了一个由三连音组成的乐句。表现热烈的情感。经过一段下行半音阶的过渡，又把乐曲引回到A段：（见下图）

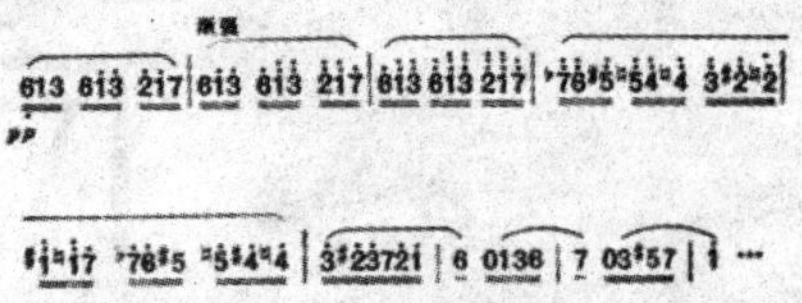

乐曲在非常优美和温柔的气氛中结束。

下篇

早教从出生第一天开始

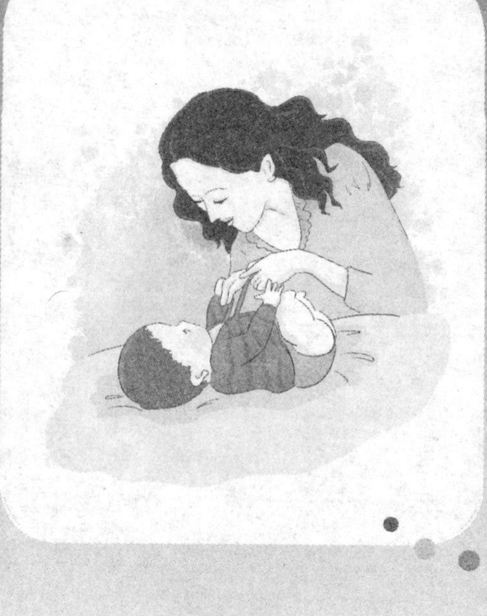

早教预备课

家庭和睦是成功早教的基础

从二人世界到三口之家，怀孕、分娩、育儿的过程既充满幸福与甜蜜，也会有辛劳和矛盾，夫妻双方都要做好充分的心理准备。事实证明，有心理准备的夫妻与没有心理准备的夫妻相比，家庭关系更和谐，家庭充满幸福、安宁和温馨，孩子在这样的环境中会成长发育得更健康、更聪明。

接受生活空间的变化

新生命的诞生在给小家庭带来喜悦和幸福感的同时，也会增加许多繁杂的家务，使夫妻双方感觉生活空间和自由度变小了，往往一时难以适应。如果没有充分的心理准备，双方不能互相体谅，养育孩子的最初两三年往往会成为家庭矛盾频发的时期。

接受夫妻情感的变化

无论夫妻哪一方，在孩子出生后都会自觉或不自觉地将自己情感的一部分转移到孩子身上，从而使另一方感到情感缺乏或不被重视。夫妻双方都要有意识地调整自己的心态，不要用生育前二人世界的思维方式来要求对方，要看到自己的爱人爱孩子其实就是爱自己、爱这个家。如果在情感上还像以前一样要求对方，不仅会增加自己的烦恼，而且会使对方感到无所适从，不利于夫妻感情的维护和家庭的稳定。

接受家庭责任与义务的变化

抚养孩子是夫妻共同面临的新课题，会使婚姻更加稳固，也会给婚姻带来压力。抚养孩子是一个漫长的过程，它不仅需要夫妻双方做好物质和知识上的准备，而且需要夫妻二人在长达十几年的时间里合理安排家庭事务，各自承担起应尽的责任和义务。比如，孩子出生后是自己带，还是请保姆或老人带；孩子晚上哭闹谁来哄；孩子稍大些后，如果夫妻双方在孩子的教育问题上意见不一致应该如何处理。这些新增加的责任和义务如果安排得好，夫妻感情会越来越稳固，孩子也会成长得健康、幸福；如果安排不好就会增加许多矛盾和烦恼，不仅不利于夫妻感情的维护，而且对孩子的健康成长也没有好处。

接受为人父母的新角色

当你听到孩子的第一声啼哭，第一次怀抱着新生儿温热的身体，你一定会涌起无限的爱意，发誓一定要让他幸福成长。但你很快就会发现，面对这个崭新的生命你不知所措，他哭了、拉了、尿了，应该怎么照顾他？你甚至不敢抱起他，因为他的小身子是那样柔软。是的，养育孩子是非常具体而琐碎的，这些知识和技能是你以前从未接触过的。无论你以前接受过什么样的教育，你都必须从头学起。无论你有怎样的事业发展规划，在孩子出生后的一两年，夫妻双方至少要有一人以孩子的成长为重，将自己的生活重心转移到家庭中来。这是为人父母必须接受的生活状态，因为在孩子生命的头两年，他尤其需要父母无微不至的照顾和关爱。有些父母觉得自己拼命工作、多挣钱就是为了给孩子幸福的生活，在孩子很小的时候就把孩子托付给别人照顾。其实，婴幼儿最需要的是父母的陪伴，而不是豪华汽车和大房子。

早教是一种适时的刺激

一说到早教，许多父母就以为是教得越早越好。其实，宝宝的心理、行为发育是遵循一定规律的，不是仅凭教育和训练的方法就能改变的，只有在神经系统发育成熟的前提下，教育和训练才能促进宝宝的发育。父母切不可对孩子的发育提出超出其年龄阶段的要求，也不要将自己的孩子与其他的孩子进行比较。在普遍规律下，每个孩子都有自己的发育时间表，也都有自己的先天优势和先天劣势，比如，有的孩子说话早，而有的走路早。父母爱孩子首先就要接受自己的孩子，不要总是期望自己的孩子处处领先，这样不仅会给孩子造成压力，也会使父母处于焦虑之中，不利于孩子的健康成长。

第一次为人父母，一定对把孩子养育成一个什么样的人有自己的美好愿望，也一定会阅读一些有关育儿的书，或者向有经验的父母请教。这些都是帮助你成为合格父母的好方法，我们这本书也很希望能为你提供切实可行的帮助。但无论书上怎么写、别人怎么说，有一点请你一定要记住：每个孩子都是独一无二的，在一般规律之下，每个孩子都有自己的成长时间表，不要用那些一般标准去硬套自己的孩子，更不要因为孩子的某项发育指标没有达标而焦虑，这种焦虑会影响孩子的心理，使孩子对自己没有信心。我们这本书也提供了不同年龄孩子的生长发育指标，但我们只是希望能给父母提供一个参照系，而不是要父母严格地对号入座。事实上，每项发育指标的正常范围都很宽

泛，比如有的孩子 10 个月就会走了，而有的要到 1 岁多，会走的平均年龄是 12 个月，这中间有长达五六个月的时间范围。

儿童的生长发育有一个显著的特点——只有当他的身体和心理都准备好了的时候才会有质的飞跃。比如宝宝在开口说话之前先是听大人说话，听得多了，理解得多了，才会自己开口说，必须有一个积累的过程。孩子没准备好父母再着急也没用，拔苗助长徒劳无益。作为父母，你需要做的是为孩子创造一个充满爱的成长环境，仔细观察孩子，在孩子需要发展某项技能的时候为他提供足够多的环境刺激。比如，孩子到了学爬的时候，他自己就会表现出强烈的爬的愿望。这时父母应该为他提供宽敞而安全的场地，鼓励他多爬，而不是限制他的行动。孩子没有表现出爬的愿望时，父母的一切努力成效都不会很明显。

对孩子强烈的爱使父母总是情不自禁地要为孩子设计未来，但这种设计是否能够实现不在于父母的决心有多大、付出有多多，而在于这种设计是否符合孩子的天赋情况。孩子就像一颗种子，如果他是一颗向日葵的种子，父母非得要求他开出玫瑰花，父母收获的不仅仅是失望，孩子的天赋之花很可能就此枯萎。如果父母真的爱孩子，首先就要无条件地接受孩子，接受他与生俱来的性格、气质和能力，而不是按照自己的意愿去改变他。他没有音乐天赋就不要强迫他学各种乐器，他不喜欢争强好胜就不要责怪他没有上进心。父母的第一要务是观察，在日常生活中观察孩子的一举一动、一言一行，了解他的脾气禀性，发现他的优势与劣势，用爱与尊重帮助他成长为一个自尊自信、自强自立的人。如果你把孩子当做一个有独立人格的人，尊重他的喜好与选择，你和孩子的感情会更加融洽，也会减少很多为人父母的烦恼和压力。虽然孩子的生命是父母给予的，孩子和父母曾经是那样的亲密无间，但做父母的一定要记住：你应该帮助孩子发现他自己，实现他的愿望，而不是要求孩子实现你的理想。

孩子的气质是与生俱来的

宝宝一出生就有明显的个体差异，每个宝宝都有自己的特点，有的爱哭吵闹，有的少哭安静；有的吃奶着急，吮吸速度很快，有的吃奶速度比较慢；有的睡眠时间长，有的睡眠时间短；有的总需要有大人说话陪伴，有的可以自己玩耍；有的很快能适应生活环境，很愉快地和生人接触，而有的见生人就害怕，甚至吓得哭起来……这些与生俱来的心理倾向在心理学上称为“气质”。

谈到气质，人们很快就联想到举止言谈有风度、有修养、富有内涵的人，其实婴幼儿气质与人们通常所理解的“气质”是完全不同的两个概念。

气质是一种独特的心理特征

气质是儿童与生俱来的、独特的心理活动和稳定的动力特征。婴儿早期的气质特征以遗传为主，但也会随着年龄的变化而变化。也就是说，气质虽然是天赋，但也可以因环境影响和教育训练使之发生一定改变。婴幼儿气质虽有不同分类，但无优劣之分，关键是如何使孩子的气质特征与环境很好地相互适应。如果气质与环境适应良好，孩子就相对容易抚育；如是适应不好，即使一个容易抚养的孩子也会转变成抚养困难的孩子。孩子每一种气质类型均含有积极的一面和消极的一面，因此对儿童进行早期教育，首先要认清孩子的气质特征，分析孩子属于哪一种气质类型，以便在教育孩子时注意发挥优点、克服弱点。

婴幼儿气质分类

许多研究者都对婴幼儿的气质进行过分类，主要有传统的 4 种类型说（多血质、胆汁质、黏液质、抑郁质）、巴甫洛夫的高级神经活动类型说和托马斯、切斯的五类型说。美国心理学家托马斯和切斯对婴幼儿气质进行了长达几十年的研究，认为婴幼儿有 9 个方面的情绪、行为方式是相对稳定的，因此提出了婴幼儿气质的 9 个维度：

活动水平	在睡眠、游戏、进食、穿衣、洗澡及其他日常生活中身体活动的数量，主要以活跃期和不活跃期的比率为指标。
生理节律	指吃、喝、睡、大小便等生理机能活动是否有一定的规律性。

趋避性	又称初始反应，指对新鲜事物（如陌生人、新情景、新地方、新食物、新玩具、新的程序）的初始反应，是主动接近还是退缩。
适应性	对新事物在初始反应后的长期调节反应，适应得快还是慢。
反应强度	对刺激反应的强度大小。
心境	指日常生活中高兴与不高兴的数量的多少。
注意的持久性	主要指集中从事某项活动的时间、范围和分心对活动的影响程度。
注意分散度	指外界无关刺激对正在进行的行为的干扰程度。
反应阈	引发婴幼儿出现可观察到的反应或注意的刺激的量的大小。

托马斯和切斯根据以上9个维度的不同表现将婴幼儿气质分为5种类型：

（1）容易抚养型（E型）：生物活动有规律；对新刺激（如陌生人和物）的反应是积极接近；对环境的改变适应较快，情绪反应温和，心境积极。

（2）抚养困难型（D型）：生物活动无规律，家长很难掌握宝宝的饥饿和大小便规律；对新刺激（如陌生人和物）的反应是消极、退缩、回避，环境改变后不能适应或适应较慢；情绪反应强烈且常为消极反应，遇到困难大声哭叫，心境消极。

（3）发动缓慢型（S型）：对新刺激（如陌生人和物）的反应常常比较消极，活动水平低，反复接触后方可慢慢适应。与困难型不同的是，这类宝宝无论是积极反应还是消极反应都很温和，生活规律仅有轻度紊乱，心境消极。

（4）中间偏易型（I－E型）：介于容易型和困难型中间，偏向容易型。

（5）中间偏难型（I－D型）：介于容易型和困难型中间，偏向困难型。

新生儿早教计划

早教准备：适合的玩具和图书

在宝宝的发育过程中，玩具能够带给宝宝新鲜的刺激，是促进其智力发展的重要工具之一。宝宝的生活除了吃、喝、拉、撒、睡就是玩耍，玩的过程正是宝宝智力发展和能力不断进步的过程。妈妈和其他照顾宝宝的人要说、要笑、要逗宝宝，但单纯用言语交流是不够的，还要借助玩具和宝宝一起玩。玩具是宝宝快乐的源泉之一，没有玩具宝宝会感到寂寞，会产生厌烦情绪，有的会吃手指。

为了满足宝宝玩耍及玩玩具的要求，首先应为宝宝选择合适的玩具。选择宝宝玩具要结合宝宝的月龄特点，超前的玩具宝宝不感兴趣，太单调的玩具不久就会玩腻了。常玩的玩具会对宝宝失去吸引力、新鲜感，可以收起来放置一段时间后再拿出来玩，他又会重新喜欢。总之，为宝宝选玩具以适龄、安全、卫生、美观、能引起宝宝愉快情绪为宜。

色彩鲜艳的悬挂玩具

许多宝宝都特别喜欢能发出声音的音乐床铃，可以 360° 旋转，锻炼宝宝的视力，促进视网膜的发育；非常美妙并具有清脆的金属质感的摇篮曲，可以快速吸引宝宝的注意力，稳定宝宝的情绪，同时促进宝宝听力的发展。

这个年龄的宝宝80%的时间会向右边看，因此，挂在头顶或左侧的玩具，对宝宝来说利用率是有限的。从安全的角度上考虑，你应该把音乐床铃放在宝宝够不着的地方。

带响铃的袜子和腕带

在宝宝的手腕和脚踝上系一个软质的响铃，或者给宝宝穿戴有内置响铃的暖脚袜子。这样的玩具会带给宝宝长时间的乐趣，因为他们可以体验由自己发出的各种新的声音。

打不破的镜子

虽然这个阶段的宝宝还意识不到他看到的就是自己，但他仍然会对镜子里的影像非常着迷。到了3个月大时，宝宝可能会与镜子里的“他”进行“交流”，并开始朝“他”微笑。因此，你应该给宝宝准备一面可以系在婴儿床围栏上或挂在尿布台附近的镜子。

黑白图卡

黑白挂图或图卡非常适合新生儿，因为心理学家发现，新生儿喜欢看轮廓鲜明、色度对比强烈的图形，如黑白棋盘、靶心图、人脸图等。黑白挂图可以为宝宝提供良好的视觉刺激，并让宝宝在观看的过程中建立起视觉神经回路。

早教观点：教育从出生第一天开始

100年前，美国一位非常著名的心理学家威廉·詹姆斯曾经把新生儿期说成是一个“繁花似锦、匆忙而迷乱的时期”。的确，过去我们不十分了解新生儿究竟有多大能力，在大多数人心目中，刚出生的新生儿是非常无能、愚蠢和幼稚可笑的。人们认为，新生儿的主要任务是生长发育，是长身体，等他们会说话、会走路之后才谈得上教育。这种观点西方人一直坚持到20世纪60年代，在此之前也有很多教育家和哲人提到过对儿童的早期教育，但由于科学研究技术的限制，人们并不知道新生儿究竟有多大的心理能力。20 世纪 60 年代以后，由于心理学研究技术的发展，心理学家发现了许多关于新生儿心理能力的事实，一些心理学家惊呼：“新生儿真是令人惊异！我们过去太低估他们了！”

与身体其他器官相比，新生儿脑的大小最接近成人。出生时脑重已增长到 300～390 克，是成人脑重的 25%。神经细胞已超过 1000 亿个，大脑皮层面积占成人的 42%。婴儿一出生就是一个对环境的积极探索者，具有惊人的学习潜能，他们智力发展的潜力很大，应适时、恰当地给予开发。一位著名的生物学家说：“从宝宝生下来的第三天开始教育就晚了两天。”

专家提示

婴幼儿的身心发展存在关键期，也就是获得某种能力或行为的最佳、最易时期，如果晚一天开始学习就有可能错过了某种能力或行为的关键期。

早教观点：爱是最好的教育

1 岁以内是儿童心理发展的关键时期。研究发现，当 1 岁以内的宝宝处在充满爱心和有丰富刺激物的环境中时，特别是如果宝宝自发的探索行为得到养育者的及时鼓励时，会大大促进其对环境的积极探索行为和智力发育。相反，当宝宝生活在非正常的家庭或孤儿院中，缺少丰富多彩的刺激物和成人的敏感反应时，不仅会造成他们运动技能发展的严重落后，而且当他们长大后，对新环境和陌生人表现得非常害怕，不敢大胆地探索周围世界。智力测验证明，这些孩子的心理发展远远落后于在正常家庭环境里生活的孩子。

常常听到这样的说法：不要宝宝一哭就去抱。于是很多家长就对宝宝的哭置之不理，其实这样做是不科学的，会让宝宝失去安全感。宝宝不会无缘无故地啼哭，当宝宝哭的时候可以先用语言来安抚，比如，可以一边说“妈妈来了”一边查看是什么原因导致宝宝啼哭。有时拍拍宝宝的肩膀、握握他的小手，宝宝就能安静下来。

在给新生儿换尿布、喂奶和洗澡时应该抚摸他的身体、轻柔地同他讲话，以表达父母对他的爱。母乳喂养时是最好的亲子交流时间，母乳的味道、妈妈身体的温度、妈妈的拥抱和充满爱意的眼神都会使新生儿感到安全和舒适。妈妈要特别注意，不要在给新生儿喂奶的时候与他人聊天或看电视，这样会使新生儿感到受了冷落。要在密切观察和精心照料下培养起最初的母子感情，这样宝宝会微笑地面对更多的人，也愿意与更多的人交往。

新生儿除了吃喝之外还要运动和玩耍，和他轻轻地说话，对他微笑，把他举起，变换体位，或者紧紧地贴身抱一会儿都会使新生儿感受到更多的爱，让新生儿在父母的抚爱中减少不愉快的情绪反应。妈妈要以一种鼓励、喜爱、信任的态度养育新生儿，妈妈和新生儿相互依恋的情感是孩子性格形成的基础，这种关系的建立会增加孩子探索的欲望，使其善于和人相处，很好地面对现实。

早教常识：新生儿的体格特点

身长

身长是反映新生儿骨骼发育的一个重要指标。我国城市市区正常出生新生儿的平均身长男婴是 50.4 厘米，女婴是 49.8 厘米（中华人民共和国卫生部妇幼保健司，1998），到满月时身长比出生时增加 5 ~6 厘米。

新生儿头占身长的 1/4，四肢相对较短小，取弯曲外展位（即像“W”形状）。刚刚从妈妈子宫出来的新生儿肌张力较高，肘、腕、腰、踝等几个关节都呈弯曲状态，关节弯曲的角度一般不超过 90°。所以，新生儿看上去有一点“O”形腿，这是正常的。随着新生儿的生长发育，肌张力降低，四肢即可自然伸直。伸直的顺序首先为双臂伸直，然后是双腿伸直。

体重

新生儿是否足月出生和出生时的体

重是衡量其身体状况的重要指标。我国城市市区正常出生新生儿的平均体重男婴是3.3千克、女婴是3.2千克（中华人民共和国卫生部妇幼保健司，1998），正常范围为2.5~4千克，满月时体重可增加0.6~1.2千克不等。

专家提示

体重少于2.5千克的新生儿为“低体重儿”，属未成熟儿。对于未成熟儿，医院会加强护理，比如放入保温箱保暖、必要时给氧等。

头围与胸围

宝宝头围的大小与胸围的大小有一定关系，这个关系可反映宝宝的身体发育是否正常。

★ 刚出生时头围相对较大（男婴平均为33.9厘米；女婴平均为33.5厘米），胸围要比头围小1~2厘米，出生时男婴胸围平均为32.3厘米，女婴胸围平均为32.2厘米。

到满月时头围约增长4厘米，男婴平均为37.8厘米；女婴平均为37.1厘米。新生儿的胸廓呈圆桶状，即前后径与左右径几乎相等。满月时，男婴胸围平均为37.3厘米；女婴胸围平均为36.5厘米。随着年龄增加，身体逐渐生长发育，胸廓的左右径逐渐增加，前后径相对变小，形成椭圆形。

专家提示

如果新生儿的头围明显大于正常范围，要警惕是否存在先天性脑积水；如果明显小于正常范围，可能是小头畸形，这两种情况都需要到医院做相关检查。

★ 1~2岁时，头围和胸围的大小已经差不多了。

★ 2岁后，胸围相对比头围大。如果胸围明显小于头围，可能存在着营养不良或胸廓和肺发育不良，要及早去医院就诊。

囟门

人的颅骨是由6块骨头组成的，宝宝出生时颅骨尚未发育完全，骨与骨之间相互衔接的部位存在着缝隙，头的顶部及枕后部形成了两个没有骨头、只有头皮覆盖的特殊区域，医学上分别称为“前囟门”和“后囟门”。

正常情况下，新生儿的前囟门大约为1.5厘米×2厘米，表面看上去前囟门平坦或稍稍有些凹陷，有时能看到脉搏跳动。在出生后的数月里，前囟门会随着头围的逐渐增大而略微增大，满月时前囟门大约为2厘米×2厘米。出生6个月后，前囟门由于颅骨逐渐发生骨化而渐渐变小，通常在1～1.5岁时闭合。

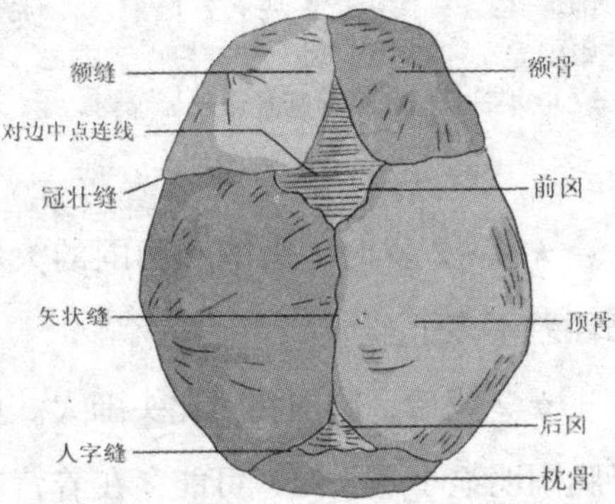

后囟门很小，一般不太引人注意。出生时为0～1厘米，部分宝宝满月时后囟门已闭合，大多宝宝在出生后的2～3个月时闭合。

早教常识：新生儿的5种状态

宝宝怎么又哭了？他总是睡着正常吗？是不是该喂奶了……新手父母面对新生儿常常不知所措，其实新生儿有一整套稳定的日常生活行为模式，称之为"新生儿的状态"，这是新生儿先天准备好的适应生存的一种手段。了解了新生儿的各种状态特点，护理宝宝就会得心应手，也才有心情和精力对宝宝进行早教。

规则睡眠状态

新生儿一天有8～9小时处于这种状态。在这种状态下，呼吸慢而均匀，身体一动不动，不会被轻微刺激所唤醒，安静地熟睡着。面部表情很放松，有时还面露微笑。

不规则睡眠状态

新生儿一天有8～9小时处于这种状态。在这种状态下，新生儿虽然眼睛是闭着的，但可以看到眼皮下有快速的眼动；呼吸不均匀，手足有很轻微的动作；声音或闪光等刺激会引起新生儿作出皱眉或撅嘴等反应，脑电活动明显和觉醒状态时相似。

在人的一生中，新生儿期花在不规则睡眠状态的时间最长，大约占新生儿睡眠时间的50%，而在3～5岁时则下降到20%，与成人相似。在儿童和成人中，不规则睡眠状态是与做梦联系在一起的，而新生儿可能还不会做梦，或者至少不会像儿童或成人那样做梦，那他们为什么要花那么多时间在不规则睡觉状态呢？睡眠专家认为，这可能出于新生儿的一种特殊需要。因为新生儿觉醒的时间比较少，他们跟外界环境交流、从外界环境中获取信息的时间也就非常有限，而不规则睡眠状态可以看做是大脑自我刺激的一种方式，这种刺激对中枢神经系统的发育至关重要。

如果一个新生儿的脑部受损害或有严重的产伤经历，其规则睡眠和不规则睡眠的周期就会发生紊乱。

瞌睡状态

新生儿在刚入睡或快要睡醒时往往处于这一状态。身体活动比在规则睡眠中多一些，呼吸不均匀，眼睛时睁时闭，对外界的一些刺激比较敏感。一天中处于这种状态的时间是短暂和变化的。

安静觉醒状态

这一状态在一天中有 2～3 小时。新生儿一般在吃过奶、换过尿布、摆脱了内部或外部刺激的苦恼后会清醒安静地躺一会儿，呼吸均匀，不时伸伸手脚、摆动身体，睁着眼睛，兴致很高地观察着周围的环境。

清醒活动和啼哭状态

这一状态在一天中有 1～4 小时。新生儿在饿了、尿布湿了等感到不舒服时大声啼哭，手脚乱蹬乱踢，直到大人安抚他为止。

从出生到满月，这 5 种状态在新生儿身上频繁转换。安静觉醒状态持续时间最短，这种状态经常转为哭闹。持续时间最长的状态是睡眠（包括规则睡眠状态和不规律睡眠状态），新生儿的睡眠不分昼夜，平均长达 16～18 小时。从出生到 2 岁，婴幼儿睡眠和清醒的生理组织结构随着大脑的发育而发生本质变化。总的睡眠时间减少并不多，2 岁的宝宝每天平均仍需 12～13 小时的睡眠，睡眠和清醒逐渐互相交替，变化最大的是他们逐渐适应成人白天活动、夜里睡觉的作息时间。4 个月时，宝宝在夜里睡觉的时间已和父母大致相同，即 8 小时左右。他们在白天保持清醒的时间也逐渐延长，到 2 岁时白天只需要 1～2小时的睡眠。

早教常识：新生儿的先天反射

很多爸爸、妈妈以为刚出生的宝宝除了吃奶、哭闹、睡觉之外一无所能，这其实是一种误解。过不了多久，爸爸、妈妈就会发现，新生儿有着极强的生存能力和自我保护能力，并且以非常配合的行为对医护人员和妈妈的照顾做出应答。支持着新生儿这种生存能力的正是他们与生俱来的机体反射。这些反射不需要学习，是新生儿对一定的外界刺激的本能反应，是新生儿神经系统尚未完全发育成熟的暂时表现。

新生儿比较重要的反射行为有以下10种：

觅食反射

当新生儿的面颊触到妈妈的乳房或其他部位时，会把头转向刺激物的方向搜寻，一直到嘴接触到可吸吮的东西为止。用手指抚摸新生儿的面颊，他也会把头转向手指的方向，手指移到哪儿头就转向哪儿。这种反射从出生半小时就可发现，持续时间为3周，此后逐渐变为由神经控制的动作，其作用是帮助新生儿寻找妈妈的乳头。

吸吮反射

用乳头或手指轻轻碰新生儿的口唇，他会出现口唇及舌的吸吮动作，这就是吸吮反射。吸吮反射是新生儿先天反射中最强、最重要的一种，可持续终生。当宝宝做吸吮动作时，他的其他一切活动都会停止。吸吮反射使吃奶成为自动化的动作，具有重要的生存价值。从生理机制来看，吸吮动作中包含着复杂的唇和舌的动作，如果这些动作必须由大人教会新生儿，那么他将会饿成什么样子？没有这一自动化的动作，人类也许根本无法进化到今天。

游泳反射

把新生儿以俯卧的姿势轻轻放进水里，他的双手、双脚会扑扑腾腾地做出非常协调的游泳动作。这种反射出生即有，4~6个月时逐渐消失。游泳反射可以帮助那些意外掉进水里的新生儿免于立即被淹死，而增加被抢救的机会。

眨眼反射

在新生儿醒着的时候突然有强光照射，他会迅速地闭眼；睡觉时如果有强光照射，他会把眼闭得更紧。这样的表现出生即有，将持续终生，其作用是保护新生儿免受强光刺激。6~9周大时，你把一个东西迅速移到他眼前，他也会眨眼。

收缩反射

用带尖的东西轻刺新生儿的脚掌，他的脚会迅速收缩，膝盖弯曲，臀部轻抬。这种反射出生即有，出生10天后减弱，它可以使新生儿免受不良触觉刺激的伤害。

摩罗氏拥抱反射

以水平姿势抱住新生儿，如果将其头的一端向下移动，或朝着新生儿大喊一声，他的双臂会先向两边伸展，然后向胸前合拢，做出拥抱的姿势。此种反射从出生持续到6个月左右。这种反射是在人类长期进化过程中形成的，其作用是可以使宝宝抱住妈妈的身体。摩罗氏拥抱反射只是在过去宝宝整天被妈妈抱在怀里的时代才是非常重要的，而现在，因为有了摇床、婴儿座椅、婴儿车等用品，拥抱反射对婴儿已不那么重要。但是，如果发生什么意外，使婴儿失去支撑，这种反射会使婴儿抓住身边的东西，免于摔伤。

由于新生儿的神经系统尚未发育完善，受到刺激后兴奋反应容易泛化，所以在睡觉时受到周围的声音、强光、振动等刺激也会表现出拥抱反应，但不会对其健康和脑发育造成影响。在这一反射消失前，为了使其睡得安稳些，可在睡前用薄包被轻轻包裹新生儿的身体和双臂。如果未包裹的新生儿发生惊跳，大人只要用手轻轻按住他的双肩、双手或身体其他部位，就可以使其很快安静下来。

抓握反射

新生儿的手经常呈握拳状（拇指放在其他手指的外面），如果大人把新生儿的手打开，用手指或其他东西碰触新生儿的手掌心，新生儿会紧紧地抓住触碰手心的物体，抓握的力量之大足以承受新生儿的体重。抓握反射是宝宝以后有意识地抓握物品的基础，出生三四个月后消失。

强直性颈部反射

在新生儿仰卧时，如果把他的头转向一侧，转向侧的手臂和腿就会伸直，另一侧的手臂和腿弯曲起来，呈击剑姿势。这种反射在出生 28 天时出现，持续到 4 个月左右，其作用可能是为宝宝将来有意识地接触物体做准备。

身体直向反射

转动新生儿的肩或腰部，新生儿身体的其余部分会朝相同方向转动。在出生到 12 个月的宝宝身上可见到这种反射，其作用是帮助婴儿控制身体姿势。

迈步反射（行走反射）

双手抱住新生儿，使其两脚着地，他会做出走路似的迈步动作。持续时间是从出生到 2 个月，其作用是为将来学习走路做准备。美国心理学家泽拉佐等人做过一项著名的实验，他们选择了一些新生儿，在前两个月时每天给予迈步反射的刺激，结果这种反射在该消失时没有消失，得到了保持，而且这些婴儿比那些没有给予迈步反射刺激的婴儿早好几个星期学会走路。泽拉佐认为，早期频繁的迈步反射刺激促进了大脑皮层中与走路有关的部位的发育。

专家提示

这些研究并不是鼓励所有的父母都在孩子一两个月时对他们进行迈步反射训练。

随着月龄的增加，大脑皮质高级神经中枢发育的成熟，大部分反射都会在出生后的 6 个月左右消失。虽然不同的新生儿可能存在个体差异，但如果先天反射出生后不出现、反应不对称或持续时间过长而不消失，都提示神经系统可能存在某些问题，应及时带孩子去医院检查。

早教常识：新生儿的情绪反应

宝宝一出生就有情绪反应，但是这种情绪反应更多地与宝宝的生理需要是否获得满足密切相关，是一种由强烈的外界刺激引起的内脏和肌肉的节律性反应。出生不久的宝宝听到平缓的声音时会睁大眼睛，出现微笑；当大人与新生儿说话时，会注视大人的脸；吃饱喝足之后，双眼还会愉悦地打量着周围的世界，不时地晃晃胳膊、蹬蹬腿，偶尔还会发出咯咯的笑声。一旦饿了、渴了、尿布湿了就会满脸涨红地大哭，表达自己的愤怒情绪。如果这种不适的感觉不能得到及时解决，哭闹会进一步升级。厌恶的情绪早在宝宝一出生就出现了，主要表现为对不喜欢的食物味道或气味的拒绝，比如给母乳喂养的新生儿换用配方奶或者其他代乳品喂养时，新生儿会以皱眉、耸鼻等厌恶的表情表示拒绝。

随后，宝宝的情绪分化为愉快和不愉快两极，然后在这个基础上继续分化，愉快的情绪分化为快乐、好奇，不愉快的情绪则分化为愤怒、厌恶、恐惧和悲伤等。3 个月的宝宝，每当妈妈亲吻、拥抱他时，脸上会露出微笑，并且咿咿呀呀地发出声音回应妈妈；遇到不如意的事情则会通过哭闹或者拍打身边的东西来表达自己的愤怒情绪。如果宝宝正在睡觉或安静地玩耍，突如其来的巨大响声会吓得他两臂一举、哇哇大哭。

1 岁左右的宝宝快乐的情绪表现得更为明显，每当妈妈突然出现在面前，会高兴地扑向妈妈的怀抱。如果想要做某些事情受到阻挠，或者喜爱的东西被夺走，就会撅起嘴巴，进而大声哭叫，并两手摇动，两脚乱踢，用整个身体表

达他的不满和气愤。1岁以后，宝宝害怕的东西越来越多，比如黑暗、小动物、商场的塑胶模特，甚至一些花花草草……父母的离开，或者上幼儿园带来的分离焦虑等，都会带给宝宝恐惧感。1岁多的宝宝对食物、玩具和周围的其他事物都会表现出明显的偏好，不喜欢的东西会用手推开，或者干脆扔到一边。到2~3岁，宝宝的情绪逐渐成熟，与成人的情绪基本没有太多区别了。所以，2~3岁的宝宝通常都是人小鬼大，喜怒哀乐样样俱全。2~3岁的宝宝更会很明确地表达自己的这种厌恶情绪："我不喜欢这个!""我讨厌那只虫子。"

早教常识：不要错过新生儿筛查

每位父母都希望自己的孩子聪明健康，但由于受多种因素的影响，总有少数孩子患有某些先天性遗传代谢疾病。这些孩子出生时看起来和正常孩子没什么两样，不易被早期发现。但随着年龄的增长，会逐渐出现智能和体格发育的落后，最终成为残疾儿。这不仅会给孩子和家庭带来痛苦，也加重了社会的负担。现在，新生儿出生后，医生仅需在足跟采几滴血，就能检测出某些异常，从而在疾病症状出现之前第一时间发现患儿。

新生儿筛查的主要疾病是先天性甲状腺功能减低症和苯丙酮尿症，这些疾病都具备了安全简便、经济有效的治疗手段，只要做到早诊、早治，就能避免残疾的发生与发展。

新生儿苯丙酮尿症

在大米、面粉、肉类等富含蛋白质的食物中有一种氨基酸叫苯丙氨酸，对于健康人来说，它是必不可少的营养成分。然而，对于苯丙酮尿症患儿来说，它却像砒霜一样可怕。正常人的肝脏有一种特殊的酶，它能把食物里的苯丙氨酸转化为身体必需的营养成分；而苯丙酮尿症患儿肝脏里偏偏就缺少这种酶，原本应该被转化成营养成分的苯丙氨酸不能得到正常的代谢，却转化成了一种有害物质——苯丙酮酸。苯丙酮酸随着血液游走于全身各个部位：它会阻碍黑色素的分泌，使其堆积在膀胱，使患儿头发变黄、皮肤变白，尿液发出一种特殊的味道；它会损伤神经系统，使脑组织细胞萎缩、死亡，造成无法修复的损伤。患儿通常表现为动作不协调，脾气暴躁，语言发育迟缓，甚至发生癫痫等。我国新生儿苯丙酮尿症的发生率为万分之一。

先天性甲状腺功能减低症

先天性甲状腺功能减低症是由于先天性甲状腺功能发育迟缓，不能产生足够的甲状腺素，致使包括大脑在内的人体器官发育受阻，出现以呆傻为主要表现的发育落后。这种病如果及早发现，合理补充甲状腺素片，是可以避免损害的。出生后1~2个月即开始治疗，一般不会遗留神经系统损害。但如果患儿已经出现了眼距宽、塌鼻梁、躯干长、四肢短等临床症状，再治疗也无法改变智力低下的事实。

专家提示

无论什么原因造成的甲状腺功能减低症，都需要使用甲状腺素终生治疗，这样才能维持正常的生理功能。

北京市自1989年开展新生儿疾病筛查，至今已筛查新生儿150万，共确诊先天性甲状腺功能低下和苯丙酮尿症患儿570余例，90%以上的患儿经过治疗，智能和体格发育均达到正常同龄孩子的水平。有些城市在筛查上述两病的基础上，还增加了葡萄糖-6-磷酸脱氢酶缺乏症（也称“蚕豆病”）及肾上腺皮质增生症等疾病的筛查。

新生儿疾病筛查是早期发现患儿的有效方法，孩子出生后应该按照筛查程序积极进行疾病筛查。抽血前父母需签署知情同意书，并留下真实、准确的联系方式，以备筛查阳性时能及时得到复查通知。采血时间是在孩子出生充分哺乳72小时后，医护人员仅需将几滴足跟血滴渗到特殊的滤纸片上，送往筛查中心检测即可。父母应该注意保留医院发的新生儿疾病筛查证明，一旦接到筛查阳性的复查通知，一定要及时带孩子复查，不可心存侥幸，延误诊治。如果孩子被筛查出患有先天性疾病，父母应从心理上做好长期准备，这样的孩子将会比正常的儿童更需要家人的关爱和照料。父母需主动去了解更多相关的知识，把疾病对孩子的伤害降低到最小。

新生儿疾病筛查是一种群体过筛检查，不能排除有个别病例被漏诊的可能，因此即使孩子通过了筛查，一旦出现上述疾病的异常表现也应及时到医院检查。

情商培养：读懂新生儿的哭声

新生儿没有语言，哭声就是他对外交流的主要方式。他在需要帮助、陪伴或身体不适时都会用哭声来表示，也就是说，在新生儿哭的时候总是有消极因素存在，如疼痛、失望、愤怒等，这时就需要妈妈细心地观察新生儿。一般新生儿哭的时候是没有眼泪的，但可以从新生儿哭声的大小、持续还是间断等来判断新生儿哭闹的原因，并及时给予解决，以减少新生儿哭闹的次数，缩短哭闹的时间，也可避免耽误病情。

我饿了

一般刚出生的新生儿，妈妈还没有掌握其生活规律，新生儿会在饿了、渴了的时候用哭声提醒妈妈。如果马上喂奶或喂水新生儿就不哭了，证明新生儿确实是因饥饿或口渴而哭闹的。如不及时喂奶或喂水，新生儿会持续地哭，哭声时高时低。

我的尿布该换了

如果新生儿尿了、拉了，妈妈未发现，新生儿会用哭声提醒妈妈。这种哭嗓门不大，也不是特急。如果不到该喂奶的时间新生儿哭了，就要检查新生儿的尿布，如发现有屎或尿要及时给新生儿洗净屁股，更换尿布，新生儿自然就不哭了。

我太热了（太冷了）

如果新生儿居住的房间温度太高，或包裹内的温度太高，新生儿都会烦躁、哭闹。这种哭声音有些沙哑，脸一般都较红。要给新生儿少穿盖一点，或想办法降低室温，这样新生儿自然就会安静了。

与房间太热相反的是，如果室温太低，或新生儿包裹内的温度太低时，新生儿也会哭闹。每当新生儿因这种情况而哭时，面色为暗紫或苍白，哭声显得无力。发现这种情况要及时采取措施，或提高室温，或给新生儿增加包被，新生儿感觉温暖就会舒舒服服地睡觉了。

专家提示

新生儿房间的适宜温度为22℃~26℃。

我很累

新生儿特别容易疲劳，这也是新生儿爱睡觉的原因。如果新生儿醒的时间比较长，或是居室内人太多，声音杂乱，就会影响新生儿的睡眠，新生儿会因疲劳而又无法入睡而哭闹。因这种情况引起的哭闹，开始时声音大，有点声嘶力竭，表现得很烦躁。如还不能让新生儿安安静静地睡觉，新生儿会哭一会儿睡一会儿，然后又哭。这时妈妈应该知道新生儿累了、困了，需要休息，就不要再逗新生儿，要让其他人离开新生儿的居室，保持室内安静，新生儿就会安安稳稳地睡觉了。

我要洗澡

新生儿的皮肤非常娇嫩，特别容易受损伤，汗液、奶液、大小便等刺激均可损伤新生儿的皮肤。尤其是颈下、腋窝、外阴部等皱褶多的部位，如果浸泡时间长，未给予清洗及使用新生儿专用护肤品，都有可能造成新生儿皮肤糜烂，新生儿就会哭闹不停。为避免这种情况的发生，平时要及时清洗新生儿的皮肤，并涂抹鞣酸软膏等保护新生儿的皮肤。

我屁屁好疼

有的新生儿大便比较干，排出不畅，排便时可造成肛门撕裂，新生儿在便前、便后就会哭闹。如遇这种情况，应在便前用温热的水蒸气熏熏新生儿的肛门（距离 20 厘米左右）；也可用肥皂头，一头经热水泡软后塞入新生儿的肛门，然后来回抽动几次，起到润滑的作用，新生儿就可以顺利地排便而不再哭闹了。但这只是治标不治本，应尽快找出新生儿大便干的原因，并给予科学调理。

有时女婴会因外阴红肿、糜烂、尿时疼痛而哭闹；而男婴有时会因阴茎的包皮长，包皮口紧，造成尿垢的堆积，从而诱发阴茎口炎而哭闹。所以，不论男婴还是女婴，都要保持尿道口的清洁。男婴在清洗时应将包皮轻轻翻起再清洗，以避免有尿垢存留而引起感染。

专家提示

有相当一部分男婴在新生儿期包皮还无法翻起，如果是这种情况，家长不要强行翻起清洗，注意清洁即可。

我生病了

有时新生儿会因体内霉菌感染，口内长满了鹅口疮。新生儿虽然饿了，但奶嘴、奶液的刺激会使新生儿更加疼痛，所以，有鹅口疮时新生儿会在喂奶或水时哭得更厉害。这时应积极治疗鹅口疮。

如果新生儿常有音调高、发声急的尖叫，应考虑有中枢神经系统感染或脑出血的可能。如果新生儿号哭不安，伴有面色苍白、出汗等症状，应考虑有急腹症的情况。有上述情况出现时要马上送医院诊治。

抱抱我

在这种时候，新生儿的哭声既不大也不急，哭几声后就会停下来，观察妈妈的反应。每当遇到这种情况，妈妈不要马上抱起新生儿，因为新生儿这时的哭就是在撒娇，想要你去抱他。如果你马上抱，几次之后就会养成一哭就得抱、不抱就哭起来没完没了的坏习惯。但也不要冷落新生儿，妈妈可以面对新生儿，轻轻地和他说话；也可以放点音乐，让新生儿不感到寂寞。

我还小

在不同文化背景下进行的一项研究显示，婴儿在前3个月哭得最多，平均每天哭120分钟；4个月以后减少到每天哭60分钟。一天之中，晚上睡觉前哭的时间最长（平均34分钟），下午其次（24分钟），上午较少（20分钟），夜里最少（10分钟）。研究人员认为，导致孩子哭的主要原因是中枢神经系统不成熟，而不是由于父母照顾不够。

心理学研究还发现，那些特别爱哭、怎么哄也不管用的孩子，父母会产生挫折感、厌恶甚至愤怒。调查表明，早产儿和患病宝宝更容易受到父母的虐待。这些父母说，刺耳的哭声使他们不爱管孩子，甚至体罚这些完全不懂事的宝宝。新生儿的睡觉和哭看上去很普通，大家司空见惯，但其中也有不少学问，年轻父母不可不重视。

情商培养：与新生儿亲密接触

新生儿时刻需要家人的爱抚，喜欢被家人抚摸和拥抱。自然分娩的妈妈，胎宝宝娩出后几分钟，医生就会把新生儿抱过来，放在妈妈的身上，让新生儿的身体与妈妈的身体亲密接触。这是一段难得的平静而温馨的时光，新生儿刚来到这个世界，对周围的环境很警觉，妈妈正好可以趁此机会和孩子加深感情。

过去人们不太重视新生儿的感情需要，以为新生儿除了吃就是睡，什么也不懂。但专家们发现，新生儿从出生时开始对亲情就有反应，也有需求，比如醒时听到妈妈的声音会有兴奋感；妈妈在身边时新生儿会睡得更安逸放松；夜间当新生儿独睡、独自面对黑暗时哭得会更厉害；与妈妈同睡一床时，如分睡在另一头，会在熟睡时不知不觉地向妈妈的身边靠拢，最后依到妈妈身边。

国外心理学家认为，人的情感健康教育要从婴儿期开始，而最初的、也是最好的措施就是实施母乳喂养。母乳喂养时，新生儿躺在妈妈怀中吸吮乳汁，同时感受着妈妈有节奏的心跳，闻着妈妈的体味，感受着妈妈的体温，还有妈妈轻柔的说话声、哼唱声，加上妈妈手的温柔抚摸，会处在一种非常安详、幸福、放松的自在状态，这种状态对新生儿的大脑是一种良性刺激，有利于脑细胞更快、更好地发育，对新生儿的心理和情感的健康发育也十分有利。由于与妈妈的经常性温柔接触，新生儿会变得安定自足、放松幸福，在其人生初始定下了一个很好的性格基调，拥有自信、自足、积极向上的性格和人格，有利于其个性的健康发展，对他今后顺利融入社会、与人合作和相处都有促进作用。

专家提示

即使是用奶瓶喂新生儿，妈妈也应把新生儿抱在怀里，让新生儿感受到妈妈的肌肤温暖，听到妈妈的声音，闻到妈妈的气味，更清楚地看到妈妈亲昵的眼神。

情商培养：与新生儿逗笑

出生几个小时的新生儿就会不由自主地微笑，在新生儿处于清醒状态时，轻轻地抚摸他的面颊或腹部，他也会微笑。尽管这时的微笑并不是对其他人的微笑做出的回应，只是自发的，没有任何指向，但已经足以让家人陶醉。

从新生儿出生第一天起大人就可以同他逗笑。大人抱着新生儿，挠挠他的身体，摸摸他的脸蛋，用快乐的声音、表情和动作去感染新生儿。新生儿的目光渐渐变得柔和而不是刚开始那样紧张，眼角出现细小的皱纹，口角微微向上，出现快乐的笑容，这与新生儿即将入睡时颜面肌肉不由自主的放松的笑不同。

以笑来回应大人的逗乐才算逗笑，一般出现在出生后14～21天，个别新生儿出现得早些或迟一些。经常有人逗笑，生活在快乐环境下的新生儿会笑得早一些。爱笑的孩子招人喜欢，容易获得朋友和得到支持，将来会生活得更加幸福。笑所引起的快乐情绪又能同时促进新生儿的大脑发育。养成逗笑的条件反射，建立第一条通过学习得来的神经回路，新生儿越早学会逗笑就越聪明。

早教观点：不要限制新生儿的活动

新生儿的衣服最好上下身分开，夏天的时候可以穿上纱布的小上衣，下身只垫上尿布即可，但要注意尿布一定不要太厚，否则，厚厚的尿布夹在新生儿的两腿之间，会影响新生儿腿的自然伸直。

天气冷的时候可以在衣服外面再包裹一层小被子，但要注意包裹时不要强行拉直新生儿的四肢，更不能包裹得太紧、太厚。胸部包裹太紧会影响新生儿的呼吸及胸部运动，从而减少新生儿的肺活量，也影响肺的功能。四肢包裹得太紧、太厚会限制新生儿的活动，不利于运动功能的发育；上肢不能自由地活动，手指无法触摸到周围的物体，不利于新生儿的触觉发展；下肢如果被捆绑得太紧，违反新生儿的自然姿势，易引起髋关节脱臼。尽管俯卧对新生儿的大脑及消化、呼吸等功能都有好处，但给新生儿包裹后不宜让新生儿俯卧，以免影响新生儿的呼吸。

大动作训练：练习竖抱看物

每次喂奶后将新生儿竖直抱起，使其头部落在大人肩上，轻轻拍打几下新生儿的背部，让新生儿打个嗝，以防溢乳。然后，松开扶在新生儿头部的手，让新生儿的头自然竖直片刻，每次4~5秒，促进新生儿颈部肌肉的发育。

竖着抱起新生儿，用右手支撑他的头使其不至于后仰。爸爸在后面同新生儿说话，引诱他寻找或者让他转头看。让新生儿看挂着的彩球和飘带，看会动和会发声的玩具，看窗外的景物，看家中的陈设，引起新生儿对人、对物的兴趣。新生儿会使劲伸头或转动头部去看或寻找，使颈部得到锻炼，逐渐能够支撑头部的重量。

大动作训练：练习俯卧抬眼

刚出生的婴儿俯卧位时头会偏向一侧，膝屈曲在腹下，骨盆抬高。随着生长发育，骨盆位置越来越低，膝能够逐渐伸直，俯卧位时下颌能短时间地离开床面。如果逗引抬头，有时面部能离开床面少许距离。

出生后7~10天，新生儿的头左右转动自如时，让新生儿俯卧床上，用一只手扶起新生儿的前额，另一只手在新生儿头侧摇动发声玩具，逗引新生儿抬眼观看。经过1~2周的练习，当摇动玩具时，新生儿不用大人手扶额部就会主动抬眼观看，有时下巴还会离开床面片刻。

专家提示

不必担心新生儿俯卧时会憋着，因为他已能自己转头把鼻子让开。但要注意新生儿入睡时不宜采用俯卧位。

出生半个月后，每天在两次喂奶间隙让新生儿俯卧一会儿，并用玩具逗引其抬头。每天1次即可，不要时间太长，以免新生儿太累。

每次喂奶或换尿布后，让新生儿自然俯卧于大人的腹部，大人用双手按摩新生儿的背部，并逗引他抬头，以锻炼新生儿的颈背部肌肉。新生儿喜欢抬头看大人的脸，很快就能学会把头抬起来。

大动作训练：练习自己迈步

扶着新生儿站在桌上或硬板床上，让他的脚接触桌面，新生儿会主动做出向前迈步的动作。每天练习 2 ~ 3 次，每次迈 8 ~ 10 步，可以锻炼新生儿的下肢肌肉，以便能较早支撑身体重量。新生儿迈步是先天获得的反射能力，如果不锻炼，在出生后 56 天前后这种本能就会消失；如果坚持练习可促进宝宝下肢肌肉的发育，使宝宝较早站立学步。

精细动作训练：锻炼握物能力

在新生儿处于安静觉醒状态时，妈妈用自己的一根手指触碰新生儿的手掌，同时对新生儿说："宝宝，来，和妈妈握握手吧！"新生儿会紧紧地握住妈妈的手指，妈妈一边摇动自己的手指一边对新生儿说："你好，你好！"然后把新生儿的手指分开，从新生儿的手里抽出自己的手指。每天可以练习几次，锻炼新生儿的抓握能力。

不要给新生儿戴手套，也不要把他的胳膊绑进包被里，应该让他的胳膊和双手露在被子外面，这样他就能够自由地挥舞拳头，看自己的手，扩展新生儿的手活动范围，提高手指在抓握时的触觉能力。

感觉能力训练：给予触觉刺激

感觉是脑对客观事物个别属性的反映，是一种最简单的心理现象，是知识和经验的来源基础，是认识客观世界的起点，也是一切高级心理活动的基础。在新生儿的各种感觉能力中，第一个要提到的是触觉。

人的触觉器官最大，全身皮肤都有灵敏的触觉。实际上胎宝宝在子宫里已有触觉，习惯于被紧紧包裹在子宫内的胎宝宝，出生后喜欢紧贴着身体的温暖环境。我国有包裹新生儿的习惯，如果将新生儿包裹好（不是指捆绑很紧的蜡烛包）可以使他睡得安静，减少惊跳。当你怀抱新生儿时，他喜欢紧贴着你的身体，依偎着你。对新生儿的轻柔爱抚不仅仅是皮肤间的接触，更是一种爱的传递。若新生儿在这个时期没有得到父母的爱抚和温暖，就很难对他人产生信任感，日后可能形成冷漠、缺乏安全感等性格问题。因此，爸爸妈妈应尽可能多地爱抚新生儿，这对孩子健康人格的形成十分重要。

妈妈在给新生儿喂奶的时候可以用一只手托住新生儿，用另外一只手轻轻按摩新生儿的小手指，或者把妈妈的手指放入新生儿的手掌心里，让新生儿紧紧地握住。这样可以刺激新生儿的神经末梢，有助于新生儿的大脑发育及手指灵活。同时，也可以增进母子感情，让新生儿获得安全感。

对接触的敏感性促进了宝宝对环境的反应。在一项研究中，实验者对新生儿轻轻的抚摸引起新生儿微笑，并且对成年人的面孔更加注意。新生儿哭闹时，妈妈用双手轻轻抚摸他的腹部或握住他的双手就可以使他安静下来。新生儿和妈妈身体接触会感到很舒服，脸上绽放笑容。等到宝宝会抓握物体时，触觉就成为探索周围世界的一种重要手段。

感觉能力训练：为新生儿做抚触

皮肤覆盖全身，是人体最大、最基本的感觉器官，大约有500多万个感觉细胞，能接受外界的多种刺激，如温度觉、触觉、痛觉等。这些感觉传到中枢神经系统后能做出反应，通过神经及体液做出应答。良性刺激可对神经系统起到正面作用，尤其是婴幼儿时期，从胎宝宝期6个月至出生后2岁神经系统发育很快，这种刺激可促进神经系统的发育。

专家提示

抚触对早产儿生长发育有诸多益处，可以使早产儿的吃奶量明显增加，头围、身长、血红蛋白、体重等指标均明显提高。

抚触前的准备

抚触前要做好充分的准备工作，让新生儿处在温暖的环境中，并保持舒适的体位。周围环境比较安静，没有强噪声。妈妈的双手要清洁、温暖、光滑，指甲要短，无倒刺。摘下戒指、手链等首饰，以免划伤新生儿的皮肤。另外，最好在手里倒些婴儿润肤液，以便在抚触中起到润滑作用。

爱心是十分重要的，抚触不是一种机械操作，要和新生儿有很好的沟通和交流。可以一边抚触一边轻轻地和新生儿说话，或播放一些轻柔愉快的音乐。手法要从轻开始，慢慢增加力度，千万不要让新生儿感到不舒服。

抚触的次序

抚触应该从头面部、胸部、腹部、四肢到手、足、背部有次序地进行，时间先从 5 分钟开始，以后逐渐延长到 15 ~20 分钟，每日 1 ~2 次。

头部

（1）用两手拇指从前额中央向两侧滑动；

（2）用两手拇指从下颏中央向外上方滑动；

（3）两手掌面从前额发际向上、向后滑动，至后下发际，并止于两耳后乳突处，轻轻按压。

胸部

两手分别从胸部的外下侧向对侧的外上侧滑动。

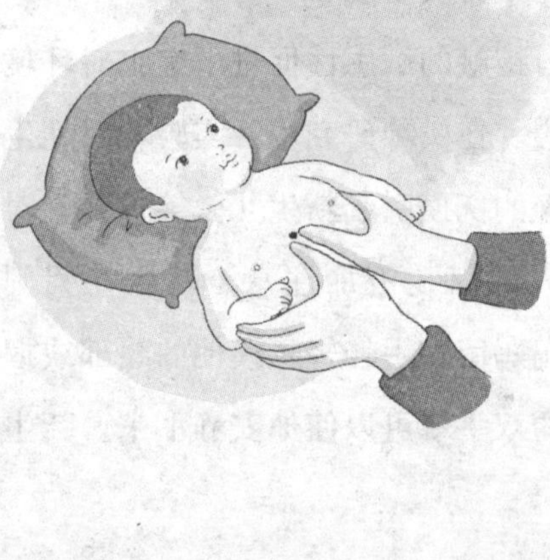

腹部

（1）两手轮流以新生儿的脐部为中心顺时针方向按摩；

（2）右手指腹自新生儿右上腹滑向其右下腹并复原，再自右上腹滑向左下腹，最后自右下腹经右上腹、左上腹滑向左下腹，如此重复。

四肢

（1）轻轻抓住新生儿的一侧手臂，从上臂到手腕进行挤捏，并用手指按摩新生儿的手腕。

（2）在确保新生儿手部不受到伤害的前提下，用拇指从新生儿手掌心按摩至手指。以相同的方法按摩新生儿的另一侧手臂。

（3）双手夹住新生儿的一侧手臂，做上下搓滚的动作。

（4）轻轻挤捏新生儿的大腿、膝部、小腿，然后按摩踝部。

（5）在确保新生儿的踝部不受到伤害的前提下，用拇指从新生儿的脚后跟按摩至脚趾。

（6）双手夹住新生儿的腿做上下搓滚的动作。

手足

两手拇指指腹从新生儿的手掌末端依次推向指端，并提捏各个手指关节。足与手相同。

背部

让新生儿呈俯卧位，两手分别置于其脊柱两侧，用指尖由中央向两侧按摩；然后手掌平放于新生儿的背部，沿脊柱方向从肩部到臀部进行按摩。

抚触的注意事项

★ 出生 24 小时后的新生儿即可开始抚触，一般建议在洗完澡后、午睡或晚上睡觉前、两次哺乳间、新生儿不饥饿、不烦躁时进行。

★ 给新生儿抚触时室内温度最好在28℃以上，新生儿全裸时应在可调温的操作台上进行，台面温度在36℃～37℃。假如环境温度不能达到上述要求，可以在半裸状态下有步骤地分部位脱衣，从头到脚进行抚触。

★ 抚触时应注意新生儿的个性差异，如健康情况、行为反应、发育阶段等。无论抚触进行到哪个阶段，如果出现以下的反应，如哭闹、肌张力提高、兴奋性增加、肤色出现变化或出现呕吐等现象，都应立即停止。

感觉能力训练：给予味觉刺激

新生儿是从感知觉开始认识周围环境并和外界取得联系的，适当的早期刺激是锻炼各种感官和促使大脑发育最重要的基础。感知觉能力发展得越充分，记忆储存的知识经验就越丰富，思维和想象发展的空间和潜力也就越大。因此，从宝宝出生之日起，父母就应该通过多种手段促进宝宝感知觉的发展，积极引导宝宝通过感知觉认识和探索周围的世界。

出生时婴儿的味觉发育已很完善，可对不同味觉产生不同的反应。出生第一天，新生儿就能对不同浓度的糖水在吸吮的强度和量上做出不同的反应，对甜一点的水吸吮力较强，吸的量也多些，对咸、酸、苦等味的水会有皱眉等不愉快的表情。新生儿的味觉偏好对生存有重要价值，因为像乳汁等有营养的食物都是带有甜味的，爱好甜食能帮助新生儿多摄入支持身体的营养物质。

专家提示

宝宝不仅有视、听、触觉，而且能对不同的感知觉进行整合。父母一定要注重宝宝感知觉的全面发展而不能只刺激单一的感觉。

感觉能力训练：给予嗅觉刺激

出生时婴儿的嗅觉中枢与末梢早已发育成熟，对乳味有特殊的敏感性，如果闻到乳香会积极地寻找乳头。新生儿在出生后5天时就能区别妈妈的奶垫和别人奶垫的气味，如果挡住妈妈的脸，只让新生儿闻妈妈奶垫的味，并不断变换妈妈奶垫的位置，新生儿会准确地将头转向妈妈奶垫的一侧。这种天生的高度发展的嗅觉能力能帮助新生儿认出自己的妈妈。

新生儿对食物气味的反应和对味道的反应一样，与成人非常相似，这表明对气味的偏好也是与生俱来的。香蕉和巧克力的气味会使新生儿放松、愉快；而臭鸡蛋的气味会使他们眉头紧皱。新生儿还能找到发出气味的地方，如果是不好的气味，他们就避开那个方向。研究者把氨水放在出生不到6天的新生儿鼻子前，新生儿很快把头转到另一侧。

感觉能力训练：给予听觉刺激

新生儿有惊人的语音分辨能力

国外的有关研究显示，新生儿能分辨范围很广的各种声音。和听纯音相比，他们更喜欢听复杂的声音，如人说话的声音或嘈杂的声音。出生几天的新生儿已能分辨从低音到高音和从高音到低音的两组音，也能区分出哪些发音是两个音节、哪些发音是3个音节。

有些新生儿能将妈妈的语音和家里其他人的语音区别开来，当他啼哭的时候，听到妈妈哄他的声音便会安静下来，别人哄就不行。这种惊人的语音分辨能力为以后学说话、掌握人类语言提供了可靠的保证。

新生儿对声音有定向反应

觉醒状态下听到声音后会转动眼和头去寻找声源，如在新生儿耳旁柔声呼叫或说话，醒着的新生儿会慢慢将眼睛转向发声的方向。特别是妈妈的声音出现时，他的眼睛会转向妈妈，因为他在子宫内听惯了妈妈的声音，对妈妈的声音很熟悉。如果声音频率太高、强度过大，他的眼睛会转离开声源或用哭声表示拒绝这种刺激。

为新生儿创造一个有声的世界

有些父母总怕声音大了会惊着新生儿，因此走路、说话、做事都尽可能不

发出声音，让新生儿生活在一个非常安静的环境里。其实，这种做法是不对的，不利于新生儿的听觉发育。父母应该给新生儿一个有声的环境，家人的正常活动产生的各种声音，如走路声、关开门声、水声、涮洗声、扫地声、说话声等；室外也能传来许多声音，如车声、人声等，这些声音会刺激新生儿的听觉，促进其听觉发育。

除了自然界和日常生活中存在的声音外，还可人为地给新生儿创造一个有声的世界，如买些有声响的玩具——拨浪鼓、八音盒、会叫的鸭子等。妈妈抱新生儿时最好采用左手抱的姿势，让新生儿尽量靠近妈妈的心脏，以便清晰地听到妈妈的心跳声，这是他最爱听并熟悉的声音。

把小铃铛系在新生儿的手腕上，妈妈摇动新生儿的胳膊或新生儿无意间自己动时，铃铛就会叮当作响。妈妈可以引逗新生儿说：“什么在响呀？丁零零、丁零零，小胳膊上的铃铛在响呀。”这个游戏不仅可以训练新生儿的听觉，而且可以帮助新生儿尽快发现自己的手。

及早发现听力障碍

有听力障碍的孩子，如果能被及早发现，早日得到治疗和训练，不仅在治疗上比较简单，而且有的听力可能会完全恢复。特别是在刚出生时就被发现，在得到及时有效的康复训练后，到3岁时可能会掌握700个单词，达到正常孩子的水平。

目前，我国大多数医院在新生儿出院前都会给新生儿做听力筛查。新生儿听力筛查方法有两种，分别是耳声发射测试（OAE）和自动听性脑干反应测试（AABR），总共只需5～10分钟。进行耳声发射（OAE）测试时，医生把一个小耳机放在新生儿的耳朵里。耳机会发出轻柔的滴答声。跟这个设备相连的电脑会记录新生儿耳朵对声音的反应。进行自动听性脑干反应（AABR）测试时，医生将跟电脑相连的传感器放在新生儿头上，这些传感器能测出新生儿通过小耳机听到轻柔的滴答声时所产生的脑波活动。这两种测试都不疼，可以在新生儿睡着的时候进行。

如果宝宝出院前没有做新生儿听力筛查，最好在宝宝做体检的时候问问医生是否需要检查他的听力。家长要注意观察新生儿，在家里，可用装胶卷用的塑料盒，盒内装60粒大米，在新生儿的耳后30厘米处摇动。新生儿有皱眉、眨眼、转头、惊跳等动作，证明新生儿有听力。也可以在平常观察新生儿，当关门、突然大声说话、开电视、开收音机时新生儿也有上述反应，也能证明新生儿有听力。

如果你觉得宝宝有听力损失的迹象，一定要马上带他到医院的耳鼻喉科去看耳科专家，并对他的听力作进一步的全面检查。

感觉能力训练：给予视觉刺激

新生儿能看见什么

虽然眼睛的视觉功能在胎宝宝7个月的时候就具备了，但新生儿的眼睛还不能很好地聚焦，只能看清眼前20～38厘米远的事物，这个距离正好是妈妈给新生儿哺乳时和新生儿脸部的距离。

人的大脑中有专门接收左眼和右眼传入信息的双眼性细胞，这些细胞也负责处理深度视觉信息。因此，婴儿必须先学会协调自己的两眼，让眼球朝同一个方向运动，才能准确聚焦，获得深度视觉信息。新生儿虽然在一定程度上能够控制眼球的活动方向，但双眼还无法协调运动，所以深度视觉不够发达。直到3～5个月的时候才能很好地进行两眼协调运动，具备初步的深度视觉。

婴儿从一出生就能够看见颜色，对于红色比较敏感。但在辨别同色系颜色时会遇到一些困难，比如分不清红色和橙色。

新生儿有视觉记忆，一个新鲜的物体出现时会注视较长时间，如果长期不更换这一物体，那么他注视的时间会越来越短，表示他已经记住这一物体，对此已不感兴趣了。

新生儿喜欢看什么

虽然看东西不清楚，但新生儿处于安静觉醒状态时总是积极地注视周围的事物。新生儿最喜欢看人脸，关注人脸的轮廓线，注视点更多地停留在前额、头发和下巴部位。研究发现，新生儿大脑中枢有一个部位能够对人脸图案做出积极反应，即使是一些人脸的草图，新生儿也能够对其做出反应。这种特殊的认知能力训练：会帮助新生儿与妈妈建立起亲密的联系，对哺乳尤其有帮助。

新生儿喜欢对比强烈的图案，而非五颜六色的图案。3 周大的新生儿喜欢注视带有大格子的黑白棋盘图案。与直线构成的图案相比，新生儿更喜欢带曲线的图案。父母为新生儿购买玩具时可以选择那些黑白对比、带曲线线条的玩具。

除了人脸之外，亮光和运动的人或物体也是新生儿喜欢看的。新生儿对运动的物体特别感兴趣，能追着眼前水平方向运动的物体看，能在运动中发现周围东西的远近，但追视范围小于 90°，追视的速度也比较慢，准确性较差。

专家提示

用红色吊环在出生后 12 ~48 小时的新生儿头上方作水平及垂直方向移动，有 76% 的新生儿能做出用眼追随红环的反应。

让新生儿接触自然的光线变化

有些家长怕房间里光线太亮影响新生儿睡觉，总是拉着窗帘，不敢开灯，把新生儿放在一个相对暗的环境，这种做法是非常错误的，不利于新生儿的视觉发育。应该让新生儿在自然的环境中感觉天黑、天亮，这样会大大刺激新生儿眼睛的感光性，促进视觉发育，同时有利于新生儿尽快建立起与成人一致的昼夜规律。

练习注视和追视

★ 准备黑白相间的同心圆、波浪、竖纹或棋盘形黑白格子的图卡、挂图让新生儿观看。

★ 让新生儿仰卧在小床上，妈妈微笑地看着新生儿。妈妈的脸一面在小床上方左右移动，一面轻轻地同新生儿说话，观察新生儿的眼珠是否随着妈妈脸的移动而移动。

★ 将色彩鲜艳、带响声的玩具放在距离新生儿眼睛20厘米处，边摇边缓慢移动，吸引新生儿的视线随着玩具和响声移动。

★ 在距新生儿眼睛15～20厘米处慢慢抖动红球，以引起新生儿的注意，再慢慢移动红球让新生儿追视，这种方法不仅可以训练新生儿的视觉能力，还有助于提高新生儿的注意能力。

专家提示

新生儿在一定程度上能够控制眼球的活动方向，但眼肌肉的控制力量还很有限，所以当他想关注一些距离更远的事物时很容易出现两眼对视，即俗称的“斗鸡眼”。

1月龄早教计划

早教准备：适合宝宝的玩具和图书

踢踏学习钢琴

这个钢琴可以很方便地挂在婴儿床或等宝宝长大后，放在平面上当钢琴玩耍！5只不同的可爱小动物下面都分别装有按钮，宝宝只要触动其中任何一个按钮，钢琴就会发出不同的声音，同时灯光会亮起。通过有趣的声音和光线刺激，鼓励宝宝多多运动。有长时间玩耍和短时间玩耍两种模式：长时间玩耍模式下，有6首连续的，每首20～30秒

的歌曲，而且还能提供5种音效。短时间玩耍模式下，有5~7秒的钢琴小调。

益智小布球

由6种不同颜色不掉绒的婴儿玩具专用料制成。球上绣有3个可爱的动物形象，分别是小兔、小熊和小狮子。内有摇铃，小宝宝只要动一动它就会发出“铛铛铛”的响声，能引起宝宝好奇心，激发宝宝活动手脚的兴趣。

球球上面有会伸缩的绳子，宝宝不会坐的时候可以挂在宝宝的小手或小脚能接触到的地方，让小宝宝学习伸手或

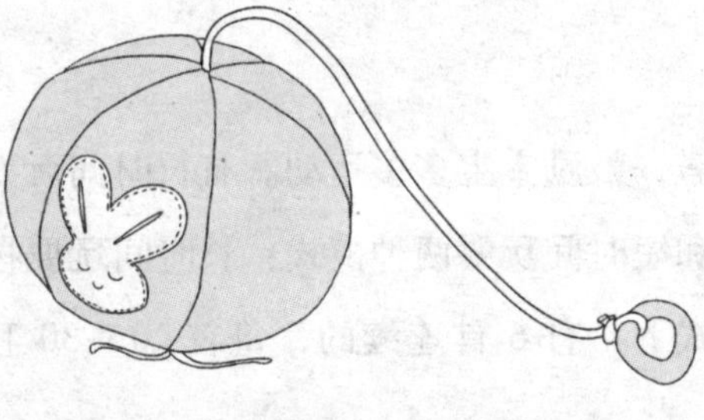

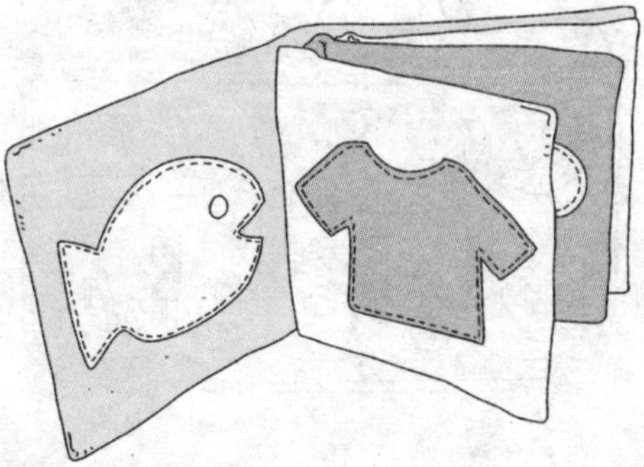

踢腿，促进肌肉的生长．鲜艳的颜色可以刺激宝宝的视力发育（刚刚出生的小婴儿的床头挂个球球非常的好哦）；会坐的小宝宝一起玩这个小球球的时候，大人只要抓住或用把绳子拴在小床或小车上，任小宝宝怎么玩也不会掉地上，既卫生又安全。

婴儿布书（1）

父母们都想知道，宝宝的阅读行为是从什么时候开始的？什么时候该为孩子买第一本书？其实，从孩子呱呱坠地，阅读行为就已经伴随着生活开始发展了。无毒、柔软、撕不烂、又可以当做玩具的布书非常适合3岁以下的宝宝。

虽然刚1个多月的宝宝还不能了解书中的内容，但那些色彩明快的图案可以促进宝宝的视觉和大脑发育。

早教常识：这个月宝宝的动作发育

大动作发育

这个月宝宝出现的大多是没有什么规则的不协调动作。

★ 俯卧时，将宝宝侧转的头移至中线位置，逗引举头，有时面部可以离开床面少许距离，但稍停片刻头又会垂下来。

★ 满月后，让宝宝仰卧，妈妈站在宝宝脚的方向，想办法吸引他注视妈妈的脸，然后轻轻握住宝宝的两只手腕将他拉起，宝宝的头部能保持竖直 2 ~ 5 秒钟。

★ 出生后 6 周的宝宝被抱着立起时头部能竖直稳定。早的出生后 3 周时就能掌握该技能，晚的要到 4 个月才能达到，在这个年龄范围内都属于正常。

★ 有的宝宝能屈肘支起上身。早的出生后 3 周时就能达到该技能，晚的要到 4 个月才能达到，在这个年龄范围内都属于正常。

精细动作发育

这时宝宝手的动作并不受意识的支配，常常是胡乱摇动，碰到物体时可出现抓握反应。

★ 用细柄的拨浪鼓触碰宝宝的手掌，他会紧紧握住 2 ~ 3 秒钟不松手。

★ 开始发现自己的手，喜欢玩自己的手指，能打开和合拢手指。

★ 喜欢把手指或物品放进嘴里"尝一尝"。

专家提示

父母可以给宝宝提供一些能够放在嘴里咬，又没有被吞进去的危险的玩具，这也是宝宝的一种探索行为。

早教常识：这个月宝宝的感觉发育

视觉发育

★ 出生 6 周的宝宝已经能够看清 30 ~ 60 厘米远的物体。

★ 会注视抱着他的人，玩具在眼前晃动时能立即注视玩具，视野范围超过 90°。

★ 6 ~ 8 周时开始出现头眼协调，对水平方向移动的物体，眼可跟随转动达中线，并注视 20 秒，但当物体移出视线时还不会跟踪。

听觉发育

★ 静卧睁眼时若听到突然的声音会立即闭上眼睛。

★ 在哭闹或手脚活动时听到突然的声音会停止哭闹或终止活动。

★ 听见柔和悦耳的音乐会面露笑容并安静地倾听。

★ 睡眠中突然听到尖叫或刺耳的音乐时，如摇滚乐、吹打乐等，会表现出全身扭动、手足摇动等烦躁不安的样子。

其他感觉发育

★ 出生后 2 个月对痛刺激反应开始敏锐，女婴对疼痛较男婴敏感。

早教常识：这个月宝宝的语言发育

★ 新生儿主要通过哭来与家人交流，到了 2 个月左右，宝宝开始发出“啊—啊—啊”和“喔—喔—喔”这样的元音。如果家人试着回应，他可能又会“啊—啊—啊”地作答。父母应该经常拥抱宝宝，和宝宝说话，让他熟悉父母的声音，分辨说话声和非说话声。

专家提示

如果宝宝 3 个月时还没有自然地发出“喔—啊”声，请带他到医生那儿做听力测试。

★ 会睁大眼睛注视和他讲话的人，并伴随有嘴唇的运动。

早教常识：这个月宝宝的社会性发育

★ 这个月，宝宝开始注意经常照顾他的人，并会用目光追随，好像是在说：“嘿，我知道你是谁。”喜欢被妈妈拥抱，喜欢听妈妈的心跳。吃奶时眼睛不时看着妈妈，喜欢和妈妈进行目光交流，甚至会手舞足蹈起来。如果宝宝到 3 个月大后还不会与成人目光接触，应该做一次视力检查，以排除眼睛方面的疾病。

★ 从出生第 5 周开始，宝宝出现社会性微笑。当父母冲着宝宝微笑时，他会报之以微笑。父母经常逗弄宝宝，宝宝会经常笑。但这种微笑没有特别的指向，无论谁逗他，他都会表现出这种微笑。

专家提示

如果家人一直做出鼓励性的微笑，但宝宝 3 个月大时还没有出现社会性微笑，建议咨询儿科医生。

情商培养：诱发宝宝的愉快情绪

情绪是伴随人体各种反应产生的一种内心体验，对宝宝适应生存有特别的意义。不同年龄有不同的情绪表现，宝宝一切情绪的表达都是为了自我满足。宝宝天生就具有情绪反应能力，生后2个月宝宝开始微笑，3个月认母，4个月会大笑，5个月能区别生人和熟人，7~8个月能听懂自己的名字，10~12个月能招手表示再见。

宝宝对哺乳、抱、摇有愉快的反应，3个月的宝宝哭闹时在被抱起的瞬间会停止哭闹；5~6个月时需要熟人看他或和他一起玩耍；7~8个月就能表示对妈妈的爱，当妈妈抱别的宝宝时会不高兴；9~12个月，妈妈或抚养人不在时会表现恐惧、哭闹。因此，除满足宝宝生理需求外，家长应尽可能抽出时间和宝宝在一起进行交流，给予抚爱，宝宝会非常愉快，有助于宝宝安全感的建立。

专家提示

育儿绝不是单纯的喂养，要在喂养中建立良好的亲子关系，在交往中经常使孩子保持愉快的心情，才能使其身体、心理得到健康发展。

情商培养：让宝宝笑出声音

笑是社交所必需的，经常笑的人善于与人交往，所以要让宝宝经常笑，见人就笑，养成豁达乐观的性格。经常同宝宝逗乐，做鬼脸让宝宝发出“哈哈”大笑的声音。大人自己经常笑出声音，宝宝就会模仿而放声大笑。

大动作训练：学习俯卧抬头

新生儿脊柱没有弯曲，仅轻微后凸；生后3个月，当宝宝能够抬头时脊柱出现第一个弯曲，即颈椎前凸；6~7个月会坐时出现胸椎后凸，为第二弯曲；1岁会走时出现脊柱第三弯曲，即腰椎前凸。这种自然弯曲的形成有利于保持身体的平衡。

抬头、挺胸对宝宝第一生理弯曲的形成至关重要。经常让宝宝练习抬头、挺胸，使其自己能用双手或前臂支撑身体的重量，保持头部离床，促进背部肌肉及前臂肌肉的发育，这样才能对脊柱有支撑力，还能扩大宝宝的视野，促进头眼协调以及胸廓的正常发育。

出生第二个月就应开始训练宝宝抬头：

★ 让宝宝趴在斜躺着的大人的胸腹部，大人双手放在宝宝头侧，唤宝宝的名字并帮他抬头看大人的脸。

★ 让宝宝俯卧床上，在宝宝头顶上方摇动玩具逗引他抬头观看。

★ 将宝宝竖抱起来，让他的脸向着前方。另一个人在宝宝的背后忽左忽右地伸头、摇铃或呼唤宝宝的名字，逗引他左右转头，以增强其颈部肌肉的控制力。

★ 每天练习 2 ~ 3 次，可以增强宝宝的颈部力量，同时也可扩大宝宝的视野。

大动作训练：练习踢蹬彩球

在婴儿床的上方挂几个大彩球，或妈妈用手拿着一个大彩球。宝宝仰卧，让他蹬踢吊在上方的大彩球（有的彩球里有一个小铃铛，会随着彩球的晃动发出声音）。宝宝很喜欢活动双腿，当他蹬到大彩球并看到球在跳动，特别是还会发出声音时，会很兴奋，不停地蹬踢。

这个游戏可以锻炼宝宝的下肢肌肉，使宝宝的下肢活动幅度加大。有时手和脚能同时碰到球，使下肢运动扩大到四肢和全身运动，促进宝宝肌肉发育和新陈代谢。

精细动作训练：帮助宝宝发现小手

手与眼的神经联系是将来发展一切

技巧的基础，所谓“心灵手巧”就是这个道理。手眼动作的协调是随着神经系统的发育成熟而逐渐发展起来的，手眼动作的协调能力标志着一个宝宝发育的成熟程度。虽然这是一个缓慢的过程，但平时注意培养训练，手眼动作就能较快地协调起来。因此，早期训练手与眼的协调十分重要。

出生时宝宝手指屈肌呈紧张状态，因此，手总是握着拳。只有眼与手的动作协调之后，宝宝才能有意识地运用双手。看手是手与眼协调的第一步，宝宝先发现自己的手，把双手放在眼前抓握玩耍，然后用手去抓握和够取眼前的玩具。出生后第一个月宝宝握物是物触手心引起的脊神经弧的反射，不用眼看，更不用脑想；第二个月眼看着手如同看到玩具那样，还不会支配手的动作。

用松紧带穿上彩色木珠做成鲜艳的手镯，戴在宝宝手腕上，大人拉着宝宝的小手放在宝宝的最佳视线之内。宝宝会好奇地看着这美丽又会活动的新玩具，使劲挥动，盯着它看。可以把手镯取下戴到宝宝的另一只手腕上，或在另一只手腕上也套上小手镯。宝宝逐渐注意到自己会活动的双手，盯着看高高举起的手，也开始注意到妈妈活动的手。

感觉能力训练：丰富宝宝的听觉体验

父母要多和宝宝说话，虽然这时他还不能用语言回答，但是家人，特别是妈妈的亲热话语会使宝宝感受到初步的感情交流。当妈妈面对宝宝亲切地说着、笑着、和宝宝交谈时，宝宝会紧盯着妈妈的脸，似乎已懂得妈妈发出的身体语言。

每天为宝宝放音乐。人的左脑是逻辑脑，而右脑是感受音乐的艺术脑。在宝宝学会说话之前，优美健康的音乐能不失时机地为宝宝右脑的发育增加特殊的“营养”。给宝宝听的音乐要优美、轻柔、明快，最好每天固定一个时间听音乐，每次播放一首乐曲，一次5～10分钟。播放音乐时要注意音量大小的调节，可以先将音量调到最小，然后逐渐增大音量，直到比正常说话的音量稍大一点儿即可。

还可以在宝宝的小床上系上不同音质或音调的发声玩具，刺激宝宝的听觉细胞，促进听觉发育。用摇铃轻轻在宝宝的一侧摇动，发出声响，宝宝听到声音后会转头寻找；然后再在宝宝的另一侧摇动，宝宝会继续寻找。

感觉能力训练：丰富宝宝的触觉体验

妈妈要多为宝宝创造一些机会，让宝宝接触各种不同质地、形状的东西，如硬的小块积木、塑料小球、小瓶盖和小摇铃，软的海绵条、绒毛动物、橡皮娃娃、吹气玩具、衣领、被角、蔬菜、水果……在天气好的时候可以带宝宝到户外去触摸大自然，或干脆带些大自然里的东西回来让宝宝触摸，如干净的树叶、小草、小石头等，妈妈可以握着宝宝的小手，让宝宝摸一摸，一边摸一边说："毛线团，软软的；小钢球，硬硬的，凉凉的……"以丰富宝宝的触觉，促使宝宝产生抓物的欲望，锻炼手的抓握能力。

妈妈每天都应该给宝宝做手指按摩操。按摩的部位可以是手背、手指肚及两侧，但重点是指端。因为，指尖上布满了感觉神经，是感觉最敏锐的部位，按摩指端更能刺激大脑皮层的发育。按摩可以在洗澡或洗手时进行，也可以在喂奶时进行。妈妈要用自己的拇指和食指捏住宝宝的某根手指，从指根轻轻滑向指尖，一根手指一根手指轮流做，每个指头每回按摩两个 8 拍，每天 1 ~ 2 次。

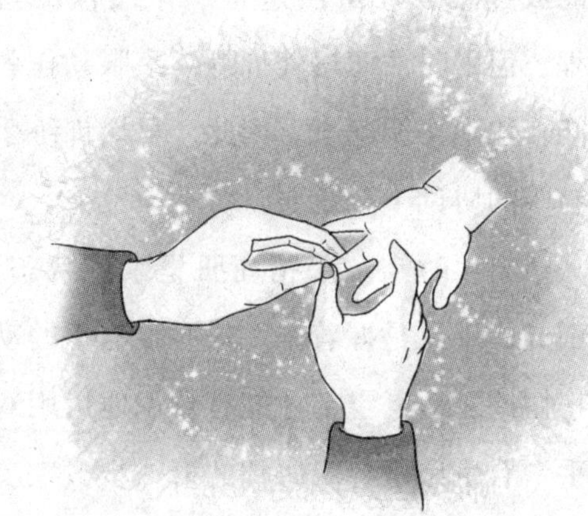

感觉能力训练：促进宝宝的视觉发育

大人将红球、铃铛或其他色彩鲜艳的玩具拿到宝宝面前，待引起宝宝注视后再缓慢移动物体，吸引宝宝的眼睛跟着物体移动，提高他的注意力水平。

也可在室内墙壁四周挂上颜色鲜艳的图画，如人物、动物、水果、交通工具、花草树木等。画面要单一，重点突出。大人竖抱着宝宝看挂图，并向他介绍"看，红红的大苹果真好吃""小弟弟在打球""小汽车嘀嘀叫"或"猴子上树啦”。宝宝边听边看，会对某幅图产生特别的偏爱，以后每当你抱着宝宝走到某幅他喜欢的图画前，宝宝会眉飞色舞、手舞足蹈，喜欢多看一会儿，离开时他会叫着让你停步。

这个游戏可培养宝宝的视分辨和视选择能力。宝宝对看过的图像有印象并产生记忆，到达右脑引起一种快乐的感受，面部出现快乐的表情，并通过脊神经引起四肢肌肉的手舞足蹈反应。如果宝宝每次看到这幅图或玩具都引起同样反应，说明神经通路已建成。对其他挂图或玩具不能产生同样反应，说明宝宝有了明确的视分辨能力，或者已经形成条件性抑制，眼睛看到就避开。这种正面和反面条件反射的形成说明宝宝有了视选择能力。在此基础上宝宝会产生对人和对物的选择性喜爱和选择性躲避能力，为下个月认识妈妈打基础。

2月龄早教计划

早教准备：适合宝宝的玩具和图书

婴儿健身架

可以让婴儿躺在床上或者地板上，在色彩缤纷的挂物及音乐吸引之下，进行锻炼上肢和腿部的健身运动！还能以抓、握、转、拉等手部或指尖等动作来促进婴儿手技巧的发育。

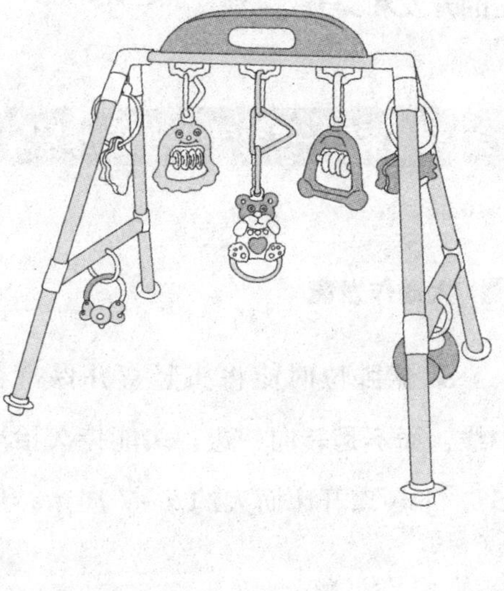

宝宝在玩要的过程中，可以锻炼小

手臂、小腿的肌肉，锻炼手眼协调能力、抓握能力。手臂动作的准确性、手的触摸可以刺激触觉的发育。

手握摇铃或拨浪鼓

铃声能引发宝宝的好奇心，以提高玩耍兴趣；培养宝宝将视线跟踪摇铃，吸引宝宝用手抓取，提高宝宝早期手、眼协调能力。

彩色图卡或挂图

循序渐进地教宝宝认知红、黄、蓝、绿等颜色，通过好玩有趣的彩色视觉游戏，发展宝宝的视觉，提高色彩感知力、颜色分辨力、视觉认知力，开发全脑智能，促进认知能力、观察力、颜色分辨能力、创造力、想象力等多种智能的开发和提升。

早教常识：这个月宝宝的动作发育

大动作发育

★ 俯卧位时能将头竖直并保持在中线，而不是转向一边；头能持久抬至45°，下颏离开床面大约5～7厘米；还能从竖直位让头低下，而不是无力地垂下。

★ 随着颈紧张反射的减弱与消失，3个月左右时，仰卧位头可随看到的物品或听到的声音转动180°。

★ 能从侧卧转到俯卧，也能从俯卧变成侧卧。早的出生后3周时就能达到该技能，晚的要到5个月才能达到，在这个年龄范围内都属于正常。

★ 90%的宝宝在出生后2～7个月时能从仰卧转到侧卧（达到该技能的平均年龄是4.5个月）。

★ 俯卧位能交替踢腿，这是匍匐的开始。

★ 扶立时髋、膝关节屈曲。

精细动作发育

★ 握持反射消失，手经常处于张开状。用拨浪鼓柄触碰宝宝的手掌，宝

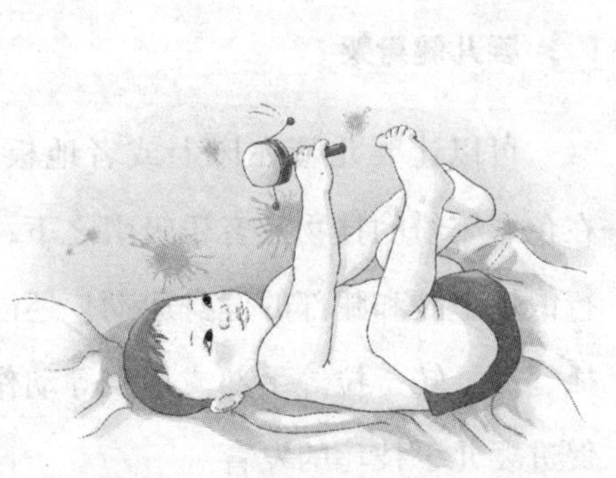

宝能握住拨浪鼓，让拨浪鼓在手中停留一会儿，还可以把拨浪鼓举起来。

★ 仰卧时能用手指抓自己的身体、头发和衣服。

★ 会伸手够积木块，能用手够悬挂的玩具，但不一定能成功。早的 1 个月时就能达到该技能，晚的要到 5 个月才能达到，在这个年龄范围内都属于正常。

早教常识：这个月宝宝的感觉发育

视觉发育

★ 仰卧时将拨浪鼓放在宝宝手中，能注视手中的拨浪鼓而不是看附近的东西，但还不能举起来看；将拨浪鼓从其头上部向胸上方移动，两眼能跟随拨浪鼓上下移动；把拨浪鼓拿到宝宝胸上方，引起宝宝注意后拿着拨浪鼓围绕其面部转圈圈，目光有时能跟随拨浪鼓转动，但不很随意。

★ 把大物体放在宝宝视线内，如积木或杯子，宝宝能够持续地注意。最好每天抱宝宝出去看一看外面的世界，训练他主动寻找刺激物的能力。

★ 已经具备初步的双眼视觉，即利用两眼与物体距离的不同发现物体的远近。

★ 有区别颜色的能力，能够看到红色、橙色、绿色和黄色，随后可以看到蓝色。注视彩色圆盘的时间要比注视灰色圆盘的时间长。父母可以提供一些颜色醒目的玩具，以吸引宝宝的注意。

★ 喜欢看图形的细节，喜欢注视带小格子的棋盘图案。

★ 开始更仔细地探究人脸的内部特点，注视点更多地停留在人的眼睛和嘴巴部位。

听觉发育

对能够发出声音的手铃和脚铃非常感兴趣，听见摇铃的声音会把身子和头都转过去，并尝试着用手去抓。父母可以给宝宝提供容易抓住的、能发出不同声响的、具有不同颜色的玩具，比如沙球、响板等，让宝宝自由地触摸、敲打，发出各种声音，激发宝宝的兴趣。

其他感觉发育

★ 出生 10 ~ 12 周的宝宝已有一定的大小恒常性。

★ 能通过口腔触觉区别不同的物品。

早教常识：这个月宝宝的语言发育

★ 能发出一些简单的音节，多为单音节，如 a、ai、e、ei、hai、ou 等。

★ 会使用咿咿呀呀的声音与大人交流。如果家人和他用“呃啊”之音谈笑，他就会和家人“呃啊”起来，表现得很愉快，但这种声音还不是语言。父母应该经常这样和宝宝交流，当宝宝对父母的谈话做出反应时给予鼓励。这也是对宝宝初始的发音训练，让宝宝将自己的声音同听到的声音联系起来，使其对外界的语言刺激更为敏感。

早教常识：这个月宝宝的社会性发育

★ 开始认识妈妈或者照料人，看到妈妈准备喂奶会表现出异常兴奋的神情。

★ 特别爱笑，经常手舞足蹈，盯着父母的脸看好长时间，会“咿咿呀呀”地叫个不停，嘎嘎地笑个不停。父母应该拿出时间与宝宝玩耍，同时也能借机了解他的脾气秉性，这个阶段父母的作用很关键。

★ 开始出现有差别、有选择的社会性微笑，对熟悉的人比对不熟悉的人笑得更多，对熟悉的人会无拘无束地微笑，而对不熟悉的人则带有一种警惕的注意。

早教常识：这个月宝宝的认知发育

★ 2~3 个月时，当宝宝注意看某种东西，要把这种东西拿走他会用眼睛去寻找，说明宝宝已有了短时记忆。

★ 出生 2~3 个月的宝宝注意已有了选择性，如凝视时的视线总是落在脸的中部，但时间还是很短。带宝宝外出散步时留心他感兴趣的事物，让他认识和感知这些事物，扩大他对事物的注意范围，培养他的观察能力。

早教常识：宝宝运动发育异常的信号

身体发软

正常的宝宝刚出生时四肢屈曲，而先天性肌肉病、先天性重症肌无力等患儿出生后却表现为四肢松软，好似平摊在床上。而且，不仅肢体活动少，活动幅度也小，学会抬头的时间明显过晚。

踢蹬动作少

正常的宝宝在出生后常常做踢蹬动作，并两侧交替进行。脑瘫患儿在3～4个月时踢蹬动作明显少于正常的宝宝，而且很少出现交替动作。患儿的上肢常常向后伸，也不会向前伸取物，会坐、会走的时间明显落后于同龄孩子。良性先天性肌迟缓症患儿虽然会坐的时间不延迟，但会走的时间却相当晚。

行走步态异常

患有先天性髋关节脱位的宝宝虽然学会走路的时间并不晚，但患儿在行走时会表现出异常的步态，像鸭子走路一样。

两侧运动不对称

身体两侧运动明显不对称，常常提示宝宝有运动功能异常。正常情况下，6个月的宝宝会用手抓掉蒙在脸上的手帕，当压住一侧上肢时会用另一只手去抓。父母可以先按住宝宝一侧上肢，看他能不能用另一侧将手帕抓掉，如果不能，提示另一侧上肢可能有问题。分别挠宝宝的两侧脚心，如果一侧总是活动度小或不活动，提示该侧下肢可能不正常。

不会伸手够物

一般4～5个月的宝宝已经会抓玩具，7个月时还会将玩具从一只手换到另一只手。如果宝宝一直不会准确抓握眼前的玩具，提示有运动障碍，但也可能与智力发育落后及视觉障碍有关。

有些运动发育落后不一定是异常情况。如果从一出生就把宝宝的四肢包裹得很紧，就会限制宝宝的活动，造成运动发育落后。另外，缺乏训练也会影响宝宝运动发育。而且，婴幼儿的运动发育在遵循一定规律的前提下存在一定的个体差异，比如，宝宝学会自己走的时间不仅与运动发育有关，还与心理及气质特点有一定关系。有些宝宝胆小或特别小心，学会走路的时间相对会晚一些。再有，虽然所有小儿运动发育的顺序是一样的，但发育速度却不尽相同，在每个运动项目上的发育都存在着或多或少的差异。

情商培养：感受爸爸、妈妈不同的爱

爸爸要主动同宝宝玩耍，宝宝会感到父母是不同的。爸爸的手强健有力，抱他的方式与妈妈不同；爸爸亲宝宝，脸上有胡须，与妈妈光滑的脸不同；爸爸的气味与妈妈不同；爸爸讲话时声音低沉；爸爸不但会唱歌还会吹口哨。多数宝宝都喜欢让爸爸抱，举高高，被举到空中使宝宝感觉很刺激。男婴很喜欢爸爸豪爽的笑，也更喜欢多一些惊险和刺激。宝宝开始觉察到有两种不同的人，一种像妈妈，一种像爸爸，都很爱宝宝。让宝宝体会母爱和父爱，使他感受到家庭的温暖。父母都爱护自己，自己属于这个家庭，这种家庭观念会影响孩子的一生。

父母每次离开都和宝宝说“再见”并做出再见的手势，每次回来都和宝宝打招呼“妈妈回来了”，让宝宝有最初的社交经验。

大动作训练：学习俯卧用肘撑起

俯卧用肘撑起可以锻炼宝宝颈部、上肢和胸部的肌肉，扩大宝宝的视野。让宝宝俯卧，把可移动的镜子摆在宝宝头侧。宝宝喜欢看镜中的自己，会努力把上身撑起来。大人帮助宝宝把一侧肘部放好，宝宝会主动把另一侧也放好，使整个胸部都撑起来。宝宝很喜欢用肘和前臂将上半身撑起，这时能看到过去看不见的事物。如把镜子放在宝宝面前，让他能看到身后的事物会使他十分高兴。他还会伸一只胳膊去够身旁的玩具。

大动作训练：练习拍打吊起之物

练习拍击一个活动的目标可进一步练习手眼协调，为 4 ~ 5 个月时抓住吊起的玩具做准备。将吊挂玩具改成带铃铛的小球，妈妈扶着宝宝的小手去拍击小球，球会前后摇摆并发出声音，吸引宝宝不断去击打它。宝宝这时还不会估计距离，手的动作也欠灵活，经常拍空，好不容易击中球又跑了，再想击中就十分困难。球的摇摆和铃声吸引着宝宝，宝宝可以连续玩十几分钟。

注意每次玩时要改变小球悬吊的位置，今天在宝宝左边，明天偏右，后天居中，以免宝宝长时间注视引起眼睛内斜（对眼）。玩完后把小球收起来，防止宝宝盯着去看。

还可以在宝宝的小床周围稍高处挂上五颜六色带响的玩具，如小铃铛、风铃等，用绳子一头拴玩具，一头拴在小床边宝宝挥臂能碰到的地方。宝宝看到玩具就会自动挥臂，一挥臂就会碰响玩具。玩具移动或发出响声都会引起宝宝的兴趣，于是他会很有兴趣地听、看和不断挥臂去碰绳子。虽然这个阶段宝宝的手眼还不能有意识地协调起来，但是这种游戏会有很好的促进作用。

精细动作训练：手是宝宝最好的玩具

让宝宝仰卧在床上，去掉悬吊在床上的玩具。宝宝在没有玩具、没有人在旁边时会玩自己的小手。先把手伸到眼前观看，然后两手的手指交叉或者手掌搓弄手背玩。他会聚精会神地玩耍，高兴时还发出“啊不，啊咕”的声音，玩五六分钟就累了，开始大声叫唤，要求人来。宝宝在玩手的过程中学会伸展和抓拢手指，学会双手合拢和双手协作，这对以后手的精巧发展有帮助。

感觉能力训练：提高感觉统合能力

让宝宝仰卧，把系上铃铛的大花球吊在宝宝能看到的地方。拉一根绳子，

一头系在球上，另一头系一个松紧带环套在宝宝左侧手腕上。大人扶着宝宝的左手摇动，会牵动大花球上的铃铛作响。大人松手让宝宝自己玩，宝宝会舞动四肢甚至晃动身体使铃铛作响。以后会试着动腿或动胳膊，逐渐知道只挥动左臂就能使铃铛作响。宝宝学会后，家长可把松紧带环套到宝宝的右腕上，宝宝会重新晃动身体，最后会知道只动右腕也可使铃铛作响。这样再把松紧带环轮流套到左、右脚踝上，宝宝也能经过几次试验而找出该动哪一个肢体使铃铛作响。

这是锻炼感觉统合和选择专一性的游戏：从看到花球、听到铃响到支配全身无选择运动是感觉统合过程；再到试验支配哪一个肢体才能收效，是锻炼大脑专门指使选择哪一个肢体活动的专一过程。

认知能力训练：激发宝宝的好奇心

把宝宝抱至梳妆镜前，让宝宝观察自己的形象。宝宝笑时镜中的宝宝也笑；妈妈拉宝宝的手去摸镜子，镜中宝宝也照样伸手；妈妈做怪脸，镜中的妈妈也做怪脸。宝宝开始用头去碰镜子，用身体去撞，用脚去踢，在镜前做各种动作。妈妈告诉他“这是宝宝，那是妈妈”，让他认识自己的形象。

让宝宝看可移动的小镜子，在小镜子中映出抓不到的玩具和自己看不见的东西。大人移动镜子，镜子映出的东西不断变化，会使宝宝惊奇不已。

先让宝宝认识镜中自己的形象，看清楚自己身体的每一部位，也看到妈妈比自己高大，妈妈身上的每个部位都比自己的大；再让宝宝从镜中看到不同位置的东西，引起宝宝探索外界的兴趣。

早教难题详解：宝宝爱咬东西怎么办

3 个月龄前后的宝宝虽然手还不太灵活，但看到什么都想抓，抓到马上放入嘴里啃，看它能不能吃，这是一种生存本能，叫觅食反射。大人应将宝宝身旁不洁之物统统收去，经常更换床单，每天清洗玩具，不能洗的玩具不要让宝宝够到。要特别注意的是大人床上不宜放一些危害宝宝之物，曾经发生过宝宝在大床上玩耍，将枕头下面的避孕药放入口中吞服的事情。

专家提示

直径小于2厘米的东西都有可能被宝宝吞下而发生危险，父母一定要特别注意。

宝宝放东西入口是一种探索行为，用嘴去啃啃，看看能不能吃。有时把东西翻过来转过去地啃，知道真的不能吃才罢休。家长应当理解，所有宝宝都会经历这个过程，直到真正学会咀嚼，分清哪些能吃、哪些不能吃。

3个月~1岁的宝宝都会抓物入口，要容忍宝宝这一漫长的探索过程，做好安全防护。不要因为宝宝抓物入口就禁止他拿东西，甚至用手套把他的手包起来，限制或剥夺他手技巧的发展。可以给一些专供啃咬的用具，如咀嚼环让宝宝啃咬。

3月龄早教计划

早教准备：适合宝宝的玩具和图书

可以给3~4个月的宝宝容易抓住的、能发出不同声响的（手镯、脚环、拨浪鼓）、具有不同颜色、图案以及不同质地的玩具，可发声的塑料挤压玩具是这个月宝宝的最爱。随着视、听、触觉协调能力的发展，玩具应该色彩鲜艳、带有声响，便于抓、拿、摇、捏。如果宝宝在专心玩一件玩具，就不要再给他其他玩具，否则哪样玩具他都不会专注地玩。

发声拉震玩具

3月龄以上的婴儿开始对周围新鲜的事物感兴趣。这时候，他们开始发展自己探索的本能。他们可以抓紧一件东西，注意周围所发出的声音。婴儿这时候特别喜欢能摇晃发声及挤压发声的玩具。所以简单和有不同触感及声音的玩具最为适合。

音乐拉铃

八音盒设计，只需轻轻一拉，好听的音乐就飘了起来，是宝宝最爱听的音调。颜色鲜艳漂亮，铃声柔和。

柔软的材质，非常适合小宝宝的抓抱，可爱的表情，会使小宝宝心情愉悦。

顶部有挂绳，可以挂在小车或小床上，这样就变成一个非常漂亮的车床挂啦！

拉铃的音乐声可以锻炼宝宝的听力，安抚宝宝情绪，让宝宝从小感受音乐的美妙；拉铃可以让宝宝学习双手向相反方向用力的本领，锻炼双手的协调性和灵活性；还可以鼓励宝宝观察拉绳动作与音乐之间的联系，激发宝宝的好奇心和探索精神。

专家提示

拉铃使用时请注意不要将绳子拉到尽头，不然绳子就缩不回去了。另外拉铃内有八音盒，不要进水，这样才好延长宝贝的使用寿命哦！拉铃不能完全泡入水中清洗，可用毛刷表面刷洗，尽快晒干。

婴儿布书（2）

掌握与不同月龄段的宝宝一起玩布书的技巧，对于提高宝宝的阅读兴趣和认知能力可是很有帮助的哦！即使是最简单的活动都能增强宝宝的自信和成就感。要让他觉得您注意到他的努力并且赞美他，这些对他来说是很重要的。

蜗牛妈妈背着色彩斑斓的壳一步步向前爬。看看蜗牛妈妈后面紧跟了谁？哦！原来是可爱的蜗牛宝宝！拉动蜗牛宝宝，蜗牛妈妈就动起来了，内置拉震器，激发宝宝的好奇心，很好的亲子互动玩具，可以跟宝宝讲故事，蜗牛妈妈带着小蜗牛去干什么呢？这款布书满足宝宝手握能力的发展，提高对声音的敏感度，促进知觉发育；还可当固齿器，易清洗；轻轻拉动，伴随柔和振动和铛铛声，吸引宝宝的注意力；可测试宝宝早期的视力和听力。

早教常识：这个月宝宝的动作发育

大动作发育

★ 3 ~4 个月是宝宝翻身能力发展的关键期，也是身体协调性、腰臂力量、手脚力量和平衡能力发展的关键期。这个月，宝宝开始出现被动翻身的倾向，到6个月时就能比较自如地翻身了。学会翻身可以扩大宝宝的视觉范围，使其接收到外界更多的信息和刺激，还可以增强四肢肌肉及腰腹肌肉力量，为日后学爬打下基础。翻身可以促进宝宝空间智能进一步发展，刺激宝宝的前庭平衡觉，促进感觉统合功能发展，对促进宝宝的智能发展有重要意义。

★ 用双手扶着宝宝的腋下让宝宝站起来，然后松手（手不要离开），宝宝能在短时间内保持直立姿势，然后臀

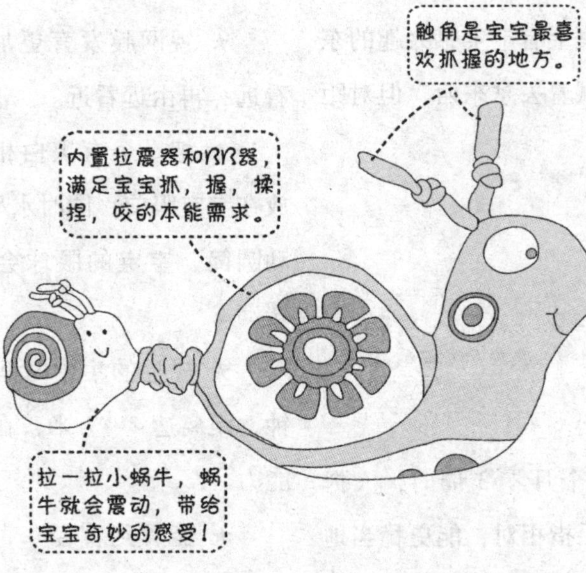

部和双膝弯下来。

★ 在直立状态时能竖直头部，自由地扭转头部四处张望。

★ 从仰卧位被扶起时，头仅表现为轻微后仰。

★ 腰肌开始发育，扶着髋部时能坐。

专家提示

出生3个月后，宝宝的动作能力发展很快。

精细动作发育

★ 把宝宝抱到桌前，不论桌面上是否有玩具，他的手指都会比较活跃地摸、抓桌面。当桌上有宝宝感兴趣的东西时，宝宝会尝试着去拿东西，但对距离判断还不准确。

专家提示

4个月时，让宝宝仰卧在小床上，把拨浪鼓放到他的小手里，鼓励他摇动拨浪鼓，观察他能否将拨浪鼓拿到眼前看并主动摇几下。

★ 大约在3个月零3周时，大拇指会和其他4个手指相对，能更稳当地抓握东西。早的2个月时就能掌握该技能，晚的要到7个月才能掌握，在这个年龄范围内都属于正常。

★ 喜欢用手敲打玩具，让其发出声音以引起大人的注意。

早教常识：这个月宝宝的感觉发育

视觉发育

★ 有了双眼视觉，两眼可以一致运动注视物体。在这之前，宝宝难以通过视觉来确定一个物体的位置、大小和形状，因此还无法准确地在大脑中获得信息，以指导他伸手去拿到一个玩具。

★ 视网膜发育更加成熟，能由近看远，再由远看近。

★ 把一个有黑白相间条纹的圆筒放在宝宝眼前，同时水平方向移动、转动圆筒，宝宝的眼球会追随圆筒来回转动。

★ 视觉的集中时间可达7～10分钟，距离达4～7米，在1米内有共轭能力。

★ 能看到直径0.3厘米的红色小丸，并会用一只或两只手去接触它。

★ 对视觉刺激的记忆可以保持24小时。

★ 已能精细地区分不同的面孔，能分辨两张中等相似程度的陌生人的照片，还能认出妈妈的照片，看到妈妈的照片时会高兴地笑起来。

★ 能辨别彩色与非彩色，喜欢看明亮鲜艳的颜色，不喜欢看暗淡的颜色。

★ 开始认识物体是三维的，而不是二维平面的。

听觉发育

★ 头耳协调，头能转向声源。到4个月时宝宝已经能够准确地根据声音定位，确定声源的位置了。父母可做一个简单的测试：在离宝宝耳朵15厘米处的水平方向摇铃，观察他的反应，如果宝宝能回头寻找声源则说明他具备这一能力。

★ 听到悦耳的声音会微笑。

★ 看不到父母时，对父母的声音也会保持微笑或保持安静。

早教常识：这个月宝宝的语言发育

当看到熟悉的人或玩具时能够发出“咿咿呀呀”像是说话的声音，这不同于“喔—啊”声，因为它要求用舌头和嘴的前部（而不是嗓子）去发出“呢—呢—呢”和“吧—吧—吧”这样的音。有时还会以笑或出声的方式跟眼前的人与物“说话”。

早教常识：这个月宝宝的社会性发育

★ 与人交往的能力增强，会大笑出声。

★ 喜欢同大人玩布巾蒙脸的藏猫猫游戏。

★ 3个月大的宝宝已经表现出明显的嫉妒心理，当妈妈将注意力转向其他人时（如聊天或其他形式的互动），宝

宝通常会蹬腿和发出不满的叫声。心理学家认为，“吃醋”表现出一个人对失去所爱之人的害怕，宝宝“吃醋”的心理与人际沟通有关，是感觉到某人的出现威胁到自己与亲人的关系后所做出的反应。

早教观点：多和宝宝一起游戏

宝宝出生的前3个月，父母的主要精力一般都会放在宝宝的喂养和睡眠方面，主要任务是帮助宝宝建立良好的生活规律和生活习惯。从这个月开始，宝宝的精力更加充沛，哭泣逐渐减少，内心的要求开始通过动作、声音和表情传达出来。虽然宝宝还不太会玩，但他非常喜欢玩，特别是喜欢和父母一起玩。因此，从这个月开始，父母应该把育儿的重点转到帮助宝宝建立良好的游戏习惯上。父母应该从对宝宝生活上的照顾中解脱出来，相信宝宝有能力自己决定吃或不吃、睡或不睡，把更多的时间用于和宝宝一起游戏。父母应该给宝宝布置丰富多彩的环境，了解宝宝最喜欢哪种游戏，最好每天能和宝宝玩1小时以上。特别是爸爸如果能有时间和宝宝一起做游戏，宝宝会特别高兴，能够有效地激发宝宝学习新本领和探索新事物的欲望。

专家提示

在这个阶段玩本身比玩什么和怎么玩更加重要。

情商培养：培养宝宝的自我服务能力

要从婴儿阶段起重视孩子自我服务意识的培养，通过宝宝的社会行为着手发展和培养宝宝的自我服务意识，如在宝宝喝水或吃奶时，把宝宝的小手放在奶瓶上，让他触摸，帮助宝宝开展早期的感知活动，这是生活自理能力的最初培养。宝宝自己动手的意识是很可贵的，如果这时阻止他的主动意识，将影响学龄前及学龄期的动手能力，导致学习困难。

大动作训练：训练宝宝两臂的支撑力

在婴儿床上方约60厘米高处悬挂一个色彩鲜艳的大气球，或能发出清脆悦耳声音的彩色风铃。让宝宝先趴在床上，两臂向下支撑着身体。妈妈在一旁摇动大气球或风铃，逗引宝宝抬头、挺胸往上看，并尽量看得时间长一些。宝宝一开始可能支撑得不太好，随着一天天练习，慢慢可以坚持2分钟左右。

待宝宝的两臂有了一定支撑力之后，妈妈可以调整大气球的高度，以宝宝仰卧在床时小手和小脚都能够到为原则。经常摇动大气球或风铃，吸引宝宝伸出小手和小脚去抓，这有利于宝宝动作协调性的发展，为学会主动翻身做准备。

大动作训练：练习拉坐和靠坐

宝宝的颈部肌肉能支撑头部重量之后可以练习拉坐。经过坐抱训练的宝宝较容易拉坐；未经过坐抱训练的宝宝，大人用双手扶着宝宝双肩，一面喊“坐起”一面向前向上拉，宝宝会抬起上身配合大人的动作坐起来。练习几次后，大人可用双手拉着宝宝的肘部和前臂，边喊口令边扶宝宝坐起。多练几回，最后才可用食指放入宝宝掌心让他握着，再喊口令让他坐起。口令是让宝宝协同动作的命令，宝宝听懂什么叫做“坐起”后就会听到命令将头伸起，然后上身离开床铺，借大人握力坐起来。

如果拉坐时宝宝的头后仰则不应当做此练习，因为如果颈部肌肉无力，拉坐时宝宝头先后仰，坐位时颈仍无力支撑头会向前低垂。头部突然摆动会使脑内组织发生嵌顿，导致出现枕骨大孔内疝的危险。因此，宝宝应先练习俯卧肘撑或手撑，待颈部肌肉强健到会抬头再练习拉坐。

这个月还应该有意识地让宝宝练习靠坐，强壮宝宝的腰背部肌肉，为独坐做准备。让宝宝背靠着枕头、小被子、垫子等软的东西半坐起来。宝宝很喜欢靠坐，因为靠坐比躺着看得远，双手可以同时摆弄玩具。宝宝靠坐时两条腿会蹬来踢去，身体会因为下滑而躺下；或

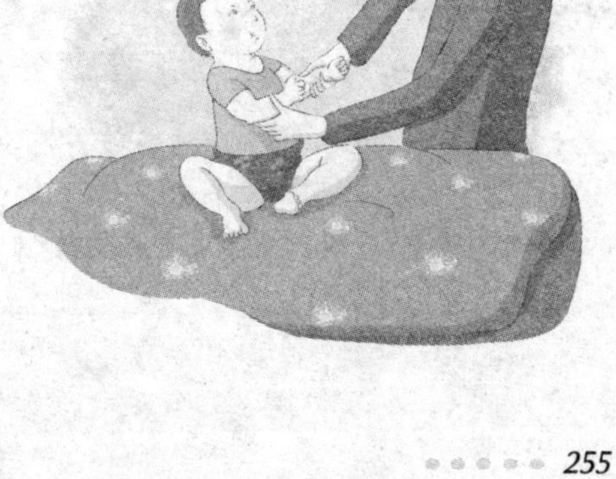

者重心向左右偏移，身体倒向一侧，所以妈妈应在旁照料，不宜离开。靠坐的时间不宜太久，初学可坐 3 ~ 5 分钟，熟练后也不宜超过 10 分钟。

大动作训练：练习够取悬吊的玩具

让宝宝仰卧，用绳子在宝宝眼前系一个晃动的玩具，锻炼宝宝够取物体的能力。可先把玩具放在宝宝伸手可以摸到的地方，宝宝摸到后再将玩具推远一点，吸引他再伸手碰触玩具，让玩具晃动起来。经常做这样的练习，过一段时间，宝宝就能用双手一前一后地将玩具抱住了。

双手抱住玩具比单手够容易，因为单手会将玩具拍走。双手合抱时单手拍到之物会送到另一手中，两手协作就能将东西抱稳。双手抱到玩具后有时会不自觉地松开一只手，使玩具落入一只手中。

专家提示

宝宝会首先把抱到的玩具放入口中啃咬，尝尝它能不能吃、有什么味道，所以要将玩具清洗干净，尽量避免让宝宝啃咬含铅的油漆木制玩具。

够取吊起的玩具比用手取放在桌上的玩具难。静止的玩具不会因手碰撞而改变位置，所以宝宝先学会拿到放在桌上之物，再学会够取吊起之物。够着玩具表示手的动作已与眼协调，看到东西后在脑中有了位置的感知，然后指挥手的动作达到物体所在部位，并且经过多次练习，使手的动作与改变了的物体位置相适应后才能够得着。出生后 60 ~ 90 天时曾做过拍打练习的宝宝，会在出生后 120 天前后够着吊起之物；未曾练习过拍打玩具的宝宝，要在出生后 150 ~ 170 天才能学会。

单纯的眼的活动与单纯的手的活动对宝宝的成长没有特别的意义，只有手眼协调的活动才能真正有效地促进宝宝各项能力的全面发展。手眼协调能力的训练越早越好，父母应积极创造条件，充分地训练宝宝抓、握、拍、打、敲、捏、挖、画的能力，使其成为心灵手巧的聪明宝宝。

精细动作训练：练习用手拨弄糖豆

在洁白的餐巾或纸巾中央放一粒红色的糖豆或其他东西，宝宝会注意地看这粒小东西，看它不会动、不会叫就伸手去摸，用手去拨弄，把它抓起来放入嘴里。大人要注意他的动作，不让他抓到手中，以免放入嘴里吞下或噎着。

大人要观察宝宝能否注意到这粒糖豆，看看他的手眼协调是否良好。宝宝拨弄糖豆时手掌动作不准确，只会用5个手指把糖豆拨到掌心，常常抓不准，容易掉下来。只要能拨弄糖豆就说明宝宝手眼协调能力良好。也可以把毛巾蒙在宝宝脸上，让他学习努力地控制自己的手把毛巾拿开。

精细动作训练：和宝宝玩“虫虫飞”

让宝宝背靠在妈妈怀里，妈妈两手抓住宝宝的小手，教他把两个食指对拢再分开，食指对拢的时候“虫虫——”，食指分开的时候说“飞”。也可以举着宝宝的小手教他做抓挠的动作。这些是我国民间常用的亲子游戏，可以训练宝宝的手眼协调能力和语言—动作协调能力。

感觉能力训练：提高连续追视的能力

把宝宝抱坐在有镜子的桌前，大人把球从桌子右侧滚向左侧，再从左侧滚回右侧。从镜中可以看到宝宝的眼睛和头跟着球转动。球滚的速度可以先慢后快，看宝宝视力是否能一直跟上。也可以左右推动惯性车，宝宝的眼睛也会跟着小车追视。无论是小球还是惯性车，速度都不宜过快，速度过快会使宝宝视力疲劳。

语言能力训练：鼓励宝宝发辅音

大人用口唇使劲发“爸”的音，用手指着爸爸或爸爸的照片，尽量使声音与人联系。妈妈为宝宝做任何事都要说“妈妈来啦”“妈妈喂宝宝吃奶”“妈妈给宝宝换尿布”“妈妈给宝宝洗澡”等。有时宝宝伸手去够取玩具，妈妈赶快说“拿拿”；当宝宝拍打吊起来的玩具时，妈妈说“打打”。出生后100天的宝宝大多数都会用口唇发出辅

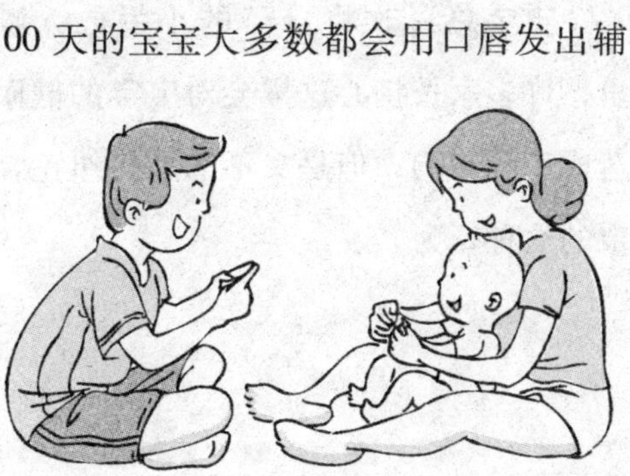

音，有时会自言自语地说“啊不”或“啊咕”，大人也应同时与他呼应地说“啊不”或“啊咕”，让他多说几声。宝宝知道大人喜欢听他发音就会使劲说，把声音拉长或者重复说，大人可用鼓掌表示欢迎，使宝宝经常自己大声发音。

不可能要求宝宝马上懂得音的含义，但经常重复的联系会使宝宝渐渐懂得“爸、妈”是指人，而且能慢慢分清指的是哪一个人。懂得说“爸”时看爸爸，说“妈”时看妈妈。当然这要到出生后150天前后才可能学会，但必须从生后120天前后开始练习，否则懂话的能力会延迟。学习发辅音对以后称呼大人和物品、动作名称都有帮助。

早教难题详解：宝宝吃手怎么办

宝宝总喜欢将自己的小手放入嘴里，许多家长担心这样会对宝宝的健康造成不利影响，但是又不知如何纠正宝宝的这种行为。

专家指出，在这个年龄段吃手是一种正常的生理现象，一般不需要纠正。但如果把宝宝的手拿开会引起他强烈的不满，甚至哭闹并形成吃手或吮手的习惯，则应寻找原因，予以矫正。宝宝吃手的原因主要有两种：

★ 人工喂养时奶嘴孔太大或母乳喂养乳量不足，哺乳时间太短，未能满足宝宝吸吮的需要，或宝宝饥饿时不能及时喂奶，便以吮手作为抑制饥饿的方法。

★ 宝宝缺少父母或照看者的关爱，生活单调，觉醒时较长时间处于孤独状态，又缺少玩具，使宝宝感到寂寞无聊而以吮手自我抚慰。

了解宝宝吃手的原因就可以采取相应的解决措施，纠正宝宝的习惯。在这里需要提醒父母注意的是，纠正宝宝吃手的习惯要注意方法，如果强制性地制止宝宝吃手，会使宝宝产生焦虑情绪，反而会使吃手的现象更严重。

4月龄早教计划

早教准备：适合宝宝的玩具和图书

击打玩具

比如拍拍鼓，玩具上有两个大小不同的鼓，宝宝可以用一个手或是两个手交替拍打，每拍一下鼓就会发出声音和灯光，同时还会传出好听的音乐。

大小鼓设计教会宝宝识别大小；两手交替拍打锻炼宝宝的手眼协调能力和对乐感的领悟能力；漂亮的灯光吸引宝宝的注意力；在拍打的同时锻炼手臂力量和灵活性。

这款玩具的每个宝宝都喜欢敲打，这款就是迎合宝宝的生长发育特点设计的，适用年龄很长。宝宝四五个月的时候可以坐在妈妈的腿上玩，1 岁左右可以自己玩。

木质沙锤

可以训练宝宝的握力和音乐的节奏感。演奏时左右手各握一个，双手交替上下摇动或振动，奏出各种节奏音型。

早教常识：这个月宝宝的动作发育

大动作发育

★ 在俯卧时能够把头、胸抬离床面，抬头角度与床面呈 90°左右，并能两眼朝前看，保持这个姿势。

★ 拉手成坐位时头部不再向后仰。

★ 用手将宝宝的胸腹托起悬空时，宝宝的头、腿和躯干能保持在一条直线上。

★ 俯卧位，当头保持在 90°时，如果一只手臂伸直而另一只手臂弯曲，可不自主地滚向伸出手臂的一侧，从俯卧位变成仰卧位。早的 2 个月时就能做到，晚的要到 7 个月才能达到该技能，但只要在这个时间段都属于正常。

★ 能靠坐。

★ 仰卧时会出现抬腿动作。

精细动作发育

★ 平躺在床上时双手会自动在胸前合拢，手指互相接触，双手呈相握状。

★ 在握住拨浪鼓后能将它保留在手中 1 分钟左右。

★ 能够摇动和注视拨浪鼓，但如果拨浪鼓掉下去不能再把它拿起来。

★ 会用 5 个手指和手掌心抓握小玩具，5 个指头几乎并拢，将东西紧贴手心，这种拿法叫做“大把抓”。

★ 能抓住近处的玩具。抱宝宝坐在桌子旁，在桌子上离宝宝小手约 2.5 厘米处放一玩具，鼓励他去抓取，观察他能否用一只手或双手取到玩具。

★ 在探究物体时双手已能互相调节，可以用一只手拿着一个东西，用另一只手的手指指点着看这个东西。有些宝宝在双手合抱吊起的物品时学会用两只手同时抓住一个玩具，在玩的过程中会放掉一只手，只用其中一只手握住玩具，一会儿又双手合握，玩一会儿再放掉另一只手，使玩具传到不同的手上。这种传手发生在宝宝出生后 140～150 天，是无意的传手。有意地将一物从一只手放入另一只手中发生在宝宝出生后 170～180 天或者更迟一些。传手是手技巧进步、双手协调的标志。

★ 无论拿到什么东西都会和手一同塞入嘴里。

早教常识：这个月宝宝的感觉发育

视觉发育

★ 这个月，宝宝的大脑信息传递及肌肉控制能力都达到了一个新的水平，能够完成类似伸手拿玩具的动作。可以给宝宝一些容易抓握的摇铃来练习这种抓握技能，否则宝宝可能就会伸手来抓妈妈的头发、眼镜或耳环等物品。

★ 能够注意动来动去的玩具，当物体运动时能把该物体从背景物体中分离开来。

★ 当玩具掉在宝宝看得见的床面

上，或当宝宝正在明确注视玩具时大人移动玩具，宝宝能转头去寻找。当小红球慢慢移动过桌面并且让它掉到桌下时，宝宝能将头转向桌边，看着小红球消失的地方。

★ 两眼能注视放在桌上有颜色的小丸，如糖丸、彩色小球等。

★ 由于视敏度的发展，开始能辨别更多的颜色。能够把各种颜色归于红、蓝、黄、绿4个范畴，这和我们成人的红绿蓝三原色已经相当接近。在4个月宝宝的眼里，两种不同的蓝色都被看成蓝色，但如果你给他们看黄色和绿色的两个东西，他们就能分辨出来。心理学家认为，这种对颜色的分辨能力似乎是天生的，因为这个年龄的宝宝还不可能通过语言学会各种颜色的名字。父母应给宝宝准备一些颜色鲜艳的玩具或挂图，宝宝常穿的衣服也最好是颜色鲜艳的。

★ 初步形成视觉的大小恒常性（同一物体不管远近都知道是一样大）。

★ 能够通过一些部件辨别出一个物体，这是萌生物体永恒性概念（当暂时未看到一件物品的时候知道这件物品仍然是存在的）的初步征兆。因此，这时宝宝特别喜欢玩儿藏猫猫的游戏。妈妈可以用两手蒙住自己的脸，然后突然放开，宝宝看到妈妈的脸一会儿出现、一会儿消失，会觉得很有趣。

听觉发育

★ 对听到的声音有定向能力，比如在宝宝一侧耳后大约15厘米处摇铃，如果宝宝听到了会转过头向发声的方向寻找声源。对于熟悉的声音，如隔壁房间传来的声音、室外动物的叫声或其他响亮的声音，能主动寻找声源。

★ 听觉不断改善，更加主动积极地倾听周围人们的说话，喜欢把注意力集中于母语的有意义的语音变化上。

★ 对发声玩具很有兴趣。父母可以给宝宝准备一些这样的玩具，如八音盒、摇铃、拨浪鼓、各种形状的吹塑捏响玩具等。在宝宝醒时，可在宝宝耳边轻轻摇动玩具，发出响声，引导宝宝转头寻找声源。当宝宝熟悉了这种游戏后可以更换不同的玩具，让宝宝倾听不同的音质和音响。

其他感觉发育

这个月是宝宝味觉发育的敏感期。

早教常识：这个月宝宝的语言发育

从这个月开始到宝宝满8个月，心理学家将这个阶段称为“连续音节阶段”。

★ 能辨别一些语调、语气和音色的变化。

★ 能高声叫或发出好听的声音，咿呀作语的声调变得越来越长，似乎想用声音来和大人谈话。在接下来的几个月，宝宝经常发出连续的音节，发音内容大多是以辅音和元音相结合的音节为主，并且有一个从单音节发声过渡到重叠音节发声的过程。

父母应该利用各种机会多跟宝宝进行简单的对话交流，不断重复日常生活中能够接触到的事物或活动，比如，给宝宝喂奶前和宝宝说“吃奶”，给宝宝洗澡前说“洗澡”，拿一个苹果，一边指着苹果一边告诉宝宝“苹果”。无论宝宝是否能听懂，都要耐心、反复地讲，这是帮助宝宝积累词汇的有效方法。

专家提示

与宝宝交流时注意句子要简短，吐字要清晰，音调要放高，口形要夸张。

★ 对自己的名字有所反应，并开始注意任何一个正在说话的人。

早教常识：这个月宝宝的社会性发育

★ 4～7个月的宝宝已能识别高兴、悲伤、生气和恐惧等面部表情，但还不能把照片上的表情同生活中成人的相应情绪联系起来。

★ 已经能认识亲人，见到熟人时能自发地微笑，出现主动的社交行为。

★ 开始对周围的一切事情发生兴趣，还会表现出满意或不满意的表情。

★ 如果大人抱着宝宝坐在镜子对面，轻轻敲动玻璃，吸引宝宝注意镜子

中的影像，宝宝能明确地注视自己，并与镜中的自己微笑或“说话”。

★ 喜欢被别人抱起来，仰卧时大人与宝宝说话并将他拉坐起来时会发出声音或微笑。

★ 吃奶时会将自己的双手放在妈妈的乳房或奶瓶上轻轻地拍打。

★ 看到大人在为其准备食物或玩具时会露出兴奋的表情。

★ 仰卧时会拉长衣服遮盖自己的脸。

早教常识：添加辅食促进智力发育

宝宝一出生就具有许多原始反射行为，他们通过视觉、嗅觉、味觉、听觉、触觉等感知觉与外界建立联系，这些与外界的联络途径需要不断完善、开发，为他们以后的生长发育打下良好的基础。科学地添加辅食可以让宝宝在学习吃的过程中促进感知觉的发育，包括人类12对脑神经中的嗅神经、视神经、动眼神经、听神经、舌咽神经等神经潜能的开发与完善。也就是说，添加辅食不仅关系到宝宝是否能摄取到充足的营养，而且对宝宝的智力发育，特别是语言发育非常有帮助。

情商培养：发展宝宝的自我意识

人们不仅能认识周围世界，还能认识自己，既知道自己的身体外貌，又能意识自己的各种心理活动，并对此进行评定，这就是自我意识。自我意识的发展是大脑成熟的标志，积极的自我意识表现使宝宝有较多的自我认识的能力和自我价值感，自信心强，独立性强，可以避免或减少儿童的社交退缩行为。

出生第一年虽然自我意识不强，但能意识到自己的存在，多让宝宝照镜子

可促进自我意识的发展。妈妈可抱着宝宝，让他面对着一面大镜子，敲敲镜子，叫他看镜子里面的自己。宝宝看到镜子里的人会感到很惊奇，他会注视着前面的镜子。妈妈对着镜子笑，宝宝看着镜子里有他熟悉的妈妈的面孔，他会感到愉快，也会对镜子里自己的影像感兴趣，并用手去拍打镜中的自己。经常让宝宝照镜子，让他摸摸镜子中自己的脸、妈妈的脸，教他说“这是宝宝，这是妈妈”。随着月龄的增长，宝宝逐渐会对镜中人表现出友好和探索的倾向，渐渐认识到镜中的妈妈和镜中的自己，对自我意识的萌芽有重要意义。

大动作训练：练习向两侧翻身

让宝宝仰卧在床上，妈妈轻轻握着宝宝的两条小腿，把右腿放在左腿上面，这样会使宝宝的身体自然地扭过去，变成俯卧，多次练习宝宝就能学会翻身。

宝宝先学会向一侧翻身，以后他会熟练而且主动地向习惯的一侧翻身，有时不用逗引也会自己将身体翻过去变换体位。这时大人要有意识地在他不熟练的一侧逗引，让他练习翻身。可将宝宝一侧的腿搭在翻身一侧的腿上，用玩具逗引并扶着他的肩朝要翻的一侧转动，使宝宝向不熟练的一侧翻身。宝宝有了侧翻的经验，练几次之后不用帮助就能自己翻过去。熟练地向两侧翻身是为下个月做180°翻身做准备，要让宝宝自如地向两侧翻身才有可能顺利地做双侧180°翻身。

精细动作训练：练习主动抓握

把拨浪鼓拿到宝宝面前摇晃，然后将拨浪鼓放在宝宝胸前伸手即可抓到的地方，诱导他去碰和抓。如果宝宝抓了几次都没抓到，可直接放在他的手中让他握住，然后再放开，教宝宝继续学抓。如果宝宝只看拨浪鼓而不伸手抓，可用拨浪鼓触他的小手，逗引他伸手去抓；或把拨浪鼓放在他手中，然后摇晃他的手，让拨浪鼓发出响声，引起他的兴趣。

抱宝宝靠在桌前，在距其1米远处用拨浪鼓逗引宝宝，观察他是否注意。将拨浪鼓逐渐靠近宝宝，让宝宝一伸手即可触摸到拨浪鼓。如果宝宝不主动伸手朝拨浪鼓接近，可引导他用手去抓握、触摸和摆弄拨浪鼓，这样可以培养宝宝接近、触摸和摆弄物体的能力。

精细动作训练：练习大把抓

在双手合抱吊起的物品之后，宝宝很快能做到单手够取和抓紧玩具。宝宝对喜欢的东西抓得又快又紧，给宝宝一个小玩具，他能稳稳地握在手里。多让宝宝练习单手拿稳可以提高宝宝的手眼协调、快速抓住东西的能力。

父母应该准备一些适合宝宝小手抓握的玩具，比如摇铃、吊环、牵拉钟、串珠、积木等，吊在宝宝面前或摆到宝宝眼前，引导他主动伸手准确抓握，练习初步的手—眼协调能力。

感觉能力训练：练习循声找物

抱宝宝坐在矮凳上，用带铃铛的玩具同宝宝玩耍。玩具越放越低，最后掉到地上发出声音，看宝宝是否用眼睛去寻找玩具。有过上述经验之后，抱宝宝坐在桌旁摆弄玩具，有意把带铃铛的玩具掉落地上，看宝宝是否用眼睛循声寻找。也可以把金属制的小勺、小锅掉到地上发出声音，看宝宝是否寻找。

在宝宝出生120天之前不会去寻找看不见的东西，因为他认为看不见的东西并不存在。玩藏猫猫儿游戏之后，宝宝知道毛巾的后面有人；现在又看到物品落地会发出声音，便会循发出的声音去寻找落地之物。让宝宝听到物品落地时会发出声音，再用同样的声音吸引宝宝用眼睛在地上寻找发出声音的物品，使宝宝记住物品落地发声的过程，学会循声找物。

感觉能力训练：促进宝宝的听觉发育

可以在家里的阳台上挂一只风铃，当风吹动风铃时便发出悦耳的声音。这种不定时发出的声音可以经常在宝宝的耳边萦绕，即使在父母顾不上的时候也能帮助刺激宝宝听觉的发展。父母还可以用嘴、牙齿、舌头配合发出各种声音，宝宝喜欢看父母的脸，也很容易被父母嘴里所发出的各种奇怪的声音所吸引。把平时宝宝发出的各种声音录下来，哭声、叫声、笑声……在宝宝心情愉快时放给他听，他会因为感兴趣而倾听得非常专注。

认知能力训练：学认第一种物品

出生后130～140天前后的宝宝可以学认某一种东西。许多宝宝最先认识灯，有些宝宝喜欢猫或汽车。家长要观察宝宝常看什么，或对哪种东西最喜欢，就可先教哪一种。每次说物名时宝宝用眼去看就表示宝宝认识了该种物品。

抱宝宝到台灯前，用手打开或熄灭台灯。开始时，宝宝只盯着妈妈的脸，继而看妈妈的手，他会注意到手动一下灯就亮了，再动一下灯就灭掉，这时他的注意力已被这一亮一灭的灯所吸引。当抱宝宝离开灯时，问宝宝“灯呢?”看他是否能用目光盯住灯的方向。如果抱他到不同的位置，他的目光仍盯住灯，就说明他学会了。以后每天复习2～3次，再反复问几次，看看他是否真正记住了。

有些宝宝特别喜欢门，因为出了门就能到外面去玩，这时可以先教他认“门”；有些宝宝喜欢看汽车在马路上跑，教他先认“嘀嘀”就认得快；还有些宝宝喜欢看他爱看的那幅彩图，教他先认彩图会记得最快。让宝宝将声音与某一种物品联系起来，听到声音会用目光盯住这种物品。宝宝也很容易记认最爱吃的香蕉或苹果，有些宝宝认得奶瓶，会转头去找。

5月龄早教计划

早教准备：适合宝宝的玩具和图书

《宝贝认知纸板书》

这是一套专门为0～3岁儿童设计的认知纸板书。全套共8册，有为宝宝认识丰富色彩的《颜色》书，启发宝宝词汇的《启蒙词语》，让宝宝认识动物的《农场的朋友》，还有《大海》《交通工具》等。全套图书以图释文，可以让宝宝更好地认知事物名称。中英对照让宝宝学习中文的同时还轻轻松松学习了英文。

全套本系列书由厚纸板做成，小手撕不烂。温馨的圆书角使阅读玩耍过程更加安全。小巧的外形，鲜艳的绘画，给宝宝的幼儿启蒙带去美好的时光。

《宝贝手指谣》

俗话说："十指连心""心灵手巧"。著名哲学家康德曾说："手是身体的大脑。"著名教育家苏霍姆林斯基也曾说过："儿童的智慧在他的手指尖上"。对于婴幼儿来说，手指的活动，是大脑的体操。活动的是手，得到锻炼的是大脑。手的动作与人脑的发育有着极为密切和重要关系，对语言、视觉、听觉、触觉等的发展也有极大的助益。

《宝贝手指谣》是专为0~6岁的儿童设计的，是一种最经济、最便捷的训练宝宝手指动作发展的游戏。它取材于儿童周围生活，内容浅显易懂，语言流畅生动，情节稚趣活泼。明快的节奏、优美的韵律，配合适宜的手部动作图解，提供家长与宝宝一起边念边听、边玩边做的机会。不但能使宝宝在充满亲情的乐趣的良好环境中陶冶身心，增进双手的灵活与协调；更是对大脑机能综合全面的训练，能有效地提高宝宝的学习能力和智力发展水平。

早教常识：这个月宝宝的动作发育

大动作发育

宝宝的动作开始由无意识变为有意识。

★ 俯卧位前臂可以伸直，手撑起，胸及上腹部离开床面，能自己从俯卧位翻成仰卧位。

★ 会用双手撑住身体像蛤蟆样靠坐，逐渐到自己放手坐稳。90%的宝宝

在出生后5~9个月时会独坐，达到该技能的平均年龄是7个月。

★ 仰卧时能举起伸直的两腿，看着自己的脚丫；还能从仰卧位翻滚到俯卧位，并把双手从胸下抽出来。

★ 俯卧时四肢喜欢乱踢腾，大人用手顶住宝宝的脚掌心，宝宝可以随着蹬腿动作向前移动。

★ 大人用双手扶住宝宝的腋下，让宝宝站立，宝宝的臀部能伸展，两膝略微弯曲，能支持大部分体重。当大人向上托举宝宝时，宝宝的双腿有一定的张力。

精细动作发育

★ 5~6个月是双手协作能力产生和发展的关键期。宝宝开始学习双手传递物品或双手协作拿取、抱持物品，这个时期对培养宝宝双手的不同分工合作能力非常重要。

★ 给宝宝一张纸，他能用双手抓住纸的两边，把纸撕开。妈妈可以给宝宝一些白纸（纸不能太软，太软的不好撕），上面先撕一些小口，让宝宝练习撕纸。撕纸带来的嘶嘶作响以及纸的大小的变化等都能极大地激发宝宝的兴趣，他会乐此不疲地玩个不停。

专家提示

最好不要用报纸、杂志、图书的纸，因为这些纸经过印刷，都含有一定的铅。宝宝喜欢吃手，很容易使铅进入体内，引起铅超标。

★ 将一块手绢或者薄布盖在宝宝脸上，他会伸手将布拉开。

★ 开始发展拇指的能力，经过大把抓式握物之后，会进一步以拇指和其他4个手指相对将物握稳，这种握物法称为“对掌握物”。学会对掌握物后，满6个月时能两只手同时各抓住一个玩具，开始学习对敲和传手。

早教常识：这个月宝宝的感觉发育

视觉发育

★ 调节眼睛晶体的功能达成人水平，能注视远距离的物体。

★ 可通过改变体位来协调视觉，出现手—眼的协调动作。

★ 6个月左右的宝宝已有深度知觉。

★ 对色彩鲜艳的玩具能注视

30秒。

听觉发育

★ 能区别爸爸或妈妈的声音。

★ 能欣赏玩具中发出的声音。

早教常识：这个月宝宝的语言发育

★ 懂得简单的词、手势和命令，理解具有情境性。

★ 大人背儿歌时，宝宝会在某一句之后做出相应的动作。

早教常识：婴儿的记忆特点和培养方法

记忆是大脑将以前经历过的事物储存起来，在某种情况下又在大脑中重新再现并体验到当时经历的感觉。记忆分识记、保持和回忆3个主要过程。识记是所看到的事物先在大脑中形成暂时的联系；保持是具体事物被摄入大脑后，在脑中储存起来；回忆是储存在大脑中的事物被唤起，又分再认和重现。再认指原来感知过的事物在眼前重新出现，觉得确实以前感知过；重现指过去感知过的事物不在眼前，而确在脑海里又出现了。再认先于重现，5～6个月的宝宝已能再认妈妈，1岁时能再认相隔几天或十多天的事物，3岁时可再认几个月前的事，4岁可再认1年以前的事，4岁以后能再认更久以前的事。1岁以内重现尚未出现，1岁以后出现重现，最初仅限于在几天以内的事物，3岁时可保持几个星期，4岁时可保持几个月，4岁以后可保持更长的时间。一般人们只能回忆起3岁以后的事情。

婴幼儿的记忆特点是：记忆时间短；记忆内容少，只限于经常接触的具体事物；记忆内容和效果很大程度上依赖于事物的外部特点；能吸引孩子兴趣的事易被记忆，如新奇的内容、会活动、能发响且色彩鲜艳的玩具；记忆不精确、不完整，记不住主要的、本质的内容；现实和想象容易混淆，让人误认为孩子在说谎。

婴幼儿的记忆以机械性识记为主，两三岁的孩子会背几首唐诗并不能说明多么聪明，也无多大意义，因为他们尚不理解其意。随着理解能力的加强，稍大一些的儿童渐渐能运用一些方法帮助记忆，从以机械的识记为主发展到以理解识记为主，从无意识记向有意识记发展。

培养孩子的记忆能力可从以下几方面入手：

★ 在宝宝情绪好的时候进行记忆训练。

★ 在宝宝有兴趣、注意力集中的时候进行记忆训练。

★ 利用游戏进行记忆训练，增强记忆的目的性和趣味性。

★ 每次训练的时间不宜过长，以10～15分钟为宜。

情商培养：帮助宝宝适应新的照看者

当产假结束、面临着重返工作岗位的问题时，妈妈总会舍不得自己的小宝宝。宝宝也同样面临着妈妈整个白天都不在自己身边，不能随时关心、照顾自己的问题。妈妈上班后肯定需要请别人照看宝宝，在这之前就应该让宝宝跟新的照看人渐渐熟悉，让他们彼此之间相互了解，为妈妈和宝宝的第一次暂时性分离做好准备。比如，可以提前两周让宝宝认识新的照看者，妈妈每天都离开一小会儿，让宝宝与照看者单独相处，并逐渐加长每次离开的时间。让照看者像妈妈那样陪宝宝玩游戏，比如给宝宝讲故事、念儿歌、做操等，增加他们之间的感情。

情商培养：从躲避生人到接受生人

出生后6个月前后的宝宝能区分生人和熟人，明显依恋妈妈。怕生是一种保护自己寻求生存的防御性反应，妈妈要理解宝宝保护自己的意识，同时要逐渐让他能接受生人，适应人多的社会环境。

来客人时妈妈抱宝宝去迎接客人，暂时不让客人接近宝宝，让宝宝有机会观察客人的说话和举止。适应一会儿后，妈妈再抱宝宝接近客人，这时只让客人同妈妈对话，偶尔看宝宝笑笑，不接触宝宝，使宝宝放松戒备。告别时只要求宝宝表示“再见”，客人并不接触宝宝。第二次或第三次再见面时，客人可拿个小玩具递给宝宝。如果宝宝表示高兴，客人把手伸向宝宝，看宝宝是否愿意让客人抱一会儿。客人抱宝宝时妈妈一定不要离开，使宝宝感到可以随时回到妈妈怀抱。有过这种经历，宝宝就会从躲避到接受生人。如果不采取稳妥的步骤，让客人突然抱起宝宝，会使宝宝产生恐惧和害怕，以后就更加躲避生人并且难以纠正。依恋妈妈是正常的现象，让宝宝接受其他人要慎重并且有个过程，才能使宝宝顺利地进入社会。

情商培养：让宝宝学会善解人意

让宝宝懂得分辨大人的表情，知道是赞许还是批评，与人配合。宝宝做对了，妈妈笑笑或者抱起来亲亲表示赞扬；宝宝做错了，妈妈要马上收起笑容，表情严肃表示不赞成或者生气，宝宝会马上停止动作注意大人，或者因害怕而哭起来。妈妈要态度明朗、善恶分明，用不同的表情使宝宝认识到这样做会使妈妈高兴，那样做会使妈妈生气。多次的表情和语言声调使宝宝学会通过观察大人的表情理解大人的意思。

大动作训练：练习翻身180°

先学从俯卧翻到仰卧。在宝宝俯卧时在其身后摆弄一个发声玩具，宝宝会转身来看，很自然地松开一只支撑的手。大人把发声玩具移到高处，宝宝的身体随着移动，当下肢也抬起来时就成仰卧。宝宝仰卧时，在宝宝身体的任一侧放置玩具，诱使他侧卧。然后将玩具放到宝宝头顶的方向，诱使宝宝抬头去看玩具，身体渐近床铺最后翻成俯卧。经常练习从俯卧翻到仰卧，熟练后再学从仰卧翻到俯卧，两者联合起来，为下个月360°翻身做准备。

专家提示

要有视（玩具）、听（大人的声音）、触觉（大人牵拉）等诱导，与运动结合训练，为继续翻滚、够取打基础。

大动作训练：由蛤蟆坐到坐稳

6个月左右应该重点训练宝宝坐起的能力，从靠着坐、扶着坐到独立坐，从光能坐起，到学着逐渐坐稳，并且能坐着自如地变换姿势。

先让宝宝练习靠着坐，前面放几个玩具让宝宝拿着玩。宝宝要够取玩具就会离开靠垫，由于宝宝的头太重身体就会前倾，如同蛤蟆一样有时要用手去支撑。大人将他扶到靠坐的垫子上，不一会儿宝宝身体又再度前倾。这种状态大约要过1～2周，待宝宝的颈部能完全支撑头的重量时就能离开靠垫完全坐稳。

练习蛤蟆坐是为独坐做准备。宝宝都喜欢坐起来，因坐着比躺着看得远。蛤蟆坐起时仍可伸一只手去够东西，也可坐着转动方向。但大人要在旁陪着，防止宝宝跌倒或者扑向前方，蛤蟆坐只能坚持10分钟，不宜过久，要注意防止跌倒或疲劳。

大动作训练：练习扶腋蹦跳

让宝宝在快乐蹦跳时练习部分负重，锻炼下肢肌肉，为将来爬行和站立做准备。大人坐位，将宝宝抱站在膝前，扶住宝宝双腋让其在膝上蹦跳，或者扶着宝宝站立桌上，播放节拍分明的儿童音乐，让宝宝快乐地跳跃。如果宝宝双腿能部分负重，双腿在蹦跳之时能部分伸直，扶持的力量可减轻。每天上、下午各练习1～2次，每次时间不宜过长。

精细动作训练：发展拇指的能力

人类的许多技巧都要用手去完成，操纵手的脑神经细胞达20余万个，而活动躯干的脑神经细胞仅5万个，所以人们都说“心灵手巧”。出生后5~6个月的宝宝开始发展拇指的能力，经过大把抓式握物之后会进一步以拇指和其他4个手指相对将物握稳，这种握物法称为“对掌握物”。学会对掌握物后两手可各拿一个玩具而且对敲起来，宝宝会高兴地听着它们发出的声音，拿着玩具到处敲打。如果大人再给他一个玩具，他会扔掉手中的去拿新的。大人将他扔掉的玩具收走，使他不敢再扔，于是他会把手中的玩具放在胳膊上抱着，再去拿一个。胳膊抱不住东西，宝宝会用手尝试多种办法，最后学会将左手拿的玩具放下，将右手拿的玩具传到左手，再伸右手去取第三个。

认知能力训练：手拍认识之物

在墙上挂上一排一图一物的彩图，抱着宝宝站在图前，当大人说到宝宝曾经认识的图中之物时，宝宝会伸手准确地拍在图上。只能要求宝宝拍中他最喜欢的一幅（8个月后才会指），不可能要求宝宝一下子记住许多幅。宝宝喜欢认花、猫、灯和汽车，这时能伸手拍中1~2种就算很好了。

宝宝出生4个半月之后，如果会盯住看一种认识的东西，到现在也许能学会认第二种。不但会用眼去看，还会用手去拍，即能用眼和手去表达已经记住的事物。宝宝能记认1~2种东西或图画，表明宝宝已经建立手、眼和记忆联系的神经通路，即开始有了学习能力。

认知能力训练：同妈妈玩藏猫猫

妈妈和宝宝面对面坐好，妈妈一边温柔地说：“宝宝不见了！”一边用一块手绢把宝宝的脸遮住，观察宝宝是否会用手把手绢拽下。如果宝宝把手绢拿下了来，妈妈要用愉快的声音说：“宝宝又出来了，太棒了！”然后再重复进行。如果宝宝不会用手拽下手绢，妈妈就拿着宝宝的小手，帮他拽下来，并愉快地说：“宝宝出来了。”妈妈也可以自己用手绢盖住头，说：“妈妈不见了！”几秒钟后自己拿下手绢，逗宝宝说：“妈妈又变出来了！”然后再用手绢盖住自己的头，问宝宝：“妈妈去哪里了？”鼓励宝宝用手拉下妈妈头上的手绢。

语言能力训练：引逗宝宝发音

宝宝睡醒后 1 小时心情最好，妈妈可以在宝宝舞动上肢并发出愉快的呼声时，重复宝宝发出的声音，反复跟宝宝说“妈妈抱宝宝”，一边就把宝宝抱起来抚摸亲吻，使他更为高兴满足，抓住这个机会，逗引宝宝发音，如“mɑ……mɑ”等音，这种发音训练为宝宝下一步模仿成人的语言打下了很好的基础。

早教难题详解：如何判断是否缺铁

婴幼儿生长发育旺盛，对铁的需求量很大，其中的 30% 必须由膳食提供，

由于奶类制品含铁极微，如不及时添加辅食或添加不当，极易引起缺铁。而婴幼儿期又是行为、智能发育最为迅速、最易受损的时期，此期缺铁对婴幼儿更易造成行为、智能发育异常，而且婴幼儿期缺铁对儿童认知功能和行为发育具有较长期的不良影响。

缺铁引起婴幼儿行为、智能发育障碍的原因在于：

★ 缺铁引起脑组织能量代谢障碍：婴幼儿脑发育快，能量需求大，其中绝大部分以有氧氧化的形式由葡萄糖供给，在能量代谢的关键步骤中，许多酶活性作用的发挥有赖于足够量铁的存在，缺铁时，所有这些酶的功能将受到限制，从而影响脑组织的能量代谢。

★ 苯丙氨酸及儿茶酚胺代谢异常：正常情况下苯丙氨酸有两条代谢通路，一条是经苯丙氨酸羟化酶转换成酪氨酸进而代谢为儿茶酚胺；另一条是经苯丙氨酸转氨酶代谢为苯丙酮酸。其中苯丙氨酸羟化酶是一种含铁酶，缺铁时该酶活力下降，使苯丙氨酸转换成酪氨酸减少，从而使儿茶酚胺（包括多巴胺、去甲肾上腺素等）合成降低，而儿茶酚胺是正常脑细胞功能所必需的重要神

经递质，其在脑组织中含量的降低导致中枢神经系统功能的异常，使行为、智能发生障碍。另一方面由于苯丙氨酸羟化酶的活性降低，使苯丙氨酸经另一途径代谢成苯丙酮酸，并使之大量积聚，而苯丙酮酸具神经毒性，长期在脑内蓄积可致智力发育障碍。儿茶酚胺在其分解代谢过程中，单胺氧化酶是关键酶，而此酶是铁依赖酶，其活性有赖体内有充足的铁，缺铁时此酶活性下降，儿茶酚胺代谢异常，从而产生行为、智能障碍。

★ 缺铁使脑内多巴胺受体功能下降，产生行为障碍。

★ 乙酰胆碱是与学习记忆关系最为密切的神经递质，缺铁时大脑海马区乙酰胆碱含量下降，而影响儿童学习记忆功能，影响智力发育。

★ DNA 合成时需要铁，故缺铁还可损害神经元的发育和髓鞘的形成。

缺铁性贫血是常见的全球性营养问题之一，婴幼儿、生育期女性是缺铁性贫血的高危人群。婴幼儿在出生的第一年体重增长非常迅速，身体对铁的需要量超过成人。妈妈在怀孕时将自己体内的铁通过胎盘给了胎宝宝，足月分娩的宝宝在出生时身体里有较多的铁，可以在出生后的 4 ~6 个月内满足身体快速生长的需要。6 个月以后，宝宝从妈妈那里得来的铁就不够用了，此时就必须从食物中吸收铁，但这个时期的宝宝饮食仍以奶类为主，母乳所含的铁已不能够满足宝宝的需要，添加其他含铁的食品是为宝宝提供铁的最好方法。

6 个月以上的宝宝如不及时地、循序渐进地添加辅食很容易缺铁；另外，早产儿或低出生体重儿（出生时体重低于正常标准）出生时身体里的铁相对较少，很多宝宝患不同程度的缺铁性贫血；哺乳妈妈偏食、饮食习惯不良或饮食含铁量太少也是造成宝宝缺铁的主要原因。

缺铁在尚未引起贫血的无贫血缺铁期即可引起婴幼儿行为的损害，并对智能发育产生影响。患儿心智发育指数和运动发育指数均低于正常儿，行为发育亦落后，出现反应迟钝、对周围环境失去兴趣、倦怠、语言发育落后等。患儿手的灵活度、平衡和跳跃功能等均落后于正常儿，脑地形图显示大脑发育落后于正常儿，而且对于婴幼儿缺铁补充铁剂虽可完全恢复血液学改变并治愈贫血，但不能彻底逆转相应的行为、智能异常，尤其是病程长、病情重的缺铁患儿预后更差。婴幼儿期缺铁到学龄期时常有学习困难等。这与早年学习记忆能力损害有关，因此缺铁的预防比治疗更具积极意义，并特别应注意不明显缺铁对儿童健康的影响。

6月龄早教计划

早教准备：适合宝宝的玩具和图书

敲击玩具

可以锻炼宝宝的手—眼协调和手腕转动的灵活性，激发宝宝对音乐的爱好。

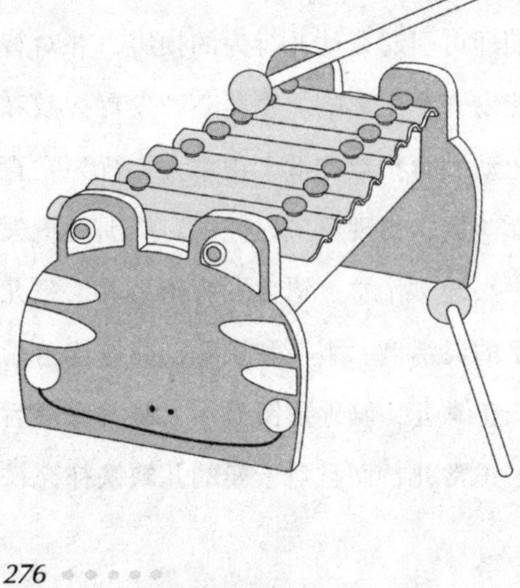

《惊喜连连翻》系列

《惊喜连连翻》是一套引进澳大利亚的经典低幼读物，中英双语，绚烂的色彩，美妙的画面，独特的折页上翻下翻的有趣形式，让孩子在乐趣中逐渐懂得字母，数字，反义词，颜色和形状，农场，动物园的常识。看似简单的形式蕴涵了作者独特的创意，笑脸一翻变成了哭泣，浴缸一翻变成了小猪，苹果一翻变成了天使，座椅一翻变成了狮子，吸引孩子主动去翻阅，在连连的翻阅中获得重重的惊喜，也打下了认知的基础，有助于开发孩子天才的大脑和创意，有助于培养孩子对书本的浓厚兴趣，从小养成注意力集中的好习惯！宝宝爱书，从乐乐趣开始，以书为伴，受益终生！

乐乐趣翻翻书《惊喜连连翻》一套6册，分别是《动物园》《农场》《字母》《数字》《颜色和形状》《反义词》。

《颜色与形状》：朝上翻，白色圆圈雪满天；往下翻，红色菱形骑士穿；小朋友，打开书本翻一翻，色形变幻喜连连！

《动物园》：朝上翻，碗变熊猫藏里边；往下翻，风筝变鹰笼中关；小朋友，打开书本翻一翻，动物园里喜连连！

《反义词》：朝上翻，黑夜白天马上变；往下翻，骑车蜗牛比快慢；小朋友，打开书本翻一翻，相反场面喜连连！

《数字》：朝上翻，10变点心让人馋；往下翻，9变蜗牛来回钻；小朋友，打开书本翻一翻，数数乐趣喜连连！

《字母》：朝上翻，香蕉变鸟枝头欢；往下翻，火箭消失兔子现；小朋友，打开书本翻一翻，可爱字母喜连连！

《农场》：朝上翻，骏马一跃出栅栏；往下翻，猎狗在把绵羊看；小朋友，打开书本翻一翻，热闹农场喜连连！

早教常识：这个月宝宝的动作发育

大动作发育

★ 拉手成坐位时头部能主动离开床面抬起，腰背直挺并主动举头，能自由活动，身子不摇晃。坐在童车或带围栏的椅子里能直起身子，不倾倒，当身子倾倒后能自己再坐直。

★ 宝宝从6个月时开始，在父母的帮助下出现不熟练的爬行动作。爬行有助于胸部和臂力的发育，扩大了宝宝的活动范围，有利于宝宝空间智能和感觉统合能力的发展，也有助于认知的发展，意义重大，应该加强练习。早的5个月时就开始爬行，晚的要到11个月时才会爬，90%的宝宝都在这个时间段掌握了该技能，但也有一些宝宝没有学会爬就直接学习走路了。

★ 大人的双手扶着宝宝的腋下，让宝宝站立起来，宝宝的下肢能支撑体重。

精细动作发育

6个月后，宝宝手的动作明显灵巧了，一般物品均可熟练地抓起。

★ 这个月，宝宝能手指弯曲做扒弄和搔抓动作，还会用拇指和其他手指一起把身边的物品扒到自己手边。父母应该准备一些宝宝感兴趣的物品，让宝宝练习够取。物品不要离宝宝太远，因为现在宝宝还不能移动较远的距离。

★ 会捏取绳子。可以在宝宝面前放一个能够拖拉的玩具，对宝宝说："宝宝，把玩具拉过来。"大人可以先帮宝宝把拖拉玩具的线拉过来，然后鼓励宝宝自己用拇指和其他手指去捏取线绳，再帮着宝宝把玩具拉过来，以此锻炼宝宝的食指和其他手指的捏取能力。也可以拿一个软塑料玩具，在宝宝面前捏出声音，再鼓励宝宝自己把玩具捏出声，训练宝宝拇指和食指的小肌肉动作。

★ 看见玩具或其他东西不再两手同时伸向物体，而是伸出一只手去够。

★ 能两只手同时各抓住一个玩具，开始学习对敲和传手。

★ 从6个月开始宝宝能够自己将手里的饼干送入嘴里，看到父母拿杯子喝水会有模仿的欲望。

早教常识：这个月宝宝的感觉发育

视觉发育

★ 双眼视觉已经发展得相当好了，能够利用双眼视觉来察觉物体离自己的远近，从而调节手臂的动作去够摸物体。心理学家的一项最新研究证明，只要把东西从宝宝够得着的地方放得稍微远一点，使他们够不着，他们就会戏剧性地放弃够摸的努力。

★ 视敏度已接近成人，更加关注那些出现在视野中的小东西，并试图用手捡起来。他甚至能够用手把葡萄干或鹅卵石类等细小的物体都扒到自己身边，然后用整只手把这些物品攥在小拳头里，然后送到嘴里。这时父母一定要格外小心，避免宝宝因吞入小物品而引起意外。

★ 能看出图形的边界，并且能知觉到仅存在于主观头脑中的物体轮廓线，如下图，他们能像成人一样知觉到一个正方形，在知觉的同时也力图去理解它。

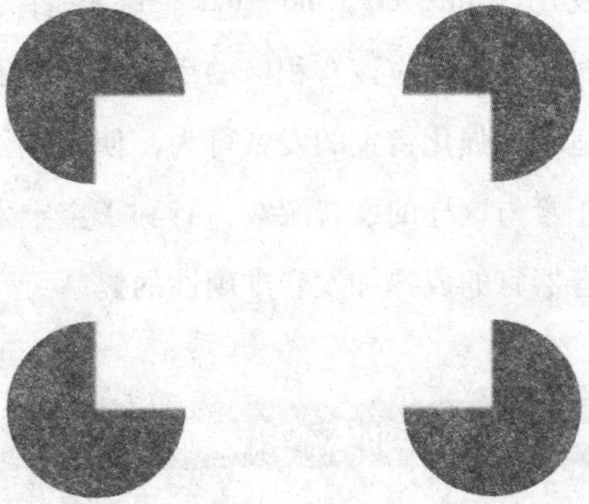

★ 能以平稳、细腻的眼动跟踪运动的物体，即使物体不运动也能根据其特征把它从背景物体中分离开来。

听觉发育

★ 叫宝宝的名字他会转向呼叫人，并露出友好的表情，以示回答。

★ 和宝宝说话、给他唱歌时，他能静静地看着，注视说话人的口型，有时还发出声音来回应。

★ 能按照成人的意图追寻声音。

★ 当电视、广播开启时能灵敏地朝向声源。

其他感觉发育

7个月时，当刺激皮肤某点时手可准确地抚摸被刺激的部位。

早教常识：这个月宝宝的语言发育

在正常的保育条件下，生后六七个月是语言开始逐渐发生的时期，也是训练宝宝语言模仿能力、发音准确性的关键阶段。

★ 这个月，宝宝已经能够发出许多音节了。妈妈与宝宝讲话时要让宝宝看见自己的口型，用纯正的语音教他。

★ 当宝宝发现通过舌头的动作可以发出各种不同的声音时，他会持续不断地发出“咿咿呀呀”的声音。同时，他还会改变嘴形来改变发出的声音。有时候宝宝会故意发出一些响亮的声音，试一试他的声音能够传多远。

★ 会发出不同的声音表示不同的要求，如饥饿、疼痛、不满等，但是音节不够清楚。

★ 可以把语言划分为一个个较大的单元，这对宝宝理解语言是十分重要的。

早教常识：这个月宝宝的社会性发育

★ 对父母或者其他照顾者的依恋表现得更为明显，并且会更为积极地以自己的方式去接近和寻找依恋对象，依恋对象离开时会哭起来。

★ 已经能够理解成人对他的态度和语言，如果批评他，他会不高兴或是放声哭起来；如果给他快乐的表情，他会表现得很活跃，同时会模仿他人的动作，例如做拍手、再见、伸手要抱等动作，这些动作表示必须要与语言同时出现，使宝宝能够渐渐地将语言和动作联系起来。

★ 对周围环境越来越感兴趣，会发现越来越多有趣的事物，并且将注意力集中到这些有趣的事物上，在没人陪伴的情况下能自己独自玩10分钟左右。

早教观点：鼓励和赞扬是最好的教育

这个年龄段的宝宝喜欢受到表扬，如果听到称赞，他就会不停地重复原来的语言和动作，这有利于宝宝对这个世界的探索和发现，会使宝宝有更多的学习机会。当宝宝能够独自坐起或用小手颤颤悠悠地抓起东西时，父母的表扬和赞美是对宝宝最大的肯定和激励。虽然宝宝还不能发出清晰的声音，但是当他发出“da—da、ma—ma”这些音节时，父母也应该有积极的反应，这样能适时地强化宝宝的发音行为，使宝宝乐于参与这样的发音游戏，有利于宝宝发音器官的成熟和发音准确性的提高。

大动作训练：练习翻滚

让宝宝在游戏毯或塑料地垫上坐着玩，将惯性小车从宝宝的左侧开到右侧。宝宝很想向右转身去够，但够不着。于是再使劲翻成俯卧，然后转向右

侧，终于将小车拿到手中。在宝宝练习俯卧撑胸时用固定的玩具，如不倒翁、八音盒等。在宝宝学习翻滚时要用小车、皮球等能滚动的玩具，促使宝宝翻滚及连续翻滚。

宝宝要克服身体的重力才能滚动，需要肌肉、关节、韧带、皮肤感觉等全面参与，这些都会成为信号传入大脑记忆库中。多种动作的协同，再加上视评估的距离感觉和用手够取的感觉，通过练习就能协同自如练出技巧。宝宝通过运动时的感觉渐渐将自己的身体与外界事物区分开，所以越是全身的大运动就越能锻炼宝宝的感觉统合能力，促进大脑和前庭系统的发育。

大动作训练：练习扶物坐起

只有坐起来才能看得远，因此宝宝会努力撑物坐起。宝宝在摇篮车上最容易扶栏坐起，因为小车上的栏杆易于抓到而且高度适宜。有时推着小车带宝宝到户外玩耍时，本来宝宝是躺在车里的，在大人未注意时宝宝已经坐了起来。宝宝也会扶着椅子的扶手、沙发的扶手或用床上被垛支撑自己坐起来。如果前方的挡板未扣好，宝宝为了够取吊起来的玩具就会从前方跌出车外，因此要做好宝宝随时坐起的准备。通过扶栏坐起可以锻炼宝宝胳膊的力量，也可以锻炼腰和腹肌的力量，同时会使宝宝产生自信，学会用自己的力量去改变自身的状况。

扶宝宝坐在床上或塑料地垫上，旁边放几个小玩具，宝宝能用双手去摆弄玩具而不用手支撑身体。妈妈在宝宝身后同宝宝说话，引诱宝宝转动头和身体去看妈妈。爸爸在另一侧用玩具引逗，让宝宝将头和身体转向另一侧。如果宝宝的头和身体向两侧转动之后仍能坐稳、不用扶才算真正坐稳。能坐稳的宝宝可以更方便地获取信息，从视、听、手摸、嘴啃、脚踢等多方面去认识事物，所以认识事物的范围和深度比以前增大。

大动作训练：“拉大锯、扯大锯”

让宝宝坐在妈妈的膝盖上，脸冲着妈妈。妈妈用手拉住宝宝的小手，边念边做动作：“拉大锯，扯大锯，姥姥家，唱大戏，妈妈去，爸爸去，小宝宝，也要去!”念到最后一个字时让宝宝的身体向后倾，以后凡是念到最后一句时宝宝就会自己按节奏将身体向后倾。这个游戏可以锻炼宝宝手和小臂肌肉的力量。

大动作训练：练习手部的灵活性

把小鼓等可以敲击的玩具或物品放在宝宝面前，大人先拿着小鼓槌敲。宝宝听到敲出的声音会非常兴奋，也要敲。大人把鼓槌交给宝宝，让宝宝自己随意敲。这个游戏主要是练习宝宝手部动作的灵活性。

感觉能力训练：训练听觉的灵敏性

录制各种声音，如汽车喇叭声、自行车铃声、敲门声、流水声、钟表滴答声、各种动物叫声等，经常听的钟声、水声、敲门声宝宝能一一辨认。播放声音时还可抱着宝宝去观看，或者用相应的画片让宝宝辨认是哪种物品或动物发出的声音。

可以找一些摔不碎的东西，然后把它们一一扔在地上，让宝宝听各种物体落地的声音，如球、塑料盒、书本、笔、罐头、木盒、纸盒等，宝宝可以从中感知不同质地与不同声音间的关系。

还可以找一些空瓶子，在瓶子里装上不同的东西，如灌上一些水、放些不同的豆类或谷物等，然后轻轻摇动瓶子，让宝宝听瓶子发出的不同声音。

和宝宝玩拍手的游戏。父母先做示范，拍拍手给宝宝看，然后让宝宝模仿父母的动作；或者一直连续拍手后忽然停止，看宝宝的反应。

认知能力训练：和玩具娃娃玩藏猫猫

藏猫猫是宝宝百玩不厌的游戏，可以帮助宝宝明白跑出自己视线外的东西依然存在，这个“客观永存”的概念是今后认知能力训练：发展的重要基

础。在宝宝会用手帕蒙脸同大人玩藏猫儿之后，可以在同宝宝玩认玩具娃娃时突然用布巾把娃娃盖住，让宝宝发现玩具突然不见了，看宝宝能不能马上将布巾掀开，找到玩具。动手寻找说明宝宝知道玩具并未消失，再回想布巾可以盖物的经历，就会动手掀开布巾。这个游戏是当着宝宝面去盖玩具的，宝宝看到了盖的过程，所以不必将玩具的一部分露出，全部盖上宝宝都能找到。如果不是当宝宝面盖上的，就要将玩具露出一点儿作为线索，这样才能让宝宝找到。

认知能力训练：学认第一个身体部位

认部位和认物一样，是理解语言的记忆力练习。让宝宝认识自己的身体部位，从最容易的做起，使宝宝有信心和有兴趣再学习其他部位。如果宝宝会同人握手，告诉他“伸手”，他会将手伸出来同人握手，宝宝学会大人说“手”时伸手就认识了身体的第一个部位。不过，第一次学会之后如果不温习过几天就会忘记。宝宝认物只会认一词一物，他还缺乏概括能力，只认得第一次学会的某一件东西，不可能推广到这个词所包括的其他东西。要经过反复练习，知道自己的手叫做“手”，别人的手也叫做“手”时才算真正学会。

通过认物和认部位逐渐理解词意，理解词的综合概括，如灯，知道吊灯和台灯都是灯；娃娃的鼻子、自己的鼻子、亲人们的鼻子都是鼻子。再过1~2个月听多了自然就懂了，所以要常常用宝宝已懂了的词汇多指不同的物品，扩充词的范围。

认知能力训练：培养宝宝的观察能力

在宝宝面前放一件玩具，大人同宝宝玩时突然把玩具藏到身后，看宝宝是否马上发觉。有时取走的不是他最想要的，他并不在意；如果取走了他最想要的，他会马上发火。看看宝宝是否有观察能力，是否能马上发觉别人取走的玩具，这是宝宝智力测试的一道题。如果用同一个玩具去测试不同的宝宝，可能会发生错觉，因为有的宝宝对这个玩具并不感兴趣就不会在乎别人拿走。所以要事先了解每个宝宝的兴趣所在，用他感兴趣的玩具测试才能说明宝宝是否有灵敏的观察能力。

7 月龄早教计划

早教准备：适合宝宝的玩具和图书

益智绕珠车

可爱的造型、鲜艳的颜色可以迅速吸引宝宝的注意，通过拨动上面的小珠子可以锻炼宝宝的手—眼协调能力，1岁以后还可以教宝宝学数数、认颜色。

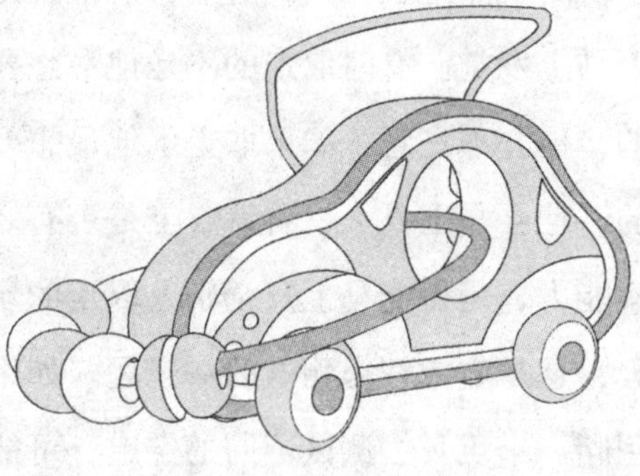

电动爬娃

会笑、会唱歌、会跳舞，两个小屁股一扭一扭地向前爬，还唱英文歌！是宝宝学爬行的好帮手。

早教常识：这个月宝宝的动作发育

大动作发育

★ 在俯卧位时可以用一只手支撑身体的重量，坐起来时手能够支撑在桌面上。

★ 多数宝宝在 7 ~ 7 个半月前后能自己坐稳，不必用手支撑身体，但身体略向前倾。早的 5 个月时就能独坐，晚的要到 9 个月时才会独坐，90% 的宝宝都在这个时间段掌握了该技能。

★ 7 ~ 8 个月是爬行能力发展的关键期，开始出现爬行的动作，但自己爬的能力还比较差。俯卧位时能手膝协同、腹部挨着床面用手和脚推动身体匍匐向前移动，有的能用胳膊和膝盖把身体支撑起来，摇来晃去在原地打转。父母可以用玩具逗引趴在小床上的宝宝，观察他的反应，看宝宝是否能将身体抬高、腹部离开床面协调地移动双腿和双脚，一般可以向前爬行3步以上。早的5个月时就能做到，晚的要到11个月才能掌握该技能，但只要在这个时间段都属于正常。

专家提示

宝宝学爬需要几周，甚至几个月的时间，父母大可不必因为宝宝开始爬得不好而焦虑，只要给孩子多提供爬的场地和机会就可以了，孩子的成长需要时间。

★ 大人用双手拉着宝宝的手臂，宝宝能站立片刻，还能高兴地上下蹦跳。

★ 扶着栏杆可以自己站起来。

精细动作发育

★ 能用拇指、食指和中指拿起积木，并且积木和手掌之间有空隙。

★ 如果大人先给宝宝一个小玩具，等他拿住后再给他另外一个玩具，宝宝会把第一个玩具换到另一只手里，再去接第二个玩具，这就是倒手。

★ 开始学习两手同时抓握两个或多个物品，一般是较大的物品，如乒乓球等。

★ 会用积木敲击桌子。

★ 能伸手抓住远一些的玩具。

早教常识：这个月宝宝的感觉发育

视觉发育

视力水平及深度知觉在这个月进一步发展：已经能够辨别室内的人以及房间对面的物品。妈妈可以留意日常生活中那些吸引宝宝目光的事物，比如屋顶的风扇、窗户的风铃、飘落的树叶、邻居院子里跳绳的小朋友等，有意识地带宝宝去观看他感兴趣的事物，培养宝宝对外界的兴趣。

听觉发育

能区别语音的意义。

早教常识：这个月宝宝的语言发育

★ 出现“小儿语”，会用语音来吸引别人的注意。

★ 已经会发“ba—ba”“ma—ma”或“da—da”的声音，这一定会使爸爸、妈妈非常兴奋，但这时宝宝的发音并不是真的在叫“爸爸、妈妈”。

★ 听到“妈妈”这个词能把头转向妈妈。

★ 当大人和宝宝说话时他会做回答性的动作，比如摇头表示不行，点头表示同意。这时候要很好地引导他，要将语言和实物联系起来。例如指着电灯说“这是电灯”，以后你问他电灯在哪里，他就会转向电灯的方向，并用手指着，同时发出声音。这种发音虽然还不是语言，但是他在锻炼发音器官，为模仿成人的语言打下了基础。

★ 会用动作表示欢迎、再见、你好等。

★ 7～10 个月的宝宝更喜欢听分句与分名之间自然停顿的句子，而不喜欢听那些非自然停顿的句子。约 9 个月时，这种对语言的切分节律的敏感扩展到一个个词上。这一年龄的宝宝对符合自己母语的重音规则的口语更感兴趣，听的时间也比较长，他们像切分词那样去知觉它。

早教常识：这个月宝宝的社会性发育

★ 7 个月是宝宝智力发育的重要时期，他已经开始懂得表现自我。在镜子中看到自己时会对着镜中的自己做出拍打、亲吻的动作，或做出微笑的表情。

★ 陌生人走近会表现得比较警惕，继而放声大哭。尤其在生病的时候，或处于不熟悉的环境时，这种反应会表现得更为强烈。

★ 7 个月以后，宝宝开始知道高兴是好情绪，而悲伤、害怕是坏情绪。即便这些表情由不同的人以非常轻微的形式表达出来，他们也能识别。要知道，宝宝能够看懂成人的表情和情绪是非常重要的进步，这种能力将推动他们社会关系的发展，帮助他们调节自己对环境的探索。

★ 会拿东西给认识的家人，会表示要人抱或大小便。

★ 已经会自己吃饼干，吃饱了会紧闭嘴表示拒绝。

★ 已经会模仿简单的动作。如果大人做拍手动作，会跟随拍手。多次训练后，一听到“拍手”这个词就会做出拍手的动作。

早教观点：宝宝学爬益处多

爬是人类个体发育过程必经的重要

环节，对身体发育和心理发育都有重要意义。宝宝爬行时需要俯卧抬头、翻身、撑手、屈膝、抬胸、收腹等动作的协调运动才能完成，可以说，爬是全身性运动，除了大肌群参与外，爬行时必须小手小脚支撑身体前进，因而四肢的小肌群也得到了锻炼和发展，为日后精细动作的进一步发展提供了条件。婴儿期是大脑与小脑迅速发育期，爬行又促进了身体平衡运动的发展。

爬行扩大了宝宝的活动空间，使宝宝接触事物、接受刺激的次数和数量大大增加，比坐时视野更宽。通过爬寻找玩具，宝宝慢慢地意识到虽然东西看不到但仍然存在，还可以找到它。当成人把玩具藏在被子下面，他会爬着把它找回来。爬使宝宝的感知意向、定向推理能力、寻找目标等能力得以提前发展，也激发了宝宝的探索精神，进一步增加了与人交往的机会。

爬行是婴儿期最重要的感觉统合练习，宝宝看到玩具、听到玩具发出的声音，视和听的感觉输入大脑，大脑发出要去够取的命令。命令最先到达脑干的前庭，前庭是感觉统合的主要部位，它既联系感觉的传入神经纤维，也联系运动的输出神经纤维，与管理全身平衡的部位共同协作统合。经常练爬的宝宝神经纤维联系成网较早，视听动作协调灵敏，分辨能力高，对以后的学习会产生深远影响。视分辨能力良好有利于阅读；听分辨能力良好有利于理解；动作体位的协调有利于空间知觉的辨认，分清上下、左右和前后；平衡能力良好有利于各种体能运动训练。有些宝宝只会坐、立和行走，缺乏爬行练习，到上学时才发现感觉统合失调。视觉分辨能力不足，看字会跳行和漏字，阅读效率不高；方位分辨不清，写字“bp”或“bd”不分；听分辨和理解不良，听不懂老师讲课及所留的作业，或者容易分心；动作协调不良或抑制不足会出现多动。这些宝宝与其到了入学后再来补课训练感觉统合及爬行练习，不如在出生后7～12个月适龄期练习爬行，以提高感觉统合能力。

早教观点：不要过早学走路

从宝宝运动发育规律看，7～8个月的宝宝正应该是学习爬行的月龄，而不是学走的月龄。这个月龄会走主要和家长经常把宝宝立起来有关，如果让宝宝站立数次，宝宝的站立欲望就会增强。站立起来的宝宝会表现得很兴奋，家长也觉得很好玩，就经常把宝宝立起来逗宝宝。还有些家长长时间让宝宝站在学步车里，不训练宝宝匍匐爬行。另一方面，宝宝刚刚会走时，那企鹅似的步态很惹人喜爱，而家长对宝宝会走的动作发育无论是从表情还是到语言以至于动作都带有明确的鼓励色彩，不恰当的引导致使宝宝较早地学会走路却不会爬。

从宝宝身体发育角度看，如果让宝宝6～8个月站立，更客观地说10个月以前学会站立乃至于走路是不好的。为什么这么说呢？因为宝宝骨骼正在快速增长，骨质软，抗压力差。打个比方，把木质不够坚硬的木板做橙板，其上放略重一点儿的东西，时间一长就会弯曲。宝宝的腿就像不够坚硬的木板一样，让宝宝过早地站立，身体重力的作用很容易使宝宝小腿弯曲，特别是那些体重较重的宝宝更容易出现小腿弯曲症状。从临床观察看，即使让这样的宝宝减少站立或少走路，其恢复也较慢。很多站立过早的宝宝因腿弯常常被误认为是缺钙，补很多钙剂及鱼肝油，效果却欠佳。因此，宝宝的训练和早期教育可以在遵循自然生长规律的基础上略微超前，但不能违背客观规律，拔苗助长。

早教常识：确保宝宝的爬行安全

这个月，大多数宝宝都开始学习爬行了，父母一定要再进行一次家居安全检查，以确保宝宝的安全。

★ 不要让宝宝在床上练习爬行，以免大人不注意的时候掉下来摔伤。应该给宝宝准备一个较宽敞的场地，如在地板上铺上地毯、塑料垫等，可以让宝宝任意翻滚、爬行。

★ 要保证地面的清洁，因为宝宝爬行时整个身体都要接触地面。特别是宝宝的小手，既用来爬行，也是宝宝喜欢放进嘴里的“玩具”。如果铺的是地毯一定要定期清洁，因为地毯很容易滋生细菌。

★ 要检查一下地面上有没有拖曳的电线，所有的电线都要隐藏到宝宝看不到的地方，或者固定在墙上，以防宝宝拖拉绊倒，所有的电源插座都要安上安全盖。

★ 宝宝在的时候电器最好全部关闭，避免因为宝宝乱按引起麻烦。电器摆放的位置要靠内侧，避免宝宝推拉造成危险。

★ 让宝宝练习爬行的地面上不能有曲别针、小药片、小药丸等会对宝宝造成伤害的异物。用于衣柜干燥的樟脑丸等要藏好，防止宝宝当成糖果误食。

★ 窗帘最好不要有薄纱层，拉绳要放在宝宝够不到的地方，以防宝宝缠绕窒息。

★ 餐桌最好不要铺桌布，因为宝宝爬行、玩耍时会拉扯桌布，导致桌上放置的暖瓶、玻璃器皿、汤盆、饭碗等翻倒，造成宝宝被砸伤或烫伤。

★ 餐桌上有刚做好的热汤、热饭菜时一定要有专人看护宝宝，不要把宝宝一个人留在房间里。

★ 低矮家具尽量挑选圆角的，如有尖角应加装塑料保护角，防止宝宝跌倒撞伤。

★ 家具、落地灯、电视等要放置稳固，避免宝宝爬行时倾倒，发生危险。

★ 尽量不选用玻璃茶几、桌子、酒柜等，玻璃、瓷器等物品要集体“消失”，避免摔碎割伤宝宝；木制家具表面要平滑、无木刺。

★ 尖锐、易燃物品要放到安全位置，不要丢放到茶几上，引发危险。

★ 家中有楼梯、台阶的地方，楼梯口应该安装儿童安全护栏，防止宝宝从楼梯或台阶上跌落、摔伤。

★ 厨房里所有的橱柜都要关严，以免宝宝爬入，发生危险。

情商培养：教宝宝学会保护自己

喂辅食时如果碗有些烫，可以握着宝宝的手，让他轻摸一下碗的外面，告诉他“烫，不能动”。宝宝用手指感到什么是烫，烫的东西用手去摸会有热辣辣的感觉，于是懂得不能动手去摸烫的碗，以避免受伤。大人用蒜在积木上擦几下，积木有蒜的气味，宝宝动手去拿时，先让他闻一下，告诉他“臭，不能吃”。宝宝本想把积木拿来放到嘴边啃咬，听到“臭”的声音，也闻到气味，甚至舌头尝到了辣味，宝宝就不会再放到嘴里啃咬。以后凡是不该放入口的东西，听到“臭”就会拿开，不再啃咬。

情商培养：学会控制自己的欲望

满7个月的宝宝应当学会抑制，不能随心所欲。要让宝宝懂得“不”的含义，当宝宝把不该放入口中的东西，大人要用严肃的表情加上声音“不”或者用手摆动叫宝宝不要放到嘴里。如果宝宝仍要放入口中就要把宝宝手中之物夺去，并且说“不能吃”“有毒”。有些宝宝听话，有些宝宝会大哭表示反抗。无论宝宝怎样哭闹大人都不能妥协，可以换用另一种能啃咬之物代替。只要妈妈坚持，宝宝很快就会懂得“不”的含义，而且学会服从。这时应马上表扬，让宝宝懂得有些事可以做，有些事不能做，要记住。

家中的大人要保持一致，同一件事在妈妈面前是不许做的，在爸爸和奶奶面前也不许做，才能使宝宝学会守规矩和懂事。反之，在某人面前不允许做的事，在另一个人面前就允许做，会使宝宝学会钻空子，不利于教育。

专家提示

学会抑制自己的欲望，听从大人的意见，对孩子一辈子都有好处，要在宝宝刚懂得“不”的含义时抓紧教育，等到宝宝养成一切都要听“我的”时再教育就太迟了。

大动作训练：练习连续翻滚

宝宝用连续翻滚的办法来移动身体，够取远处的玩具，不必依靠大人帮忙，宝宝感到兴奋和自豪。连续翻滚使宝宝动作灵敏，是全身协调运动的结果，还能为匍行及爬行做准备。

让宝宝在铺了席子或地毯的地上玩，大人把惯性车从宝宝身边推出一小段距离，让宝宝去够取。宝宝会将身体翻过去但仍够不着，大人说“再翻一个”，指着小车让宝宝再翻360°去够小车。练过几次之后，大人可把皮球从宝宝身边滚过，宝宝会较熟练地连续翻几个滚伸手把球拿到。经常练习就会使宝宝十分灵便地连续翻滚。

大动作训练：从匍行到爬行

从这个月开始要重点训练宝宝的爬行能力。从贴着地面爬行到手膝并用爬行，从不协调到协调自如，从被眼前的玩具吸引着爬，到自己主动爬，从平地直着爬行到跨越障碍变换方位地爬行，宝宝需要几个月的时间逐渐成长为爬行能手。

宝宝在练习连续翻滚中，伸手快要够到玩具时，东西近在眼前只差一步就不再翻滚，把身体向前拱一下就拿到了。身体趴在地上往前拱就是匍行。匍行时腹部贴着地面，四肢往前把身体推向前方。初时宝宝只用手撑，腿不会使劲，甚至双足离开地面，手使劲撑身体还会向后退。这时大人帮助按住宝宝双脚，使宝宝的脚也撑在地上，宝宝再向前使劲，身体就会向前移动了。匍行时大人用毛巾将宝宝腹部兜住，将宝宝腹部提起，体重会落在宝宝的手和膝上，宝宝就能轻快地爬行了。练习几回后，宝宝也会自己将腹部提起离开床铺，用手、膝爬行。

专家提示

匍行和爬行都比连续翻滚省劲，学会匍行往前拱时，如果腹部离开地面就成为爬行。

精细动作训练：增强握力和灵活性

这个时期是训练宝宝手指的握力和灵活性，以及手指控制物品能力的重要时期。拇指与其他4指相对才能握稳东西，拇指要加上食指的能力才能做精巧的动作。

大人把软塑料玩具在宝宝面前捏出声，再鼓励宝宝自己把玩具捏出声，训练宝宝的拇指和食指的小肌肉动作。

精细动作训练：练习对敲、摇动

选用不同质地和形状的带响玩具，让宝宝一手拿一个，如左手拿块方木，右手拿带响的塑料玩具，示范和鼓励宝宝拿玩具对敲，然后更换不同质地和不同形状的玩具，鼓励他继续对敲。通过接触这些不同质地和形状的玩具培养宝宝手的灵活性，全面开发宝宝手的功能。

语言能力训练：学习用姿势表示语言

7～9个月的宝宝发音能力有限，不可能用声音去表达，但可以用动作和表情表示自己喜欢或不喜欢、要还是不要，大人应该教宝宝学会用姿势答话，引起宝宝同人交往的愿望。宝宝最先学会“抓挠”，即用手掌轻轻张合，表示同人玩耍；另一些宝宝最先学会“谢谢”，双手拱起上下活动表示谢谢或同人拜年。宝宝模仿用动作表示语言的方式各有不同，因为大人做的示范不同，只要开始练习就一定能学会。

8 月龄早教计划

早教准备：适合宝宝的玩具和图书

开关玩具

颜色鲜艳，造型可爱，有颜色按钮，有图形按钮，有动物按键，有电话按钮，有转换开关等，可以锻炼宝宝食指的摁动能力，认颜色、形状，辨别动物的叫声。

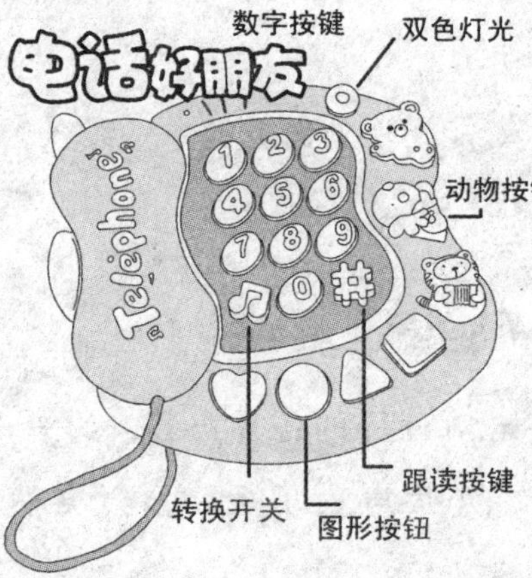

开锁智慧盒/形状对位盒

这个玩具可以帮助宝宝认识不同的颜色和形状，培养宝宝的观察能力和手—眼协调能力。现阶段主要是让宝宝练习镶嵌，学会寻找一一对应关系。至于学会将各种形状的名称和实物对应起来，还需要等到1岁左右。

专家提示

注意对孩子的细节敏感期和精细动作敏感期的锻炼，让孩子的左右手同时得到练习。

小盒子带简单的木质锁，还可以为1岁后训练宝宝的手部精细动作做准备。

早教常识：这个月宝宝的动作发育

大动作发育

★ 经过前几个月的手膝爬行，宝宝的肌肉已经具备了一定的控制精细动作的能力。这个月，当大人拉着宝宝的时候，他可以站一会儿，靠着家具或墙壁也可以站一会儿。早的5个月时就能扶站，晚的要到12个月时才会，90%的宝宝都在这个时间段掌握了该技能。

★ 俯卧的时候喜欢翻身转成坐姿。

★ 能平稳地独坐10分钟以上，并自如地伸手拿玩具，身体能随意向前倾，然后再坐直。

精细动作发育

宝宝到了8个月，手的动作会变得更加灵活：

★ 能用拇指和食指捏起桌上的小东西。这一时期是发展拇指、食指对捏动作的关键时期，如果抓住这一时期积极对宝宝进行训练，将对宝宝的智力启蒙很有益处。

★ 食指的能力有了很好的发展，食指能独立操作，会抠洞、按开关、拨转盘。

★ 喜欢把物品扔出去，然后再去寻找。

★ 倒手的动作更加熟练。

★ 已经能够很熟练地从父母端在手里的杯子里喝到水了。

早教常识：这个月宝宝的感觉发育

视觉发育

★ 可较长时间看3～3.5米内人物的活动。

★ 能注视画面上的单一线条，视力在0.1～0.2之间。

听觉发育

★ 对外界的各种声音，如车声、雷声、犬吠声表示关心，会突然转头看。

★ 即使是微弱的声源靠近宝宝的耳朵，他也能转头寻找声源。

★ 听到一种声音突然变换成另一种声音时能立刻表示关注。

早教常识：这个月宝宝的语言发育

★ 能认真倾听自己和周围其他人的声音，听到父母叫自己的名字会转过头来。

★ 能理解简单的语言，当听到父母说“不行”时会把伸出的手缩回或哭泣。

★ 大约从这个月的月中开始，宝宝能够把经常听到的词和见到的事物联系起来。他知道，当妈妈说“猫”的时候指的就是经常在楼下见到的那只毛茸茸的动物。即使猫不在眼前的时候，听到大人说“猫”这个词，他的脑海里也会浮现出猫的形象来。很快，宝宝能够将所听到的词和相应的事物都建立起联系，尽管他目前还不一定能说出这些词来。父母应该经常跟宝宝说话，把自己正在做的事情跟宝宝说一说，把自己周围的物品名称经常给宝宝念一念，这样对宝宝的语言发展会有很好的推动作用。

★ 认识若干玩具名称，会听声取物；认识1～2个身体部位，会按要求指出部位所在。

★ 情绪好的时候会主动发出声音，并模仿父母教给他的声音。

★ 有的宝宝开始喊“妈妈”“爸爸”，或说出其他一些熟悉的词来。

早教常识：这个月宝宝的社会性发育

★ 会配合穿衣，学会伸手穿袖，伸腿入裤腿内。

★ 开始辨认镜子中自己的影像。

早教观点：甜食可影响视觉发育

一般认为，近视的形成是由某些遗传因素、不注意用眼卫生、长时间眼疲劳造成的，但医学研究发现，吃过多的甜食同样可以诱发近视。近视的形成与人体内所含微量元素有很大关系，过多吃糖会使体内微量元素铬的含量减少，眼内组织的弹性降低，眼轴容易变长。如果体内血糖增加会导致晶状体变形，眼屈光度增加，形成近视眼。另一方面，吃糖过多会导致宝宝体内钙含量减少，缺钙可以使正在发育的眼球外壁巩膜的弹力降低。如果再不注意用眼卫生，眼球就比较容易被拉长，形成儿童轴性近视眼。

专家提示

富含维生素 B_1 的食物可以帮助预防视力下降，比如奶制品、动物肝肾、蛋黄、鳝鱼、胡萝卜、香菇、紫菜、芹菜、橘子、柑、橙等都富含维生素 B_1。

早教观点：甜食容易造成性格问题

甜食还与莫名其妙发脾气的宝宝有关系，嗜好甜食的宝宝不但变得性格古怪，而且好动，注意力不集中，学习成绩也不好，会影响孩子的一生！

美国的专家甚至对一些犯罪的少年做调查，发现在这些孩子中，嗜好甜食的占了相当比例。而当他们控制甜食一段时间后，明显感觉到情绪和性格趋向好转。

从医学角度分析，甜食造成宝宝性格古怪主要是因为体内糖分过多，一些酸性代谢物明显增高，需要消耗大量的维生素 B_1 来加速这些代谢产物的排泄。由于维生素 B_1 在体内不能自然合成，完全要从食物中获得，而嗜好吃糖的儿童却难以摄取更多含有维生素 B_1 的食物，就造成体内维生素 B_1 严重不足。维生素 B_1 缺乏对神经调节功能有很大影响，而糖类代谢物丙酮酸等在脑中大量蓄积会导致不正常的情绪改变，表现为性格异常。

情商培养：让宝宝自己玩

宝宝自己学抓东西或者玩一些捏响玩具时，妈妈可在旁边干点自己的事，但不陪他玩。以后，妈妈有时在屋里转转，有时上厨房或别的房间，让宝宝一会儿看见、一会儿又看不见妈妈，宝宝仍能安心地玩，因为他知道妈妈在家，只要有需要随时可唤妈妈回来。宝宝独自玩时可以详细地观察玩具的外观，试着用不同的办法去摆弄它，或者将几种东西摆在一起。宝宝把注意力集中在玩具上，双手不停地活动，手眼的协调能力逐渐提高。妈妈可以记录宝宝自己玩的时间，从两三分钟逐渐延长到 20～30 分钟。学会独立玩的宝宝能通过自己的感官观察和感知外界事物，将兴趣从依恋妈妈转移到外界，为将来离开妈妈进入社会打好基础。

大动作训练：练习手脚爬行

待宝宝学会用手和膝盖爬行后，可让宝宝趴在床上，妈妈用双手抱住他的腰，并抬高他的臀部，使宝宝的双膝离开床面，双腿蹬直，两臂支撑着，再轻轻用力把宝宝向前后晃动几十秒，然后放下来。每天练习 3～4 次，可大大提高宝宝上臂的支撑力。当上臂的支撑力增强后，妈妈双手抱宝宝的腰时稍用些力，促使宝宝往前爬。宝宝基本掌握了手脚爬行的动作后，妈妈可以试探着松开手，用玩具逗引宝宝往前爬，同时用“快爬”的语言鼓励宝宝。

大动作训练：练习拉物站起、坐下

将宝宝放入有扶栏的床内，先让宝宝练习自己从仰卧位扶着拉杆坐起，然后再练习拉着栏杆站起。待熟练后，训练宝宝反复拉栏杆站起来，再主动坐下去，而后再站起来和坐下去。如此反复锻炼，以增加宝宝腰腿部肌肉的力量。

精细动作训练：学习有准备地松手

宝宝先学会握物，握是前臂腕侧肌群的运动，通过让宝宝学习松开拿东西的手可以锻炼其前臂背侧肌群的协调性。8 个月的宝宝已经学会抓挠的动作，会同时屈伸 5 个手指，但是还不能准确、有目的地松手，即眼与手还未协调。在小筐里放上几块积木，大人同宝宝坐在地上玩，大人先从筐内取出积木，说“拿出来”，宝宝会跟着将积木一个个都拿出来扔到地上。然后大人再将积木捡起，慢慢将手松开把积木放入筐内说“放进去”。宝宝也会将积木捡起，但不会把积木放入筐内，只是随意地把积木乱扔。大人以后慢慢告诉他要把积木放到筐内，在筐上面再松开手。

专家提示

要用大口的筐和大一些的积木练习，待熟练之后，大概出生后第10个月就可以练习投小球入瓶了。

宝宝从出生后3个月练习够取，到第五个月才能学会。有准确目的的松手也要从出生后8个月练习，到第十个月才能学会。

精细动作训练：学习伸直食指

如果食指能够自由屈伸就能完成很多比较复杂的动作，所以大人要有意识

地训练宝宝把食指伸直的能力。大人可先伸出左手食指，把彩环一个个套到食指上，然后对宝宝说："宝宝，把食指伸出来。"宝宝可能不知道哪个手指是食指，但会照着大人那样把第二个手指伸直。大人帮他套上彩环，也让宝宝自己练习把彩环套在食指上。

精细动作训练：练习捏取小东西

当宝宝逐渐学会用拇指和食指扒取东西后，就可以重点练习拇指和食指对捏的动作，这个动作难度较高，需要经常反复地练习才能掌握得较好。

★ 把曲别针放在桌上，看看宝宝是否能拿起来。再换成细绳子结成的小环，看看宝宝是否很快能拿起来。

★ 用白色纸巾铺在床上，放上几粒蒸熟的葡萄干，大人先捡一粒放在嘴里咀嚼，说"真甜"，宝宝就会去捡。如果用手掌一粒也抓不着，宝宝会学大人那样用食指和拇指去捏取。

专家提示

训练时一定要有大人在场，以免宝宝将这些小物品塞进嘴里、鼻子里发生危险。

语言能力训练：模仿发音，称呼大人

宝宝在前两个月已能随意地发音叫唤，但并未明确称呼某人，在本月或下个月宝宝有可能学会称呼大人。大人要经常用夸张的口型说“爸——爸”或“妈——妈”，让宝宝模仿。只要宝宝叫过一两次，以后就逐渐会见人称呼了，比如爸爸下班回家时见到宝宝时说“叫爸爸”，宝宝会注意地学着说“爸”，爸爸要马上将宝宝举起来，以后宝宝会在爸爸回家时叫“爸”；又如妈妈准备喂奶时让宝宝叫“妈”，或者妈妈拿着香蕉让宝宝叫“妈”，宝宝想吃香蕉就会叫“妈”。

宝宝学会称呼父母是使大人十分欣慰的事，但是称呼父母的早晚与智力发育的快与慢并不相关。有些宝宝说话早些，另一些会晚些；男婴会比女婴说话晚，因为男婴的口和喉发音的肌肉发育晚一些。宝宝懂话在先，开口在后，只要宝宝会认人和认物，听懂大人的意思就行。不过大人用夸张的口型鼓励宝宝模仿是很重要的。宝宝喜欢模仿，如同做口部的游戏那样，越练习咽喉肌肉协调越好，对发音和说话很有帮助。

专家提示

语言是表达思想观念的心理过程，文字声音、视觉信号、姿势及手势都属语言范畴。人在相互交往中产生了语言，宝宝不断接受语言的刺激并模仿学习，逐渐懂得了语言的含义。

语言能力训练：给宝宝讲故事

宝宝睡觉前，妈妈用一本有彩图、有情节和一两句话的故事书给宝宝朗读。开始时可以把着宝宝的小手边读边指图中的事物，你会发现宝宝的表情会跟着书中的情节发生变化，故事的主人公被抓了宝宝会着急，被救出来了表情又会变得舒缓。一个故事可以反复地念，声音越来越小，直到宝宝入睡再停止。

在讲故事的过程中让宝宝学会记认一些词句。宝宝最先记住名词，记住书中的主人公，然后记住主人公做的动作和后果。有时还会记住一些形容词，如“很大”“很小”“又高”“又瘦”等宝宝能理解的词。要反复朗读宝宝才能记住，所以一本书要反复念。听故事是宝宝发展语言和理解事物的好办法，宝宝越听懂得就越多，以后在边讲边问时他会用手去指图中的事物回答问题。

认知能力训练：强化物体永存概念

出生后8个月的宝宝已经知道藏起来的东西可以找出来，可用不同的方法同他做游戏，使他积累一些经验，这些经验会对他以后解决问题有帮助。在宝宝玩得高兴时用空纸盒或空碗把他的小玩具扣住，让他寻找。如果宝宝找不着，可摇晃盒内的玩具或摇碗发出声音，帮助宝宝发现他的玩具；或把宝宝的绒毛动物塞入纸袋内、枕头下或被窝里，看看宝宝能否找到。

认知能力训练：学习辨别物体差别

可以为宝宝提供类似形状轮的玩具，就是把不同形状的物体放入相对形状的孔洞里，这能很好地发展宝宝辨别物体差别的能力，促进手—眼协调。

认知能力训练：促进记忆力的发展

8～12个月的宝宝不喜欢玩经常玩的玩具，对新玩具更有兴趣。如果把他经常玩的玩具放几日后再拿出来，他会重新喜欢，这说明宝宝的记忆保持时间不长。记忆的长短是随月龄的增加而发展的，宝宝记忆主要是以无目的、无意识为主，他们对一些形象具体、鲜明、有特点的物品感兴趣，并且这些东西容易记住。因此，要根据宝宝的特点来促进宝宝记忆力的发展。

自理能力训练：学会主动配合穿衣

替宝宝穿衣服时，妈妈告诉宝宝“伸手”穿袖子，“抬头”把衣领套过头部，然后“伸腿”穿上裤子。经常给宝宝穿衣服，宝宝逐渐学会这种程序，大人不必开口宝宝就会伸手让大人穿上衣袖，伸头套上领口，伸腿以便穿上裤子。宝宝学会主动地按次序做相应动作以配合大人穿衣服，为下一步更主动地自己穿衣做准备。

自理能力训练：学会自己拿勺子

9 个月的宝宝喜欢伸手去抓勺子，平时喂辅食时可以让宝宝自己拿一个勺子，让他随便在碗中搅动，有时宝宝能将食物盛入勺中并送入嘴里。要鼓励宝宝自己动手吃东西，自己用手把食物拿稳，为拿勺子自己吃饭做准备。宝宝从 8 个月起学拿勺子，到 1 周岁时可以自己拿勺子吃几勺饭，到 1 岁 3 个月 ~1 岁半时就能完全独立吃饭了。

专家提示

可以让宝宝抓着吃。宝宝自己抓食物吃到嘴里会有一种新奇感，锻炼了宝宝的手一眼、手一嘴的协调能力，可以培养宝宝的自理能力。

自理能力训练：学习用杯子喝水

现在宝宝可以从水杯里喝水或其他液体了，妈妈可以尝试着在杯子里盛上一些宝宝喜欢的奶、饮料，吸引宝宝练习使用杯子。宝宝可能因为好奇把杯子里的东西倒出来，看看是什么东西。因此，每次盛入杯中的液体不要超过杯子的 1/3，而且要准备好抹布以便随时清理。宝宝很喜欢模仿成人的动作，妈妈可以自己也拿一个杯子，动作夸张地举起杯子，喝一口里面的水，然后说：“好喝、好喝!”然后把杯子放在桌子上。这样反复几遍，宝宝会乐此不疲地学着妈妈的样子喝水，很快就会掌握这一技能。

9 月龄早教计划

早教准备：适合宝宝的玩具和图书

《奇妙洞洞书》

这个阶段宝宝很喜欢用小手抠东西、戳洞洞，本套《奇妙洞洞书》特为宝宝的这个阶段而设计。创意奇妙的各种洞洞，有猫头鹰的眼睛、吉普车的轮子、ABC 的形状……这些可爱的洞洞可以让宝宝的小手尽情地戳一戳、抓一抓，将自己的小手指锻炼得更加灵活有力。

我最喜欢的车子

全套 6 册，每一册都充分运用了生活中常见的各种事物特点，来构成一个个为宝宝认知的小故事，丰富了宝宝对数字、字母、事物、动物的多方位认知。书中童趣盎然韵律优美的文字，使宝宝获得触觉训练的同时，感受语言文字的魅力，培养宝宝对文字的敏感度，塑造宝宝对词语、字句的认知能力。这套洞洞书为家长和宝宝带来了全新的洞洞阅读形式，将会为亲子阅读添加无穷无尽的乐趣。

《小鼠波波系列》（全 7 册）

她是一只出生于英国的卡通小鼠，性情温顺可爱，还带点儿小迷糊，每天都和好朋友鳄鱼科科、小鸡露露、熊猫盼盼一同玩耍。他们之间发生了许多精彩的生活冒险故事，常常让小朋友们觉得：我就跟波波一样喔！全套书内容温馨有趣、充满创意与欢乐，也寓含着家长对幼儿期小朋友的教养理念，更提供了一个无限延伸的想象空间，非常适合父母用来引导 0～5 岁的孩子，逐渐培养 EQ、IQ，提高学习、生活的能力。

波波系列以超过 29 种语言在全球 60 多个国家出版，总销量超过 2100 万册，还被拍成动画片，风靡全世界。这只小鼠已经成为儿童图画书中最可爱的形象之一！

《波波要洗澡》：波波要洗澡了，她打开水龙头，倒进一点儿泡泡液，带上橡胶小鸭子，跳进浴缸，哗啦啦，哗啦啦……哈，小鸡露露也来了，波波和露露在浴缸里玩了起来，太棒啦！

《波波要睡觉》：波波睡觉时间到了喔，先喝一杯果汁，然后刷刷牙，洗洗手，换上睡衣准备好睡觉了吗？听个故事做一个好梦喔！?

《波波做大扫除》：波波在家里做大扫除，科科也来帮忙，他们收拾玩具、擦窗户、吸灰尘，然后一起分享了小蛋糕，真香！

早教常识：这个月宝宝的动作发育

大动作发育

★ 这个月宝宝已经能够爬得很好，当妈妈把宝宝放在地板上，他会自己开始爬。他用左右手和膝盖交替着爬，把身体的重量放在两膝和一只手上，另一只手可以伸出来拿自己想要的东西。他还能从爬的姿势转变为坐的姿势。

★ 从 9 个月开始，宝宝扶着小床或围栏时会自发地抓住栏杆站起来，直到身体完全直立，但不能从站位坐下。宝宝双手扶站时要蹲下用一只手捡物，就只能用一只手扶站，这将为逐渐练习独立站稳做准备。

能够自己站起来是大动作发展最重要的里程碑之一，因为这显示了腿和躯干的稳定性及力量，而这些都是行走所必需的。同时，它也表明宝宝具备了完成目标的动机——例如，去够桌上的红色积木。

★ 大人拉着宝宝的双手，宝宝能走3步以上。

精细动作发育

★ 会有意识地模仿父母敲击积木（双手合到中间，用一块积木击打另一块积木，而不是偶尔将两块积木碰到一起）。

★ 能从杯子里取出积木，还能将积木拿起投放到杯子中。

早教常识：这个月宝宝的感觉发育

★ 能识别垂直距离，害怕高处和边缘，当发现自己快要从床上掉下来的时候就会停止活动。

★ 能提取出一个完整图像的信息（如用手电筒移动地照一只大象时，虽然不能照到大象的全身，也知道那是一只大象）。

早教常识：这个月宝宝的语言发育

★ 从出生后第十个月起，宝宝的理解能力突飞猛进，大人对他说的话几乎都能听懂。虽然他的语言表达能力还比较有限，不会说太多的话，但是在父母的眼里他已经越来越有思想了。

★ 从这个月开始，宝宝开始进入学话萌芽阶段。宝宝经常会发出一连串看似毫无意义的元音，很快这些音节将变成独立而有意义的词。有的宝宝学会有意识地称呼爸爸或妈妈，这会使家长十分欣慰。如果自己家的孩子还未学会也不必着急，因为出生后14个月之内学会都算正常。经常让宝宝练习发辅音就会学得快些。有的宝宝还喜欢模仿大人的咳嗽声和打喷嚏声。

★ 明显表现出听故事书的兴趣，在接下来的几周或几个月里宝宝会一直保持这种兴趣。妈妈应该每天抽出一定的时间给宝宝讲故事，这对宝宝的语言和情感发展很有帮助。

★ 不少宝宝会竖起食指表示自己1岁了。

早教常识：这个月宝宝的认知发育

★ 9个月之后，宝宝进入新异性探索阶段，对一些已经熟悉的事物不再那么感兴趣，而是对一些新异事物和现象表现出明显的喜好和兴趣。父母要注意保护宝宝的好奇心，尽可能为宝宝创设丰富多彩的环境，给予其更多的新异刺激，让宝宝的好奇心获得进一步发展。

★ 能拣出认识的图卡和用手指大人所说的物名图。

★ 如果妈妈把他喜欢的玩具放起来，他仍然会想着这个玩具。当一个物品不在视线范围之内时，宝宝知道这件物品仍然是存在的，这就是物体永恒性概念。

情商培养：限制宝宝的过分要求

这个月，宝宝已经能站立，能自己吃饭、睡觉，会表现得特别活跃，整天动个不停，把家里弄得乱七八糟的。父母会明显感觉应付不过来，会觉得宝宝越来越不服管了。这时父母应有意识地限制宝宝的过分要求，对宝宝不合理的要求要明确地表示“不”！这个阶段给宝宝讲道理他根本听不懂，父母只要坚定地说“不”就可以，全家人的态度要一致，对待同一件事今天和明天的态度要一致，今天不允许做的，明天也不允许做。只要父母态度坚定，前后一致，就可以帮助宝宝树立规矩意识。

情商培养：减少分离焦虑

9～12 个月的宝宝会出现分离焦虑，当宝宝接近他所依恋的人时会感到安慰、舒适、愉快，若有陌生人看管且妈妈或抚养人不在时，宝宝会哭闹、发脾气。分离焦虑是一种正常的心理现象，是宝宝的认知能力训练、社会性情感发展到一定阶段的必然产物。

爸爸、妈妈要逐步使宝宝能够跟自己建立起安全的依恋关系，能够大胆地探索“安全基地”以外的环境。平时可以给宝宝准备一些柔软的玩具，柔和温暖的触觉感受能缓解他的焦虑，当爸爸、妈妈和宝宝分离时可以让宝宝抱着

这些玩具，给宝宝一种熟悉和温暖的感觉，并且能够转移宝宝的注意力。当妈妈离开宝宝时宝宝能够察觉到，但他不会估计时间，走时要向宝宝保证自己是会回来的，建立告别仪式，拥抱宝宝，挥手再见，并告诉他你要去上班了。仪式化的程序会让宝宝以后看到这个信号就知道爸爸、妈妈必须上班去了，告别会更轻松。道别以后，爸爸、妈妈应该以轻松愉悦的心情离开，一回头就会前功尽弃。你的情绪和行为都会给宝宝暗示，而他很善于学习和捕捉爸爸、妈妈的信号，因此，不能依依不舍、一步三回头，而应该干干脆脆、高高兴兴地和宝宝说“再见”。外出回来后先要亲吻宝宝，宝宝懂得妈妈是会回来的，同时会产生对妈妈的信赖。

当宝宝有不合理的要求时，家长要用分散其注意力、改变交流方式等方法避开，不要正面回绝。常带宝宝到户外去看花草、树木，接触不同的人，让宝宝认识不同的面孔，可减少分离焦虑，提高其适应社会的能力。

情商培养：不要过度保护

过度保护不利于宝宝独立能力的培养。独生子女在家里都是宝宝，加上祖父母的关怀就更胜一筹了。家长常常自主或不自主地过分保护宝宝，这是父母在家庭教育及培养宝宝独立能力上容易犯的错误之一。比如一个刚刚会走的宝宝，并不能走得很稳，常常跌跤。当宝宝走路突然摔倒时，家长就迫不及待地把宝宝抱起来，嘴里还会不断地说“把宝宝摔了，宝宝不要哭、不要哭，是谁招惹了宝宝”等，当周围有人时还会打一下那个人，责怪是此人把宝宝碰倒了。本来摔得不重，宝宝也没有哭的反应，经过家长一番“保护”性诱导宝宝便哭起来。这样保护几次以后，只要跌倒了或有一点儿委屈宝宝就哭，遇到不如意就大发脾气，久而久之养成任性的毛病。因此，当宝宝在成长过程中遇到无关紧要的“委屈”时，家长应“视而不见”，让其自己处理。比如摔倒的宝宝会回头看大人，如果大人没有反应，他就会左右看看，自己爬起来再走。如果此时家长鼓励宝宝站起来，他会有成功和自豪感，时间长了将会养成独立、坚毅的性格，遇挫折不会怨天尤人。

大动作训练：学会单手扶物

宝宝双手扶凳子练习横跨步时可把玩具推到宝宝身边，让宝宝一只手扶凳子，另一只手将玩具捡起。在捡物时宝宝学会一只手扶凳，弯腰后仍能保持平衡再站起来。宝宝逐渐学会单手扶物，身体与走路方向一致，而不再是横行跨步了。

大动作训练：扶物横跨迈步

宝宝能扶物站立、练习迈步是学走的第一步。家中要创造条件使宝宝得到练习的机会，通过练习宝宝能用单腿支撑体重，并且练习站立平衡，为单独行走打基础。将宝宝睡的小床床板降低，使栏高 50 厘米，宝宝睡醒后可以扶栏站起，双手扶着床栏横跨迈步。如果家中没有这种可以降下来的小床，可以让宝宝在铺上地毯或席子的地上玩，宝宝会扶着椅子或床的支架站起来，双手扶着椅子或床沿横跨迈步。也可以把凳子排成行，每张凳子相距 30 厘米。宝宝会扶着凳子迈步，伸出胳膊扶着一个个凳子走过去。

专家提示

许多家庭都喜欢用学步车让宝宝练习迈步。学步车有小圈围着宝宝的身体，虽然可以练习迈步，但宝宝不必维持身体平衡。不少宝宝因此不会站稳和独自行走，使学走延迟。

精细动作训练：训练食指的灵活性

鼓励宝宝用食指深入洞内钩取小物品，用食指拨动玩具，如拨玩具电话的转盘（旧式电话），按电话机上的键，玩拨珠玩具，或用食指伸入小药瓶（瓶口直径需达 2 厘米以上）去拨弄药片等，都能达到训练食指动作技巧的目的。

精细动作训练：学习打开瓶盖

将一个带盖的塑料瓶放在宝宝的面前，妈妈先示范打开瓶盖再合上瓶盖，然后让宝宝练习只用拇指和食指将瓶盖打开再合上的动作。注意不要把瓶盖拧紧，稍微拧一两下即可，否则宝宝无法打开。也不必要求宝宝把瓶盖拧上，在这个阶段只要把瓶盖放在瓶子上面即可。

精细动作训练：练习放入和取出

准备一个空盒子作为“百宝箱”，当着宝宝的面将他喜欢的玩具一件一件放进“百宝箱”里，然后再一件一件拿出来，让宝宝模仿。也可以让宝宝从一大堆玩具中练习挑出某个玩具（如让他将小彩球拿出来），促进宝宝手—眼—脑的协调发展，提高宝宝的认知能力。

感觉能力训练：提高辨色能力

让宝宝留意不同颜色间的差别，也可以让宝宝感受深浅不一的同一色系，如深蓝、浅蓝……进一步发展宝宝的辨色能力。

语言能力训练：练习发音和回应

宝宝很喜欢爸爸的手机和家中的电话，大人可以给他一根长积木模仿打电话，同他呼应着叫“喂”“哈”或者“啊咕哥”“咕哥”“爸爸不”“妈妈不”。虽然声音并不代表什么具体意义，但宝宝喜欢一呼一应、有对有答。在对答时宝宝可以学到一些发音，也得到有呼有应的快乐。有时妈妈在厨房做事，当宝宝发出声音时，只要有大人的声音应和，宝宝就不感到寂寞，也不会哭叫着让大人快来。大家都可相安无事，宝宝又可趁机练习不同的辅音，为说话做准备。

专家提示

生后半年以内，宝宝和成人交往只能用表情或动作等方式来进行，随着月龄的增长，这种简单的交往形式不能满足宝宝智力发展的需要，这个矛盾就推动着语言的发生。

自理能力训练：继续练习捧杯喝水

让宝宝练习自己端杯喝水，渐渐减少洒漏。在有两个手柄的杯中倒进10～20毫升的温开水，让宝宝双手扶手柄捧杯喝水。开始时大人可帮助托住杯底，宝宝拿稳后可以放手在旁边等候，待杯中的水喝完后再加水。每次只加20～30毫升，防止加水太多会洒出来。冬季可先给宝宝戴上围嘴再喝水。宝宝熟练地用杯喝水之后，白天可以练习用杯喝奶，为最后不使用奶瓶做准备。

10月龄早教计划

早教准备：适合宝宝的玩具和图书

《可爱动物操》

爸爸妈妈可以带领小孩子模仿动物的动作、学唱不同的儿歌，不但有助于孩子体质的提高，更能锻炼他们的思考力、判断力、记忆力及身体协调能力。

《章鱼》

章鱼章鱼大光头，
它有八只脚和手，
东抓西抓很会走，
看到鲨鱼却发抖。

《蚕宝宝》

蚕宝宝，吃桑叶，
哥哥吃了一大口，
弟弟吃了一小口，
一口一口接一口，
吃饱大家去走走。

《我喜欢书》

本书向孩子展示了一个丰富的、神奇的、有趣的书的世界。让他们知道，书里可以有好笑的事情，有恐怖故事，有童话、有儿歌、有恐龙、有怪物，有奇妙的宇宙、有知识、有强盗……有一切他们想到的和想不到的事情……撩动他们对阅读的好奇和渴望。

以最生动而简洁有力的形式，向我们开启了培养孩子阅读需求的新思路。当我们身体力行，像那头小猩猩一样读书、爱书，生来就是模仿的天才的孩子们一定会给我们以欣喜的反应！这是一本童话版的“书的礼赞”，为所有爱书的孩子量身定做，这样的作品无疑也是很好的现代艺术的启蒙读本。

早教常识：这个月宝宝的动作发育

大动作发育

★ 可有意识地从站到坐，并控制身体坐下时不跌倒。

★ 这个月，宝宝很喜欢自己扶着家具站起来，并能一只手扶着家具弯下身，用另一只手去拿地上的玩具，然后再站起来。

★ 扶着栏杆能抬起一只脚再放下，如此反复。

★ 能双手扶着栏杆，一边移动手一边抬起脚在围栏里横着走3步以上。

精细动作发育

★ 喜欢双手拍掌。

★ 手眼协调又有长进：能打开用纸张包裹的玩具；会用手剥开食物包装袋，从中取到食物；会从图形板上取出图形块，还会将图形块放回去。

★ 能伸出任何一只手的食指去碰触物体，或伸出食指指人、指物或抠小物品。

★ 用拇指和食指的指端捏起小东西的动作已经比较熟练、迅速，如果将小药片等放在桌面上，宝宝会伸手去抓，一两次就能抓到。如果将绳子放在宝宝能抓到的桌面上，他也能用拇指和食指的侧面很快地把绳子捏起来。还能将杯子里的东西取出来。

★ 双手能从桌面各拿起一块积木，并将积木靠近或对敲，好像是把两块积木同时举起来进行比较似的。

★ 当家人向空中扔一些可以慢慢落下的东西（如气球、丝巾）时会有伸手去抓的倾向。

早教常识：这个月宝宝的感觉发育

★ 在听到“把××给我”时能把某物拿过来；听到“在哪儿”时会用目光寻找某物。

★ 听到隔壁房间有声音时能惊异地歪着头倾听。

★ 能寻找视野以外的声音。

★ 隐蔽地接近宝宝，轻声叫他名字时，他会转头寻找声源。

早教常识：这个月宝宝的语言发育

★ 能模仿大人发出的声音，会发出越来越多的双音节，并开始说一两个词。如果您的孩子不如同龄的小朋友说的音节多也不必忧虑，每个孩子都有自己的成长时间表，有些宝宝在数月后才开始说话。

★ 能有意识地叫“妈妈”。

★ 会用固定的单音节称呼一些东西，如“汪”是狗，“咩”是羊等。

★ 听到“爸爸在哪里”“妈妈在哪里”的话，能准确地转头去找。

★ 可以理解并执行一个步骤的指令，比如“请把勺子给妈妈”，会伸手把勺子给妈妈，但不松手。

★ 当大人说“不行”后会把正在进行的活动停下来，表明已经懂得“不”的真正含义。有时候宝宝可能会用不当的行为来招惹妈妈或爸爸说出“不”字，甚至可能以此为乐。从现在开始可以为宝宝设置一些行为规则，但对宝宝的要求要与他的年龄相当，尽量简单易懂。

★ 大人说“欢迎”时会拍手，说“再见”时会挥手。

早教常识：这个月宝宝的社会性发育

★ 能区分出别人气愤或温柔的语调，并有相应的反应。

早教常识：这个月宝宝的认知发育

★ 当着宝宝的面将积木扣在透明的杯子下面，宝宝能主动拿去扣在积木上的杯子，取出藏在杯中的积木。

★ 把珠子放进盒里先让宝宝听响，再悄悄将珠子取出，然后当着宝宝面打开盒子，宝宝能明确地寻找盒内的珠子。

★ 将铃铛放在桌面上，宝宝会从桌面抓起铃铛后会翻过来注视，并用手有意识地拨动铃舌。

★ 能明确地通过拉近处的绳，将系在绳上的环拉到手，并且在拉绳时会看着环，知道通过拉绳能取到环。

早教常识：不要依赖学步车

有些爸爸、妈妈担心宝宝会爬了不容易看管，怕孩子出现意外，早早地把宝宝放进学步车里，剥夺了宝宝爬行的权利。殊不知，宝宝只有经历了翻身、坐、爬、站立、行走等各个阶段后各项运动能力才能更协调地发展起来。

宝宝是在不断的摔倒了和爬起来的过程中学会走路的，这有利于宝宝身体协调性的发展。学步车非但不能加速宝宝学走的进程，相反还会影响宝宝独自站立和独自行走能力的提高。相关研究表明，使用学步车的时间每增加24小时，宝宝独自站立和独自行走的时间就延迟3天多。同时，让宝宝在学习走路的过程中感受从挫折中站起来、走向成功的自豪感，对增强宝宝的自信心很有好处，而学步车无法做到这一点。

学步车看似安全，但如果爸爸、妈妈将宝宝放在学步车中就去忙其他的事情而忽视了宝宝，实际上是增加了宝宝学走路的危险性。因为学步车大多带有滑轮，滑动起来速度很快。宝宝缺乏安全意识，快速而且大范围地移动自己的身体，很容易发生撞伤和接触危险的物品。

学步车也不利于宝宝正常的生长发育。宝宝的骨骼中含胶质多、钙质少，骨骼柔软，而学步车的滑动速度过快，宝宝不得不用两腿蹬地用力向前走，时间长了容易使腿部骨骼变弯，形成罗圈腿，如果矫正不及时会给宝宝留下终身的遗憾。

情商培养：学会与人分享

这个阶段宝宝可能显示出强烈的占有欲，最早的分享教育可以从这时开始。让宝宝从盘子里拿一个橘子给爸爸，再拿一个给妈妈，然后自己再拿一个。有时宝宝舍不得把第一个分给别人，可以把次序倒过来，先让宝宝自己拿一个，然后再分给别人。经过多次练习后，可以递一个给爷爷，再递一个给奶奶，最后让宝宝递东西给客人。练习递东西给别人可以让宝宝学会与人分享，养成不自私的习惯。

对于宝宝分享意识的形成不要操之过急，一两岁的孩子需要很长时间才能学会分享。在目前这个阶段，当孩子之间出现对物品的争执时，用语言教育效果并不好，因为你所说的道理宝宝理解不了。不用给宝宝讲太多道理，只需用宝宝更感兴趣的活动或玩具转移他的注意力就可以了。

大动作训练：练习自己站稳

宝宝学会单手扶物、单手蹲下捡东西之后已具备站稳的能力，但是宝宝害怕摔跤总要伸手扶物。父母可以让宝宝拿一些较大的一只手拿不住的玩具，如大皮球、吹气动物等，宝宝要拿稳就必须双手接住，这时宝宝会暂时放掉扶物的手，双手拿玩具，迫使宝宝双脚站稳。有些宝宝会用身体靠在家具上，伸出双手来拿。这时大人可以转动位置，使宝宝身体离开靠着的家具，站在四周无依靠的地方将玩具接住。

有时大人正在牵着宝宝学走，快要到目的地时趁宝宝两只脚一前一后分开时轻轻放手，叫宝宝站一会儿。如果宝宝站不稳会向目的地一扑，不会摔倒。宝宝很喜欢这种练习，有时他自己会松开双手站一会儿，然后走几步扶物走到目的地。如果本月能自己站稳，下个月就能独自走几步了。

大动作训练：牵手练走步

先看宝宝是否能一只手扶着家具向

前走，如果能，表示宝宝身体能保持平衡，可以开始牵着宝宝双手向前走步。如果宝宝仍然是双手扶着家具横跨，牵手走步要等下个月才能开始练习。

双手牵着走有两种走法：一种是大人与宝宝方向一致，宝宝在大人前面，两人同时迈右腿再迈左腿；另一种方法是两人相对，大人牵着宝宝双手，宝宝向前，大人后退。宝宝喜欢面对大人，两人相对的走步会让宝宝学得更加放心。最好一边走一边数数“一二三四”，如同跳舞那样练习，宝宝既练了走步，又听熟了数数。

宝宝的双手被大人牵着会举起，必须身体自身保持平衡才不至于摔倒。这种练习比学步车有效，父母可在每天下班后或者晚饭后牵着宝宝练习几步。时间不必很长，三五分钟即可，每天练1～2次，让宝宝练习保持自身的平衡。

精细动作训练：练习配瓶盖

宝宝很喜欢玩各种瓶子和盒子，有螺旋拧上的，有拔开的，还有边上有个小键按开的。在大人的要求下，宝宝会试着按大小和式样将盖子先盖上，然后拧上。这是宝宝最喜欢玩又不必花钱买的玩具。有时两个瓶子差不多大小，但瓶口不同，盖的大小也不同。宝宝会试来试去，有时用手指导眼，有时眼去指导手，配瓶子、盒子盖的游戏是很好的手—眼协调的练习。

选择不易打碎的存钱盒，将硬币先泡在泡菜水中（或浸泡在米醋中）半小时，硬币的残渍去净后再用洗涤灵清洗、擦干就可供宝宝练习。让宝宝手持硬币，对准存钱盒进钱的缝口，宝宝能逐个将硬币塞入存钱盒内。如果宝宝放得不顺利，把盒子摇动一下让硬币散开就可以继续放入。存钱盒的缝口并不宽大，宝宝要将硬币对正才能放入。这个游戏不仅可以练习手眼协调能力、精细的动作能力，还可以延长宝宝独自玩耍的时间。

精细动作训练：提高对捏能力

经过两三个月的对捏训练，宝宝的动作已经比较灵活，这个月主要训练宝宝捏取细小物品的准确性以及捏取速度，最好每日训练数次。

把宝宝抱起来，在盘子里放几粒小丸，如豆子、米花、葡萄干等。先让宝宝看到这些小丸，再鼓励宝宝用手去摆弄、捏取，以此锻炼捏取的灵活性，同时训练手和眼的协调能力。注意训练时宝宝身边一定要有大人保护，不要让宝宝把捏起来的东西放进嘴里。

认知能力训练：学认图卡

让宝宝手脑并用，学会听声认图，还能动手拣出来。通过视、听、手的协作，宝宝的记忆会更加牢固。将印有动物、用品、食物、交通工具等内容的图片或图书放在桌上，先让宝宝找已经认识的图片或翻开书找到相应的内容，用手指出大人告诉的物名。先练习过去学过的，以后隔几天学认一个新的。8个月的宝宝要用5～7天才学会认一张图，还要用一周时间去巩固，到10个月时宝宝认图的兴趣增高，较容易学会、拣出新的图片，有时还能拣出一个笔画多的汉字来。

认知能力训练：学会用食指表示“1”

大人先问宝宝“宝宝几岁啦”，然后举起一个食指回答：“1岁了”。宝宝会模仿大人的动作，也将食指举起来表示自己1岁。宝宝要吃饼干时大人问“要几块”，大人竖起食指说“给宝宝1块”，使宝宝对用食指表示1渐渐熟悉。以后大人举起食指让宝宝拿1块积木、1个皮球或1个小车，使宝宝熟悉用食指可以表示1。

自理能力训练：让宝宝学习自己吃饭

这个月，宝宝已经可以享受固体食物了。他现在能够用手指头拿起切成小块儿的水果、蔬菜，他非常渴望能够自己拿着吃，甚至开始试图使用勺子。父母应该抓住这个时机，让宝宝学习自己吃饭。可以给宝宝一把专用的勺子和一些切成小块儿或捣碎的食物，让他自己吃。刚开始他肯定会弄得一身一脸满地都是，可以事先给宝宝穿好围裙，让他坐在高脚凳上，凳子下面铺上一些报纸或垫上一块塑料布。

不要因为怕宝宝吃得满身满地都是而阻止宝宝自己吃的行为，顺应并辅助宝宝的内在要求会使他的某种能力在敏感期内得到迅速的发展和进步，当一个敏感期过去后，另一个敏感期会自然到来，这样就会促进宝宝的发展。据美国宝宝能力发展中心的研究发现，那些被顺应了需求的宝宝在1岁时已经能很好地自己用勺吃饭了，同时发展起来的不只是自理能力，还有手眼协调性和自信心。

自理能力训练：学习配合穿衣服

这个月，宝宝在动作方面有了长足的进步，开始在吃饭和穿衣等自我照顾方面表现出一些独立意识。在心情好的时候，家人帮宝宝穿衣服时，宝宝会有一些肢体配合，表现为伸出脚配合穿鞋，将胳膊伸直或伸进袖子里，不久便会自己将腿伸入裤子内。

有些宝宝不主动配合穿衣服，仍然等着大人给穿，用布娃娃示范可使宝宝学得更有兴趣。妈妈说："宝宝，你看娃娃真懒，不会自己穿衣服。你做给它看，让它向你学习。"宝宝很乐意当娃娃的老师，他会努力做给娃娃看，从而学会了主动伸手穿衣和主动伸腿穿裤。宝宝做好了要让他坚持下去，每次穿衣服时把娃娃放在前面，让娃娃看着宝宝怎样穿，他会越来越熟练地自己穿上两只袖子。宝宝暂时还不会系扣，待2岁半前后会慢慢学会。

让宝宝自己用手脱去鞋袜，而不是用脚将鞋袜蹬掉。用手去脱可以将鞋袜放好，用脚蹬掉的鞋袜就难以找回来。宝宝能够坐在地上或小椅子上先将鞋脱去，然后把袜子脱去，把袜子塞进鞋里，把鞋放在平时放鞋的地方，然后再坐下来玩，养成把东西放在固定地方的习惯。宝宝越早学习自理就越能干。

11月龄早教计划

早教准备：适合宝宝的玩具和图书

可水洗大蜡笔

给宝宝选择蜡笔时要注意以下几点：

★ 环保无毒配方。

★ 可水洗，易清除。

★ 大蜡笔，易于抓握。

套盒玩具

形状套盒是由早期教育专家区慕洁研发的一款利用套叠、配对、观察、比较等方法来锻炼6个月~4岁婴幼儿动手能力和空间思维能力的益智玩具。可以训练宝宝取、拿、抓、握等精细动作，促进动手能力发展；锻炼宝宝对颜色的分辨能力，并能将一样的颜色放在

一起；练习宝宝动手堆高的能力及空间智能感；对数字的大小、体积有一定感性认识，初步学习排序；学习认识不同的形状，对形状的轮廓和实体都有感知；提高分析能力，锻炼逻辑思维能力。

早教常识：这个月宝宝的动作发育

大动作发育

★ 不需要大人扶就能站起来，并且能自己站一会儿（2 秒钟以上）。早的 10 个月时就能独站，晚的要到 1 岁 3 个月时才会独自站立，90% 的宝宝都在这个时间段掌握该技能。

★ 这个月是行走能力发展的关键期，是身体平衡能力、身体与四肢协调能力获得发展的重要时期。宝宝喜欢扶着家具从一处走到另一处（一边移动手一边抬脚横着走），对房间进行探索。如果爸爸、妈妈扶着宝宝的双手，给予一定的鼓励，宝宝会努力做出交替迈出双腿向前走的动作。

精细动作发育

★ 喜欢推、拉或者扔东西，喜欢开关橱柜的门。

★ 手眼的协调有进步，能捏起细小的东西往瓶子里放，但不一定准确。快满周岁时会将硬币投入钱罐的小缝隙中。

★ 喜欢将一些物品放到容器中，然后再把它们拿出来。

★ 会拿蜡笔乱画。

★ 会拿勺子吃几口饭。

★ 能把两块积木摆放到一起。

早教常识：这个月宝宝的语言发育

★ 会用手势与人交流。吃完手里的饼干后会用张开两手表示“没有了”，会摇头表示“不”，或指着书架上他最喜欢的书。这表明宝宝知道自己在想什么，他也意识到自己可以这样与家人交流。

★ 到接近 1 岁时，大人说的话宝宝已经基本都能听懂了，并开始模仿最容易发音的几个词，比如“妈妈”“爸爸”。当宝宝看到一个球并发出类似“球”的声音，他的大脑正在把这一发音和眼前的事物联系起来，这表明他开始理解一个音或一个词代表了某一个事物。

★ 会用动作表演儿歌，会随着音乐的节奏跳舞。

★ 会称呼 2 ~5 个大人。

★ 会学动物叫。

早教常识：这个月宝宝的社会性发育

★ 对陌生人感到害怕。

★ 能够与他人分享玩具，知道玩完之后把玩具收回来。

早教常识：这个月宝宝的认知发育

★ 1 岁左右的婴幼儿处于空间知觉和时间知觉的萌芽阶段，能意识到客观物体永存的概念，但对客观物体之间的空间关系尚不理解。

★ 能记住一些身体部位、用品和食物的名称。

★ 开始理解大和小。

★ 可以学认第一种颜色——红色。

★ 可以跟着背数 1 ~3 或 1 ~5。

★ 能留心家人的谈话至少 1 分钟而不会被其他声音干扰。

情商培养：学会与人交往

1 周岁左右的宝宝会用招手、微笑、点头等姿势同人打招呼，喜欢模仿别人的活动和发音，这是良好社交的开端。会用动作和表情与人交流的宝宝很受欢迎，大人会积极地用语言和姿势应答宝宝，宝宝就会学得更积极，动作也就会做得越来越好。这种语言之外的交流十分重要，有助于培养宝宝开朗、外向的性格。

这个阶段，宝宝喜欢去有小朋友的地方，喜欢和与自己年龄相仿的小朋友一起玩耍。妈妈可以邀请其他的孩子到自己家来玩，或者陪伴孩子到小朋友的家里玩。这个年龄的宝宝虽然喜欢待在一起，但他们仍然喜欢自己玩自己的，这种平行游戏在 1 岁宝宝身上很常见，再过一段时间他们会逐渐发现和小朋友一起玩耍的乐趣。

大动作训练：练习自己走

大人可以从后面扶着宝宝学走，开始时可用一条布带系在宝宝腰间，大人牵着布带让宝宝学走。渐渐松开布带，用一只手牵着宝宝走，在宝宝走得较好时大人可以逐渐松开手陪着走，此时宝宝实际上已经在自己走了。宝宝很喜欢在父母之间来回走，父母间距离逐渐加大，宝宝要独自走两三步才能到另一个人身边。但是有了父母的支持和鼓励，宝宝会学得很快。

专家提示

如果所有的动作都会得较迟，周岁还未能扶站，也不会蹦跳，就应及早到医院诊治。

精细动作训练：学搭积木

可以为宝宝提供一些用于叠放的积木，或者嵌套的套盒。宝宝会把积木反复叠高、碰落，然后再重新叠高；也喜欢把套盒一个一个套上，取出再套上，对于这类玩具的兴趣将会持续一段时间。

语言能力训练：模仿动物叫

选择动物图片或图书，如果有动物玩具则更好。先让宝宝学会1～2种动物的叫声，先学认猫，小猫怎样叫，“喵喵喵”；认狗，小狗怎样叫，“汪汪汪”。过几天再学另外1～2种动物叫声，认小鸡，小鸡怎样叫，“叽叽叽”；认小鸭，小鸭怎样叫，“嘎嘎嘎”；认小羊，小羊怎样叫，“咩咩咩”，逐渐记住每种动物的叫声。也可以反过来，大人学动物叫，让宝宝找出与叫声对应的动物图卡。这个游戏既锻炼了宝宝的记忆能力，也练习了发音，是宝宝喜欢玩的游戏。

语言能力训练：用动作表演儿歌

大人一边唱歌一边同宝宝做动作表演，以训练宝宝的节奏感和动作的协调性。比如儿歌表演《找朋友》：

找呀找呀找朋友（招招手），

找到一个好朋友（对人点头），

敬个礼（伸手到右眼旁边），

握握手（同人握手），

你是我的好朋友（先指别人，再指自己，再握手），

再见（挥手）！

专家提示

宝宝动作的发展，各种精神活动的发展，认识范围的扩大及认识能力的提高，为语言的发生准备了条件；高级神经活动的发展和语言器官的成熟，使语言的发生具备了生理根据。

1 岁的宝宝已经开始掌握词，并已开始用语言形式和人们交往。如果宝宝在生长过程中和成人的交往很少，每天只见面而不说话，那么，宝宝的语言器官就会发展很慢，情绪也不会很好，健康也可能受到影响。宝宝和成人接触的过程就是学习的过程，成人和宝宝的接触也就是教育宝宝的过程。将动作和语言统一起来能使宝宝的听觉器官不断地发展，随着各种东西对视觉器官的不断刺激，眼界也不断扩大，宝宝的语言就会获得正常的发展。

认知能力训练：学认身体部位

从出生后第 7 个月学认第 1 个身体部位至今，许多宝宝都认识了自己脸上的各个器官，如眼、耳、口、鼻等；认识了手和脚，也认识了肚子和屁股。有些宝宝特别喜欢胳肢窝和肚脐眼。自从学会竖起食指表示 1 岁以来，认识了大拇指和食指，还有个别宝宝认识小咪咪（最小的手指头）。宝宝在洗澡时容易学认，大人先用水拍拍胸脯、拍拍后背，然后让宝宝坐进澡盆里，一边洗澡一边告诉宝宝这是胳膊、这是大腿。经常这样一边洗澡一边说，宝宝就能认识七八处身体部位，大人说名称让宝宝去指，看宝宝能认识多少。也可以让宝宝自己去指认识的部位和想知道的部位，使他记得更多。

认知能力训练：学认红色

拿起一个红色的小盒，说“红色”，宝宝会很快记住，以后你说“红色”时他毫不犹豫地把红色的小盒拿起来。但如果你说“红色”时拿另外一件红色的玩具，宝宝并不认同，因为在宝宝的心目中是一词一物，他不会同意一词二物。所以你最好把一堆全是红色的东西放在一边，把其余不是红色的杂物放在一起，告诉他“这边都是红色，那边都不是”。宝宝会开始区别红的和不是红的两堆东西，渐渐发现红的一边是单一颜色，不是红的一边是不同颜色。这个发现使他可以慢慢接受许多东西都可以是红色的，将红色变成一个共性概念。

经常让宝宝拿取红色的东西或者给宝宝介绍更多红色的衣物、花卉、玩具、食物，直到有一天宝宝能从面前一大堆杂色玩具中将红色全挑出来，一个不剩、一个不错才算宝宝真正学会。这大概要练习 3 个月才能完全做到，在这之前不必再介绍其他颜色，以免混淆。

专家提示

学习颜色要在宝宝已经认识相当多的用品词汇之后才可以开始。如果宝宝认识的词汇还不多，可以留待 1 岁以后学习。

认知能力训练：学认圆形

让宝宝自己盖上喝水用的塑料杯盖，这是宝宝喜欢做的事。宝宝玩具中的小锅也有盖，让宝宝将锅盖盖好，即盖要准确放在锅的圆口上，不是随便歪着放。

在硬纸板上画圆形、方形和三角形，把中间的形状剪去，留出平整的洞穴。用另一张硬纸板再剪出与洞穴相配的圆形、方形和三角形。让宝宝用食指将洞穴中的片块捅出来，试着将圆的形块放入圆洞穴中。

通过以上活动让宝宝认识圆形，当大人说“将圆块给我”时，宝宝会从纸板的洞穴中把圆块取出交给大人，说明宝宝已认识圆形。

认知能力训练：学认字卡

听声拣字的练习大约比听声拣图迟

一两个月，因为要在拣出图卡之后，用字与图做对应才能学会。如果宝宝已经能从一大堆图卡中拣出自己认识的猫的图卡，这时妈妈可以用毛笔写一个“猫”字的字卡混入图卡中。当宝宝拣出猫的图卡时，妈妈再拣出一个“猫”字来，并对宝宝说“这也是猫”。如果下次宝宝拣出猫的图卡后，经妈妈提醒也能拣出猫的字卡，就应称赞他“真棒”，使宝宝能巩固所认识的第一个字卡。

宝宝拣出一个汉字会让大人十分高兴，大人的表情会鼓励宝宝，使宝宝更喜欢拣出汉字。经过1周或2周的巩固可以让宝宝逐渐练习拣出以前学过的身体部位的字卡或动作的字卡。耐心地多次做对应，大多数宝宝都能够在1周岁时学会。认字不是目的，使宝宝认图的神经回路尽早建成、为以后学习打下基础才是真正的目的。

专家提示

宝宝学的新图一定要经常复习，如果过两三天不动手去翻，学过的就会忘记。

1周岁早教计划

早教准备：适合宝宝的玩具和图书

手推敲鼓熊

宝宝在1岁左右学步的关键时期，通过对玩具小熊的拉、推和摆弄等游戏动作，能锻炼宝宝身体的平衡，促进宝宝肢体各方面更加协调，学步更快，自信心更强。

★ 将推杆插到小熊的身后组成推动推杆，可爱的小熊就会咚、咚、咚地打起鼓来。

★ 清脆的鼓声引起宝宝极大的好

奇心，可以为学走路宝宝增加无限乐趣。

益智纸板书

本套书由早教专家为0～3岁婴幼儿特别设计，包括6本小书，《大大的东西》《小小的东西》《长长的东西》《高高的东西》《圆圆的东西》《有洞的东西》，书中的物品都是婴幼儿日常生活中常见并感兴趣的东西。书的形状很有创意，和书的内容一一匹配，例如《圆圆的东西》那本小书就是圆形的，《有洞的东西》那本书中间打了圆形的洞，《长长的东西》那本是长方形的书……这样具象的外形可以帮助孩子建立形状和大小知觉。

每本书中都列举了在形状大小方面特征一致的东西，比如《大大的东西》中有大象、鲸鱼、河马、吊车，而《小小的东西》中则是蚂蚁、蜜蜂、小鸟等，对比十分鲜明。孩子在反复的翻看中，自然而然就获得了类别的概念。这正是最初的“分类思维”，分类思维方法是一种基本的科学思想方法，人的整个学习过程一直是在对身边的事物进行不断的分类，通过分类可以不断加深对事物的了解和建立事物间一定的内在联系，从而构建自己的认知系统。聪明的妈妈可以举一反三，让宝宝眼中丰富的世界更有序。

早教常识：这个月宝宝的动作发育

大动作发育

★ 1～1.5岁是宝宝蹒跚学步的重要时期，胆子大的宝宝开始尝试自己走。如果大人拉着一只手，宝宝能协调地向前迈3步以上。

★ 可以扶着栏杆学上楼梯，双脚踏一级台阶，站稳后再迈上一级。

★ 喜欢把东西往地下扔。给宝宝一

个皮球，鼓励他扔球，他能站着朝父母扔球，但身体平衡和协调能力还不太好。

精细动作发育

★ 能试着搭2块积木，但不一定能搭好。

★ 会套环入棍。

★ 会用棍子够取远处的玩具。

★ 能转动门柄，打开和关上小盒子的盖。

★ 能自己用杯子喝水。

★ 同时看见小丸和小瓶时懂得小丸和瓶的关系，能试着将对捏住的小丸投入瓶内。

★ 在没有人示范的情况下，能自己想办法将瓶子里的豆子取出来。

★ 能用手指一个一个地把葡萄干放进嘴里。

★ 可以整个手掌握着笔在白纸上画出笔道，还会模仿大人在白纸上点点。

★ 已会翻书页，但还不会一页一页地翻。

早教常识：这个月宝宝的感觉发育

★ 1～1.5岁的宝宝视力为0.2，但视深度感觉仍比较差。

★ 对视觉刺激可以保持几天，有时对非常相似的刺激物，如人的照片，记忆可以保持几周。

★ 能识别各种气味。

早教常识：这个月宝宝的语言发育

1岁以后，宝宝的语言逐渐从听转向说，他们能理解和掌握的词汇越来越多，逐渐地能用简单句表达自己的意思，只是句子还比较短，内容也比较单一。

★ 能有意识地叫自己的爸爸或妈妈。学会称呼家人之后还能按年龄、性别的不同称呼陌生人。

★ 能理解较多的字，但说不清楚，也不完整，语言表达仍处于单词句阶段。

★ 还是习惯用动作表达需要和欲望，这时家长可以适当延迟满足宝宝的时间，鼓励和激发宝宝说出更多的话来。

★ 喜欢一遍遍地听同一个故事，虽然还不会说，但几乎能把故事中的每句话都记下来。如果妈妈讲错了会表示反对，会用手指图回答问题。

早教常识：这个月宝宝的社会性发育

★ 大人给穿衣服时知道配合大人。

★ 探索新环境、结交新朋友的愿望更加强烈，喜欢和小朋友在一起玩耍。但各自玩各自的，并不共同游戏，是独立性与依赖性共同增长的时期。

★ 能够执行一些简单的指令，如“把门关上”“把玩具捡起来”等。

早教常识：这个月宝宝的认知发育

★ 当大人问“灯在哪里”“电视在哪里”时，会用眼睛看或用手指，表明认识这些东西。

★ 初步学会辨认红色。

★ 认识圆形。

★ 能背数到5、点数到2。

★ 能找到先后藏在两个不同位置的同一个玩具，但必须看到藏的过程。

情商培养：理解宝宝的偏激行为

孩子1岁了，会走路了，活动的空间随之扩大，会发觉很多他不懂却感兴趣的东西，总想去摸一摸、动一动。但父母因为安全的考虑，常常限制孩子的探索行为，孩子会因此而大哭大闹。许多父母都说：“他简直是个小魔头，真担心把他惯坏了。”1岁的孩子有了“领地”的概念，外人不可擅自入内。有时，别人的一个无意眼神就可以引起不小的风波。这种对自我意识的觉醒有些时候成了任性的代名词。其实没那么可怕，这是孩子走向自立的一个正常的阶段，孩子的偏激行为其实是想用自己的方式体现自我。相反，如果孩子表现得过于听话，则终究有个性爆发的一天，其后果将更不可想象。

情商培养：鼓励宝宝称呼生人

称呼客人是人际交往的良好开端，宝宝在学会称呼爸爸、妈妈、爷爷、奶奶之后，要教他称呼生人。宝宝会把岁数大的男人称“爷爷”，女人称“奶奶”；把年轻的男人称“叔叔”，女人称“阿姨”。让1岁多的宝宝按年龄、性别去称呼客人确实不容易，平时可以用家庭相册让宝宝练习称呼，使宝宝不至于到时为难。

大动作训练：练习抱着玩具走

宝宝抱着玩具递给爸爸，快到时爸爸后退几步，让宝宝多走。如果看到宝宝走得稳，可以多退几步；如果走得不太稳，身体摇晃，爸爸就应尽快迎上去接过玩具。宝宝学走时喜欢让大人拉着，找依靠，刚刚会走几步时手上也要牵着玩具或者什么东西作为依靠，爸爸站在宝宝前面可使宝宝放心地向前走。

学步的宝宝同爸爸一起练习会学得快些。妈妈常常不放心让宝宝练步，宝宝要摔倒时妈妈不如爸爸保护得及时，所以爸爸要更主动帮助宝宝练步，使宝宝早日会走。练步时要尽量避免宝宝摔跤，摔跤会影响宝宝的积极性。但是宝宝不可能从不摔跤，宝宝摔倒时大人要镇静地将宝宝抱起，安慰几句，千万不要惊慌喊叫，否则宝宝本来并未摔疼，也会被大人吓得哭叫起来，对学步更不利；应当正面鼓励，使宝宝勇于克服困难。

这时候，宝宝的两脚会分得很开，这种宽阔的步幅有助于平衡。细心的妈妈可能会注意到宝宝的脚是扁平的，脚趾头往往向着迈步的方向略微倾斜，在这个年龄段这种现象是完全正常的。

大动作训练：拖拉玩具退后走

宝宝学会向前走之后，可以将拖拉玩具放到宝宝的前面，让他拉着玩具退后走。平时宝宝拉着响鸭往前走时只能听到后面的响声，看不到会摇头的响鸭。退后走时不仅可以听到声音，还能看着响鸭摇头的样子，宝宝很喜欢这样。

练习退后走时大人要在宝宝旁边保护，一旦宝宝摇晃时能很快将宝宝扶住。宝宝听见大人在旁边的指导声音，也能安心地练习。倒退着走要凭感觉，如脚着地时能感到地是否平坦，双手可

感到两边有没有障碍，听到大人指导的声音知道还可再退几步。

本体感觉是技巧熟练所必须练习的，如司机开车遇到障碍时手脚会协同帮助刹车；弹钢琴的人眼只看乐谱不必看手，手会按乐谱去按键；打字的人也不必看手，只看文稿就能打字。这些技巧是练习时得到的本体感觉习惯地协同动作的结果。因此，宝宝练走除了靠眼睛看路以外，还要靠本体感觉，双臂熟练地甩起来就会更平衡。学会倒退着走后再正过来走时就会觉得很轻松自如。

精细动作训练：练习翻书和看书

刚开始只要求宝宝能正看图画，不倒着看书，然后学习打开和合上书页。这个月还不必要求宝宝学会逐页翻，因为宝宝的手指还欠灵活。

让宝宝学翻的书最好是硬纸的厚页书，书页结实、好翻。把宝宝常看的硬皮书递给他，看他是否会把书正过来看，能否从第一页把书打开又合上。经常看书的宝宝不会把书倒着看，因为他认识书中几个熟悉的图。让他按大人讲的物名指出已认识的东西，再学一两种新的。学认新物名时最好同时看到实物，如杯、碗、筷，将实物和图放在一起，使宝宝容易学会。看完书后告诉宝宝：“读完了，把书合上，放进盒子里。”让他自己做，以养成看完书收好的习惯。

精细动作训练：练习倒豆捡豆

在宝宝面前放 3 个小碗，将蚕豆、黄豆和绿豆混合放在一起，然后大人先作示范，把不同的豆子捡出来，分别放在不同的盘子里，再鼓励宝宝用拇指和食指对捏的方法分别将蚕豆、黄豆和绿豆拣出来，放在不同的小碗里。

在两个瓶子里装几颗豆子，让宝宝

练习对准瓶口，将一个瓶子里的豆子倒入另一个瓶子里。宝宝可能会把豆子撒落出来，但经过多次练习就能够准确地把豆子从一个瓶子倒入另一个瓶子里。这种游戏可以训练宝宝手的灵活性和准确性。

语言能力训练：让宝宝多说单音句

鼓励宝宝说单音字代表一句话，例如宝宝说“蕉”即是“我要吃香蕉”，“车”即“我要小车”；有时用手指着门口，即是“我要到街上看小汽车”。有时宝宝发的音家长一时难以理解，甚至会理解错了，如妈妈买了许多食品回家，宝宝伸手说“要”，妈妈顺手打开一包饼干给宝宝，宝宝把饼干扔到地上，妈妈十分生气。好在妈妈突然想起孩子刚学会打开纸包，递给宝宝一包未打开的饼干，宝宝马上笑了，高兴地坐在地上摆弄，终于把饼干打开了。因此，大人要更细心地了解宝宝发出的单音的意思，及时问问“要吃还是要打开”，让宝宝表态，这样大家都会相安无事，宝宝又可多学一个词汇。

宝宝需要表达，但苦于词汇太少，学会的音也太少。只要宝宝会发出一个音，大人就应该表示欢迎和理解，并且要在关键的字上随时作补充，使宝宝会用的词增多。如果大人不去理解宝宝的词意，而责怪宝宝不听话、捣乱，甚至给予惩罚，不但会使宝宝伤心，而且宝宝以后再不敢用单音字表达，会使语言表达延迟。

认知能力训练：学会分清大小

通过实物让宝宝用眼看、耳听，又用手拿，以分清大和小。取物时不是根据自己的喜欢和不喜欢，而是按大人的要求去取。把大小不同的苹果放在桌上，让宝宝去拿大的，宝宝会十分顺利地拿到大苹果。再让宝宝把大苹果放回桌上，去拿个小的。这时宝宝也许还是拿大的，要告诉宝宝，并握着他的小手去拿小的，告诉他哪个苹果大、哪个苹果小。

宝宝喜欢看自己的新鞋，将爸爸的大鞋同宝宝的小鞋摆在一起，问他哪双是爸爸的大鞋、哪双是宝宝的小鞋。因为宝宝喜欢自己的新鞋，叫他拿小鞋他肯定会拿对的。再将妈妈的上衣和宝宝的上衣放在一起，让宝宝先拿大的、再拿小的。经过几次练习宝宝就能拿对了。

在买来的套碗中选择最大的和最小的两个，让宝宝把最小的碗放入大碗里。找两个大小不同的纸盒，让宝宝把小盒放进大盒里。再找两个大小不同的塑料药瓶，让宝宝将小瓶放进大瓶内。家中还有许多可利用的东西，让宝宝练习把小的容器放入大容器中。

专家提示

教宝宝学会把小的东西装进大的容器里不仅可以强化宝宝大与小的概念，而且可以发展宝宝的手一眼协调能力。

自理能力训练：鼓励宝宝自己吃饭

1 岁以后，宝宝的饮食量不断增加，对各类食物的适应能力逐渐增强，咀嚼功能逐步完善，对食物的色香味有一定的辨别能力，这时孩子就能自己吃饭了。家长应鼓励孩子自己吃，并且尊重孩子对食物的喜好，让孩子自己决定吃什么、吃多少，使孩子感到吃饭是一件快乐的事。

生活中，有许多父母给孩子喂饭，无非是想让不肯好好吃饭的孩子多吃一点，怕孩子饿着。但从医学的角度分析这不是一种科学的办法，若是长期这样还会影响孩子的身心健康和智力发育：

★ 父母给孩子喂饭易导致孩子不能将食物充分咀嚼，从而影响孩子牙齿和脸部肌肉的正常发育，同时也会影响孩子的消化吸收功能。

★ 父母一边喂饭一边催促孩子快吃，长时间下去会使孩子把吃饭当成一种负担，甚至对吃饭有抵触情绪，出现厌食，挑食，边吃边玩的情况。时间长了会造成孩子注意力不集中，从而影响孩子的自制力，影响今后的学习。

★ 也有的家长对孩子不吃饭讲一些条件，有的说“宝宝吃饭，饭后妈妈给你买一个玩具”，这样会使孩子认为通过不吃饭可获得他想要的东西。

★ 有时孩子已经吃不下了，但家长还是想方设法让孩子多吃，甚至应用填鸭式喂养，过量喂养有可能使孩子的胃容量增加，易出现儿童肥胖症。

★ 与其喂孩子吃饭，不如在饭菜的品种上下工夫，做到色香味美，激发孩子的食欲。对一些贪玩的孩子最好是固定就餐时间，不要饱一顿、饿一顿。

给孩子固定进餐的位置，饭前不吃零食，不能让孩子边吃边看电视。注意孩子的饮食习惯，观察孩子对什么食物更感兴趣，看孩子喜欢吃什么不喜欢吃什么，不断调整饮食方案，促进孩子的食欲。

1岁1月龄早教计划

早教准备：适合宝宝的玩具和图书

套塔

★ 可以摇摆，能单独玩要再重建起来。

★ 可以帮助幼儿辨别音源方向，促进幼儿大脑发育。

★ 通过圈圈的大小可教育宝宝从大到小，从上到下的正常规律，

★ 锻炼宝宝排序的能力。

★ 在层层叠的过程中启发宝宝对物件大小比例的认知能力。

★ 教导宝宝颜色的辨认能力。

★ 训练宝宝动作的准确性、目的性及手—眼协调能力。

《动动手指唱童谣》系列

这套书收录了几十首在美国风行几十年的经典儿歌，目的在于通过歌曲、童谣、韵律诗，以及亲子活动，帮助孩子们提高语言能力、身体协调性、听觉敏锐感、韵律节奏感，更重要的是培养

孩子的自信心。而且许多歌注明了可开展的奥尔夫音乐活动，对家长极具指导意义。

早教常识：这个月宝宝的动作发育

大动作发育

★ 能自己走得很好，很少因失去平衡而跌倒。

★ 会爬上椅子、再上桌子够取玩具。

★ 开始手脚并用爬楼梯或台阶，不但会向上爬而且会向下爬（先把脚放下，再全身趴下）。

★ 拉着宝宝的一只手，帮助他掌握平衡，他就能直起身体上楼梯。

精细动作发育

★ 会将两块积木竖起来搭一个塔。

早教常识：这个月宝宝的语言发育

★ 会用单音字代表句子。

★ 可以学习押韵的儿歌，为背诵儿歌打基础。

早教常识：这个月宝宝的认知发育

★ 已基本掌握红色和圆形，可以学认黑色和方形。

情商培养：快乐的家庭氛围最重要

在孩子的成长过程中会出现各种各样的生理需求和情绪反应，这些需求的满足与否、父母的所作所为都将直接关系到孩子能否体验到生活的快乐。生活在快乐氛围中的孩子体验着幸福和爱，父母心甘情愿为孩子的成长做出无私的奉献，孩子的各种需求能够及时地得到恰当而合理的满足，他的各种生理机能也会处于最佳状态。快乐的家庭为孩子的健康成长提供了必要的条件。

受人们欢迎的孩子多来自于和谐、温暖的家庭。在宝宝时期，孩子主要接触的大人就是父母。如果父母宽容、民主，对子女不做过高的要求，不过分限制、惩罚，那么孩子容易成为乐观、自信、与人友好相处的人。如果父母对孩子缺乏关心和爱护，孩子就没有安全感。如果父母总找借口拒绝孩子的要求，那么孩子在潜意识里也会效仿父母，用父母对待自己的方式去对待别人，这样的孩子不会热情、诚恳地待人，容易恼怒，攻击性强，长大以后不愿意遵守社会规范，缺乏自控能力和社会适应能力。

孩子是人间的真爱。有些父母和孩子说话不假思索，态度毫不掩饰。也有些年轻的父母对自己过于放纵，有时将自己的失意迁怒于孩子，对孩子乱发脾气，甚至严厉粗暴地对待孩子，用高压手段强迫孩子服从爸爸妈妈的意愿。如果放任自己这样下去，会使孩子受到身体和心理上的伤害，会使孩子在不愉快中渐渐变得怯懦、退缩、不敢创新。有时，父母的一些消极情绪来自于夫妻之间的冲突，虽然不是直接面对孩子，但对子女同样具有伤害作用。在婚姻不和谐、不巩固的家庭中，父母经常出现争吵、抱怨和责骂等冲突场面，这些都会殃及孩子的心灵，使孩子感到害怕、困惑、厌恶、焦虑，长久下去，不利于孩子的身心发展。为了您的孩子，家庭中的每一个人都应该注意自身的文化修养，夫妻之间应互相关心、互相帮助，共同携手营造快乐家庭。

大动作训练：练习上楼梯

大人牵着宝宝上台阶，如果有扶栏可让宝宝自己一只手扶着扶栏上。初学

时，宝宝先迈上一级，双腿在台阶上站稳之后再迈步上第二级。许多牵手学走的宝宝还未会走就已学着上楼梯。大人千万别忘记在宝宝上台阶时替他数数：一级、二级、三级，一直数到上平台，再从头数，让宝宝一面学上台阶时一面学数数。

宝宝每上一级台阶身体都要适应一种新的高度，在上台阶时身体的重心先落在下面的一只脚上，然后重心移到上了高台阶的另一只脚上，重心不断地转移需要身体适应才能保持平衡，这个练习可以提高宝宝的高空平衡能力。

大动作训练：练习滚球和扔球

大人在地上滚球，宝宝会爬着去追球。这时他走得不如爬得好，但是爬会比走累。如果球滚得慢些，宝宝会试着走着去取。经常玩滚球的宝宝走得更稳，或者会慢跑一两步将球捡到。这种玩法会使宝宝逐渐适应由爬到走，而且加快速度开始小跑一两步。

第二种玩法是练习向目标扔球。由无目标乱扔到有目标地扔向墙壁，使球返回自己身边，为下一步有目标抛球做准备。和宝宝一起面对着墙坐着，将球滚向墙壁。球会反弹回来，看看宝宝能否捡着球并学习将球滚向墙壁。如果宝宝只会无目的地扔球，球返回来的位置就会改变。宝宝反复向墙壁扔球，熟练了就会从无目的到有目的地扔球，让球返回自己身边，这样就不必爬来爬去地捡球了。

精细动作训练：鼓励宝宝涂鸦

涂鸦不但可以训练宝宝手的灵活性，而且还可以提高其控制手部肌肉的能力。1 岁的宝宝能够用整个手掌握住笔在纸上戳出点或画出笔道；两三个月后可以用笔在纸上随意乱画；1 岁半左右能画出道道来，但在 2 岁前还很少出现有控制的涂画。

专家提示

这一阶段学习用笔的主要目的是培养宝宝用笔涂画的兴趣，掌握正确的握笔姿势。掌握正确的握笔姿势越早，有控制的涂画阶段就来得越快。

最好让宝宝在大纸上涂画，以免他画得不过瘾，画到桌子上被大人制止而失去兴趣。应该逐步让宝宝尝试各种笔，如蜡笔、彩色水笔、磁性画板笔、铅笔、圆珠笔、毛笔等以保持他的兴趣。除了在纸上画以外，还可让他用手指蘸上水在呵了热气的玻璃上、茶几上画；用小棍在沙土地上画。

大人要反复示范，并手把手地教宝宝怎么画。用笔在纸上画出道道是这一阶段的主要“成就”，因为要画出道道而不是随意乱画需要停笔或抬笔，这是有控制的画的萌芽，需要家长有意识地培养。

认知能力训练：认识黑色

让宝宝通过最感兴趣的事物学认黑色。宝宝最喜欢家中的电视遥控器和爸爸的手机，这两种东西几乎全是黑色的。宝宝看到大人用遥控器换台觉得很好玩，争着去按上面的键改变画面，这时可以告诉他“这是黑色的”。宝宝也喜欢电话，平常也会拿着话筒呼唤，表示和人对话，大人告诉他“这是黑色的”。家庭中黑色的东西很多，如黑色的电视机、皮包和其他用具等，宝宝都会很有兴趣地摸摸、看看，让宝宝试着模仿着说“黑色的”。宝宝通过看、摸、听声音和发音会增加一些印象，易于学会认识黑色。

专家提示

初学之后要连续几天都复习才能学会。也可以让宝宝自己去找黑色的玩具，用手指指出图画中的黑色，表示认识黑色。

认知能力训练：学会玩套塔

宝宝学会在食指上套小圈后，可教其玩套塔。套塔上有 5～7 个圆圈，下面大、上面小，要依大小次序套上。初学时只给宝宝 3 个大圈，只要求宝宝能将圈套到柱子上。在玩的过程中，宝宝会把圈套着玩，因为柱子下大上小，要先放入最大的圈才能落到最下面。如果先放入较小的圈就只能落到柱子的中部，不能落到底。反复练习，宝宝最终能学会按顺序放圈。待宝宝已能按顺序放入 3 个圈时，再将其余的小圈给他，让他全部套上。

这个游戏可练习两种本领，一是可以学会按大小次序套圈，为玩套碗打基础；二是可以学会将环套入棍子上，为学穿珠子打基础。

1岁2月龄早教计划

早教准备：适合宝宝的玩具和图书

套碗

通过玩耍可锻炼宝宝的手—眼协调能力及手部的精细动作。小杯上面的英文字母和数字能让宝宝在玩耍中得到认识及学习！小杯底部有各种各样的图案能培育宝宝对图形的认识和兴趣！可依大小顺序缩成一个单碗，游戏完毕可让宝宝按大小顺序进行收纳，培养宝宝智力的同时也培养了宝宝整洁的观念。

动植物认知配对游戏盒

这是一款能训练宝宝记忆力和认知力的益智玩具。共有24块拼片，12种动植物采用不同的色彩进行描绘。

先把24片拼板从小拎箱里面拿出来。将顺利打乱，每行6个，放4行，正面朝上。给宝宝1分钟时间，赶紧记哦。等下就要把拼板反过来放了。

记忆分为三环节：记—识记，存—保持，忆—回忆或再认。遗忘规律告诉我们，遗忘速度最快的区段是20分钟、1小时、24小时，分别42%、56%、

66%；2～3 天遗忘率稳定在 72%～79%；遗忘的速度是先快后慢等。掌握了遗忘规律，爸妈就能按照这个规律来锻炼宝宝的记忆力。

在玩上面几款玩具时，爸妈一开始可以延长一点看拼板内容的时间，减少拼板的块数。以后，等宝宝熟练了之后，再缩短时间以及增加拼板！对于小月龄的宝宝，可以先让宝宝识别动物以及色彩。

“小小孩”系列童书

“小小孩”系列包括中外著名幼儿童话、寓言和传统美德故事 10 种，如《乌鸦喝水》《拔萝卜》《三只小猪》《龟兔赛跑》《小兔乖乖》《狼来了》《东郭先生》《守株待兔》《司马光砸缸》《孔融让梨》等。一页一张大图，图下面是一行简单的文字，文字上还有拼音。现在可以让妈妈给宝宝讲，等宝宝再大一些可以自己认字。

这些故事之所以能够代代流传，叫一代又一代小读者所喜爱，究其原因，是因为这些传统的经典故事，在告诫孩子们做人的基本道理之外，更体现了中华民族乃至全人类美好的道德情操。

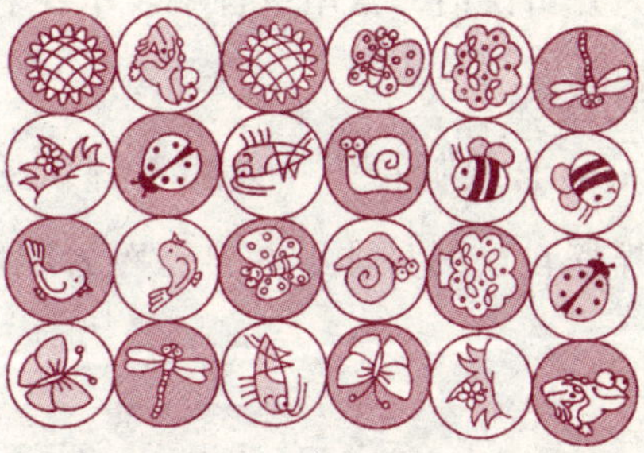

早教常识：这个月宝宝的动作发育

大动作发育

★ 向前走、向后退都较自如。

★ 开始学跑。

精细动作发育

★ 喜欢乱涂乱画。

★ 会用蜡笔画点和长线，说明手眼协调能力有所增强。

★ 会用小勺自己吃上几勺饭。

★ 在仔细辨清空间关系后，即使只要简单地看上一眼也能够成功地抓住物体。

早教常识：这个月宝宝的语言发育

★ 从忙于用手指物和用姿势表示

改为开口说话，常用单音字表示物名和表达需要。

★ 喜欢听音乐，会随着音乐的响起摇摆自己的身体，并自己哼着唱歌。

早教常识：这个月宝宝的社会性发育

★ 独立性逐渐增加，除了穿脱衣服上的进步，还能帮大人一点小忙。

★ 对家里的宠物或玩具娃娃表现出自己的爱，喜欢并经常模仿大人的动作、语气。

★ 开始注意观察玩伴的表情、动作，听他们说话，努力让自己和他们的玩耍相配合。

早教常识：这个月宝宝的认知发育

★ 会伸出 1 个食指表示要一种东西，能分清“1”和很多。

★ 会伸出食指和中指表示要两个，懂得“2”的意义。

★ 会图片配对和套上大、中、小套碗。

★ 会仔细观察毛绒玩具脸部的细节。

★ 不按照玩具本来的方法来玩，而是喜欢用新的方法来尝试。

情商培养：生活是一本无字书

春天带宝宝去看哪些叶子先长出来，什么花开得最早；认识植物的名称，树有根、茎、叶，有些会开花和结果；认识鸡和鸭有哪些不同，区分公鸡和母鸡谁会打鸣，谁会生蛋；看看风、云、雨、雪，为什么会闪电和打雷；太阳从哪边升起，又从哪边落下；带宝宝看夜空的月亮和星星。

生活是一本无字书，如果宝宝没有见过月亮，他学“月”字就不容易记住。如果他注意到月初升起的弯月同这个月字十分相似，学一次就会记住。年龄小的宝宝知识贫乏，对字义难以理解，就会拒绝认字。因此，大人要注意在日常生活中随时随地给宝宝讲解所见所闻，让宝宝对各种事物感兴趣，扩充他的知识面。

大动作训练：学习下楼梯

宝宝会走之后先学会上楼梯，一只

脚先踏上一级台阶，双脚站稳再向上迈步。下楼梯时也是这样，妈妈抱着孩子下楼梯，到还剩下最后3级时让孩子站在台阶上，妈妈先下两级，双手牵着孩子迈步，让孩子一只脚踩到下面的台阶上，再迈第二只脚，身体站稳。妈妈先下，再扶孩子慢慢下来。

孩子在单脚向下迈时心里有些害怕，妈妈先拉住他的双手；如果孩子还害怕，可让孩子双手按着妈妈的双肩，妈妈用手帮助宝宝的脚踏到地面上。当孩子知道了台阶的深度，心中有底才不至于害怕，学会下最后3级台阶。孩子知道了每个台阶深度都一样，再下时就不会害怕了。这时可以从平台的第一级开始练习一个一个台阶地下楼梯。

练习下楼梯是练习从高处下来时保持身体平衡而不至于摔下来的方法。宝宝会用一腿迈出，试探着深度，使重心落到自己下台阶的腿上，再把另一条腿迈出。这是下降时保持身体平衡的练习，经过练习才能上下自如。

宝宝学会上下楼梯心里会十分高兴，以为楼梯是玩具，想独自去练习。有时趁妈妈进入厨房做饭时，宝宝打开家门自己扶着楼梯上下玩耍，但无大人监护宝宝会出意外。因此要把家门锁上，或者在楼梯进出口外做一个护栏，使宝宝不能在无人监护时自己上下楼梯。

大动作训练：开始学跑

大人向后退，让宝宝向前跑，这是最稳当的跑法。许多宝宝不敢跑是因为头重脚轻，跑时头伸到前面，脚跟不上会向前摔倒；有些宝宝会选择向前面有可以扶着的地方跑。大人在宝宝前面，宝宝会放心地快跑，因为随时都可以扶停。大人要边跑边说“准备，一二三，停！”这个命令使宝宝在快停之前身体做好准备，前胸挺起，减慢速度，然后

停步。

还可以通过让宝宝追泡泡来鼓励宝宝跑，肥皂泡甩到空中慢慢散落时，宝宝跟着跑速度不会太快。也可以让宝宝追气球跑，将气球往高处抛时会缓慢下降，宝宝追时也不会跑得太快。让宝宝稳步慢跑，学会自己停止，就会自己调整跑的速度。通过练习可以让宝宝学会跑步和自己站住，使宝宝逐渐加快速度。

精细动作训练：练习用钥匙开锁

可以用平时家中的大锁和钥匙，也可以用一种专门为宝宝做的钥匙玩具。宝宝平日看到妈妈出门和回家时都要用钥匙，宝宝对钥匙产生了浓厚的兴趣。宝宝要看准钥匙洞，把钥匙插入，而且要插到适宜的深度才能把锁打开。让宝宝将钥匙放入锁眼中，顺时针方向转动，锁会打开。宝宝会详细地观看这个大锁，拿起钥匙想法塞进洞里。宝宝的手还不灵便，费很大的劲才能将钥匙塞入洞口，但塞得不够深不能将锁打开。他会认真研究、试探，偶尔将锁打开会十分高兴。

语言能力训练：学说家人的名字

在帮宝宝认识自己和家里人的基础上，教宝宝学说家庭成员的名字。先教他一个人的名字，反复练习，会说后再教第二个人的名字，并鼓励他区别这些名字。如“宝宝把糖拿给×”“把球送给×”等。宝宝做得好时一定要及时鼓励，比如给他一个大大的拥抱和亲吻。

语言能力训练：模仿打电话

孩子看到家人打电话很想模仿，可以用模拟打电话的玩具或代替物同孩子玩打电话游戏。大家都拿一条较长的积木当话筒，妈妈说：“喂，我想请×听电话。”孩子拿着当话筒的积木往往不知说什么。这时妈妈可以教他答话：“喂，我就是×，请问你有什么事呀？”妈妈拿起积木说：“妈妈带你去动物园好吗？”这次孩子会回答：“好呀！”妈妈可以随机想些话题，例如，“咱们星期六回姥姥家好吗？”或者“妈妈去买菜，你想吃什么呀？”最好在大人接电话后不久就同孩子玩打电话的游戏。因为孩子会注意听大人接电话时说些什么，这时让他拿起电话，较容易开口说几个字的话。

宝宝常在出生后1岁3月龄~1岁半中的某一天突然由动手表示变为开口表示，早些或迟些关系不大，男孩子会略迟几个月。一旦开口，话就特别多，而且会说些不易让人听懂的“怪话”。如果大人表示听不懂，孩子会十分生气。用打电话的办法使孩子模仿大人讲话，而不会讲那些他自己编的话。

语言能力训练：用语言回答问题

过去给宝宝讲故事时提问，宝宝会指物回答。自从宝宝会用单音字表示意思后，要求宝宝用单音字或者两个字回答问题。妈妈每次给孩子朗诵故事时都要照着书上的词去朗诵，便于宝宝记忆。向宝宝提问题时，宝宝会从书上的词中找一个重要的词回答。例如讲到龟兔赛跑时，宝宝会说“跑”，因为他首先注意到的是“跑”，以后他会注意到“快”和“慢”这两个关键字。妈妈边讲故事边提问，让他将里面的词一个个地学会，同时把讲故事变得像游戏那样，有问有答才能提起兴趣。

如果宝宝实在不愿开口，应该允许他动手指图回答。妈妈可以点出一个字，让他跟着说，以后宝宝就能在多次指点下自己选出一两个字来回答问题。不少宝宝能说出3个字的话，或者偶尔说一些名词和动词，应及时表扬，使宝宝的词汇渐渐丰富起来。

认知能力训练：学会区分大小和方圆

用单色的硬纸板裁成两个大圆片和两个小圆片，两个大方片和两个小方片。妈妈同宝宝做游戏，妈妈提要求，让宝宝拿纸片。妈妈说“给我大的圆片”，宝宝要将两个大圆片取来；“给

我小方片”，宝宝要将两个小的方片取来；“给我1个大的方片和1个小的圆片”，看宝宝是否能拿来。让宝宝当老师，妈妈当学生，按宝宝要求拿纸片，看看宝宝能否说得清楚。

这是一个分类的游戏，要让宝宝分清大小和方圆，听懂1个和2个。开始时可以容易一些，每次只要1个；以后可以复杂一些，每次要几个。让宝宝当老师是让宝宝开口，可以只讲1个字或两个字，如“大方”或“小圆”。只要宝宝讲清楚就可以当老师，通过当老师学会讲话清楚明确。

认知能力训练：学摆棋子

宝宝喜欢看大人下棋，通过大人吃掉对方的棋子而学会认棋子上的字。大人如让宝宝找“马”或“车”，宝宝很快能找出来。有些宝宝记得棋子的摆法，他们最先摆对“将”和“帅”的位置，然后摆上“士”。

摆棋子是空间方位练习，再加上对棋子字面的记忆，对宝宝是十分有益的游戏。学会摆每一个棋子都要认真表扬，使宝宝在右脑的图像和方位记忆上得到锻炼。

认知能力训练：用图卡练习配对

最好购买两套完全相同的图卡，让宝宝寻找相同的图相配，组成一对。无论是认图还是认字的图卡都能配上对，进而增加宝宝认图和认字的兴趣。有些宝宝从出生后10个月起学认汉字，能将汉字配对；另一些宝宝会给数字或汉语拼音（或英文字母）的字卡配对。通过练习可以提高孩子的记忆力，增长其认图和认字的本领。

宝宝都喜欢认卡片，配上一对，手上拿起两张；再配一对又拿两张。认识十个八个图或字，手里拿一大捧就有了成功的喜悦。可以几个宝宝在一起玩，看看谁拿得最多，宝宝想比别的小朋友认得多，便会努力识认。

1岁3月龄早教计划

早教准备：适合宝宝的玩具和图书

《噼里啪啦》系列（共7册）

这是日本画家佐佐木洋子编绘的，共七种，分别描绘孩子在刷牙、洗澡、游玩、吃点心等各种时候所碰到的问题，以风趣的方式教会他们人生最初的知识。书中的图形不仅夸张诱人，而且采用了一些局部折叠的方式，在书页中可以不时翻开一些折叠面，让人看到图画内部的东西，这是很符合低幼儿童的阅读心理的。

“嘟嘟叭叭，我要拉屉屉。”“使劲，嗯——”“唔——拉出来了！”“拉完屉屉，要擦屁股，还要用水冲……”所有的故事都在一片热闹声中开始。这些日常生活中的事，在我们成人眼里，已经是平常得不能再平常了，可在孩子眼里，一切都是新的尝试，一切都是那么有趣。

噼里啪啦，真的就像它名字一样，把孩子的世界噼里啪啦地呈现在我们面前。明亮、温馨、快乐，让人看了就忍不住要笑。最有趣的是，这是一套纸板书，宝宝可以一边看，一边用小手抠来抠去地做游戏。你可一定要小心，说不定宝宝会从纸盖底下翻出一大泡臭屉屉，吓你一跳哟！

《两列小火车》

这是一本充满想象力的图画书。两列小火车向西走，经过高山穿过原野，跨过大桥，最后终于来到海边。借由两列火车之真实与想象的对应，让一个简单易懂的故事变得有趣好玩，让孩子们百看不厌。

故事里有两列不同造型、行走不同路线的小火车。两列小火车中，一列是流线型的新火车，一列则是旧式老火车，分别在书里的左右页。爸妈除了以轻快的节奏念简洁的文字给孩子听以外，别忘了引领孩子一起阅读画面，激发对比和想象的能力。左页第一个画面，新火车沿着铁轨在“高架桥”下出发了，右页对应的是家中的高脚椅；左页新火车穿过城镇与乡村，右页对应的则是老火车开过有玩具熊、软皮球和风景图样的地毯。慢慢地，左页新火车过山洞了！瞧，右页老火车也在穿过书架成的山洞！夜深了，左页新火车在皎洁的月光照拂、满天的星斗陪衬下行进，右页的老火车则开到屋里的窗台边，一样看得到星星和月亮！左页新火车来到四周都是荆棘和仙人掌的沙漠，这时，你猜，右页的老火车到哪里了？家中厨房的扫帚和簸箕旁！

你注意到了吗？新火车载着旅客上山下海，环游世界；老火车也绕了家里一周。活泼的色调与主角造型，让孩子既满足又幸福地上床睡觉，画家用心营造气氛，实在令人赞赏。

阅读时，爸妈不妨牵着孩子的小手，放在书中车厢上，想象着一起坐火车，再问问孩子：

“火车开到哪里了？”

“火车还会开到哪里？”

“你想坐火车去哪里？”

在一问一答的亲子对谈中，鼓励孩子发挥想象。这是图画书中现实与想象的表现手法，也是孩子生活中微观与宏观能力的培养。

走过酷热的沙漠，走过下雪的城市，爬上峭壁悬崖，火车要进站了。新火车停在天很蓝、水很大的海边，等待明天再出发！旧火车呢？停在孩子的床边。没错，睡前记得收拾好玩具，火车才能“进站”休息，明天才能载着旅客去玩儿哦！

早教常识：这个月宝宝的动作发育

大动作发育

★ 跑步能自己停住。

★ 可学习从最低一级楼梯跳下，需大人双手牵着练习。

精细动作发育

★ 手眼协调较好，能往图形板中放入五六种形块。

★ 会倒扣套碗造塔。

★ 会收拾玩具。

★ 不需要大人的帮助就可以用2块或3块积木搭起一个塔状的东西。

★ 喜欢乱写乱画并模仿别人的笔画，但很少成功。

★ 喜欢不断地拧松和拧紧瓶盖，喜欢按动音响或电视的调节钮。

早教常识：这个月宝宝的语言发育

★ 1岁3~6个月的宝宝会说20~50个字，也有的宝宝只会说5~10个字。

早教常识：这个月宝宝的认知发育

★ 学认白色。

★ 认识较详细的身体部位。

★ 学数手指1~5。

★ 观察力和注意力都有进步，能记住若干事物的特点，会认路回家。

★ 独立意识增强，会自己脱衣服，开始学穿宽大的衣服。

大动作训练：学习双脚跳

宝宝练习下楼梯时，最后一级由妈妈牵着双手跳下来，这是学跳的第一步。有时父母各牵着宝宝一只手散步，宝宝很喜欢在父母牵着时跳远一步。跳时最好先喊口令："一二三，跳！"大家同时用力。如果父母用力时间不同，宝宝一只手腕受力过大就容易受伤。如3个人同时用力，父母用力牵，宝宝使劲向前跳，就会跳出1米左右。从高处跳下和平地牵跳都是练习跳跃的初步动作。在父母帮助下宝宝会放心地跳，容易学会。

精细动作训练：学搭2~3层高塔

在桌上放几块积木，先向宝宝演示

一下怎样搭高楼，然后鼓励宝宝自己搭，以训练宝宝的手指的灵活性和手眼动作的协调性。一开始宝宝可能总是搭不起来，经过多次训练，宝宝就可以用2块或3块方积木搭起一个塔，而且不碰倒，之后再逐渐练习能够用3～4块积木以及7～8块积木搭成塔。

精细动作训练：学会用套碗造塔

上个月，宝宝学会了按大中小将9个碗分3组套上，本月要进一步学习将所有套碗倒扣桌上，一个个依次由大到小排队，排成一个纵列。最大的9号碗做塔基，将8号碗放在9号碗上面，7号碗放在8号碗上，6号碗放在7号碗上，直到1号碗放在顶层叠成高塔，一共9层。如果不依次序排放，将小的碗先放上去，大的倒扣进去塔就变矮。要反复让宝宝学会将套碗排队造塔，然后又反过来套入还原。

专家提示

练习按大小次序排队的本领，排好队之后无论垒叠或套进去都会比乱放快得多。垒塔和套入两种玩法都可练习独自操作的专注能力。

语言能力训练：说出儿歌中押韵的字

让宝宝学习说出押韵的字是练习背诵儿歌之前必经的阶段。宝宝多次听大人背诵儿歌并配合儿歌做动作以来，已经听熟了押韵的韵律，渐渐会随同大人说出一个押韵的字来。宝宝最喜欢韵脚，自然是先学会押韵的字，其中与动作有联系的字他最先理解，最先学会。大人在念到“小白——”让宝宝说“兔”，宝宝说对时大人要鼓掌称赞“真好，宝宝会说啦”。宝宝受到鼓舞就会很高兴地跟着“白又——”说“白”。逐句试着念，宝宝能说哪个字就空出让他插入，实在插不上时大人再慢慢念出这个字让宝宝跟随。凡是带有活动的词都很易于上口，如念到“蹦蹦跳跳真可——”宝宝会大声而且顺利地说“爱”；其中某一句宝宝听懂了的，如念到“两只耳朵竖起——”他也会跟着说“来”。宝宝的学习与他的兴趣和理解的程度密切相关，他能理解的字常常是能用动作表示出来的，因此，动作表演是启迪宝宝开口的先导。让宝宝先背诵一首儿歌押韵的词，也是练习按顺序记忆的方法，这种按顺序记忆和回忆都对终生学习有用。

认知能力训练：学认白色

在多种颜色对比下，白色很显眼，很容易寻找，而且家中白色的东西很多，如白纸、白上衣、白袜子、白床单等，玩具中白色的小勺、小碗，白色的珠子和积木等，认识名称之后很容易记住。由于黑色与白色对比鲜明，宝宝认识黑色之后再学认白色就容易多了。可以让宝宝去找白色的纸巾、白色的毛巾、白色的肥皂、白色的盘子等；或者从杂色的珠子当中挑出白色的珠子；在户外或公园里找白色的花，使宝宝很快认识白色。

认知能力训练：背数 1 ~5

大人教宝宝数手指，用右手食指去点左手，大拇指数 1 直到小指数 5，然后背诵 1 ~5。宝宝有时嘴比手快，嘴背完了食指还没有点到。只要求宝宝慢慢数到 5 就行，为进一步数到 10 做准备。

认知能力训练：认识长方形和半圆形

选择有五六种形块的形板，让宝宝先复习圆形、方形和三角形，再认识长方形（拉长了的方形）、椭圆形（拉长了的圆形或蛋形）或者半圆形（切去一半的圆形）。宝宝从形板上按大人所说的名称将形块取出，然后放入相应的空穴中。通过玩形板可以认识形块的名称，练习宝宝的辨认能力。

认知能力训练：记住事物的特点

妈妈可拿出过去认识的图卡，以前只让宝宝认识物名，如“兔子”“大象”“长颈鹿”等，现在要求宝宝除了讲出物名之外还要讲出它的特点，如兔子有长耳朵，大象有长鼻子，长颈鹿的脖子最长，老虎的皮肤上有条纹，金钱豹的身上有金钱样的斑；无轨电车顶上有两根电线，小汽车没有；大卡车有装货物的车厢，火车有许多节坐人的车厢。宝宝在记住特点的同时也会记住相应部位的名称，如“耳朵”“鼻子”

"身体""腿"和"尾巴"等，认车辆时会看到车轮、车灯、车厢等，使宝宝学会更多的词汇，具备初步概括的能力。

自理能力训练：自己脱衣服、穿衣服

每天洗澡前和上床前都让宝宝自己学脱衣服。刚开始时妈妈先替宝宝解开扣子，脱去一个袖子，再让他自己脱去上衣；妈妈先解去裤子的扣子或背带，让他脱下裤子；套头衫和松紧带裤也可以让宝宝自己脱去。

宝宝喜欢穿妈妈的宽大衣服，因为袖子容易穿入。宝宝穿妈妈的上衣如同长袍那样把腿也盖了起来，感觉新鲜和好玩。妈妈的衣服扣子大些，或者有拉锁，都会使宝宝高兴。可以先让宝宝学穿宽大的衣服，能自己伸入袖子，以后再穿自己的衣服就容易多了。

自理能力训练：让宝宝自己收拾玩具

在准备上街、准备吃饭和准备上床前都要求孩子自己收拾玩具。要将书放在书架上，把积木收入盒内放回原处，所有动物玩具和娃娃都应有固定的位置或者称为它们的家。在家中要为孩子准备一个矮的玩具柜放他的东西，柜子要放置有序，每样东西都放在固定的地方，培养孩子按次序放东西的习惯。每天要收拾几次，使孩子养成习惯。

1岁4月龄早教计划

早教准备：适合宝宝的玩具和图书

穿珠玩具（大珠子）

多种多样的形状，1条穿线，可以锻炼孩子的手眼协调能力、双手的协作与配合及手的精巧性。

《我们要去捉狗熊》

一个阳光明媚的日子，一个年轻的爸爸率领着他的4个孩子——一个还在蹒跚学步的婴儿、一个学龄前的男孩儿、两个穿着裙子的漂亮女孩儿——外加一条黑色的牧羊犬，欢呼雀跃般上路了！他们排成长长的一队，又蹦又跳地去捉狗熊了！捉狗熊？是的，是去捉狗熊，而且还是要去捉一头大狗熊！听，这五个猎人还唱起了鼓舞人心的《捉狗熊歌》："我们要去捉狗熊/我们要捉一只大大的/天气这么好/没什么好怕的。"

不是开玩笑吧？不是。

你看，一条又深又冷的小河拦住了他们的去路，他们脱鞋下河，一边唱着"上面飞不过/下面钻不透/天啊/只好硬着头皮向前走"的歌，一边勇敢地涉了过去。一片又深又黏的烂泥拦住了他们的去路，他们照样一边唱着"上面飞不过/下面钻不透/天啊/只好硬着头皮向前走"的歌，一边深一脚浅一脚地走了过去。捉狗熊的路非常遥远，他们又先后遭遇了树林、暴风雪……当这一家人跌跌撞撞地摸到了熊洞里的时候，啊，一头巨大的熊扑了出来。

于是，这5个勇敢的猎人调头就逃。这回他们不唱歌了，他们失魂落魄地又一次穿过暴风雪、树林、烂泥地、小河……一直被熊追回到了家里。五个人钻到了一条粉红色的大被子下，这才长长地松了一口气："我们再也不去捉狗熊了！"

这……不会是真的吧？

这当然不是一次真正的捉狗熊行动了。捉狗熊，怎么能不带上枪呢？怎么能带上一群手无寸铁的孩子呢？那不是去捉狗熊，而是去喂狗熊了。显然，这不过是一次幻想的狩猎，是一次奔放而又快乐的想象力的游戏。

《我们要去捉狗熊》所以能让世界上那么多家庭如醉如痴，秘密只有一个，就是它是一本非常适合一家人（而不仅仅是父母读给孩子听）大声朗读的图画书。

早教常识：这个月宝宝的动作发育

★ 这个月是垒叠平衡能力发生发展的关键期，开始学习把握自身的平衡和物体的平衡，并懂得利用手边的物体创造平衡，例如可以搭3～4块积木，能把书立在桌子上等。

★ 手眼协调能力有进步，会拼上两个半圆做圆形，拼上两个长方形做方形；会用方积木搭桥；学穿珠子。

早教常识：这个月宝宝的语言发育

★ 语言表达能力进步明显，会背整首儿歌押韵的词，个别宝宝会背诵整首儿歌。

早教常识：这个月宝宝的认知发育

★ 开始注意表达意思的符号，认识若干汉字及数字。

★ 能将不同的东西挑出来。

★ 记得东西摆放的地方，会替人拿东西，喜欢为大人服务。

情商培养：保护宝宝的好奇心

宝宝在能用语言表达自己的意愿之前实际上已经有了一些思想，而且会用各种方式表达出来。会说话之后，在同父母的接触中，有时会表现出惊人的记忆力和逻辑性。宝宝对周围的一切事物总是很感兴趣，有强烈的好奇心，总想问个“水落石出”，表现出很强烈的求知欲，此时正是扩大宝宝的知识面，丰富宝宝心灵的好机会，家长应做到有问必答。无论宝宝的提问多么简单、多么可笑、多么难回答，父母都应该鼓励他提问。同时，根据宝宝对事物的理解程度，用形象浅显的科学道理给予直接明确的回答，给宝宝一个满意的答案；如果父母实在回答不出宝宝的提问，切不可因为宝宝提问而显得不耐烦，或不回答，或简单搪塞几句，或用斥责的语言对待他，这样会打击宝宝的求知欲，扼杀宝宝的聪明智慧，挫伤宝宝提问的积极性。父母应该和蔼地对他说明：现在父母还不会回答，等我们看书或上网查清弄懂这件事后再告诉你。这样做既保护了宝宝的好奇心，又让宝宝学会认真回答别人提问的好品质。

专家提示

父母应该经常与宝宝交谈。一方面建立相互的感情，另一方面多加引导，鼓励宝宝提问、思考，这样有利于宝宝的智力发展。

精细动作训练：学穿大珠子

在宝宝学会套环入棍或玩套塔之后就可以学穿洞口大的珠子了。最好找一根粗的鞋带，鞋带的两端有硬的包口容易穿入珠子的洞穴内；或者用中等硬度的尼龙线也可穿珠子。让宝宝左手拿珠子，右手拿鞋带，将硬的一端放入珠子中央的小洞内，尽量多塞进去一点儿，然后从珠子另一端开口处将鞋带拉出。有些宝宝只把鞋带塞入洞口，不会从另一端拉出，塞进去的鞋带会再掉出来。

先要求宝宝学会慢慢将鞋带穿入洞内，穿上一颗之后就会较容易，多穿上

几颗。穿珠子可培养手眼精确的协调技巧。

语言能力训练：学背儿歌

宝宝从出生后14个月开始练习儿歌至今，如果坚持练习一个儿歌，现在就能背诵。有些家长只满足让宝宝押韵，连续背诵几首宝宝都会押韵，但一首完整的也背诵不出来。最好让宝宝先学一首，会押韵后再学句子，就易于整首背诵。学儿歌最好能达到同时学数数的目的，如：

一二三，爬上山；

四五六，翻筋斗；

七八九，拍皮球；

伸开手，十个手指头。

学会从1数到10。

又如：

1只蛤蟆1张嘴，

2只眼睛4条腿，

扑通一声跳下水。

宝宝喜欢儿歌，因为押韵和易于上口朗诵。如果一面背一面伸开手指让宝宝模仿，儿歌学会了，数数也学会了，可促使宝宝背数到10。

语言能力训练：丰富宝宝的听觉感受

妈妈和宝宝一起做游戏时可以用手中的小棒敲打不同的物品，让宝宝感受发出的不同声音；也可以用手或嘴模仿生活中的各种声音，如，打雷“隆隆”，摇铃“铃铃”，拍手“啪啪”，穿高跟鞋走路“咯噔咯噔”等，以提高宝宝听声模仿的能力及听与动作的统合能力。

认知能力训练：学拼图形

用硬纸剪成圆形，从中央裁开成两个半圆形；用硬纸剪成方形，对折裁开成两个长方形。大人示范将两块拼上再分开打乱，看看宝宝能否将两块半圆拼成圆形或将两块长方形合拢成正方形。两块长方形无论用哪一长边合拢都可拼成正方形，而两块半圆形如果用弧形边拼就难以合拢，只有用直边才能拼成圆形。宝宝自己摆几回就能找出办法来。

认知能力训练：理解“一样多”

大人伸食指让宝宝摆1块积木；伸食指和中指，摆2块积木；伸食指、中指和无名指，摆3块积木。大人再一次伸手指，让宝宝按手指数再摆一份1块、2块和3块积木。将两份1块的放在一起，问宝宝“哪边多?”宝宝不会说，大人替他回答“一样多”；将两份都是2块的放在一起，问宝宝“哪边多?”有的宝宝能回答“一样多”，有的不能回答；再取两份都是3块的放在一起，问宝宝“哪边多?”机灵的宝宝会大声说“一样多。”这时大人应表扬：“真棒，都是一样多。”同宝宝玩这个游戏最多只能摆到3块，不可能再摆4块或5块，因为宝宝数到3块还可以，4块以上就数不过来了。

专家提示

这个游戏可以让宝宝学会两边相等时用“一样多”去形容。

认知能力训练：学认“1”和“8”

让宝宝学认数字应该从最易认和最有兴趣的学起，或者相似的数字同时认，区别出它们的不同。

妈妈让宝宝看挂历，先认数字“1”。“1”最易认，是和食指一样竖起的道道。宝宝最喜欢两个小圆圈连起来的8，因为它有特点，也好认。同宝宝在街上寻找有数字的牌子，如公共汽车站，宝宝可找到18路车，很快认出来。站牌上还有13路，3和8不同之处是3有两个开口，8是两个圈，宝宝有时可以连3也记住。让宝宝看门牌号，找他认得的读出，从小汽车的车牌号上也会

找到1和8或者3。宝宝认识了这3个数字会经常翻开挂历去找，连续复习三四天，这几个数字就能记清楚了。

认知能力训练：练习分类

让宝宝把混合在一起的东西拣出来。例如把积木和小球混在一起，让宝宝把球挑出来；又如把石头子和瓶盖混成一堆，让宝宝把瓶盖拣出来；又如把花生和瓜子混放，让宝宝把花生拣出来；或让宝宝把核桃和橘子分开，拣出核桃，留下橘子。通过训练让宝宝能区分两种东西，将某一种挑出，留下的就是另一种，使宝宝具备区分物品的能力。

1岁5月龄早教计划

早教准备：适合宝宝的玩具和图书

《我的兔子朋友》

我的兔子朋友很好，但无论他去哪里、做什么，肯定惹麻烦，不过他依然是我的好朋友……这是一个关于宽容的故事，在令人欢欣的图画背后，含蓄地表达了关于耐心和忠诚的主题思想。

书的文字不多，在和孩子分享夸张、滑稽的故事画面之余，别忘了大声朗读那句“他是我的好朋友!”，让孩子从小懂得包容和原谅朋友的缺点。

《红豆与菲比》

这是一本描写两个好朋友日常生活的图画书。轻松柔和的画面非常适合在孩子睡前阅读。爸爸妈妈可以借助红豆和菲比的友谊告诉孩子：生活习惯不同的人该怎么相处，爱好不同也可以成为好朋友。

故事的主角是两只可爱的动物：狗儿红豆和猫咪菲比。有经验的小读者都知道，从故事一开始："菲比趴在窗台上，红豆趴在地板上，两只宠物待在他们最喜欢的地方睡觉"——就会猜想这会是个有意思、有冲突，却又不失温馨的精彩故事。因为这两个主角虽然同样是圆滚滚、胖嘟嘟的，同样受主人宠爱，却有截然不同的生活习性。

你是不是也和我一样，疑惑又好奇地想知道：两只宠物同住一个屋檐下，习惯不同，怎么相处？不同爱好，可以变成好朋友吗？吃的食物不一样，可以成为好朋友吗？好朋友都吃一样的食物吗？好朋友一定要一起玩儿吗？别错过这个精致温馨的故事！作者精准的语言，拿捏得恰到好处，对于小读者来说，更留下十足的想象空间。在这里，你可以和孩子互相讨论，想一想小狗红豆到底要去哪里……

早教常识：这个月宝宝的动作发育

大动作发育

★ 到1岁半时，大多数宝宝已经走得很好，行走速度加快。

★ 能拉着玩具车走。

★ 在别人的帮助下能上下楼梯。

★ 会跑，但还不熟练。

★ 已经能够很熟练地扔球，不会因为使劲扔球失去平衡而摔倒。

精细动作发育

★ 1岁半的宝宝已经能够熟练地模仿父母翻书的动作。给宝宝一本书，鼓励他翻书，一般能连续翻2页。

★ 能把三角形块放进三角形板穴中。

早教常识：这个月宝宝的语言发育

★ 大人有意识地说出10个或10个以上的字音（除"妈妈""爸爸"这样的字音外），宝宝能够模仿发音。

★ 能够从单音句加长到3个字。

★ 能注意听父母的指令并且做出正确的回应。

情商培养：培养劳动的技能和热情

爸爸下班回家时，请宝宝帮忙把拖鞋拿来；奶奶在厨房择菜时，宝宝会把板凳拿来请奶奶坐下；妈妈在客厅修剪花草，让宝宝把剪刀拿来。宝宝经常当助手就知道剪刀放在哪个抽屉，很快就能将剪刀拿来。下午在阳台收拾晒干的衣服时，宝宝也可以当小助手。让他把相同的两只袜子卷起来、把手绢叠好、把内衣也叠好。让宝宝分清楚是谁的东西，应放到谁的柜子里。宝宝知道了衣服应放的地方，下次要找就非常方便。

宝宝很喜欢帮助大人擦桌子、扫地，刚开始时动作只是模仿，不懂得怎样做好，所以常常把大人扫好的垃圾堆扬开，以至于有些大人干脆把宝宝打发走。这样做会在宝宝愿意劳动时挫伤其积极性，使许多独生子女长大后不愿意也不会做家务劳动。因此，在宝宝1岁半前后要耐心指导，擦桌子可从外周擦到中央，将脏东西收集起来扔到簸箕内；扫地也应从边角扫起，把脏东西集中到中央，用簸箕撮掉。宝宝会按大人的指导练习，初学时总会有疏漏或越干越乱，渐渐会越学越好。

精细动作训练：提高双手协调能力

拿两个小碗，一个装上1/3碗大米。把报纸铺在桌面上，让宝宝把碗中的大米慢慢倒进另一个碗内。宝宝端碗时胳臂可以支撑在桌子上，先使两个碗靠近，盛米的碗抬高一些，小心不让米撒在桌子上。宝宝要反复练习，逐渐可以做到右手将碗端平，左手扶持空碗，直到米完全倒完而不撒出。先学习倒大米，以后可练习端碗倒水而不洒出。通过这种练习可以提高宝宝手眼协调和双手协调的能力。

语言能力训练：指字听念书

大人给宝宝念《婴儿画报》时往往不自觉地指字朗读，使宝宝养成指字听念书的习惯。当大人提问时，未养成指字听念书的宝宝往往会指图回答；学会指字听念书的宝宝就能指字回答。

宝宝喜欢反复听一个故事，直到自己能完全背诵为止。1岁半以后，当宝宝学会背诵时，他会指着字完完整整地从头到尾把故事背诵出来。虽然其中一半以上的字他并不认识，但他能凭记忆背诵，逐个字地指点，好像认识一样。这说明宝宝具有整体记忆的能力，有了这种能力再让他认个别关键字就容易多了。这时宝宝用的书要有一两句话、有一点情节才能引起兴趣。

认知能力训练：了解前后等空间关系

把娃娃放在中间，小猫放在娃娃前面，小狗放在娃娃后面。问："谁在娃娃前面？谁在娃娃后面？"如果宝宝答对了，可让宝宝把小狗放在小猫前面。再问："谁排第一？谁排第二？谁排第三？"再问："小猫前面是谁？小猫后面是谁？"鼓励宝宝自己将娃娃移到最前面，再提问。通过这个游戏可以让宝宝学会空间关系，谁在前，谁在后，懂得"第一、第二和第三"。

1岁6月龄早教计划

早教准备：适合宝宝的玩具和图书

穿珠玩具（小珠子）

用配置的各色彩线可以穿成手链、脚链、项链及其他各种可爱的链形玩具，造型新颖，色彩鲜艳，可以有效地锻炼女孩的动手能力，要穿出可爱的珠珠还要动脑哦，这样才能搭配穿出新颖别致的饰品。拿出自己穿出的可爱链链戴在宝宝的脖子、手上、脚上或者挂在包包上，一定可以大大增强宝宝的自豪感。有时间的父母可以陪孩子一起玩，有益于增强亲情及与宝宝的互动性。

《快乐认知：创新低幼认知读物》（全6册）

这是一套构思巧妙，语言生动简练，画面温暖，造型可爱，色彩绚丽的幼儿认知书，包括《小棕兔认形状》《小灰兔学归类》《小兔子识数字》《小棕兔认时间》《小白兔玩颜色》《小花兔学字母》。

三大桶颜料教小白认识了颜色和它们的变化；好听的歌谣教小花认识了字母；藏在身边的钟表帮小灰了解了时间的经过；一份好玩儿的礼物教小棕认识了形状；一个乱糟糟的房间让小棕学会了分类的方法。小兔子的形象太可爱了，它们的生活太有趣了，很显然，一只只活蹦乱跳小兔子就是一个个好奇调皮的小孩子。有哪个孩子不对自己熟悉的人物，新鲜的事物充满兴趣呢？

早教常识：这个月宝宝的动作发育

大动作发育

★ 能向上举手（举过肩）扔出球，扔出距离在50厘米以上，但不一定有方向。

★ 当走近大球时会接触到球，但不会踢球。

★ 不用大人的帮助能两步一个台阶地上楼梯。

★ 知道利用椅子或凳子设法去够拿不到的东西。

★ 会蹲但动作迟缓。

★ 平衡能力有进步：能够模仿大人向后倒退着走，拾起地上的东西时自己不摔倒。

精细动作发育

★ 能自己熟练地举起杯子喝水，喝完自己放下杯子，洒出的水很少。

★ 会自己戴帽子，但不一定能戴正。

★ 会穿珠子和塑料管。

★ 1 岁半以后对搭积木产生兴趣，在大人的指导下会竖着搭积木，或者将几块积木排成一列推着走。随着宝宝年龄的增长，能搭高的积木块数越来越多，小手显得越来越灵活了，不需要大人帮助就可以把 3 ~4 块积木搭成塔。

★ 能用蜡笔在纸上画出道道，但方向不定。

★ 能把纸折 2 折或 3 折，但不成形状。

早教常识：这个月宝宝的语言发育

★ 刚满 1 岁的时候，宝宝还只能说一两个词，到 1 岁半时已能够说 50 个词了，并呈级数增长。

★ 能重复大人说的句子中的最后 2 个或更多的字。

★ 能将 2 ~3 个字组合起来，形成有一定意义的句子，如“爸爸走”“妈妈再见”等，而且理解能力远远超出表达能力。

★ 能用语言表达自己的需要，比如要吃饼干、要喝牛奶等，但还常伴有手势。

★ 能完成大人说出的 2 个简单指令，如“到床上去，把玩具给妈妈拿过来”等。

早教常识：这个月宝宝的社会性发育

★ 1 岁半以后的宝宝特别喜欢小伙伴，有群体活动的初步适应能力，能短时间离开妈妈。

★ 只要大人按时叫大小便，白天基本不会尿湿裤子。

★ 吃完饭后会将空碗递给大人去洗。

★ 能在家里模仿大人做一些事情，如扫地、擦桌子等。

早教常识：这个月宝宝的认知发育

★ 看过鞋、铅笔、钥匙、钱币和球 5 种物品后能说出其中一种物品的名称。

★ 不满足于只认物名，感兴趣的是这种东西有什么用途。父母要创造机会让宝宝认识家庭用品，了解每种物品的功能，增长知识。

★ 1 岁半以前，宝宝常常将图片与实物混淆起来，想吃水果的时候会拿着卡片或者书本上的水果啃；1岁半以后，已经能分清常见物品的图片与实物的区别，并且将它们一一对应起来。

★ 能很长时间（5～8分钟）地观看图片，并通过观察形象把它们储存在记忆中。对不在眼前的客体有回忆性记忆，对周围环境开始探索和好奇。

★ 空间知觉和时间知觉逐渐发展，主要是视觉和动觉的联系，如爬到高处，躲在门后，天黑了要睡觉，天亮了要起床等，但对于抽象的时间关系（如前天、后天）及空间关系（如前、后、左、右）还不能正确辨别。

★ 1岁半以后宝宝开始进入对细微事物感兴趣的阶段，这个年龄段的宝宝常常会关注一些特别细节的东西，并乐此不疲。

早教观点：看电视也是一种学习

宝宝喜欢看电视，尤其爱看经常重复的广告。尤其是有宝宝参与的广告，宝宝会跟着宝宝说出最后一个字甚至两三个字。有些宝宝会随同大人关心天气预报，宝宝并不理解，只是因为天气预报都有一定顺序，宝宝会跟着念地名，如北京、天津、上海等。有些语言能力训练：强的宝宝甚至会念一串长的地名，如呼和浩特、乌鲁木齐等。有时宝宝自言自语时也学着背诵地名，当会背诵4个字的地名时会使家长十分惊讶。有些宝宝能记住音乐，每当听到电视中一个熟悉的前奏时就叫唤着要看。

宝宝看电视所喜欢的内容与大人不同，不要强迫宝宝看大人所喜欢的长篇电视剧，即使儿童爱看的卡通片宝宝也看不懂，宝宝只喜欢经常重复的、能让他跟着学的段落。要尊重宝宝的选择，让他看他所喜欢的内容，鼓励他跟着学词和学记音乐片段，不断重复才能加深记忆。宝宝若能记住一小点儿，大人也应不断称赞和他一起重复，这对宝宝学习语言和音乐都很有用处。

情商培养：正确看待宝宝的逆反心理

1 岁半以后，宝宝开始出现逆反心理和行为。对于父母来讲，这个时期的孩子越来越难以管教了。父母的话他几乎一句也听不进去，越来越让父母生气，直到累得他们口干舌燥。其实，这种逆反行为及心理倒是有助于培养独立意识。宝宝还是挺好教育的，因为他有了是非观，父母需要做的只是讲究一些教育的技巧。

精细动作训练：学穿扣子

从这个月开始，父母可以教宝宝用细塑料绳穿扣眼。父母先作示范，把绳子穿过扣眼，然后再从另一侧把绳子拉出来。让宝宝模仿父母的动作，一开始只要能将绳子穿过扣眼就行，父母可帮助宝宝把绳子拉过来，熟练之后再鼓励宝宝自己把绳子拉过来。这个游戏可以训练宝宝手的动作的准确性和手眼协调能力。

语言能力训练：学习使用代词

1 岁半到 2 岁的宝宝有一个阶段很能理解和接受词汇，有人称为“词饥”。如果得不到满足他会自己造词，讲一些别人听不懂的话。这个阶段的标志是会用代名词，即问到“你”时改用“我”来回答。这种情况有些孩子可出现在 1 岁半 ~1 岁 7 个月，大多数孩子出现在 1 岁 8 个月 ~1 岁 11 个月。不要错过这个时机，不要让孩子在用词上感到饥饿，要多同他讲话，不但介绍名词，也要介绍动词及一些形容词，使孩子讲话由单词变成简单句。

问“你叫什么名字?”“你几岁?”“你是男孩还是女孩?”“你爸爸叫什么名字?”这些普通句子孩子会马上回答：“我叫 ×。”“我两岁。”“我是男孩。”“我爸叫 ×。”他不再说“你叫 ×”，说明孩子已能将代名词“你”转变为“我”来回答问题。

语言能力训练：“我的”“你的”“他的”

让宝宝先学会用“我”称呼自己，

用“你”称呼对方，用“他”称呼第三个人。宝宝最喜欢认鞋，拿宝宝的新鞋问“谁的”？宝宝还不会开口，就会用手拍胸脯表示是自己的；会开口的宝宝会先说名字，“×的”，大人告诉他说“我的”，用“我”表示自己。再指妈妈的鞋问“谁的”？宝宝可能用手指妈妈，或者说“妈妈的”，妈妈告诉他说“你的”。再指爸爸的鞋问“谁的”？宝宝会说“爸爸的”，妈妈告诉宝宝说“他的”。宝宝较快学会说“我的”，不久也会说“你的”和“他的”。

语言能力训练：学说形容词

当宝宝说话时帮他加上形容词，如他说：“球。”家长可以补充：“圆圆的球，漂亮的球。”通过这种方法帮助宝宝增加形容词的储备。

认知能力训练：区分黄色和白色

让宝宝认识黄色，先与白色区分，再与其他颜色区分。把黄色和白色的珠子放在盘子里，让宝宝挑出白色的珠子，剩下黄色的珠子。先数出有几个黄色珠子，再混入杂色珠子中，让宝宝挑出黄色的珠子，看是不是全挑出来了。宝宝在认识红、黑、白的基础上再认识黄色不会感到太困难。

认知能力训练：引起对汉字的兴趣

有些宝宝特别爱看配有宝宝画面的广告，连同一串字如“乐百氏奶”也认得，这时就可把这4个字剪下单个学认。晚饭后把宝宝认过的字卡复习一次，宝宝能念出一个就赢得一张，宝宝手里拿到很多张就会十分高兴。可以看情况每天加入1～3张，选择宝宝在天气预报看过、在买来的食品包装上见过或上街时在大广告牌上见过的汉字。宝宝喜欢认他有印象的字，不要勉强让他认家长认为重要的字，要尊重宝宝的兴趣学习才能有好效果。有些妈妈以每天认几个字为目标，用自己规定的字做教材，使宝宝望而生畏，躲避学习，这是应当引以为戒的。

认知能力训练：学数10以上的数

宝宝1岁半以后很喜欢跳蹦蹦床，因为床有弹性，宝宝可以连续跳。宝宝在蹦跳时大人在旁边帮他数数，渐渐宝宝自己也跟着数数。宝宝蹦跳时情绪高涨，经常能数过10或者数过20。在数到9和19时需要大人帮一点忙。

认知能力训练：找相同

在宝宝认识的动物如兔、猫、狗、鸡或认识的用品如杯子、碗、勺子、鞋、袜子等图卡中，先摆出任意3种，在下面再摆出任意3种，两排图片中有一种完全相同，看宝宝是否能找出来。用过去配对用过的图卡再排列，宝宝就可以多次找出相同的图卡来。在认识的图中多次练习能找出相同的之后，再试认一些过去未见过的新图，每幅图的差别要大些，易于成功宝宝才能有兴趣。

1岁7月龄早教计划

早教准备：适合宝宝的玩具和图书

《走开，绿色大怪物》

这是一本非常有创意的玩具书。作者设计了一种巧妙的方式，让小朋友可以赶走噩梦中的怪物。打开每一页，绿色大怪物都会有一个与形状和色彩有关的变化：黄色大眼睛、绿色鼻子、血盆大口、鲨鱼般的牙齿。巨大的绿色怪物就这样出现了，然后又走开，给小读者带来一次视觉上的奇妙之旅。在书的黑色页前半部分，爸爸妈妈可以用语气、翻页的手法等营造出一种神秘感，让孩子对大绿怪有一种既害怕又特别想看下去的渴望。而后半部分彩色页，讲故事的语气要轻松愉快，让孩子体会释放紧张情绪的轻松和快乐。

《神奇的黑板熊》

安安看见天上美丽的月亮，好想上去跟月亮姐姐打声招呼。午夜时分，安安的神秘好友——黑板熊自告奋勇要替安安到月亮上去看一看，他们还建造了一艘宇宙飞船呢！孩子的想象国度，充满无限的可能性，这个故事不但能满足他们的好奇心，更能激发他们的创造力。

早教常识：这个月宝宝的动作发育

大动作发育

★ 喜欢上高处及上楼梯，会交替两脚上去，俯身爬下来，上椅子和桌子后也是俯身爬下。

★ 扔球的动作更加灵活，但还不能很准确地踢到球。

★ 看到想要的东西可以试着踮起脚尖去够拿，如果实在够不着会搬来一个箱子或凳子以达到目的。

精细动作发育

★ 会用玻璃丝穿过扣眼（直径 5 毫米以上），有时还能将玻璃丝拉过去。

早教常识：这个月宝宝的社会性发育

★ 与别人玩耍时表现出较强的“占有欲”，但喜欢有熟识的人在身边。

★ 能认出照片或录像中的自己，已经能把自己与其他小朋友区别开来。

★ 在玩的时候如果发现有人看他会报以微笑，这种微笑是用于与人沟通的。

早教常识：这个月宝宝的认知发育

★ 看到路上的小洞洞，会用各种大小的石子去填这个小洞洞。

情商培养：给宝宝立规矩

妈妈准备带孩子去逛商场，店里有许多漂亮的玩具或者好吃的东西吸引孩子。未去之前要和孩子讲好规矩，能遵守就可以去，不遵守就不让去。在商店孩子想要什么先同妈妈讲，妈妈同意才可以买，不可在柜台前哭闹，扰乱公共秩序。可以在家先演习一下，如在桌上摆一个布娃娃，孩子想买娃娃，妈妈看娃娃标价 180 元，太贵了，妈妈钱不够，这次就不能买。孩子虽然不知道 180 元是多少，但懂得妈妈钱不够，暂时不能买。

如果孩子在商店被玩具吸引站住不走时，妈妈可以停下来陪他看一会儿，告诉他："今天我们是来买水果的，先去水果柜台吧。"经过演习的孩子知道妈妈带来的钱要用来买水果，不能买其他东西，便会顺从地跟着去水果柜台了。妈妈不妨顺便了解一下吸引孩子的是什么玩具，如果是一种值得买的玩具，妈妈可以答应孩子下次再来买，过几天再带孩子买玩具，使孩子知道买东西是要经过筹划的，不能见什么买什么。

给孩子立规矩可以培养孩子抑制欲望的能力，学会按计划办事。如果从小就事事顺着孩子，要什么就买什么，满足不了时孩子就会哭闹打滚，闹得不可开交，将就一次以后再有类似情况就会不好收场了。先在出门之前立规矩，口头讲孩子不容易明白，用游戏演习就十分容易懂，使孩子学会听话和顺从。

大动作训练：学走木板

将一条宽 15 厘米、长 1 米、厚 3 厘米的木板放在平地上，让宝宝练习在木板上行走。两只脚都要踏在木板上面，先练习向前走，到终点后单脚踏稳将身体向后转。在向后转时大人可略为扶持，宝宝可渐渐熟练地来回走。熟练之后练习双手拿玩具走，或者头上顶一本书来回走。

语言能力训练：多听中英文儿歌

多让宝宝听儿歌，也可以给宝宝听一些简单的英文儿童歌曲。在听的过程中，宝宝会记住其中的内容，并模仿学唱。

认知能力训练：认带图的字卡

先将宝宝曾用动作表示过的字写在

卡片上，让宝宝将字音读出。会读的字卡可收在一个盒中，3 天后再复习。再把儿歌中押韵的字和新近学会的贴在物品上的字再认读一遍，顺利通过的也收入 3 天后要复习的字卡盒中。不太熟悉的放在另一个盒中作为第二天复习时用。

每天可按宝宝的兴趣学 1 ~ 3 个新字，新学的字要每天复习或者早晚复习一遍。所以装字卡的盒子要标上 1、2、3，即隔 1 天、2 天、3 天要复习的字。已经认熟的字也要在第七天再复习一遍。这种循环反复的温习可以巩固记忆，或者在每次巩固时加上一点花样。如先认识“床”字，下次换上“起床”，再下次换上“上床”，或者加“铺床”，使宝宝在练习单字的基础上变成练习词组。

有些宝宝很喜欢认字，每天晚饭后自己到玩具柜里取出盒子让家长同他一起认字。有时大人可以盖住字的上半或下半部分，或斜着将字盖上让宝宝猜。宝宝也可以任意盖上一部分让大人猜，使认字卡游戏更加有趣。

不必逼着宝宝学认字。如果宝宝愿意干点别的也应当许可。有些好动的宝宝喜欢到户外去玩，当他在沙土堆中掏沟时，大人在沙土上写个“沟”字，他就能马上学会。在玩跷跷板时显示个“跷”字卡也很容易记住。认字方法灵活多变更符合宝宝的需要。

认知能力训练：提高宝宝的观察能力

碗里放上半碗水，先让宝宝摸一下干海绵，再将海绵放入碗中，碗里的水马上没有了。大人用手挤一下海绵，水又流到碗中；再把海绵放进碗里，水又没有了。大人问宝宝：“水到哪里去了?”看宝宝能否回答。让宝宝摸一下湿的海绵。如果宝宝还是答不出来，可以换一个玻璃杯，倒入半杯水。先让宝宝摸一下干的小毛巾，再把毛巾折叠放进杯里，杯中的水也没有了，问宝宝：“水到哪里去了?”如果答不上来，再把毛巾中的水挤回杯中；挤干的毛巾再放进杯中，水又没有了。如果宝宝能指湿毛巾，应该表扬宝宝：“真聪明。”让宝宝摸摸湿的毛巾，告诉他“湿的，有水”，使宝宝明白水被吸到毛巾里了。

这个游戏让宝宝学会了“干”和“湿”两个词汇，并且看到东西把水吸去后，又可以将水挤出来。宝宝通过观察和自己反复练习就会明白水被毛巾或海绵吸去了，用手去挤水又能再流出来。

自理能力训练：练习自己穿衣服

起床后尽量让孩子自己穿衣服，逐渐减少帮助。如穿上衣时先穿一只袖子，妈妈帮助穿另一只袖子。如果衣服宽大，妈妈提着衣领，让孩子自己试穿第二只袖子。鼓励孩子自己穿套头衫，先把双手伸进袖子里，手从袖口伸出来后再把领口套到头顶上，一低头再向上抬，头就从领口出来了，再把衣襟拉好。

学穿裤子时，先坐好，将一条腿伸入裤腿内，脚从裤脚伸出，再把另一条腿伸入裤腿内，用手帮助脚伸出裤脚。站起来，先将裤腰提过膝盖，再从膝盖向上提到腰部，把内衣放入裤腰内，自己拉平。

专家提示

这个月龄的孩子只要会穿套头衫和松紧带裤子就行，不要求会解、系衣扣。如果在某一个环节有困难，可以先练习替布娃娃穿脱衣服，取得经验后再练习自己穿衣服。

1岁8月龄早教计划

早教准备：适合宝宝的玩具和图书

《启发系列绘本——奥莉薇》

奥莉薇是一只小猪，她擅长很多事情，要说最拿手的一件事就是把人累昏，甚至常常把自己也累昏！她会涂妈妈的口红、穿上妈妈的高跟鞋照镜子，还会吓弟弟。要是出门，她还会把所有的衣服都拿出来穿一遍。晴天妈妈会带她去海边，她会把自己晒成一条大热狗；而下雨天，她则会去参观博物馆。她喜欢直直走到德加的《芭蕾排演》面前，那是她最喜欢的一幅画，她幻想自己有一天也能成为一名芭蕾舞演员。不过有一张画她老是搞不懂，就是波拉克的《秋天的韵律30号》，她对妈妈说，这样的画，我大概只要五分钟，就可以画……

与孩子一起共读《奥莉薇》，大人可以只顾去读文字，把解读图画的乐趣让给孩子自己。孩子解读的图画故事远优于大人讲读的文字故事。千万别小看孩子，他们远比大人想象的要高明许多！

《启发系列绘本——我爸爸》

讲述父子亲情的书籍多如牛毛，但是很少有像《我爸爸》这样的角度和方式，真正撼动心灵地描绘了孩子对于父亲的热爱和崇拜。通过简单朴实的语言和精心设计的排比句式，用孩子的口吻和眼光来描绘一位既强壮又温柔的爸爸，不仅样样事情都在行、给孩子十足的安全感，还温暖像太阳一样。

早教常识：这个月宝宝的动作发育

大动作发育

★ 到这个月的月底，宝宝已经能

用脚尖走路了。

精细动作发育

★ 可以自己用勺吃饭，但也许会有少量食物溅出来。

★ 能搭5~6块积木。

早教常识：这个月宝宝的语言发育

语言表达能力有进步，父母可以利用图片或图书引导宝宝开口说话，使单音句逐渐加长成简单句。

★ 对唇音、舌面音掌握较好，如“爸爸”“妈妈”；舌根音掌握较差，如“哥哥”常常说成“得得”。少数宝宝发不准舌尖音，如“小白兔”说成“小白杜”。对宝宝来说，卷舌音最难掌握，所以常常把“吃”说成“慈”。

★ 能说出由4~5个字组成的简单句，但表达能力较差，常用一个字表达一种意愿，如想喝水时，只会指着杯子说“水”。

★ 有什么情况会主动跟大人讲，但说不清楚，大人应表示理解。

★ 听故事能说出主要的人物和情节。

早教常识：这个月宝宝的社会性发育

对自己和自己的形象越来越感兴趣，喜欢注视镜中的自己，甚至乐于洗澡后赤裸着身体在房间里跑来跑去。

早教常识：这个月宝宝的认知发育

★ 能比较大小、多少，并注意到一些物品的细节和差别。

★ 通过反复推拉和旋转，可以把几样东西咬合得很好。

大动作训练：学走砖排

先将普通砌墙用的砖横放成排，让宝宝在上面走。宝宝会觉得很好玩，因为横放的砖几乎同宝宝肩一样宽，可以随便来回走。第二次将砖竖着排成窄条，砖的宽度9~10厘米，宝宝走起来要小心些。宝宝练习走过横排放的砖，对砖的高度有点儿习惯，进一步练习走竖排的砖，是要求在狭窄的宽度内走稳。宝宝可以将两手伸开以保持身体平衡。

大动作训练：练习套圈

让宝宝站在离长颈鹿玩具30厘米左右的地方，将套圈抛进长颈鹿的长脖子上。有些内装电池的长颈鹿在圈套进时会发出笑声，使宝宝十分高兴。宝宝学会后，可逐渐增加宝宝与长颈鹿之间的距离，使宝宝瞄准的能力逐渐提高，并会数出自己套进去几个圈。

如果想将圈套人长颈鹿的脖子，宝宝要先学会估量距离，再练习手的抛投技巧，使手的用力符合与长颈鹿间的距离和高度。这是练习空间知觉与手眼协调的游戏。2岁以内的宝宝能在50厘米远套中一两个圈就很不错了。

语言能力训练：听词模仿动作

不断地说出各类能表现动作、表情的词让宝宝模仿，如“倒水”“开汽车”“高兴”“生气”等，也可以大人做动作，让宝宝说词语。

语言能力训练：学会用字块拼句子

让宝宝把认识的汉字找出来，先将有关人和物的分开，再将动词拣出放在中间。先从有关人的卡片堆中找出一个字，如“爸”，接着在有关动作的卡片中找出“吃”，再在有关物的卡片堆中找出“苹果”，拼出的句子是“爸吃苹果”。让宝宝自己去挑一张有关人的卡片如“宝宝”，在动作卡片中挑“看”，再在物卡片中挑出“车”，拼出“宝宝看车”。宝宝对拼句子十分感兴趣，他会拼出一些古怪的组合，如“妈吃船”。出现不合理的句子时，要求宝宝再挑一个字更换。告诉宝宝在“吃”的后面一定要找食物，使宝宝渐渐学会拼出恰当的句子。有些词如“大小”“红黄”“高矮”等，可以指导宝宝放在人和物的前面，如“大苹果”“小宝”“高房子”“红花”等，使宝宝学会形容词的用法。

宝宝一面学认汉字一面学拼句子，还要判断拼的句子是否合理、放字块的顺序是否恰当，全面提升宝宝的语言能力训练。

认知能力训练：学会区分轻和重

让宝宝爬上凳子，站在凳子上从柜子上取一个勺子和糖罐。当他下来时大人要扶持，看他是否先把东西放在凳子上，再爬下来把两件东西交给妈妈。如果他用手抱着这两件东西爬下凳子，就可能把勺子或糖罐掉到地上。如果糖罐掉下会打碎可能砸到宝宝脚上，宝宝会受伤。

从高处掉下的东西，重的摔到地上会发出很大的声音，如果砸到脚上会很痛，易碎的东西会打碎；轻的东西掉下发出的声音不大，砸到脚上也不痛。有了多次经验之后，宝宝在拿东西时更加小心，重的东西先放下，再转移体位，方便时再用双手捧起，不让它掉到地上。宝宝有了估计能力，能从以前发生过的事想到会出现的结果，做好防备。

认知能力训练：学习拍手数数

大人同宝宝一下一下地拍手，宝宝练熟之后大人连拍2下，看宝宝是否同大人一样连拍2下；可再试连拍3下，看宝宝能否跟得上。也可随时钟整点时响的钟声数数，数几下就是几点钟。如果学习顺利可学习一快一慢、一轻一重或一慢二快、一重二轻地拍，观察何时能拍4下或5下。

拍手和数钟的响声都是数与时间的练习，是在空间之外的第四维的能力练习。除了拍手之外，宝宝也喜欢跺脚来应和大人的节拍。这时大人可以边拍边数1、2、3，使宝宝的动作与数发生联系。

自理能力训练：学会自己洗漱

每天早晚宝宝同大人一起洗脸、漱口、擦油，自己做才能学会自我保护并养成自觉的清洁习惯。

宝宝出齐20颗乳牙就可以学习自己刷牙了。有些宝宝虽然磨牙还未出齐，也应当学习漱口或者用牙刷刷门牙和犬齿。宝宝最喜欢挤牙膏，让他练习从牙膏最底端轻轻地开始挤，挤一小点儿放到牙刷上就够了，同妈妈一起练习上下里外轻轻刷牙。妈妈拿着宝宝的小手帮助他练习，然后逐渐放手让他自己去做，自己刷牙漱口如同做游戏一样能使宝宝感到快乐。

大人示范，让宝宝学习自己洗脸。先让宝宝洗净双手，趁手上有水时挤出一点洗面奶让宝宝用双手在脸上揉搓，然后双手再互相揉搓，再在脸上揉一会儿。待脸上略干时用流水冲净双手，手上蘸水揉按脸部，用水多次清洗，将脸上、手上的污垢冲干净，再用干毛巾将手和脸上的水分吸干，也要将眼角、耳朵背面、颈部的水分擦干。

宝宝喜欢学着在脸上涂护肤霜，可以让他对着镜子涂。大人提醒他要把护肤霜涂在前额、下巴和脸上，把剩下的涂在手背上。

自理能力训练：让宝宝学会自觉入睡

睡前必须完成的几件事要形成常规，宝宝按次序做完这几件事时就意识到该睡觉了，就不会在睡前吵闹不肯上床。睡前宝宝要先洗漱、上厕所，然后向大人和布娃娃道“晚安”，拿着睡前要朗读的书由妈妈陪同进卧室；轻轻播放摇篮曲，妈妈帮助解衣扣，宝宝自己脱去衣裤躺下，妈妈低声朗读故事书，逐渐把灯光调暗。宝宝闭上眼睛时妈妈还要继续小声朗读，直到宝宝呼吸变深、四肢完全不动时才可离去。由于刚入睡时宝宝只进入浅睡期，声音、灯光、振动等都会把宝宝惊醒，进入深睡期就不易被吵醒了。所以宝宝刚入睡时要把电视或音响都关掉，灯光也调得很暗，否则宝宝不易入睡。

让宝宝按常规程序准备入睡，养成条件反射之后入睡并不困难。如果不按常规步骤，宝宝难以形成条件反射，要等大人熄灯才肯入睡，就会缩短睡眠时间。宝宝睡眠不充分会影响身高，因为生长激素在深睡期分泌，不按时睡眠的宝宝身材比同龄儿矮小。两岁之前养成顺利入睡的习惯终身受用。

自理能力训练：学习做事巧安排

在洗澡之前，妈妈准备大盆和水，让宝宝帮助拿取用品，如宝宝的毛巾、肥皂、拖鞋、梳子等。刚开始宝宝每次只拿来一种，妈妈应要求宝宝一次同时拿取毛巾和肥皂；下次拿取拖鞋和梳子。妈妈可以先问：“毛巾在哪里?”“卫生间。”再问：“肥皂在哪里?”回答相同，就可以告诉他：“毛巾和肥皂都在卫生间，可以同时拿来。”妈妈再问：“到哪里拿拖鞋和梳子?”宝宝回答：“卧室。”让宝宝同时把这两种东西取来。经过几次练习之后，妈妈只需说一遍要求拿来的东西，宝宝会自己安排去哪里拿、每个地方拿几种，学会快捷方便地完成任务，学会做事巧安排。

1岁9月龄早教计划

早教准备：适合宝宝的玩具和图书

《启发系列绘本——我妈妈》

《我妈妈》这本书和2000年出版的《我爸爸》是安东尼·布朗给爸爸和妈妈的献礼。这本书里的妈妈和以往布朗书里的妈妈形象很不一样，她不像《动物园》里的妈妈默不作声。不像《朱家故事》里的妈妈愁容满面……而是体形富态、充满爱心、笑口常开。《我妈妈》和《我爸爸》撰写文字的手法非常相似，两本书都是借着孩子天真、自豪的口吻，描绘心目中无所不能的爸爸和妈妈。布朗同样运用对比的句子，形容妈妈的各个方面，比如，说妈妈的歌唱像天使，吼叫起来又像狮子；或者说妈妈像猫咪一样柔软，又像犀牛一样强硬。此外，他也使用比喻手法，说妈妈美丽得像蝴蝶，柔软得像沙发……

《启发系列绘本——是谁嗯嗯在我的头上》

光看书名就让人又好奇又好笑，这是一本什么样的书，居然用“嗯嗯”——也就是便便来当主角，可真是令人拍案叫绝！但是对生性快乐的儿童来说，这本书不但有趣，可能还具有“爆笑”的效果。

“嗯嗯”到底有什么学问呢？故事透过一只倒霉的小鼹鼠，寻找到底是哪个坏蛋“嗯嗯”在他头上的过程，轻松愉快地让我们了解：原来每一种动物的排泄物形状都不同，什么样的动物就“大”什么样的“便”，我们也从书中得到更深一层的认识。而最后小鼹鼠到底能不能找到那个“嗯嗯”在他头上的坏蛋呢？专吃大便的？蝇可是破案的关键哦！

这是一本兼具趣味性和知识性的好书，在书末还附上一篇“动物的吃喝拉撒”的文章，说明了动物的食物、消化与排泄的关系，让小朋友在哈哈大笑之余，也得到生物学相关的常识。

本书透过幽默有趣的故事情节，带领孩子认识各种动物的大小便，满足其好奇心，帮助孩子健康地面对大小便的正确常识。书后特别增辟“亲子共读”单元，针对每一种动物的吃、喝、拉、撒做了详细的介绍，让孩子能进一步了解动物的食性、消化功能或排泄方式，是一本趣味性及知识性兼具的图画书。

早教常识：这个月宝宝的动作发育

大动作发育

★ 能双脚连续跳跃，但不超过10次。

★ 喜欢将手中的物品朝某个目标扔去，并且试着接球。

精细动作发育

★ 手技巧精确，能倒水入瓶及做连续不同的动作，如安装小木人及配大小瓶盖等。

★ 喜欢画写，会几种画法，会写

几个汉字或数字。

★ 在大人的帮助下可以将有孔的小珠穿在一起。

早教常识：这个月宝宝的语言发育

★ 由于讲话表达不清，当别人不理解时会发脾气。如果想缓解宝宝的情绪要让宝宝多学新词，使亲子双方易于沟通。

早教常识：这个月宝宝的认知发育

★ 能区分四五种形状和颜色。

★ 认识若干汉字和数字。

★ 喜欢推拉屋子里的物品用来开火车。

情商培养：对宝宝进行道德启蒙

经常给宝宝读故事，通过故事教会宝宝分清善恶和好坏。宝宝最先从大人的表情中知道应该同情谁，例如丑小鸭小时候特别难看，鸡不喜欢它，鸭也不喜欢它，它找不到朋友十分寂寞，这时宝宝的脸上也出现悲伤的表情。后来丑小鸭长大了，它遇到美丽的白天鹅，本想躲开，当它低头一看，自己在水中的影子也同天鹅一样漂亮时，它太高兴了，跟着美丽的天鹅一起学习飞翔。这时宝宝也变得高兴起来。宝宝同情丑小鸭，为它没有朋友而难过，又随着它变美丽而喜悦。

朗读《小兔子乖乖》时，宝宝明显地喜欢小兔子，憎恨大灰狼。以后再读故事时宝宝会着急地问："他是好人还是坏人?"大人故意不答，让宝宝自己去猜，故事还未讲完宝宝就能分清谁是好人、谁是坏人。宝宝会同情好人，虽然好人经受磨难，但是好人能克服困难，能战胜坏人。宝宝分清了好坏之后会逐渐学习好人的好品德，这是道德的启蒙教育，可以在两岁之前，即在宝宝能理解之时就抓紧教育。

情商培养：变发脾气为讲道理

发脾气是宝宝在两岁前后常出现的行为，或者是一种同大人玩的游戏。他要求大人满足其要求时有时会通过发脾气来达到目的，如果大人不同意，他会哭闹试试大人的耐受限度。这时大人如果生气，对宝宝采取惩罚的办法或干脆动手打宝宝，会给宝宝留下不良的印象，甚至影响父子或母子间的关系。比较好的办法是大人离开一会儿，因为旁边没有人，宝宝发脾气就不起作用了。大人可以去做其他事，等宝宝情绪平静下来再给他讲明道理。告诉宝宝有什么要求可以直接讲出来，大人考虑是否合理，合理就给予满足，如果不合理就不能同意他的要求并讲明理由，宝宝不应用发脾气的方式来提要求。

精细动作训练：练习手的画写技巧

除了用纸和笔学画之外，还有没有其他画画的方法呢？宝宝喜欢模仿，大人用一根棍在泥土地上画一条长道，宝宝会跟着学。棍子还可以写出数字或者写出几个汉字，让宝宝学认。棍子也可画一个小鸡、小兔或者画一个小人，宝宝看见后会十分喜欢，也会跟着乱画起来。刷子蘸水也可以在洋灰地面上画，用旧奶瓶刷蘸水就可以在洋灰地上画条条、写字、画小人。让宝宝用小刷子蘸水学画。如果小刷子的毛磨光了，用一点破布将尖端包上可以再用。用棍子和用旧刷子在户外画比用笔和纸自由、好玩，更能提高宝宝画画的兴趣，又可在户外晒太阳、呼吸新鲜空气，一举多得。

精细动作训练：练习倒水入瓶

用两个瓶口直径约 2.5 厘米的瓶子，练习把一个瓶子装满水再倒入另一个瓶中而不洒漏。未学会之前可在洗脸盆中练习，以免将水洒到地上。洒漏较少后可以在较浅的盘子上练习，倒水更加方便。进一步练习将小碗中的水，倒入瓶中而不洒漏。将瓶中水倒入另一个瓶中较为容易，而将口径较大的碗中水倒入瓶中而不洒漏就较困难。宝宝可以通过练习，学会将碗边靠近瓶口，使水更容易倒入瓶内而不洒漏。

语言能力训练：鼓励宝宝开口讲话

1 岁 9 个月 ~2 周岁是宝宝开口说话、语言发展最快的时期。开口讲话即是学步期的结束，宝宝已经不必在维持行走平衡上花费精力，而将全部精力放在发展语言上。对宝宝的照顾不必过于周到，让他自己提出要求，如果宝宝用手一指就能得到想要的东西就没有必要开口了。大人要求宝宝自己先讲，讲得不完整再由大人补充，让宝宝逐渐把句子说完整。1 岁 9 个月的宝宝大多能将几个字连起来说，如“吃饼干”“上街，车”等。他要玩具时必须说出玩具名称才给他；鼓励他说小朋友的名字。常同宝宝们一起玩，语言会更丰富。宝宝开口讲话后会对着娃娃讲话，边搭积木边讲话，突然变得话多起来。两岁之前只学简单句即可，即名词、动词或加上形容词。

认知能力训练：说出物品用途

选择一些宝宝熟悉的生活常用物品和玩具，如茶杯、梳子、牙刷、毛巾、玩具娃娃、玩具小汽车等，让宝宝说出它们的名称和用途，并帮助宝宝给它们分类或配对。

认知能力训练：学习蔬菜名称和颜色

妈妈买菜回家后让宝宝拿出篮子里的蔬菜，边拿边学认蔬菜的名称。宝宝爱吃黄瓜，妈妈一面给宝宝拿一面说：“黄瓜是绿色的”，再从篮子拿出绿色的韭菜、油菜或者小白菜；再挑出不是绿色的菜，如胡萝卜和西红柿，还有红皮的大萝卜和白皮的大萝卜。让宝宝一面拿一面认，将不同颜色的蔬菜分开并摆好。妈妈坐在矮凳上当卖菜的，宝宝提篮子来买菜，能说出菜名的菜就可以买，看宝宝能买到几种蔬菜，其中哪几种是绿色的。宝宝最先会说的是自己爱吃的菜，说上几种都应鼓励。

认知能力训练：区别形状相似的汉字

大人同宝宝一起写汉字，先在小画板上写“一”，让宝宝在“一”字上面加一小横变成“二”；大人再在下面加一大横变成“三”；或者在“二”字当中加一个小竖道使“二”变成“工”；或者让宝宝在“三”字当中加一个小竖道使“三”变成“王”。再画一个小四方形，是汉字的“口”字。在“口”字中间加一横变成“日”，代表太阳。如果将“口”字拉长，中间加两横变成“目”，代表眼睛。如果把“目”字下面的一横去掉，就是月亮的“月”字。将日和月靠在一起便是“明”。这个游戏应分成许多天玩，每天变化一点儿，否则宝宝不容易记住。

宝宝拿笔只能写粗大的简单的几笔，不可能要求他学笔画太多的字。但这个游戏可以使形状相近的汉字“变”出来，使宝宝对变化发生兴趣，从而能区别形状相似的汉字。

认知能力训练：按一定次序安装玩具

练习按一定次序安装玩具是既动手又动脑的游戏，宝宝一般都比较喜欢拆装木头人。宝宝可给木头人先穿上裤子，再插上身、插上头、戴上帽子，最后插进两只胳膊。先用一个木头人来练习，然后将几个木头人全拆开，逐个装好。有些木头人是用一串木珠做成的，上面有头和帽子，木珠的次序可以随意改变，这种拼装较容易，身体组成有一定次序的木头人就略为难一些。

自理能力训练：学穿鞋袜

先学穿袜子。将两手拇指伸进袜口，将袜口叠到袜跟。提住袜跟将脚伸进袜子至袜尖，足跟贴住袜跟，再将袜口提上来。这种穿法能使足跟与袜跟相符，穿得舒服。如果随便套上，袜跟会跑到脚背上，穿得不舒服。

再学穿鞋。大脚趾最长，在脚的里侧，把两只鞋尖的一侧对放在一起，让宝宝认出哪一只鞋应穿在左脚、哪一只鞋应穿在右脚。如果穿反了，鞋尖会压迫大脚趾，走起路来很不舒服。每天起床都让宝宝自己学穿，先穿上袜子再穿鞋，不要光脚穿鞋。

最好在两岁前后开始学习，使宝宝学会自己穿鞋袜，穿正袜跟和学会区分鞋的左右。经过练习的宝宝两岁后就能熟练地自己穿鞋袜了。

1岁10月龄早教计划

早教准备：适合宝宝的玩具和图书

《菲菲生气了》

莫名的怒火上升，温度不断加热，熊熊大火仿若要吞蚀掉周遭的一切事物。小时候总是容易乱发脾气，一点小事情总是让人无法忍耐。胸口总有个恶魔藏在那里似的，让人全身都不舒服，就是把别人生吞下去也有的勇气。负面的情绪像是座即将爆发的火山，随时都可用愤怒与不满的熔浆给喷出。生气、不安、沮丧、难过、趋于平缓、平静。原来生气是有这么多不同的错综复杂的情绪存在着。

大人们总是容易压抑小朋友的情绪，容易忽视小朋友的负面情绪原因，总教我们要有好脾气，然而不是每个不满都是没有原因的。如何适当的处理生气的情绪，与不要一直陷入焦灼的不安与气氛中，也是我们该正视的。

透过菲菲生气里的戏剧化与火红色的高度的愤怒，让每个小朋友都知道这样不快乐与情绪化，是每个人都会必须面临到的。但是别再害怕，每个人都会有开心和不开心的样子，虽然貌似可怕，但是却是可以逐渐改善你不满的压力与情绪。虽然大家都无法去完全的掌控自我的过度情绪化，但是可以去了解它、看待它。至少当我们不快乐和极度不满的时候，可以不要再完全掉入这样的流沙里，爬都爬不起来了。

《巴巴爸爸》系列

“这就是巴巴爸爸、巴巴妈妈、巴巴祖、巴巴拉拉、巴巴丽博、巴巴波、巴巴蓓尔、巴巴布莱特、巴巴布拉伯！记住了吗？巴巴爸爸、巴巴妈妈、巴巴祖、巴巴拉拉、巴巴丽博、巴巴波、巴巴蓓尔、巴巴布莱特、巴巴布拉伯！”这么精彩又拗口的开场白，大家还记得吗？相信很多生于20世纪70年代的同龄人都记忆犹新。

巴巴爸爸的形象由法国漫画家德鲁斯·泰勒和他的妻子安娜特·缇森所创作。系列图书的第一部《巴巴爸爸的诞生》出版于1970年，图书刚一问世就获得了英国文艺评论界权威的赞誉，并在博洛尼亚书展上受到广泛好评。1975年，联邦德国将巴巴爸爸的故事改编成动画片，并于1981年在美国首播，很快风靡全球。巴巴爸爸以他的独创性和幽默感，为世界的大孩子和小孩子们提供了快乐。巴巴爸爸一家的和睦、温馨、相亲相爱，永远温暖着全世界人们的心灵。

早教常识：这个月宝宝的动作发育

大动作发育

★ 上下楼梯时能用手扶栏杆或者放手走几级台阶，喜欢从最下一级双脚跳下。

精细动作发育

★ 能拿勺子独立吃完一顿饭，个别宝宝学会用筷子吃饭。

★ 可以把积木或小汽车放成首尾衔接的一排，然后试着把它们推成直线行进。

★ 手技巧精确，套碗速度加快，会玩镶嵌的玩具和用积木自己搭房子。

★ 能熟练地用玻璃丝连续穿4～5个扣子，并能将线拉出。

★ 喜欢把东西撕开，再试图把它们合上。

早教常识：这个月宝宝的社会性发育

★ 能独立完成一些简单任务，如取报、取奶等。

★ 应让宝宝参加同龄小伙伴的游戏，使宝宝逐渐适应群体活动，感受群体的快乐，以培养良好的适应能力。

早教常识：这个月宝宝的认知发育

★ 懂得若干反义词，如大小、上下、里外，通过对比认识事物。

★ 能观察一些社会行为规则，如“红灯停，绿灯行”等交通规则。

情商培养：培养宝宝的办事能力

有些居民小区在院门口设有传达室，信件、报纸或者牛奶都可以到传达室取，两岁左右的宝宝可以完成这些简单任务，如每天下午定时到传达室取信件、报纸或牛奶等。高层楼房的电梯，宝宝经过几次练习就能自己操纵上下自如。楼层不太高的可由父母护送下楼，让宝宝自己试着完成一两项任务，经过练习宝宝就能应付自如。父母要给机会让宝宝试着完成一项任务，宝宝路过传达室时会问一句："有没有我家的信？"管理人员问："你爸爸叫什么？""×。"宝宝回答正确就能办妥。管理人员会想办法帮助宝宝，彼此很快熟识，使宝宝完成任务更加顺利。

宝宝学会取信件或学会取奶、取报，通过同大人对话而办成一件事就能获得自信，愿意同不熟悉的人交往对话，能增长交往能力。现在独生子女在家受的保护太多，不敢见生人，更不敢同生人对话。如果从会说简单话的年龄开始就有机会与人交往，有机会单独完成某一项任务，这对培养宝宝的表达能力、办事能力大有好处。

情商培养：让宝宝拥有属于自己的小天地

用大的包装箱为宝宝造个家，如果大人没有特意为宝宝去准备这样的箱子，宝宝会自己造个家。宝宝会躲在垂着桌布的桌子下面，把小板凳和小布娃娃搬进来，在桌子下面造个小家；有些宝宝会在门背后、柜子间的空隙，甚至垂着床单的床底下造个家。每个两岁的宝宝都想有自己的家，在一个隐蔽、别人看不见的角落安静地做自己的事，照顾小娃娃。不要批评建一个小家的男宝宝，男宝宝喜欢家不但不会失去男子气概，而且会学会温柔体贴地照料别人。

尊重宝宝的爱好，让他有一个小小的完全属于自己的小天地，使他能重演看过的、留下深刻印象的幻想游戏，总结学习所得到的经验，大人可从旁观察，不必打扰。有时他会把心中的感受演示出来，如挨打受罚、惊吓或者疼爱亲昵，利用娃娃或拟人动物做情感发泄的对象，这些只有避开成人的视线才能自由地发泄出来。

大动作训练：双脚交替上下楼梯

在1岁半前后，宝宝先学会交替双脚上楼梯，两三个月后再学双脚踏一级台阶慢慢下。住楼房的宝宝两岁前基本学会交替双脚扶栏杆下楼梯。现在由于拓宽道路，过街天桥增加，上下台阶的机会也多了，所以许多宝宝不到两岁都能交替双脚上下楼梯。宝宝上下楼要有大人监护，尤其当大人在厨房忙碌时，不要让宝宝单独在楼梯上玩耍，以免发生意外。在下楼梯时，宝宝要探头看路，身体垂直，身体重心前移容易向前摔倒。大人要走在宝宝前面，才便于保护。如果大人跟在后面，万一宝宝向前摔倒会因来不及扶持而出现意外。

精细动作训练：学穿小珠子

从这个月开始可以教宝宝穿珠子。准备一根细绳和带眼的珠子数颗，让宝宝将细绳穿入珠子的小孔里，并在珠子的另一侧将穿过的细绳捏取出来。这个动作需要反复练习，逐渐加快速度，提高准确性。

精细动作训练：学拿筷子

这个月已经有一些宝宝能自己用勺子吃饭，能把碗内的饭菜都吃干净。这样的宝宝就可以优先练习用筷子吃饭。宝宝同大人一起吃饭，看到别人都用筷子，他也很想学着用。开始时只能将饭扒到嘴里，筷子分不开，不会夹菜。通过练习，尤其是看到好吃的东西，手的技巧会进步得很快，就能把筷子分开，连夹带拿把好东西吃到嘴里。宝宝手的模仿能力很强，很快就能熟练地使用筷子了。

人的大脑中操纵手的神经细胞有

20余万个，操纵躯干的神经细胞只有5万个，难怪有“心灵手巧”之说。在锻炼手技巧的同时也促进了操纵手的神经细胞的发育和与其他神经细胞的联系，所以锻炼手巧也同时促进心灵。手的精细技巧很多，如绘画、刺绣、弹琴、打字等，但最容易学的要算练习用筷子了。每天必须锻炼3次，宝宝如果能早一些学用筷子，对将来练习其他技巧就能打下较好的基础。

语言能力训练：学说反义词

在日常生活中帮宝宝建立反义词的概念，比如，说“这个苹果大，那个苹果小”；“这个筷子长，那个筷子短”；“妈妈高，宝宝矮”……

认知能力训练：玩套碗比赛

比赛分3部分：（1）将碗按大小顺序排队，看谁排得最快；（2）将碗按大小顺序套上；（3）将碗倒扣，大的放在下面，依次按大小扣上叠成高塔。

有些玩具是套盒，将大盒打开，里面有一个较小的，再打开里面还有一个较小的，可套上5~6个盒子。套盒也可有3种：（1）将盒子打开，看看里面一共有几个小盒，再将每个盒子的盖扣上，按大小次序排队；（2）将每个盒子全套上还原；（3）将每个盒子的盖按大小倒扣成塔，再将盒子也倒扣成塔，扣成两个塔。

如果两三个宝宝都有相同的玩具就可以一起比赛，看谁做得快，如果只有一套玩具，几个宝宝可以轮流做，让大人记录时间，比赛谁做得快，或者大人同宝宝比赛。

套叠玩具是一种很有益的游戏，好处之一是能让宝宝认识大小顺序，知道一个比一个大，以后对数的顺序较易理解。可以将最小的一个标上1，按大小顺序标上2、3、4、5等数字，宝宝渐渐理解2大于1、3大于2、4大于3，为理解数字大小打下一个形象的基础。好处之二是手脑并用，练习手操作的敏捷性，尤其是按顺序快速操作。好处之三是在动手动脑时集中注意力，宝宝在努力叠套时不能分心，否则就会拿错。在玩的过程中能锻炼专注性，使专注时间延长。

认知能力训练：按不同性质分类

分别用红色硬纸剪一个大圆和一个小圆，一个大方形和一个小方形，再用蓝色或其他颜色硬纸也剪大圆、小圆、大方形和小方形。

请宝宝按大人的要求分组摆放：

★ 按颜色摆放，相同的颜色放在一起；

★ 按形状摆放，圆形的放一堆，方形的放一堆；

★ 按大小摆放，大的 4 个放一堆，小的 4 个放在另一堆。

专家提示

如果宝宝听不明白，大人可以示范一次。轮到宝宝做时大人不插手，让宝宝自己摆放。

自理能力训练：自己的东西自己整

让宝宝练习收拾自己的东西，知道衣服应当怎样摆放，要用时应到哪里去找，养成整齐有序的习惯终身受用。妈妈同宝宝一起收拾柜子，把宝宝的上衣放到上格，将厚的上衣和罩衣放在下面，把薄的衬衫和内衣放在上面；再把宝宝的裤子放到下格，将厚的放在下面，薄的放在上面。把宝宝用的小东西放在抽屉里，袜子放在一边，帽子和手绢放在另一边，一面放一面说物品的名称。在换季时要把不用的东西包起来放在最高一格，以便常用的东西拿取方便。宝宝随同妈妈一起收拾整理过自己的东西，准备洗澡时就可以自己去拿要穿的衣服。从阳台收取洗干净的衣服，学会叠好，分别放进柜子里。

1岁11月龄早教计划

早教准备：适合宝宝的玩具和图书

拆装组合玩具

学龄前的宝宝喜欢模仿成人并对成人使用的生活用品感兴趣。这款工具箱模拟玩具，正好可以满足这个阶段的宝宝自我意识的表现欲。工具箱内配有榔头、扳手、螺丝刀、螺丝等多款配件，宝宝可以自由组合。游戏的同时更能丰富生活知识，是现代家庭和教育机构的理想玩具。

建筑积木

积木玩具让孩子充分发挥创造力，根据自己意愿，拼搭出各种场景。也可以锻炼孩子的空间想象力；模块的不同空间放法，就能给孩子带来不同的视觉效果。特别是其中有4个动物形象，孩子可以自己模拟故事情节编故事，以4个动物为主角，给动物们提供娱乐场所或者是聚居场所。

过家家医生玩具

这款角色游戏玩具，可以满足宝宝自我意识的表现欲。玩具配有针筒、听诊器、药盒等积木，造型逼真生动，整套过家家玩具配以粉红白色调为主，搭配蜜蜂、花朵、爱心等设计元素，增加趣味性。通过模拟游戏，让宝宝丰富生活知识，同时能克服害怕打针的情绪，是现代家庭和教育机构的理想玩具。

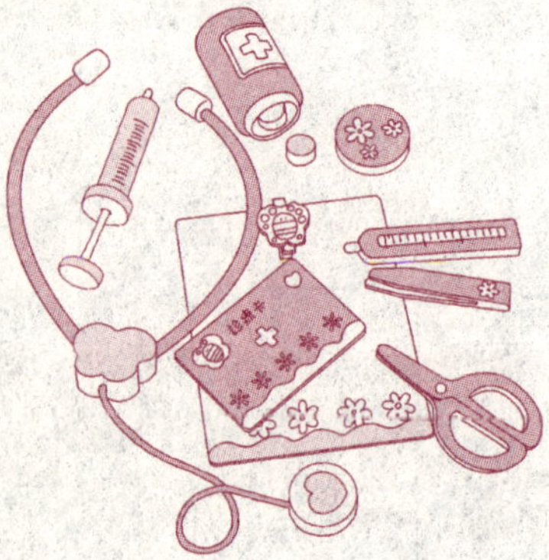

专家提示

模拟医院道具等过家家玩具只是让孩子体验生活，游戏过程中父母要注意引导孩子认识针筒与药物的危险性。其中玩具中的药物粒子较小，家长需做好监护工作，谨防孩子吞食。

早教常识：这个月宝宝的动作发育

大动作发育

★可以不扶栏杆双脚交替上下楼梯。

★能连续跑5~6米。

★双脚并跳时能够双脚同时离地和同时落地2次以上。

★能够单脚站立，能在宽25~35厘米的两条平等线中间不踩线走。

★如果有大人帮助，可以走过宽18~20厘米、高12厘米、长2米的平衡木。

精细动作发育

★会穿鞋但分不清左右，会穿袜子但不会拉后跟，会穿衣服但分不清前后和反正。

★能正确取放玩具，可用6~10块积木搭楼或火车，会穿珠子，会按次序放入套碗。

★能用手捻书页，每次一页，可以连续翻3次以上。

早教常识：这个月宝宝的语言发育

★能够学会一些简单句，如会说3~5个字的句子表达自己的需要，如“妈妈抱抱”“我喝水”“上街看车”等。

★能够说出两句或两句以上的

儿歌。

★ 会用代名词，用“我的”形容自己的东西，问话时会用“我”回答。

★ 喜欢问“这是什么”。

早教常识：这个月宝宝的社会性发育

★ 快两岁时，在玩时会有语言的交流，并开始交互性强的游戏，比如互相追逐等。

早教常识：这个月宝宝的认知发育

★ 能根据颜色、形状和质地来匹配物体。

★ 喜欢把东西堆得高高的，然后再把它们推倒。

★ 能够把大小不同的物品叠在一起，还会把拆散的玩具重新安装起来。

★ 喜欢用洋娃娃等玩具来模仿日常行为，如过家家等。

早教常识：让宝宝玩得安全又开心

游乐场是宝宝最喜欢去的地方之一，那里有他们爱玩的各种游乐设施。但是宝宝在玩的过程中，家长们可千万不要忽略其中的安全问题。

玩滑梯的安全

★ 要手扶栏杆，一阶一阶向上爬，脚要踩稳。

★ 玩滑梯的人多时，要让宝宝们有序排队上滑梯，不要拥挤。

★ 上到在滑梯上面的平台上后要让宝宝扶着栏杆站稳，不要让宝宝和其他宝宝打闹。

★ 滑滑梯时要按顺序向下滑，等前面的宝宝完全滑到滑梯底部走开后，再让宝宝开始向下滑。不要让宝宝和其他宝宝挨在一起从滑梯上滑下来，以免发生宝宝们叠压在一起，造成伤害。

★ 不要让宝宝从滑梯的滑道下方向上爬。

玩秋千的安全

★ 3 岁及 3 岁以下的宝宝最好选择四周有护栏或护板，双腿有固定出孔的座椅式秋千，它可以保护宝宝的安全。带有安全带的秋千也是相对安全的。

★ 玩秋千时要让宝宝的双手抓牢秋千的把手或护栏。

★ 不要让宝宝站在或蹲在秋千的荡板上。

★ 家长要控制好秋千的摆动高度。

★ 玩秋千的过程中，家长要时刻在宝宝周围，注意保护好宝宝。

★ 要让其他的宝宝远离正在摆动的秋千。

玩跷跷板的安全

★ 如果是两个宝宝一起玩跷跷板，要有两位家长分别在两端进行保护。

★ 如果是家长和宝宝一起玩跷跷板，宝宝的一端要有家长保护。起伏的速度要慢一些，以免宝宝的腿、脚或关节受伤。

玩蹦蹦床的安全

在蹦蹦床上蹦跳是很多宝宝都喜欢的一项游戏活动，但是，当蹦蹦床上的宝宝人数比较多时，如果恰巧有一两个宝宝跳起，对于正在下降的宝宝来说，看起来非常有弹性的蹦蹦床就会变得像水泥的一样坚硬，宝宝着陆的时候就有可能造成胳膊或腿骨折。加上大家推来挤去的互相碰撞，或者宝宝本身在蹦蹦床上做一些不该做的事情，比如在蹦蹦床上翻跟头等，他们在蹦蹦床上玩耍时的危险系数就更大了——骨折、脊椎损伤、严重的头部受伤，所有这一切都有可能发生。因此，当宝宝在蹦蹦床上玩耍时，父母要时刻守候在旁边，以便随时处理各种突发事件。当蹦蹦床上宝宝较多时，应说服宝宝先玩别的游乐设施，以免被碰伤。太小的宝宝不要为了锻炼他的胆量而极力说服他去玩蹦蹦床，等他身体协调能力发展不错了再玩也不迟。

玩电动摇摆玩具的安全

★ 宝宝在骑乘电动摇摆玩具时，手一定要抓牢把手，脚要踩稳踏板。

★ 玩具开始摇摆时，家长要在宝宝旁边做好保护。

★ 宝宝若是表现出害怕或不想玩时，家长要马上和管理员联系，停止游戏。

玩大型电动游乐玩具的安全

★ 家长要根据游乐玩具的提示为宝宝选择适合他年龄或身高的项目。对于带有说明的玩具，家长要先认真阅读玩具说明，再依宝宝的情况进行判断是否可以让宝宝玩。玩的方法一定要严格按照说明书进行。

★ 如果可以家长一定要陪同宝宝一起进入玩具中，让宝宝在家长可控制的范围内，并为宝宝及自己系好安全带。

★ 如玩水上或轨道类的大型游乐项目，家长不要让宝宝坐在第一排。要让宝宝坐在中间位置或家长的旁边，方便家长随时保护。例如“激流勇进”“水上漂流”“疯狂老鼠”等游乐项目。

★ 一些宝宝要单独玩的项目，家长要事先给宝宝讲清楚其中的安全注意要点，让宝宝提高自我保护意识。

★ 在玩的过程中，宝宝出现害怕的情况，家长应及时带宝宝离开，以免由于宝宝害怕发生一些意外伤害。

★ 对于危险度较高的游乐设置或不适合宝宝身高、年龄玩的游乐设置，家长千万不可为了让宝宝满意而冒险带宝宝去玩。

大动作训练：和宝宝一起玩球

让宝宝练习同大人互相滚球，宝宝还不会向远处抛球，先学将球放在地上向一个方向滚动，如果球碰到墙会弹回。宝宝同大人互相滚球，或向一个目的地滚球，有来有回比单独玩更有意思。宝宝们都喜欢踢球，也可以让宝宝练习踢球。与大人互相踢球，或向墙踢球，让墙面将球弹回来就可以继续玩。

大动作训练：练习跑与停

在跑步练习的基础上，继续训练宝宝能跑能停的平衡能力，如对宝宝喊“开始跑。一、二、三，停”，要注意经常进行练习。

精细动作训练：画图和摸图形

让宝宝通过摸、画去认识形状。学会正确握笔，学画横竖道，为以后画画和写字打基础。把圆形、方形、三角形加上长方形和半圆形的形块放入布袋内，让宝宝按大人的要求将不同形状摸出来。将形块放在纸上，用左手按稳，用铅笔沿着边缘画出轮廓。再拿开形块，自己在纸上照着刚才模块的形状再画一个。先练习摸出圆形，沿着圆形的边画一次，再自己画一次。然后摸出方形，沿方形轮廓画，然后自己照着画一次。有的宝宝会画，有的宝宝不会画，不要勉强。只要能按要求摸对就行，会说出形状名称就更好。

教宝宝画“十”字，先画一条横线，中间再画一条竖线，如果画得较好可以再画一个栏杆，即一条横线拉长，画上许多竖线。大人可以同宝宝一起画，将栏杆拉得很长，增加画写的兴趣，同时学会正确握笔的方法。

精细动作训练：拧开和上紧螺旋

先用不同的瓶子练习拧开和合上瓶盖，再用木质的螺旋玩具练习拧开和上紧螺旋。有大的木螺钉和螺母，还有松开螺旋的工具，练习将螺钉上紧或松开。在家里可以让宝宝做小助手，帮助大人扶住要打开的木箱，看爸爸怎样用改锥顶着螺钉中间的缝，拧开螺钉；或者用工具松开螺母将螺钉取出。宝宝当过小助手后，再玩自己的大玩具就会轻松灵活多了。

精细动作训练：砌积木，搭门楼

2 块方积木之间留个空，上面放块积木搭成桥，在桥两头再放 2 块，搭成下 2 上 3 的门楼。要求下面 2 块积木之间的洞要尽量大些，才可以使上面两边的积木放稳，但是洞太大会使上边的积木放不稳。宝宝要估计到积木之间的平衡才能将门楼搭稳。学会了用方积木搭门楼就可以用长方形和三角形的积木，做成不同形状的门楼。

大人和宝宝可用积木做各种游戏，例如用橡皮圈将多块积木连成一串，可以拉起来走，也可以让它缩成蛇状，变成“蛇”。在长方形的塑料盒子里装满水，让“蛇”浮在水中。如果盒中只有一两块积木，溢出的水不多；如果放上四五块积木，水就会溢出一大片。让宝宝自己再试，先将水灌满塑料盒，在里面放一两块积木，逐渐增加，水就会逐渐溢出来。将“蛇”拿走后，盒中剩下半盒水，用笔在盒外画一个记号，再将盒里灌满水，放入一块积木，取出后在盒外画一道；放两块积木再取出，在盒外再画一道，观察放入几块积木时盒外画的道道与第一次画的记号位置相同。再将硬币投入盒中，硬币马上沉到水底，与积木只沉一半完全不同。用纸叠小船，船会浮在水面，但船装满了水也会沉底。宝宝看到这些新鲜事物会十分兴奋，会来回不停地试着做，观察还会出现什么新奇的现象。

这是个科普启蒙游戏，宝宝先学会怎样才能将上 3 下 2 的积木放稳，要找准重心，只要将重心托住，上重下轻也可以放稳，只要做给他看或者自己试过就能懂得。其次是观察半浮在水面的积木，吃进水的部分会将水排出；如果逐块放入，可以看出排出去的水逐渐增加，装得越多，排出去的水也越多。宝宝看到金属放入水中马上下沉，纸折船漂在水面，装满了水才沉下。宝宝需要观察许多不同的现象，积累经验，暂时不必讲道理，留待他进一步探索。

语言能力训练：丰富宝宝的词汇量

与宝宝说话时尽量使用丰富的词汇量，不要以为他是小孩听不懂就局限语言的使用。多让宝宝聆听大人的谈话，语言就是在模仿和练习中发展起来的。

语言能力训练：让宝宝讲出有趣的事

带宝宝去街心公园玩，让宝宝讲出所看到、听到和感受到的趣事。宝宝的词汇量有限，他会先指出目标，如

“看老爷爷”，老爷爷正在打太极拳，做出各种姿势，大人可告诉他“老爷爷打太极拳”。一会儿宝宝听到布谷鸟在叫“布—谷”，音调如同乐谱5—3，大人可以告诉他这是布谷鸟的叫声，让宝宝模仿鸟叫的声音。宝宝用手摸树干，感到树皮粗糙；用手摸树叶，叶面潮湿光滑。告诉宝宝不要摸叶的边缘，有些叶的边缘有细小锯状的刺，会伤手指。让宝宝仔细看玫瑰花的枝上带刺，花未开时先见花蕾；蹲下可看到地上小蚂蚁成行走。认识自然的同时可以扩充词汇量，回到家时可让宝宝回忆刚才看到的趣事并讲出来。能记住多少都要受到表扬，宝宝只会记住他感兴趣的事物。

认知能力训练：鼓励宝宝识数

宝宝会搭积木，放一块数一个数。大人向宝宝要东西，如“递给我3块”，要求递的东西与数相等。但要求“给我4块”时递的东西可能多少不等，与要求不符。但是如果大人拿走1块，问“还有几块?”宝宝能马上回答“2块”；再拿走1块，问“还有几块?”马上回答“1块”。放回2块再问“有几块”，可正确回答“3块”。1~3是宝宝真正认识的数，能在这个范围之内正确做加减。

有些宝宝只会背数到10，或者点数到5。家长不必着急，在上下楼梯、跑步、跳跃、穿珠子时都可以练习数数。一般两岁宝宝的背数都比点数多，因为手的动作比口头叙述慢。无论会数到多少，只要能懂得，即使只能替你拿来3件东西也很好。

数数的关键在9，如果数到19会说20，数到29会说30就能多数数。可以专门练习17、18、19、20；27、28、29、30；37、38、39、40；宝宝就会往上数。年龄稍大的宝宝在跳皮筋时说：“七五六，七五七，七八七九八十一；八五六，八五七，八八八九九十一；九五六，九五七，九八九九一百一……”年龄稍小的宝宝在旁边帮着背诵，对9的进位十分有好处。宝宝们边背边玩，顺口溜的练习能促进数数，使部分宝宝能较快背数到100。

2 周岁早教计划

早教准备：适合宝宝的玩具和图书

《我的感觉》系列

畅销世界的儿童情感教育绘本。每一个故事的开始都从小小动物主角出发，用彩图和易懂的故事展现出孩子经常发生的 7 种情绪的表现特征和相应的处理方式。它将使孩子形象地掌握调理自己情绪的可行办法。书虽是写给孩子看的，但大人也可以从中反省自身，抚平情绪，并正确地把握对待孩子的态度。所以，家长和老师都值得一读，并与孩子共读。

《我的感觉 1——我好害怕》

《我的感觉 2——我好难过》

《我的感觉 3——我觉得自己很棒》

《我的感觉 4——我好嫉妒》

《我的感觉 5——我好生气》

《我的感觉 6——我会关心别人》

《我的感觉 7——我想念你》

《阶梯数学 · 2 岁》（第 1 ~5 阶）

本系列图书包含了适合幼儿各个年龄阶段的系统数学内容，每一年龄段的学习内容都分为五阶，学习内容循序渐进，逐阶加深。通过有趣的游戏或简单的学习活动，让孩子用数学的观点观察周围的环境并表现出来，激发孩子对数学的兴趣，打下良好的学习基础。

每一部分都为家长准备了亲切的说明文字，对于家长在家指导孩子学习有很大的帮助。有针对性地选择和自己孩子的水平相应的阶段，可以在家里轻松地进行学习。

画线和涂颜色是幼儿学习的基本内容，粘贴 sticker 等游戏和醒目的图画可以培养孩子的想象力和创造力，并且为学习增添很多趣味。

早教常识：这个月宝宝的动作发育

大动作发育

★ 能够模仿别人往后退着走。

★ 蹲下去捡东西再站起来时不再摔倒。

★ 当听到踢球的命令时会主动抬起脚踢球，踢球时身体不再失去平衡。

★ 在大人的指令或示范下能取球举手过肩，且将球向大人的方向抛出。

★ 能投 100 克重的沙包大约 1 米远。

精细动作发育

★ 能搭高 6 ~7 块积木，且不倒下来，还能用积木摆火车。

★ 能用拇指和其他手指拿笔，而不再像以前那样大把抓握，出现比较成熟的握笔姿势。

★ 能模仿画竖线和圆圈，但画的圆可能弯弯曲曲，甚至没有闭合。

★ 会洗手并用毛巾擦干。

早教常识：这个月宝宝的语言发育

2 ~3 岁的宝宝已进入口语表达飞速发展的时期，这个阶段宝宝的语言能力训练会产生一个质的飞跃。他们有了更多的生活经历和对万事万物的认识，逐渐能够把话说完整，而且比较有条理。

★ 能说出 2 句或 2 句以上的儿歌。

★ 会重复说某句话。

★ 说到自己时能正确地用代词“我”，而不是用小名表示自己。

★ 在说到第二人称时能正确地用“你”表示，而不再用“妈妈”“爸爸”等。

★ 能告诉大人要喝水，大小便、吃饭等。

★ 能用语言表达自己的体验，如说“我在玩”或“我在吃饭”等。

早教常识：这个月宝宝的社会性发育

★ 能说清楚父母姓名、家庭住址（包括小区名称和门牌号），也会背出家庭电话号码。

★ 会正确地自我介绍，说“我是”。

★ 能控制大小便，临睡前小便后夜里不再尿床。

★ 对四周环境感兴趣，能提出许多问题，爱问“这是什么”“那是什么”等。

★ 会把玩具娃娃抱起来，玩耍时常常是单独玩，看见别人玩时能过去。

★ 会帮助别的小朋友放好玩具。

★ 当看到镜中自己的影像时，如果问“那是谁?”会用自己的名字来表示自己。

早教常识：这个月宝宝的感觉发育

视觉发育

★ 能识别物体的大小、距离、方向和位置。

★ 两眼调节作用好，视力达0.5。

★ 可区别竖线与横线。

其他感觉发育

能通过接触来辨别物体软、硬、冷、热等属性。

早教常识：这个月宝宝的认知发育

★ 开始懂得计数，是培养计数能力的重要时期。

★ 2岁以后，宝宝进入模仿和创造能力飞速发展的阶段。他开始惟妙惟肖地模仿家庭成员的一举一动，他能像爸爸一样站立、行走，能像妈妈一样说话、微笑，他会越来越巧妙地摆弄玩具，并能用形容词组词造句。

★ 听到别人提及某个事物的名称时便把注意指向这个事物。

★ 2岁后在活动中注意的时间较以前延长，可以达到10~15分钟。

★ 2岁以后宝宝进入秩序敏感期，对秩序性、生活习惯、所有物有所要求，需要一个有秩序的环境来帮助他认识事物、熟悉环境，一旦所熟悉的环境消失或者改变就会令他无所适从。

早教常识：偶尔口吃别紧张

大多数2~3岁的宝宝在某一段时间内想的与讲的不一致，偶尔会重复某一音节。这种情况常出现在妈妈离开、换保姆或换环境等状况下，宝宝情绪上产生焦虑不安的时候。如妈妈带宝宝见到阿姨要打招呼时会“啊……啊……啊”说不上来，这时不要勉强他说，先让他坐下来吃早饭，或者玩一会儿，心情舒畅之后讲话会恢复正常。大人先不要紧张，让宝宝与别的宝宝接触，多做动手操作、少讲话的游戏，大人尽可能陪宝宝玩，偶尔出现的口吃现象会自然消失。如果大人逼着他说，宝宝会感到自己语言有问题，有了自卑感，大人越纠正情况会越严重。

有些家长发现宝宝口吃会大惊小怪，马上带宝宝找语言专家做纠正治疗，无异于给宝宝戴上“语言缺陷”的帽子。其实这种偶然出现的重复发音会自然消失的，妈妈多一些关怀，生活上规律一些，就会减少宝宝紧张和压力，宝宝心情舒畅就恢复得快。

早教常识：说话晚可能与听力有关

婴幼儿的听力与语言发育相关。如果宝宝2岁时还不会表达自己的需要，也不能理解大人的话，很可能存在听力问题，父母最好带宝宝去医院进行检查。有的宝宝大人说的话都能听懂，但就是不开口说话，不用语言表达自己的需要，这种情况就不是听力原因造成的，只是宝宝说话早晚的问题。

早教常识：宝宝最好不用油画棒

铅笔和中国画颜料中都含铅，而油画棒原料中含有一定量的可溶性重金属元素，如铅、钡、铬、锑、镉、汞、砷等，如果在不知不觉地摄入这些重金属元素，会在一定程度上对人体产生危害。宝宝很喜欢撕油画棒上的包装纸，撕下来后直接用手接触油画棒，有的甚至把油画棒放入嘴里，摄入的重金属会更多，如果过量摄入会造成重金属中毒。因此，3岁以下的宝宝最好不要使用油画棒、彩色铅笔和中国画颜料。

如果要使用油画棒，应到正规的商场或美术用品专卖店购买，批发市场的产品质量有时难以保证。注意其包装上的标志是否齐全，有无产品名称、厂家厂址、安全标志等，目前安全标志主要有CE、CP两种。看清油画棒有无警示语，适用年龄段等标注。使用后及时将宝宝的手洗干净，以免在吃东西时将重金属摄入体内，危害健康。

情商培养：学会自我介绍

教会宝宝做清楚的自我介绍，这是很重要的安全教育，以防万一与父母失散时能较快地得到帮助，找到父母。可以通过玩“上幼儿园”的游戏来学习，妈妈当阿姨，宝宝从门口进来，先鞠躬说：“阿姨好。”问：“你叫什么名字?”“我叫×。”声音洪亮清楚。问：“你几岁了?”“我两岁。”问“你爸爸叫什么名字?”或“你妈妈叫什么名字?”“你家在哪里?”回答要求包括地区、街、小区、门牌号，如“我家在北新桥东羊管胡同28号”或“我家在和平里五区16号楼7门502室”。问：“你家电话号码是多少?”答：“64034690。”宝宝们几乎都能背出自己家中的电话号码。如果哪个问题回答不清楚可以当时纠正。问话完毕一定要表扬：“你回答得很好，下次记住说清楚……再见。”让宝宝说完“再见”再鞠躬出门口。

宝宝如果不记得其中某几项，可以隔一两天再玩这个游戏。要让宝宝习惯于对长辈行礼问好，离开时要行礼说“再见”，养成良好的习惯。

情商培养：让宝宝自己解决问题

孩子十分想要邻居小朋友的新玩具，但是附近商店里没有，可以同孩子商量该怎么办。或者用自己的玩具同小朋友换着玩一会儿，或者站在旁边看小朋友玩。有的孩子会自己出主意，孩子出主意的本领是练出来的，有过一次经验，下次就会更快地想出办法来。让宝宝自己去解决问题、出主意。如果家长插手，去同邻居家长谈，当然能把玩具借来让孩子玩，但是以后孩子遇到问题就会来找大人解决，自己不去想办法。

鼓励宝宝自己想办法，并不是鼓励用野蛮的抢夺或打架的办法，要用文明有礼貌的办法，使宝宝学会自己解决问题。

大动作训练：练习奔跑

妈妈同宝宝在阳光下玩耍，让宝宝追踩妈妈的影子。妈妈可以向不同的方向躲闪，让宝宝在阳光下跑来跑去。这个游戏最好在秋天太阳晒得暖和时玩，不宜在夏天太热时玩，以免宝宝奔跑出汗。深秋或初冬季节同宝宝在阳光下玩，可以让宝宝的皮肤晒到太阳，太阳的紫外线晒到皮肤能合成维生素D，预防佝偻病。

这个游戏可以练习奔跑，强健肌肉和筋骨，阳光晒皮肤合成的维生素D可以储存在皮下和肝脏，留待冬季所需。两岁时踩影子与1岁半时追光影不同，1岁半时是练走，两岁后练跑，速度要求不同。

精细动作训练：用积木搭金字塔

在架桥的基础上发展成搭金字塔。先摆3块积木做桥，在桥旁边隔开半块积木的距离再摆1块积木，在两块积木之上再架成桥；在两桥之上再摆上1块积木就成金字塔了。学会搭下面3块积木的金字塔后，可再在旁边多放1块积木，搭成下面4块、高4层的金字塔。如果还有相同大小的积木，可以再搭成下面5块积木、高5层的金字塔。

宝宝用积木可以搭出不同的花样，如两边用金字塔做桥墩，上面摆一根小尺子搭成高桥或者平衡木。如果要它更稳些，可取掉塔顶上1块，用两块积木做桥墩就更加稳妥。

语言能力训练：用字卡拼长句子

先找出一个宝宝易于了解的字或词组，如“苹果”，想想苹果是什么样的，可以找个“红”字拼成“红苹果”。再找一个“大”字放在前面拼成“大红苹果”。这个苹果是谁的或要送给谁，可以在前面加上人称，如“我的大红苹果”或“妈妈的大红苹果”。7个字的句子对两岁宝宝来讲就已经算是长句子了，但有些宝宝还能将它拼成更长的句子，如“爸爸把大红苹果给我”或者“妈妈买了许多大红苹果回家”。“买”“给”或“许多”都可能是宝宝不认识的字，宝宝可以通过问学会。

宝宝心里想讲的话很多，有时不会说，如果找到相应的字卡，哪怕摆出两三个字的字卡，能表达出想说的话也很好。

认知能力训练：认字配对

家长可用毛笔在纸卡上写上两个不同的汉字或数字，与图卡混在一起让宝宝练习认字配对。宝宝在卡片中任选一个汉字或数字，先念字再将卡片放在桌上，再从卡片堆中寻找与它相同的字配成一对。每天练习做配对游戏，看今天能配出几对，过几天是否有进步。字卡正面及背面最好不附图，以免混淆。

配对可以使宝宝减少错误，如6和9摆在一起，一个小圈在上另一个小圈在下，很容易区别它的不同。汉字“手”和“毛”一个弯向左侧，另一个弯向右侧，摆在一起就知道不一样了。使一些容易混淆的字分清楚。汉字不要带图是因为宝宝在1岁3个月时就学会用图配对了，如果附上图，宝宝可以认图而不认汉字会蒙混过关。所以两岁以上宝宝用的字卡不要附图。

认知能力训练：学会比较多少

先在一边放1块积木，另一边放2块，宝宝会很快说出有2块的一边多。在一边放1块，另一边放3块，宝宝也能指出有3块的一边多。家长可以继续试放2块与3块、2块与4块等，宝宝也会看出哪边多。如果看不出，可作一对一排队，看哪一边长出来。最后，两边都放2块或3块，宝宝看不出来哪边多。他也会用排队的办法去比较，结果两边一样长，没有哪一边多出来，这时可告诉宝宝“两边一样多”。

认知能力训练：获得第一个时间概念

让宝宝从最具体的现象开始学会辨认时间。早晨起床时让宝宝看到窗帘打开，天亮了，太阳出来了，要快点穿衣服，洗漱干净吃早点。宝宝很喜欢早晨，因为吃完早点可以去外面玩耍。早上看见长辈要说“早安”。

晚饭后天渐渐黑了，室内要亮灯，将窗帘拉上。饭后爸爸在家会同宝宝玩，或者看电视节目。睡觉前妈妈要带宝宝洗澡、更衣，准备睡觉。宝宝懂得天亮了就是早上，天黑了就是晚上，能分清早晚。也可以找一些图书中表现早晚的图片让宝宝辨认，早上是一天的开始，晚上是一天的结束。

自理能力训练：培养吃饭干净的习惯

可以用游戏或比赛的办法，提出4个指标（脸、身、桌、手），让宝宝吃饭时注意。比赛结束后可以马上用镜子对照，看看是否干净。第一次可以比赛吃饺子，吃饺子最容易保持干净，使宝宝有信心下次再比。第二次比赛吃薄饼，可以将菜卷入薄饼中，用手拿着吃。只要吃时小心一些，也不会撒落得太多。第三次比赛吃米饭，看看宝宝能否吃得干净不撒落。经过几次比赛，餐桌狼藉的现象会大有好转。

2岁1月龄早教计划

早教准备：适合宝宝的玩具和图书

《游戏时间：精美立体书》（全4册）（中英对照）

这是一种在欧美具有一百多年历史的儿童益智书，全球销量已超过1280万册，深得全世界幼儿的喜爱。它既是书本又是玩具，赋予阅读者妙不可言的感受。比起书本，它好看好玩，比起玩具，它耐看耐玩。它能刺激天性好奇的孩子主动用眼去看，用手去动，用大脑去思考探索。

立体书跳出平面书的限制范围，创造了三维立体的视觉空间，它不但提供了让宝宝可以动手去玩的物件，还设计了让宝宝用眼去发现和探索的机关和结构，同时艺术美感的图像文字让宝宝去鉴赏体会，它有剧本，有屏幕，有舞台，还有互动，宝宝能自己编导和演出科学知识、童话故事、文学名著，它将给您的宝宝带来又快乐又益智的游戏时间。

更重要的是，看到专注于立体玩具

书的宝宝，您将不用为宝宝以后注意力不集中而发愁。你将不用为宝宝沉迷于别的不良电视、游戏和玩具而担心。以后您也不应当再花费很大力气强迫孩子读书，因为，“立体玩具书”已经慢慢帮您培养宝宝养成从小爱读书的好习惯啦！爱读书，易成才，智慧人生从这里起步！实践证明立体玩具书是亲子教育的绝佳工具。

这一套共 4 本，分为：《大和小》《红和蓝》《一到五》《看和说》。家长可以引导 2～6 岁的幼儿在学龄前的几年内反复翻阅。

《大和小》：帮助宝宝认识大小、高矮、快慢等，用各种生动活泼的动物形象和动作帮助孩子认知。

《红和蓝》帮助宝宝在颜色鲜明、朵朵鲜花、蝴蝶飞舞以及各种小动物的对话中认识颜色，其乐无穷。

《看和说》用动感的、可触摸的、亲切互动的方式启发孩子认识世界，孩子在玩耍中认识玩具、动物、交通工具、农场等，惊喜不断，在游戏中认知世界。

《一到五》在小兔、小鸟、小猪、小熊的跳跃互动中，教宝宝认知数字；数字概念从这里起步。

《猜猜我有多爱你》

孩子总喜欢和别人比较，在《猜猜我有多爱你》这本图画书中的小兔子就是个典型的例子。小兔子认真地告诉大兔子：“我好爱你”，而大兔子回应小兔子说：“我更爱你！”如此一来，不仅确定大兔子很爱自己，更希望自己的爱能胜过大兔子的爱。她想尽办法用各种身体动作、看得见的景物来描述自己的爱意，直到她累得在大兔子的怀中睡着了。

这本图画书里有一只像孩子的小兔子和一只像爸爸的大兔子。小兔子像所有的孩子一样爱比较。它们俩在比赛谁的爱更多一些。大兔子用智慧赢得了比赛和小兔子稍微少一点的爱，可小兔子用它的天真和想象赢得了大兔子多出一倍的爱。两只兔子都获胜了。整个作品充溢着爱的气氛和快乐的童趣，小兔子亲切可爱的形象、两只兔子相互较劲的故事构架以及形象、新奇的细节设置都对孩子有着极大的吸引力。作者山姆·麦克布雷尼，爱尔兰人，绘图者安妮塔·婕朗，英国人。这本《猜猜我有多爱你》是他们的经典作品，在全球销量超过1500万册。

早教常识：这个月宝宝的动作发育

大动作发育

★ 能够避开障碍，并试图踮起脚尖走路。

★ 走在路上不愿大人牵着，而是自己蹦蹦跳跳，时而蹲下去捡块小石头再扔出去。

★ 喜欢创造一些运动游戏，乐于探索各种移动身体的不同方法，如小兔子跳跳、小鸭子摇摇摆摆。

精细动作发育

会用手拆开东西。

早教常识：这个月宝宝的语言发育

★ 喜欢书中或现实生活中的某一个角色，并模仿这个角色的动作、表情，喜欢玩扮演游戏。

★ 经常模仿大人讲话，重复大人讲过的话，发现一个新的词语时非常高兴、反复说并说给大人听。

★ 家长带宝宝到户外散步或活动时可以就看见的情景提问，让宝宝回答，这非常有利于宝宝语言表达能力的发展。在家长的引导下，宝宝会越来越爱向家长提问。

注意宝宝说话时缺乏哪个辅音或说错哪一个音。有些音宝宝常分辨不清，如“姥姥”和“挠挠”、“四”和“十”等，大人慢慢讲让宝宝听清楚后他会自动纠正。

早教常识：这个月宝宝的社会性发育

★ 认识到自己与别人不一样，时常说“我”“我的”。

★ 与父母的交流开始减少，渐渐表现出与其他同龄宝宝交往的兴趣。

早教常识：这个月宝宝的认知发育

★ 对学习字母和数学兴趣极大，能按数取物。数是抽象的概念，要用很具体的办法才能让宝宝理解。通过游戏边看边做会使难懂的问题易于理解。

★ 对小动物表现出特别喜爱，还会在一旁观察小动物很长一段时间。

★ 试图把各种长方体、正方体等不同形状的小物体放入相应形状的形状分类器或盒子中。

★ 能区分冬天和夏天，并能根据明天和今天的概念理解昨天。

情商培养：让宝宝学会等待

两岁宝宝要学会等待，等待需要有耐心，能耐下心来、心平气和才能解决问题。父母要尽量缩短让宝宝等待的时间，不让他烦恼。等待要有合理的限度使宝宝感到可以接受而不至于过度疲劳。如果不得已要等待较长时间，则应安排一些快乐的游戏以分散宝宝等待时的注意力。对于不可避免的失望可用幽默的态度泰然处之，使宝宝学会承受一定的挫折，性格逐渐成熟起来。

情商培养：听宝宝讲话要耐心

2 岁左右宝宝常常讲一些他自己还不懂的词，来表达他不知道应当怎样讲的意思，使人十分费解。妈妈有时会批评："谁知你在说什么，尽说些没人懂的话。"使宝宝不敢再说什么，心中想表达的意思无法讲出来。如果大人态度改变一下，对他讲出的词加一点解释，或者再应和一下"呀，真是……"等他继续讲下去，用"唔""好的"或用表情去鼓励他，使他感到大人在听他讲话，他会努力讲得清楚一些，家长可帮助他把句子说完整。

鼓励宝宝说话，用善于理解的心态去听，帮助宝宝把想说的词讲出来，对宝宝的语言发育大有好处。对宝宝的语言能力训练不必与其他同龄宝宝比较，但要每个月同他自己比，记录下来他会讲或者讲得好的一两句话，这样会看到宝宝每天都有进步。

专家提示

该年龄阶段是宝宝探索力、创造力发展的重要时期，会有许多稀奇古怪的想法，父母应该鼓励和表扬宝宝的这些想法，并支持宝宝去探索。当宝宝提及有关科学方面的问题时要用宝宝能够听得懂的话回答。

大动作训练：练习接球

找一条长方形的毛巾，大人和宝宝

用双手分别握着毛巾的一角，把球放在毛巾中央。两人一起将毛巾抖一下使球跳起来再接住；或者将毛巾向一个方向倾斜使球滚到最低点再把球救起。两人合作使球在毛巾中到处滚动或蹦跳，但不掉到地上。玩得熟练之后可让宝宝去同其他小朋友一起玩。

同宝宝来回滚球，要求宝宝把球接住而避免让球滚远了再跑去捡回来。宝宝学会很快接到滚球后，再教宝宝接住扔到地上反跳起来的球。从地上反跳起来的球比直接抛来的球速度缓和，容易接住。

宝宝应该多在户外活动，玩球是户外活动最有趣的游戏之一。游戏从静到动，渐渐让宝宝捡球学跑；也要学会预测球的方向，提高接球技巧而减少跑动的辛劳。

精细动作训练：给玩具娃娃穿脱衣服

买一个可以更衣的娃娃，购买或者自制一些易于穿脱的娃娃衣服供宝宝练习。衣服尽量宽大，前面有几颗扣子或有拉锁，不宜用系带的衣服，因为宝宝要到5岁时才会解系活结，可用松紧带或粘扣。

让宝宝提出给娃娃换衣服的理由，如要上街、要洗澡或者天气冷了要穿厚衣服等。如果开始有困难，大人先帮助宝宝给娃娃脱去第一只袖子，其余由宝宝自己想办法完成。练习解扣和系扣，宝宝会拉开拉锁，但拉锁末端不会合上，要大人帮助。

通过替娃娃更衣练习穿脱衣服的步骤和每一个细节，如解系扣子、拉开或合上粘扣等。每一种技巧都对宝宝自己穿脱衣服有用，这是培养自理能力的游戏。让宝宝在游戏时懂得不同情况下应穿不一样的衣服。

认知能力训练：掌握上、下等反义词

宝宝在认识事物时总是要比一

比，辨别它与其他或近似的事物有什么不同。在比较时就会发现相反的概念：

宝宝和小朋友坐在跷跷板上，宝宝用脚一蹬地面，跷跷板会向上升，宝宝升到上面，小朋友降到下面。小朋友再用脚一蹬地面，小朋友就会升上去，宝宝降下来。两个人一上一下十分好玩，宝宝从中认识了“上”和“下”。

爸爸领着宝宝上街，爸爸高，宝宝矮。宝宝也可以和小朋友比一比看谁高些，宝宝认识了“高”和“矮”。

妈妈和宝宝在纸上画线，看谁画的线长些；将两支铅笔摆在一起，挑出哪一支长些，宝宝认识了“长”和“短”。

把一些东西放入盒内，宝宝看到哪些东西在盒子里，哪些东西还未放进去在盒子外，懂得了“内”和“外”。

进商店买东西，付了钱就可把东西拿出商店，宝宝懂得了“进”和“出”。

宝宝先学会相反的事物，以后才学会相同的。两三岁的宝宝能理解较多的相反概念，加上宝宝早就知道的“大小”和“多少”，现在宝宝已经掌握了7对反义词。以后每遇到这种相反的词都再强调一下，帮助宝宝掌握相反的概念，通过反面更加确认其正面。

认知能力训练：学习联系记忆法

用纸剪4个图形：圆形、正方形、三角形和长方形做动物的家。找4种动物玩具或用硬纸剪出动物的外形轮廓，每个动物放在一个当做家的形状片上，帮助宝宝记住它们的家。如把鸡放在圆片上，让它在这个家下蛋；鸭放在方片上，鸭的脚掌是方形的；羊放在三角形片上，羊的胡子似三角形；牛放在长方形片上（要把长方形横放），似牛的身体。将动物特征与图形结合讲一遍后，把4种动物拿开，让它们出来散步晒太阳，然后再把4个家重新排放。动物该回家了，但它们找不到自己的家，请宝宝领它们回家，看宝宝能放对几个。如果宝宝记不清可以先用3个动物配3个图形，记住了再增加1个。

让宝宝练习将图形与动物联系起来，帮助记忆。这种玩法会给宝宝一个提示，要记住某几件事先要找对关系才容易记住。

认知能力训练：学会拿取最大数

在一堆积木或珠子当中让宝宝分别拿取2个、3个、4个，看宝宝最多能拿取几个。如果宝宝拿了3个，大人从中拿掉1个，问："现在还有几个?"再拿掉1个问，看宝宝能否答对。然后再放回去1个，问："现在是几个?"再放回1个，再问，看宝宝是否答对。多数2岁宝宝会拿3个，2岁过3个月左右能拿4个。

专家提示

宝宝能拿取的最大数目是宝宝能理解的数目，在此范围内的加减宝宝能马上答出来。

自理能力训练：练习提早如厕

从两岁起要培养宝宝少尿或者不尿裤子的能力，为上幼儿园做准备。用画正字的办法使宝宝不至于因贪玩而忘记提早如厕。在宝宝玩的地方挂一张月历，旁边放一支笔。宝宝如果来不及上厕所把裤子尿湿了，就在当天日期下面画正字，看看今天尿湿几次。宝宝很在乎每一画，他会自觉地提早如厕以减少正字。冬天穿得较多，必要时可以帮助宝宝脱穿裤子。如果宝宝能事先警觉，找人帮助，而且能忍耐到脱下裤子才尿尿，就是很大的进步。经过一两个月的时间，通过画正字的办法就可以防止白天尿裤子了。

2岁2月龄早教计划

早教准备：适合宝宝的玩具和图书

多功能时间认知益智玩具

认时间是每个孩子必须学会的。这款玩具可以通过游戏，让孩子对时间概念有个初步的认识，也能解决父母教导孩子珍惜时间的难题。这款入门版天才时间宝盒，可以让孩子1分钟之内就能看着钟面说出时间来。

温馨提示：

宝宝的时间观念要从小培养。

1~6个月：父母注意观察，及时调整和安排孩子的作息时间；

6~12个月：父母可将宝宝睡眠时间固定，用暗示的方式给孩子逐步引入时间概念；

1~2岁：父母针对孩子对语言和动作感兴趣的特点，用强调和重复的方式，宣布和固定作息时间；

2~3岁：让宝宝做时间的主人，父母用配角的方式参与支持。

《儿童彩泥手工大全》

这本书可以轻松地教会宝宝怎样揉泥、搓泥、捏泥，怎样配色、塑形以及形与形之间的连接、组合，让你很快就能制作出许多美丽的彩泥作品。内容丰富、形象生动、色彩艳丽、方法简单。

书中包括水果、蔬菜、植物、食品、日用、文体、家电、交通、建筑、动物、人物等共190个范例，都是用市场上买得到的彩泥制作出来的。你只需准备一些不同颜色的彩泥、一把小剪刀、一些火柴棍和一些大头针，按着范例一步一步地做下去，那么一只只稚趣可爱的动物，一个个栩栩如生的人物，一盘盘令人垂涎欲滴的水果，就会在你的手中魔术般地变幻出来。

早教常识：这个月宝宝的动作发育

可以练习跳远，以增强双腿的弹跳能力。

早教观点：不要讥笑宝宝的自言自语

宝宝在玩耍中经常自言自语，如他将铅笔藏在书里后，会问："铅笔躲在哪儿?"他打开书找到铅笔时，看到书上画着小狗和猫打架，他会把书合上说："猫儿快跑，到厨房找小鱼去。"这几个月宝宝的词汇量增加很快，几乎每个月增加 40 ~ 50 个词，在自言自语时会将简单句变成复合句。宝宝常因看见什么东西而联想起过去曾发生过的事而自言自语，例如宝宝把玩具狗熊按在地上打它的屁股，一边打一边说"看你还敢不敢爬"。原来前几天宝宝爬上桌子时把妈妈的花瓶打破了，妈妈打了宝宝几下。宝宝也要发泄，在自言自语中出气。这时大人可以转移宝宝的注意力，带他到外面走走，使他的委屈心理缓和一些，再把注意力用在学新词上。

不要讥笑宝宝的自言自语，这是在宝宝的思想和语言快速发展过程中产生的一种现象，长大一些就会自己控制，不再自言自语了。

情商培养：育儿方式影响宝宝性格

人的性格并非是一成不变的，可一旦形成就有相对的稳定性。一般来说，3 岁的宝宝在性格上已有了明显的个体差异，且随着年龄的增长，性格改变的可能性越小。因此，培养宝宝性格的关键取决于这个时期的养育方式。

宝宝性格的形成与早期生活习惯有密切关系，这一点尚未引起人们足够的重视。常听到有的父母抱怨宝宝天性胆小、娇气，殊不知，恰恰是家长自己无意中以错误的育儿方式养成了宝宝的这种毛病。实际上，培养宝宝性格品质要从小抓起，从建立良好的生活习惯着手，如饮食、睡眠、排泄安排、自理能力训练等，这些先入为主的习惯就是宝宝日后的习性。

父母的情感态度对宝宝性格的导向作用十分重要。现代父母的情感流露比以往来得更直接，频率和强度更高，这样会使宝宝变得非常脆弱和具依赖性，在娇宠中变得批评不得，甚至父母的声音稍高一点，宝宝也会因此受惊而大哭不止，显示出脆弱的性格特征。一般情况下，娇气脆弱的宝宝常缺乏足够的心理承受力，一旦受到挫折极容易出现心理障碍。

另外，如今独生子女多，父母的悉心照顾表现在各个方面，如替宝宝包办的事情过多，对宝宝的正常活动限制过多等。父母过分“担心”的心理，不可避免地通过言谈举止显露出来，对宝宝起到暗示作用。不少父母在宝宝想参加某项活动之前，总是向宝宝列举种种危险，结果使宝宝产生了恐惧的心理，并因此畏缩不前。年龄越小的宝宝越容易接受暗示，父母的性格特点极易潜移默化地传导给宝宝。

现在的父母还往往把宝宝的身体健康寄托在各种食品和药品上，而不是让宝宝在阳光、新鲜空气和户外运动中锻炼身体。一般体弱多病与性格懦弱之间存在着一定的内在联系，因为病儿会受到父母更加细心的照顾和宠爱，这便成为了助长软弱性格的温床。这种保护过度的育儿方式，会使宝宝的性格具有明显的惰性特征，表现为好吃懒做、好静懒动，缺乏靠自身能力解决问题的内在动力。

精细动作训练：比赛用筷子夹枣

用筷子夹枣是练习手技巧和手眼协调的游戏。取大枣 10 个，碗、盘各一个，筷子一双。让宝宝练习用筷子夹枣，把枣从盘子里夹进碗里。两岁前后的宝宝只会用筷子扒饭入口，筷子是合拢的，几乎分不开，不能顺利夹菜。用筷子夹枣是练习将两根筷子分开，大拇指、食指和中指同时操纵一根会动的筷子，无名指和小指操纵另一根比较固定的筷子。这种分工用筷子的办法会使筷子用起来更精确灵活，宝宝在玩耍中学得较快，如果大人同他一起比赛看谁夹得快，或者谁夹进碗中的枣多，宝宝会练习得更起劲。枣个大，表面有皱纹，容易夹起，练起来较方便，熟练之后可以练习夹花生米或葡萄干等较小的东西。

精细动作训练：学捏面人

面塑是三维艺术，可以捏出物体的具体形状，是练习手技巧的好方法。家里包饺子时给宝宝一个小面团让他学着捏。宝宝喜欢学大人的样子，将面团搓圆，然后又将它搓成条状，喜欢用手揪成一个个小块，再用手压扁，然后做成小小的饺子。有的宝宝喜欢将搓圆的球直接压扁做成一个小盘子或者一个小碗，或者将圆球搓成一个个小球连成一串当小糖葫芦，或者捏成一个大扁球，再捏上头、尾和4只脚，就成了一只小乌龟，还可以捏成有耳、有头、有身子的小兔子，或者一条软软的长条的蛇。宝宝用面团可以做出许多花样，大人可以教他用词说明，如圆的是球、扁圆的是盘子、小圆球连成串是糖葫芦；乌龟有大的龟壳，其他动物追它时乌龟会把头、尾和脚都缩进壳内，别的动物以为是个小石头就会走过去了；兔子有两只长耳朵，一条短尾巴；蛇又长又细，可以蜷成一团……如果想下次再玩，可将面团放入小塑料袋内存入冰箱中。也可以加1~2滴甘油防止面团变干，再加1~2滴蜂蜜可以使面捏出的东西光滑而且没有裂痕。

语言能力训练：背诵儿歌和古诗

儿歌与古诗的节奏和韵律感强，朗朗上口，便于宝宝记忆，也能丰富他们的词汇量。许多儿歌和古诗很有意境，当与实际景物联系起来时可加强宝宝对语言及寓意的理解。在为宝宝选择古诗时一定要注意内容最好与宝宝的日常生活联系起来，是宝宝能够理解的，比如

《咏鹅》；而且最好有与内容相配合的彩色插图，字要大一些。大人可以先一边读一边用手指指着书上的字，宝宝开始并不认识这些字，但读的次数多了，就会自己读到哪指到哪，同时也练习了认字。有些古诗的内容离宝宝的生活比较远，宝宝不容易理解，也就兴趣不大。

认知能力训练：教宝宝认识时间

两岁之前的宝宝心目中的时间常以日常生活来表达，如早点以后、午睡以后或晚饭后等。日常生活规律的宝宝认识时间容易些。两岁以后的宝宝对钟表开始感兴趣，因为大人常说时间，并且经常看钟表。

早上起床时让宝宝看钟，看看钟的长短针位置，较易记住的是6点，长短针在中间成一直线，把钟分成两个半圆形；中午吃饭时长短针都重叠在一起，是12点；吃晚饭时同起床时一样钟走到6点；睡觉时短针走到9点，好像从圆圆的蛋糕上切下一块。如果宝宝已经认识数字，就不但会按针的形状看，也会读出针所指的数字，说出几点钟。暂时不必学认长针，最多学认指12时是整点，指6时是半点。多数宝宝由于不理解而记不住，不必勉强。宝宝生活有规律有利于学认时间。有时间观念的宝宝容易守时，利用时间更为有效。

认知能力训练：学会分清左右

在宝宝拿勺子或拿筷子吃饭时问："宝宝用哪只手拿勺子？"宝宝会举起右手，让他记住"这是右手"。问："哪只手拿碗？"宝宝举起左手，告诉他："这是左手。"过一会儿再问："哪只是右眼？"如果宝宝记住右手，他会用右手去摸自己的右眼；再问："哪只是左眼？"宝宝会用另一只手去摸左眼。

大人和宝宝站在大镜子前，大人先说"摸右耳"，两个人一起摸自己的右耳；"摸左眼"，二人又一起摸左眼。如果摸错了，对着镜子可以改过来。也可让宝宝喊口令，让他说摸什么地方，比赛谁摸得快。也可伸脚、摸膝盖、摸胳肢窝等部位，教宝宝分辨左右。

认知能力训练：拼上分成两块的图

用几何图形，如两个半圆形拼成圆形；两个长方形拼成方形；两个三角形拼成三角形。可以买现成的积木或塑料拼图；也可以自己用硬纸板先剪好圆形、方形和三角形，然后在中间剪开，让宝宝再练习拼上。

用有图的画片，如单个动物、花、某件东西或水果的图卡，先用硬纸将底面贴牢，然后将图中之物的主要部分切开，一分为二，让宝宝练习将其拼上。注意宝宝是否看到切开的片块就能猜出它是什么东西的一部分。开始练习时只让宝宝看到同一幅图中的两个半块，使宝宝较容易将它合拢。拼过几次之后，可以将两三幅图的切片混在一起，让宝宝将一幅幅图都拼上。

鼓励宝宝认识切分成两块的几何图形和切分成两块的普通图片，让宝宝能将它们区别开并拼好。如果几何图形外面有穴或者有外框，放上一片后，穴和框中会留有空位，宝宝容易找到另外一块，所以带穴和带框的图容易拼上。

拼图片时要明确方位，例如把动物的头拼到身体上时不能颠倒着放，要摆对头和身体的关系；竖切开的苹果拼图拼时要摆对左右关系。所以拼一分为二的图片较拼一分为二的几何图形略难一些，但图片代表一个实物，更加有趣，所以宝宝很喜欢学习拼图片。宝宝多次练习后可以拼上切分成 3 块的图形和图片。

认知能力训练：练习记 8 位数

让宝宝练习记住几个数，可从家庭电话号码的头 4 位练起，如同背儿歌那样宝宝会很快记住 4 个数。每天都背诵一次，过三四天再背电话号码后面的 4 个数，还要温习背过的前 4 位。经过两三天的练习，宝宝便能将家庭电话号码的 8 位数顺利地背诵出来。妈妈带宝宝外出时，可以让他用公用电话给家里打电话，宝宝知道记住电话号码可以找到家人时就会十分高兴，经常默背而不会忘记。个别宝宝两岁时能背 8 位数，多数两岁半宝宝会背 8 位数，3 岁时能记住自己家、奶奶家和姥姥家的电话号码。

自理能力训练：让宝宝学会自己洗手

大人示范，指导宝宝仔细洗手，养成饭前及便后洗手的习惯。宝宝在室外玩耍及上街回家后都要仔细洗手，以免将脏东西带回家污染玩具和用品。大人先用指甲刀将宝宝指甲剪短，教宝宝用小刷子或旧牙刷蘸肥皂仔细洗刷指甲缝，将指甲缝中的土和脏东西刷掉，用水冲净；再用肥皂或肥皂液将手掌、手背和指缝洗净，特别注意指缝与手背之间的部分不得留有污迹，用水冲洗；冲净后大人检查一遍，如果哪里未洗净可用肥皂再搓，直到洗净为止；冲净后用清洁的毛巾擦干。有些宝宝洗手时只在龙头下用水冲一下，没洗净的手会把干净毛巾擦脏。要让宝宝知道手是传染胃肠道疾病和寄生虫病的源泉，用不洁的手抓东西吃，手上的细菌和指甲缝里的虫卵会吃进肚子里使宝宝生病。

2岁3月龄早教计划

早教准备：适合宝宝的玩具和图书

《宝宝快乐涂色》系列

来自比利时的趣味涂色书，形象可爱，颜色鲜艳，增强宝宝色彩感。多种形式对照提示，提高宝宝手眼协调能力。寓教于乐的趣味涂色书，让宝宝乐在其中！

发现世界益智游戏贴纸书《我来贴》

这是一套专为1～3岁宝宝设计的贴纸故事书。鲜艳的图画帮助孩子认知颜色和形状。有趣的问题，引导孩子学习数字和对比，揭示事物之间的变化和联系。精美的贴纸，吸引灵巧的小手指去做游戏。

早教常识：这个月宝宝的动作发育

★ 有较好的平衡能力，可练习走短的平衡木。

★ 握笔姿势较以前正确，会画规则的线条、圆圈等。

情商培养：帮助宝宝克服害怕的心理

害怕是人的正常感受，是保护自己的方法。害怕失去支持的心理是从出生就有的，其他害怕感觉是后天学来的。如看到别人摔倒自己也不敢走，是保护自己免于受伤。但宝宝分不清什么是真正的危险，有时对无关的事也害怕。下面介绍几种宝宝常常害怕的事情以及帮助宝宝克服害怕的方法。

怕黑

宝宝睡觉前做一些事会使宝宝感到

安全而忘记怕黑，如先收拾好玩具，或与玩具娃娃们道“晚安”。洗漱完后让宝宝上床躺下。不要让宝宝睡在大人床上，要让他独睡小床，但让他知道大人就在身边，需要时随时会来。如果大人有事外出要找宝宝熟悉的人陪他，给他讲故事。

如果突然改变睡觉的环境或改变睡前的程序要事先向宝宝说明，做好预防工作。在改变任何习惯做法之前父母都要亲自在场陪同才能让宝宝安心。突然的改变又无父母在场，会使宝宝感到不安全而成为以后怕黑的潜在因素。

怕生人

对来访者和亲属要说明宝宝还未适应与外人接近，要熟悉一会儿才可接近；也可以抱着宝宝去迎接客人，让宝宝感到在大人怀中安全，不必害怕。过于热情的亲友会大声招呼，急于来抱宝宝，宝宝会害怕而哭起来或者挣扎要躲藏。大人要给予安慰，让他拿到礼物，同他玩一会儿。宝宝会好奇地观察客人的举动，只要看到客人都无恶意就会渐渐适应。只要大人事先与来访者打好招呼，慢慢接近宝宝，宝宝就不至于害怕，以后也就敢于接近其他生人。

怕动物

让宝宝坐在大人怀中或坐在车上观看他所害怕的动物。看到其他宝宝抚摸动物，或在动物园中看到其他宝宝同动物玩都会有帮助。不必强迫宝宝同动物接触，等他自己感到安全时，再让他逐渐接近动物。

使宝宝感到安全和有人帮助，逐渐克服害怕心理。注意寻找怕的根源才便于去除害怕心理。如宝宝怕毛绒玩具是因为邻居的宠物曾让他感到危险；害怕皮球是因为曾有突然扔过来的球险些打中自己。要告诉宝宝离别人玩球的地方远一些，以防意外；告诉宝宝走路要走人行道，不可以在马路中间走，防止被汽车碰伤，避免产生害怕的心理。

大动作训练：练习用脚尖走路

中午大人休息时让宝宝轻轻走路，踮起脚尖，不要弄出声音。平时可以做游戏，让娃娃睡觉，大人同宝宝一起用脚尖走路，不要把娃娃吵醒。宝宝学大人的样子用脚尖走一段距离，学习走路轻，不发出声音。

宝宝学习提起脚跟用脚尖走路，在提起脚跟时小腿后面的肌肉将脚底和脚后跟提起，可使小腿肌肉和肌腱得到锻炼，为形成脚弓打基础。

精细动作训练：练习涂颜色

画画可锻炼手眼协调和精细动作训练，并可培养兴趣。两岁前后的宝宝已认识4～6种颜色，可以让他自己选择蜡笔和彩笔去画。宝宝喜欢鲜艳的颜色，常拿着红笔涂一会儿，又去拿黄笔或绿笔。大人可以在一张大纸上画几个大圈，说这些是气球，让宝宝在一个圈内涂红色，另一个圈内涂黄色；或者大人先用不同的彩笔在圈的边缘处画上一圈颜色，再让宝宝试涂。开始练习时宝宝会涂到圈外，或者拿红笔在每个球上乱画。大人可以先涂好一个彩球做样板，让宝宝练习。经过多次练习，宝宝渐渐学会不把颜色涂在圈界之外，而且每个圈涂一种颜色。不可能要求宝宝涂得很均匀，只要达到上述两点就应当算是可以贴到墙上的作品了。

语言能力训练：坚持亲子阅读

每天要坚持和宝宝一起进行阅读，在这个过程中，宝宝可以接触到大量丰富的语言，有利于宝宝从说简单句到说复合句的过渡。讲完故事后还可以就故事内容提问，让宝宝回答，这是训练宝宝听说能力的一个最有效的方法。

认知能力训练：按大小顺序排数字

将塑料数字或从挂历上剪下来的单个数字散放在桌上或地上，让宝宝按顺序排列。先练习排到1、2、3；再练习排1、2、3、4、5；再加上两个排到7；最后排到10。家长可从中间找一个数，如3，要求宝宝从3排到7，或从4排到8。或者从任一个数，要求宝宝找出这个数前面的和后面的数排起来，这是两岁半前后的好游戏。

让宝宝按每个数加1的顺序排数字是十分有用的练习。找出任一个数前面的数即该数减1，后面的数即该数加1，也是十分有用的练习。经常反复排数字，有利于宝宝对加1顺序的理解和前后加减1的理解。

认知能力训练：知道哪一瓶最重

找3个大小形状完全一样的塑料瓶，1个装满沙土、一个装半瓶沙土、1个装少量沙土。将3个瓶子随便混放在桌上，请宝宝用手去掂量，把最重的瓶子放在左边，最轻的放在右边，按重量将3个瓶子排好。如果宝宝排得正确，将沙土倒出重装。1个装3/4瓶沙土、1个装1/2瓶、1个装1/4瓶，让3个瓶子的重量差别缩小，看看宝宝是否能用手掂量出来。

用手掂量重量是一种常识，人们经常用手去提一下或用手托一下重物来分清哪一个重一些，宝宝也要学会这种本领。外观完全相同的东西，看不出大小或长短，只能用手去掂量比较重量。这种本领越练越精确，可以让宝宝多次练习，使分辨能力提高。

自理能力训练：让宝宝练习自己洗脚

睡前让宝宝练习自己洗脚。宝宝将拖鞋、毛巾、肥皂摆好，大人将温水准备好。宝宝自己脱去鞋和袜子，先洗一只脚，用肥皂将趾缝、脚背和脚底洗净，用毛巾擦干，穿上拖鞋；再将另一只脚放进盆中洗净。让宝宝练习分别洗两只脚，是因为一只脚仍踏在地上，便于保持身体平衡。待宝宝熟练后，才可将双脚一起放进盆中。要避免活动时盆底打滑而摔倒。

宝宝个子矮，手容易摸到脚，自己洗脚十分容易。有些家庭由老人照料宝宝，老人弯腰帮助宝宝洗脚会使老人十分辛苦。要鼓励宝宝自己洗脚，尽早学会自我服务。

2岁4月龄早教计划

早教准备：适合宝宝的玩具和图书

穿线玩具

灵巧的双手并非天生，而是从幼年时期的成长环境孕育出来的，家长如能在此时为孩子多挑选一些能引导他手脑并用的玩具，不仅可以让幼儿从反复操作中培养灵活的双手，更能强化幼儿大脑与眼、手的协调功能，造就出潜力无限、多才多艺的明日之星。

综合穿线板洞板是一种全新概念的教育性玩具，穿线的过程有助于幼儿手指与肌肉的运动，通过穿、拆等动作培养幼儿的专注力、耐力及次序概念；自由创意板更能培养增强幼儿的创造力和想象力，刺激大脑的发育。

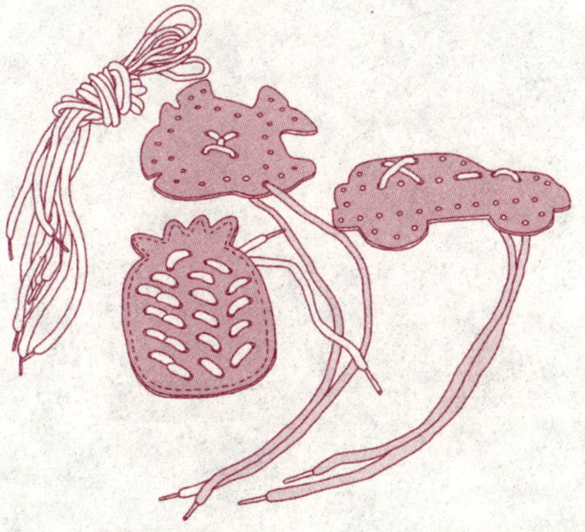

斯凯瑞金色童书系列

新鲜有趣的认识，轻松幽默的故事。世界童书大师的经典之作，陪伴几代孩子成长的亲密朋友。斯凯瑞的童书，全球销量超过3亿册。

在《忙忙碌碌镇》中，温和的动物居民们过着快乐而忙碌的生活。作者通过一个充满童话色彩的小镇，介绍了日常生活的方方面面，比如农场的工作、消防员救火，坐火车旅行、修建一条新路、树木的利用等。书中涉及了各种各样的职业，涵盖的信息非常丰富，对孩子了解社会生活有着良好的引导作用。同时，妙趣横生的故事情节，大量隐藏着的图画信息，可以让孩子长时间地投入阅读和观察，从新的发现中获得快乐的体验。作为一本启蒙读物，本书并非孤立地介绍各项工作的内容，而是将密切相关的工作连缀成为一个整体，比如，从收割小麦到加工面粉，再到面包的制作，整个过程是怎样有序进行的。幽默的故事倡导着一种协同合作的工作精神。

《会讲故事的单词书》汇集了孩子最熟悉的词汇。按家庭、绘画、游戏、玩具、工具、城镇、乡村、学校、户外活动等类别，以讲故事看图画的方式，介绍了超过1200个单词。丰富的信息量，活泼的图画，可以引导孩子感知生活的方方面面。同时，这也是一本中英双语的单词图画书，对孩子的早期双语学习有着很好的启蒙作用。本书不仅可以帮助孩子掌握常用的生活词汇，进行语言能力的锻炼，它还是一本会讲故事的单词书。以精心设计的线索作为穿插，带领孩子进入到故事当中，获得一种参与的快乐。图画中的丰富细节能够吸引孩子一遍又一遍地观察和阅读，培养他们的观察力和想象力。

早教常识：这个月宝宝的动作发育

★ 练习单脚站稳，使体重落在一只脚上。初学时要有人扶持或扶物，逐渐使体重完全由一只脚支撑而站稳。

★ 手指的操作常与想象力结合，在画画、雕塑、捏面团时会表现自己的想法。细心的父母可以发现宝宝的艺术潜能而且应加以称赞，使潜能得到及时开发。

情商培养：让宝宝养成讲礼貌的习惯

培养宝宝使用礼貌用语的习惯，先从早晚问安开始，早上看到任何人都要说“您早”，睡前要道“晚安”。无论

谁要求别人帮助都先说“请”，得到帮助后都应说“谢谢”。大人每次让宝宝干事情时都说：“请你把×伞拿来”“请你把×给我”；收到东西都说“谢谢”。让宝宝听惯礼貌用语，一旦宝宝有需要时也要求他说“请”和“谢谢”。为了巩固这种习惯，要求家人平时互相之间都用礼貌语言。家人中习惯于互相用礼貌语言，可以养成宝宝有礼貌的习惯。习惯于说话有礼貌，会使宝宝同人交往时给人有礼貌的好印象。

大动作训练：练习牵手单脚站稳

大人同宝宝对面站立，互相牵着右手，提起左脚，左膝屈曲。身体不靠着家具，站稳后开始数数，从1数到10，看右脚能站多久。然后两人互牵左手，提起右脚，屈曲右膝，从1数到10，看左脚能站多久。第二次再练牵右手用右脚独站时，左脚抬起尽量向后伸，从1数到10，看左脚后伸能坚持多久。同样方法再练牵左手用左脚独站，右脚后伸，从1数到10，看右脚向后伸能坚持多久。

精细动作训练：学画方形

同宝宝一起学画方形，用方形来画出有趣的图画，如旗子、车站路标、汽车、风筝、大高楼等。宝宝看见这些有趣的图画就很喜欢画方形。画方形可以分两个步骤，先练习画角，如画一个竖道再加一横道即└；再画另一个横道连接一个竖道即┐，两个角合起来就成方形。要注意让宝宝画出一个直角，不是圆角。学会画直角和正方形就可以学写带有“口”字的汉字，如“口”“日”“白”“田”“只”“叶”“右”“石”等简易汉字。会画方形如同上了一级台阶，使宝宝在画写上进一大步。

专家提示

让宝宝学会画方形，会利用方形去画图画，也会利用方形学写汉字，使宝宝在握笔画写上进一大步。

精细动作训练：玩穿线玩具

在学会穿珠子之后就可以练习绣花。市售多种穿线玩具，目的都是锻炼手的精细技巧，使宝宝手的动作与视力更加协调。用硬纸画一个圆，在外周画上大小相等的6个圆形。用锥子在每个圆心刺孔，用彩色的尼龙丝线从中央圆心穿出，穿入外周任一个圆的圆心内，再从中央穿出，穿入外周另一个圆的圆心，直到外周6个圆心都穿上彩色尼龙丝线后，就会成为一朵美丽的花。如果找到颜色鲜艳的硬纸盒，将圆画好后用剪刀剪出来再开始绣，绣出的花更美丽。

认知能力训练：收集新字

要让宝宝养成收集新字的习惯，凡是新学的字都要马上写在纸卡上，放入新字的盒子内，晚饭后再复习一遍。新字盒中的字要连续复习3天后再移入熟字的盒内。家长会发现，凡是宝宝自己猜过的字，不但到两3天后复习时记得，再过3天拿出来复习时也还记得。

鼓励宝宝看新书，除了学认新字之外，还要理解故事的内容。知道故事内容说明什么问题，什么是好的，怎样做就不太好。每个故事都有一个中心思想，要让宝宝用自己的话讲出来，如果讲得不完整可由大人补充。3岁之前的宝宝不可能将整个故事复述出来，但是宝宝记住了这个故事说的是谁，他干了什么事，是好事还是坏事。应选择有生动情节、略带夸张的动物或人的小故事，画面色彩鲜明、字大、配两三句话的书较好。

宝宝在两岁半前后见识不多，自己想到的东西较少。大人同他一起看图片，逐渐启迪。宝宝能想出一两种自己见到过的会飞的东西就很不错。经常同宝宝边看图边想象，使宝宝学会从看到的一种想到另一种的能力。

认知能力训练：一样多

盘中放花生、糖果或核桃，大人先

放两颗在桌上，让宝宝从盘中取一样多的摆在桌上。问：“你拿出几个?”他会回答：“2 个。”再同他强调一次：“咱们放的一样多。”

大人再取 1 颗，桌上变成 3 颗，再让宝宝同大人摆一样多。宝宝学大人那样再从盘中取 1 颗，使他的那堆也有 3 颗；或者将他原先取出的放回去，重新取出 3 颗，使两边一样多。

大人再取 1 颗，使大人一边有 4 颗，看看宝宝能否摆够 4 颗。能取对最好，不能取对也不要勉强。再把 4 颗分成两份，问：“这两份是否一样多?”让宝宝也把他的那边分成两份，看看是否一样多。再把其中一份分开，每边 1 颗，问宝宝是否一样多。

用分食物的方法最方便教宝宝识数，例如要分给每人一份花生、糖果、核桃或果子等，大家都要一样多，让宝宝去分份，使宝宝很快地学会摆出一样多的份来。

专家提示

多数两岁的宝宝能在 1 ~3 的范围内判别是否一样多，个别宝宝能拿到 4 颗。

认知能力训练：学拼 3 ~4 块拼图

拼图能锻炼宝宝的想象力，即从局部推断整体。摆放碎片时要具有方位能力，知道片块应放在上还是下、左还是右，图片中的颜色和片块的形状都可提示宝宝将片块放在适宜位置。所以练习拼图是一种综合的训练，既练手的技巧又练习思维能力，是一种很好的益智游戏。

用竖切和竖横切两种不同的方法，把贺年片或杂志上的图片分成 3 块，让宝宝学习拼图。宝宝先学会拼竖切成 3 块的图，要试几次才能拼上竖横切成 3 块的拼图。也可以将图斜角切开，再做侧面斜切。宝宝能拼上用几种不同方法切成 3 块的拼图后，可另找图片沿直线或曲线将其分成 4 块。直线剪开的比曲线剪开的容易拼上。切分图形时要将图中主要部分切开，如头可分成两块，两只眼睛各在一块上，或者将鼻子或耳朵切分开，让宝宝按目标将缺少的部位拼上。

自理能力训练：让宝宝学会清洗玩具

盆内盛水放入洗衣粉或洗涤灵液，将要洗的塑料和木质玩具放入盆内，用抹布蘸水将塑料玩具表面的泥垢擦去，用清水冲净放入另一个盆内。待所有要洗的玩具全洗净、冲净后，用毛巾将玩具擦干后排列在玩具架上。毛绒玩具可以放入洗衣机内，用洗普通衣服的办法洗净、甩干，夹在衣架上晒干。大人和宝宝一起洗玩具，让他参加每个步骤。宝宝通过自己动手洗就知道在玩时要保持玩具清洁，不能扔在地上践踏或沾上食物和油腻的污秽，懂得爱惜玩具，保持清洁。

2岁5月龄早教计划

早教准备：适合宝宝的玩具和图书

儿童脚踏车

穿衣玩具

你的宝宝会系鞋带吗？会扣纽扣吗？这个玩具有不同的材质、鲜艳的颜色及图案可引导宝宝的感官发展。还有太多的地方可以帮助宝宝加强肌肉的活动技巧，它一共有六个面，这边是一个太阳花的扣子，另外一边蝴蝶的肚子是有拉链的，这边是有三个塑料的按扣，另外一边是3个给你宝宝学习系带子的小绳，这边是练习系松紧带的地方，好

玩吧！盒子还会发出唧唧声和沙沙声。

早教常识：这个月宝宝的动作发育

大动作发育

★ 到这个月的月末，宝宝已经能够跑得比较稳了，跑时动作较协调。

★ 能够双脚连续向前跳 3～4 米远，原地跳 10～20 次。

★ 喜欢玩更刺激的游戏，对脚踏的三轮车很感兴趣，很快学会而且骑得很快。要告诫宝宝不要在马路上骑车，以防发生车祸。

精细动作发育

★ 能将纸叠成方块，边角基本整齐。折纸游戏使宝宝专注时间延长，因为触觉比视觉更易于锻炼专注性。

★ 在大人的鼓励下可以用 10 块积木搭高楼或电视塔，同时还能用 3 块方木搭成有孔的“桥”。

早教常识：这个月宝宝的认知发育

★ 如果给宝宝看 18 张他熟悉的图片，能正确说出其中 10 张图片的名称。

情商培养：宽容对待突变期的宝宝

两岁半的宝宝最易发脾气，不易捉摸。他要先尝试然后作出选择，常常表现突然吵闹又突然安静下来。大人要宽容些，用幽默的方式对待宝宝发脾气才能使大家快乐。过于严格和缺少温暖会使突变期的宝宝受到压抑而苦恼，影响性格形成。

大动作训练：学骑三轮车

脚踏三轮车可以自己购买，也可以借用，因为这种车只用几个月，宝宝大一些就要更换。不要买电动的小车，电动车不能练习技巧。先练习用手拿住脚踏三轮车手把，把脚放在踏板上向前踏。初学时大人可用手扶着手把中央，免得宝宝的手不自主地活动会改变方向。当宝宝四肢协调后大人可以离开，让宝宝自己练习。在熟练的基础上学习转弯和快骑。要选择适当地点练习，不宜在大马路上练习以防发生车祸。

脚踏三轮车要求四肢动作协调，在

前进和转弯时身体要做适当的转动来维持身体平衡。宝宝在2岁半到3岁期间先学蹬三轮车，4~5岁练习后轮旁有两个小轮的两轮脚踏车，熟练后可将后面两个小轮升上去，就会骑两轮的自行车了。

精细动作训练：用圈、线、点组合画画

宝宝会画长线和短线后，学画“十”字和“艹”字头，如能使两线相交，在2岁半前后就可以练习作画了。宝宝最先学的画是以圈、线、点组合的画，如画小鸡，用小圈做头，大圈或不规则圈做身体，由大人画上细线和点做脚和眼睛而成；大树和太阳都是用圈和线组成的。男宝宝喜欢画汽车，他们最初画的汽车也可用圆形完成。例如用半圆做车身，小圆做轮子，在车身上画上门窗，也可涂上颜色。

精细动作训练：用10块积木搭高塔

给宝宝准备一些图片，上面有电视塔、大桥、滑梯、大楼等，再准备一些长方形积木块。先让宝宝观察图片，然后给宝宝8~10块积木，大人先教宝宝怎样搭，然后教宝宝照着图片练习搭。

认知能力训练：认字接龙

每张卡片写上两个宝宝已学过的字，卡片按宝宝认字多少来准备，认得多的可多写。由于是两个字的组合，所以不同组合的卡片可以重复，不限于1个字只出现一次，可以多次出现。如果宝宝认汉字不多可以换成数字接龙，每张卡片任写两个数字，可按12、13、14、15……或21、22、23、24、25直到30。数字卡片既可作读数用，也可作接龙用。

将卡片倒扣在桌上，每人任取两张。翻开任意1张做起头牌，卡片两头都有字，两人轮流出牌，要与第一张牌相同的任一个字接在一起。如果自己手中的牌没有这两个字，就可以在桌上的纸卡中拿一张，直到拿到有与卡前后相同的字就可接上。谁先把自己手中的字卡全接上去就算赢了。开始玩时宝宝需要大人帮助，教宝宝学会轮流出牌，找到合适的字时马上接上。这个游戏可以三四个人在一起玩，茶余饭后全家在一起玩接龙，会提高宝宝认字、读数的兴趣。

专家提示

这个游戏不仅可以复习认识的汉字和数字，在游戏中巩固学习的成绩，还可以在游戏时逐渐学会游戏规则，学会几个人轮流出牌和有目的的摸牌方法。

认知能力训练：通过游戏理解1、2、3

让宝宝练习搭楼梯，先摆1块积木，再把已垒好的两块积木放在后面，构成两级的楼梯，第三步将已垒好的3块积木放在两块积木的后面，构成三级的楼梯。宝宝有时会将1块积木摆在已垒好的3块积木旁边，他会看出相距太高的楼梯不容易上去，要在两者之间加两块积木过渡。

将水倒进3个透明的水杯，要使第一个杯中水最少，中间杯中水居中，第三个杯子中的水最多，把3个杯中的水也排出像楼梯那样的顺序。

通过游戏让宝宝认识楼梯是一级比一级高的，要结合数来学习楼梯的顺序，第一级、第二级、第三级。第一级最矮，第二级比第一级高，第三级比第二级高。从第二级取下1块积木，便同第一级一样高；从第三级取下两块积木也同第一级一样高，使宝宝更加理解1、2、3的概念。

自理能力训练：教宝宝解、系扣子

练习解、系扣子一方面可以让宝宝早日学会自己穿衣，同时也练习手眼协调，使手的技巧得到长进。找一件有扣子的衣服让宝宝练习，先将扣子从扣眼后面插入，从衣服的正面把扣子取出，就是系扣子。再将衣服正面已扣好的扣子插入扣眼内，从衣服反面把扣子取出，就是解扣子。两岁半的宝宝容易学会解扣、系扣，尤其会解系胸前的扣子。宝宝不会解、系领扣和够不着的扣子，因此应避免为宝宝购置在背后开口的衣服，以免穿脱困难。宝宝比较喜欢解摁扣儿，因为摁扣儿光滑，容易学会。

2岁6月龄早教计划

早教准备：适合宝宝的玩具和图书

算术架

这款玩具是专门为24个月以上宝宝设计的一款进行手眼协调训练以及加减运算练习的简易算珠架。算珠共分8种颜色，每色各有10粒算珠，方便宝宝进行加减练习。宝宝可以随意滑动珠子，进行手眼协调训练以及加减去处练习。算珠可以竖着数，也可以横着数，以锻炼宝宝不同的思维方式。

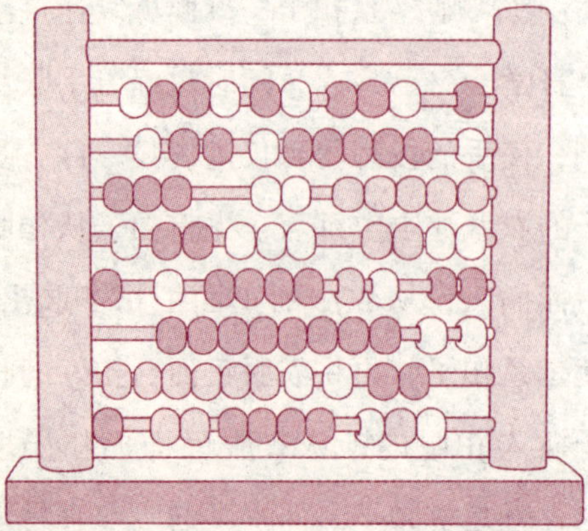

玩具色彩鲜艳，造型生动，吸引宝宝注意力，培养宝宝色彩敏感性以及丰富的想象力和逻辑思维能力。学习数数，以珠子为单位进行加减运算，让宝宝跳出固定思维模式，给孩子无限想象力的创造空间。拨珠子锻炼宝宝手脚协调、肌肉运动等身体机能，让宝宝身体健康。宝宝在与同伴或父母玩过程中学习合作精神和与人分享心理，为日后融入社会打下基础。宝宝经过努力答对算术题有助于宝宝自信心提高。

贝贝熊系列丛书（英汉对照）（共30册）

“贝贝熊系列丛书”是由世界著名品牌美国兰登书屋和全球孩子的“行为教育之父”斯坦·博丹联袂打造的一套畅销全球的儿童行为教育丛书，热销全球30多个国家，行销40余年，销量高达2.4亿册，销售量及畅销时间均为少儿读物世界之最。贝贝熊图书是全球家庭教育的首选图书，在创造了多个境外出版神话的同时，使千千万万的家庭找到了育儿的最佳途径。

贝贝熊的形象在美英等国与“米老鼠”“唐老鸭”一样家喻户晓。它贴近现实生活，侧重幽默教育，全书手绘插图，精美生动。它讲述每个有孩子的现代家庭里都会发生的故事，讲述孩子第一时间面临的各种问题：偏食，怕黑，见啥要啥，房间凌乱，沉迷电视，说谎，乱花钱，作业的烦恼，对陌生人的态度，与父母相处等，内容典型亲切，引导婉转可行，情理结合，趣意兼具，充满了爱心和智慧，是孩子健康行为的最好的启蒙老师，是家长施教方法的循循善诱者。

令数亿儿童受益无穷的贝贝熊品牌童书，同样掀起了中国儿童的行为教育风暴，在中国销售高达80多万册，深受小朋友的喜爱，备受广大家长、幼儿园老师的关注和认可，也得到了幼教专家以及儿童文学作家的高度赞誉！贝贝熊图书的出现，培育了亲子共读的风潮，见证了家长和子女的一同成长。贝贝熊一家已经成为中国小读者最为熟悉的伙伴，它们帮助家长和孩子在第一时间解决生活中出现的各种问题，影响了无数中国孩子的行为习惯，使中国家长对孩子的成长教育有的放矢，是可以影响孩子一生的优秀图书！

早教常识：这个月宝宝的动作发育

大动作发育

★ 半分钟能跑25～35米。

★ 双手侧平举，能走过宽18～20厘米、高18厘米、长2米的平衡木，并能双脚跳下，多数姿势正确。

★ 手脚动作基本协调，能翻过高133厘米的攀登架。

★ 能将100克重的沙包投出1～2.5米远。

★ 能顺利地通过障碍物前行，如从桌下爬过、绕椅子、钻呼啦圈等。

精细动作发育

★ 能把一个杯子里的水倒到另一个杯子里，不洒水。

早教常识：这个月宝宝的社会性发育

★ 2 岁半的宝宝开始慢慢摆脱自我中心，转而对很多小朋友参加的活动产生明显的兴趣，身体相互靠近，可以分享玩具，但多数宝宝喜欢每次只和一个小朋友交流。

早教常识：这个月宝宝的认知发育

★ 在听到形容物品用途的词时能指出或捡起正确的图片。

★ 能按吃的、穿的、玩的等原则对物品进行分类。

★ 开始注意周围环境中的有字的物品，如商店的招牌、广告牌等。

★ 听到物品的类别名称时能分辨不同类别的物品，并能按要求拿取或指出。

★ 能注意并区分周围人的活动，例如爸爸买菜，妈妈做饭等。

★ 能拼拼图，如将家庭成员的照片剪成多片进行拼贴。

大动作能力训练：宝宝的平衡能力

宝宝学会跑、跳之后要让他做各种动作以锻炼平衡能力：

★ 大人在地上画一条“S”形曲线，让宝宝用脚尖在线上走。如果宝宝走得好，大人要及时鼓励，让其反复做这个练习。

★ 带宝宝去公园或在幼儿园里，让宝宝在儿童平衡木上练习行走。经过一段时间的训练，宝宝就能行走自如。提醒一点，大人一定要注意在旁边进行保护，避免宝宝从平衡木上掉下来摔伤。如果没有平衡木，可以用砖头自制。平衡木的宽度为 15 厘米左右，长为 5 ~ 8 米，离地面距离为 20 ~ 30 厘米即可。

★ 还可以和宝宝玩小鸡吃米的游戏。大人说“小鸡吃米”时，双手背在背后合拢而且举起，头一点一点地弯腰向下做吃米的动作。宝宝在模仿小鸡的动作时，身体要支撑头向前垂的重量。做10～12次大人就要说："小鸡快回家，黄鼠狼来了。"让宝宝快跑回大人身边，注意不要让宝宝做动作时太累了。如果让宝宝戴上小鸡的头饰，宝宝在模仿小鸡吃米时会更加努力，使头弯得更低。

大动作能力训练：钻洞

钻洞是一种越过困难和障碍的锻炼。尤其是钻进橄榄形桶中感受到一种声音和震动的刺激，使宝宝得到锻炼，培养勇敢和不怕困难的精神。

在家中可把大纸箱侧放在地上，将箱子两边的硬纸板打开，成为一个练习钻洞的好教具。宝宝可以从一边爬进去穿过洞，再从另一边爬出来。儿童游乐园中也有一些洞，比宝宝身高略矮，宝宝低头、弯腰或者略弯膝盖就可以钻过去。

有一种橄榄形桶是专门让宝宝练习钻洞的教具，当宝宝从洞口钻进去时，进入的一头接近地面；待宝宝钻到中央时，桶因重力而侧倾，桶会倾向出口，宝宝会感到震动。有些宝宝看到前面有亮会很快爬出来，个别胆小的宝宝听到倾倒的声音会害怕而哭叫，这时妈妈要在出口处召唤宝宝，使宝宝克服害怕心理而很快爬出来。玩过一次的宝宝就很喜欢钻进去，感受到一种声音和震动的刺激，很愿意再进去体会一下。

认知能力训练：记忆配对

用积木或单面图片来配对，大人和宝宝一起玩。先将盒中的积木或单面图片有图的一面扣在桌上，每人从中拿5张，自己放好并记住。第一个人将桌上的图翻开1张，让大家都看见，检查自己手中是否持有相同的图，如果有，马上用自己的图和桌上的图配成一对放自己身边；再翻开1张，如果手中没有相同的图，就将翻开的图扣回。第二个人如果手中持有与翻开的图面相同的图，即可配对；如果与之不同可另翻1张，配不上仍放原处。最后谁先将手中5张图配齐就算赢。这个游戏既有内容记忆又有方位记忆，还可以培养宝宝的专注能力。

认知能力训练：学会分辨深浅颜色

让宝宝观看大人调色，先把画笔在红色水彩碟中蘸满。在3个空格中各加4滴水，将红色画笔依次在碟中洗一下，4个碟中的红色越来越浅。将4个碟中的颜色各涂在一张3厘米×4厘米的卡片上，得出深浅红色各不相同的4张卡片；换一支笔用同样方法将黄色也涂出深浅不同的4张卡片；再换一支笔，涂出深浅蓝色不同的4张卡片。在制作过程中可以让宝宝观看，但暂时不能动手。做好3套12张卡片后，让宝宝按颜色深浅排出4个等级。玩完后将这些卡片收入盒中以后还要用。

认知能力训练：学取4个

和宝宝一起玩穿珠子，要求穿上4个白的再穿1个红的，看看宝宝是否穿得对。宝宝可以先穿上第一节，数对4个白的再穿1个红的。以后每穿一节都与第一节做比较，就可以减少出错。能抓取4个表示宝宝认识4，知道每次抓两个，要抓两次是4个；一次抓到3个时要补上1个，使宝宝认识4。

自理能力训练：让宝宝帮助摆餐桌

让宝宝用干净抹布擦拭桌子，把凳子摆好，到厨房拿3个碗、3个盘子和3双筷子摆在桌上。宝宝最先认识自己的餐具，可以先将自己的摆好，再将爸爸和妈妈用的餐具摆好。宝宝拿取餐具之前要先洗手，认真把手上的肥皂冲净，手完全擦干，才可以拿餐具，否则手容易打滑而摔破餐具。

宝宝在摆餐具和做吃饭前的准备工作时心理上也做好了吃饭的准备，体内各种消化酶也随之分泌，可增加食欲，有利于消化。如果宝宝正在玩耍，玩兴正浓，突然要求他回家吃饭，就容易产生抗拒情绪，不利于食物的消化。

自理能力训练：学习穿脱外衣

目前许多两三岁的宝宝在上街之前都等着大人去照料。宝宝不久就要上幼儿园，如果宝宝每次户外活动时都要让老师协助穿衣就会十分忙乱。要让宝宝在入园之前学会自理，使宝宝感到自己有能力干好，不但自己会穿，还会帮助别人。

为宝宝安排一个他够得着的地方挂他的外衣。冬天出门前让他自己穿外衣、围围巾和戴帽子、手套。从外面回到家自己将外衣脱下挂好，把帽子、围巾也挂好，将手套放入衣兜内。穿脱衣服的方法要在有暖气前先练习几次，将这些程序按步骤做几遍。可以先戴帽子和围巾，然后穿上大衣，系齐扣子或拉好拉锁，最后再戴手套。如果反过来先戴手套，无论戴帽子、穿衣都不方便，更无法系上扣子。让宝宝觉得自己穿戴整齐是很能干的表现，以后宝宝每次出门或者回家都能自我服务，不必让妈妈操劳。

早教难题详解：受小朋友欺负怎么办

宝宝受了小朋友的欺负，父母应该如何教会宝宝应对呢？其实，宝宝之间的打斗跟自然界其他小动物，比如小老虎、小狮子之间的打斗是有相通之处的。他们的打斗带有更多的游戏成分，在打斗的过程中，他们慢慢学会了该如何与周围的小朋友交往。宝宝还没有建立起吃亏不吃亏的概念，常常刚刚打过了，眼泪一抹，又可以搂抱在一起亲密无间。因此，只要能保证宝宝的安全，没有必要把宝宝之间的打斗看得过于严重。

对于2～3岁的宝宝来说，一般是不主张教宝宝“他打你，你就打他”，

因为宝宝一旦形成习惯，以后也会变成一个富于攻击性的儿童，那么他面临的问题就会更多，对他的成长实际上是不利的。但不教宝宝“以牙还牙”并不是鼓励他成为一个软弱的人，软弱与强硬与否并不是由拳头来决定的，打来打去解决不了问题。

父母陪伴宝宝玩耍时，遇到别的小朋友打自己的宝宝，可以告诉这个小朋友的家长，或者直接跟打人的小朋友说你不希望他打人，你的态度会让他意识到，一旦他打了你的宝宝，他就会面临一种压力。在告诉他不能打人的同时，还要告诉他正确地跟小朋友玩的方式。有时候，小朋友之所以打人并不是要欺负人，而是因为语言交流能力不足，为了获得别的小朋友的注意才采取这种动手动脚的方式。如果在成人的引导下，他理解了用语言来进行沟通会更加有效，就不会再用打人的方式来获取他人的注意。

随着宝宝年龄逐渐增长，独自外出玩耍游戏的时候越来越多。这时候，父母可以根据情况教授宝宝一些基本的自我保护方法。年龄较小的宝宝往往体弱力小，不具备和大宝宝对抗的能力。因此，要告诉宝宝遇到有攻击性的大宝宝应该赶快跑，避免站在原地受二次攻击。同时，让宝宝尽快将情况告知周围的成人，寻求帮助。要提前教会宝宝自我保护的方法，比如抓住打人者的胳膊，注意保护好头脸等关键部位，然后大声呼叫，寻求周围成人的帮助。

2岁7月龄早教计划

早教准备：适合宝宝的玩具和图书

数学彩虹甜甜圈

这款产品教孩子认识颜色，帮助孩子认识数量和高矮，教孩子认识0以及相邻数等概念，是学龄前儿童必备的一款早教益智教具。

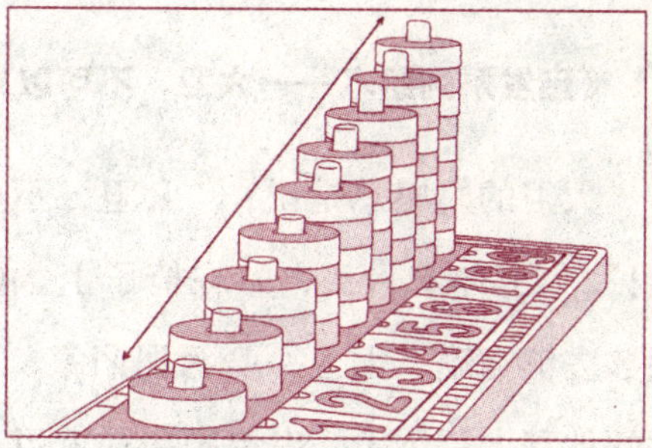

这款教具通过对色彩、空间、数量、高低等感官教育，培养宝宝的观察力、分类能力和注意力。通过数学教

育，培养宝宝初步的数量概念、逻辑思维能力、理解能力和判断能力。

温馨建议：敏感期是自然赋予幼儿的生命助力。如果敏感期在内在需求受到妨碍而无法发展时，就会丧失学习的最佳时期。如何运用这股动力，帮助孩子更完美成长，正是成人的职责。1. 尊重孩子为有能力的个体。2. 细心观察敏感期的出现。3. 布置丰富的学习环境。4. 鼓励孩子自由探索。5. 适时协助而不干预。

《启发系列绘本——大卫，不可以》

大卫的妈妈总是说："大卫，不可以！"大卫伸着舌头，站在椅子上颤颤巍巍去够糖罐；大卫一身污泥回家，客厅的地毯上留下了一串黑脚印；大卫在浴缸里闹翻了天，水流成河；大卫光着屁股跑到了大街上……每一幅页面里都有妈妈说的话"大卫，不可以！"但是，书的精华在后面：大卫在屋子里打棒球，把花瓶打破了。这下可闯大祸了，大卫被罚坐在墙角的小圆凳上，流眼泪了。于是，妈妈对他说："宝贝，来这里。"妈妈给了他一个温暖的拥抱，对他说："大卫乖，我爱你。"太经典了，一个童年恶作剧的故事就收场于这样一个爱的动作。不管孩子有多调皮，可是当他伤心的时候，母亲的怀抱永远是他温情的港湾。

每一个看过《大卫，不可以》的孩子都非常喜欢他，这个天真无邪、把家里搞得一团糟的小男孩，让他们觉得又开心又释怀，世界上哪一个孩子不渴望像大卫一样随心所欲地在墙壁上乱写乱画、把浴室变成一个沼泽地、头戴铁锅敲得叮当乱响……到了最后一页，大卫被妈妈紧紧地搂在怀里，幸福地闭上了眼睛，妈妈一句"大卫乖，我爱你"，顿时就化解了大卫所有的眼泪和委屈。这一笔太温情了，整个故事跟着急转直下，一个童年恶作剧的故事就收场于这样一个爱的动作。

早教常识：这个月宝宝的动作发育

大动作发育

★ 手脚攀登时四肢协调，可以保持身体平衡。

★ 双脚连续蹦跳一小段距离，身体弹跳能力有进步。

精细动作发育

★ 喜欢拿剪刀将桌布或报纸剪出小洞。

大动作训练：练习上攀登架

3 岁前的宝宝可练习爬 3 层的攀登架。攀登时要用手先握紧上面的架子，再用脚登上最下面一层；一手再抓最高的横架，两手抓紧后，脚再上一级；然后将身体趴在最高的横架上，一条腿跨过去踩到对面的架子，踏稳之后再移过来另一条腿，使身体完全移到对侧，然后一级级扶着下来。

上攀登架可以练习上下肢协调和高空平衡能力。除了练习技巧之外还要勇敢，要敢于上高才能锻炼。

专家提示

公园中的攀登架太高，不适于 3 岁前的宝宝爬，而且经常有几个宝宝在攀登架上玩，小宝宝找不到自己落脚的地方会被困在上面。一般要到 5 岁才可以爬 3 层以上的大攀登架。

大动作训练：双脚离地连续跳

连续跳是练习弹跳力的方法之一，2 岁半以上的宝宝可以连续跳 2 米，不宜距离太长，以免宝宝疲劳。可以和宝宝玩兔子跳圈的游戏，让宝宝头戴兔子的头饰或者竖起两个手指放在头上代表兔子耳朵，双脚离地跳跃，跳到终点。在院子里用粉笔画一个圈做兔子的家，让宝宝离开圈 2 米，用双脚跳到兔子的家。

精细动作训练：继续练习搭高塔

给宝宝准备一些图片，上面有电视塔、大桥、滑梯、大楼等，再准备一些长方形积木。先让宝宝观察图片，然后给宝宝 8～10 块积木，大人先教宝宝怎样搭，然后教宝宝照着图片练习搭。

精细动作训练：练习撕图形

用小号的缝衣针先在纸上扎出一行行的针眼，让宝宝小心地顺着针眼将纸撕成条。宝宝学会顺针眼撕纸之后再用铅笔在纸上画图形，如圆形、方形、三角形等，用缝衣针在纸上沿着画好的轮廓扎针眼，让宝宝小心地把图形撕出来。等圆形能撕得较好之后，再在纸上扎出小鸡、小猫等图形，让宝宝将图形顺针眼撕出来。经过多次顺针眼撕纸之后，大人就不必事先用缝纫机扎针眼，宝宝自己会去想一个轮廓，小心翼翼地撕出图形或物体的外形。

认知能力训练：锻炼宝宝的方位感觉

找一个空鞋盒、一条板凳和宝宝的大小玩具。大人说："请将狗熊放在板凳上""请将积木放入鞋盒里""请把鞋盒放在板凳下面""请把娃娃放在板凳右侧，再把小狗放在板凳左侧""请把套碗放在鞋盒上面，把鞋盒摆在门外""请把铅笔夹在布书里，放到狗熊旁边""再把板凳搬到桌子下面"……让宝宝把玩具放在某种东西的上、下、左、右、里面、外面或者前面、后面，会使宝宝跑来跑去而不感到寂寞。

认知能力训练：排数字

让宝宝练习摆数序，先摆出 10 以内的数序，再学习摆 10～90 的数序。先按 1～10 把塑料数字或用纸卡写的数字排成竖行，再把 1 放在这些数的左边，宝宝按大人的要求摆出 11～20。去掉左边的 1，换上 2，让宝宝读出所有的数。再将左侧的 2 换成 3，依次读出竖行的数。然后逐个将左侧的数换成 4、5 及 6～9，看看宝宝能否读出所排出的数。随便摆上两个数字，让宝宝读出是几十几。如果宝宝感兴趣，可以加上百位数，如果不感兴趣可以迟一些再学。不要使宝宝感到有压力和疲劳，因为宝宝厌烦了就会失去兴趣，以后学起来更困难。

自理能力训练：教宝宝学用手纸

宝宝还有 3 个月就要上幼儿园了，

要在入园之前学会自己用手纸。有些幼儿园的小班宝宝不会用手纸，但幼儿园的老师忙不过来，宝宝只好在厕所等候许久，等老师来帮助擦屁股才能穿上裤子。如果被老师责备几句就会感到十分委屈，失去自信。因此要让宝宝在生活上能完全自理再入园，既减少老师的麻烦，又不会使宝宝感到能力不如别人而产生自卑。

先让宝宝学习为布娃娃把大便，便后用手纸擦屁股。先把纸叠到一定厚度，擦一次将脏的一面折入，再擦一次。如果没擦干净可再撕一张纸叠好再擦。宝宝自己上厕所时，妈妈也要让宝宝自己学擦屁股，再让大人检查是否擦净。鼓励宝宝学习，告诉他要由前面向后擦拭，尤其是女宝宝，不要把肠道的粪便擦入阴道或尿道。

专家提示

需要练习三四个月才能完全自理，所以从现在起学很有必要。

自理能力训练：教宝宝爱护图书

宝宝虽然已经长大了，不会像小时候那样爱撕书，但是有时还会不小心把心爱的书撕破。大人同宝宝一起，用纸剪出大小适合的书页，用糨糊把书补好。有的是从图的中央撕破，可以用透明胶条将书补好。宝宝学会修理书就会加倍爱惜书，以后小心取放，不把书撕破。

2岁8月龄早教计划

早教准备：适合宝宝的玩具和图书

立体拼图玩具

这是一款立体方块漫画式野生动物拼图，每个方块的一面都是一幅拼图的组成部分，9个方块可以拼成6幅不同的画面，分别是大象、长颈鹿、狮子、灰熊、老虎、猴子。适合2岁以上的宝宝使用，宝宝可以根据提供的6幅参考图拼搭积木。是一款趣味又益智的玩具，在提高宝宝认知能力的同时，还能锻炼宝宝的逻辑思维能力和空间想象力。

方块积木能让宝宝认知立体空间，漫画式图案更能提供宝宝认知与想象的空间。翻转方块间还能锻炼宝宝的手眼协调，当宝宝成功完成拼图时，能增强宝宝的自信心。

温馨建议：

爸妈可以先向宝宝描述画面上动物的名称和习性等。在宝宝对画面完全理解后，爸妈就可以把拼图完全打散，示范拼图给宝宝看。同时教宝宝根据颜色、形状等来判断拼图的位置，而且还有图片作参照，等宝宝熟悉后，让宝宝慢慢学习独立完成挑战。玩具玩完之后，爸妈要示意宝宝将玩具放回木盒，让宝宝养成良好的玩玩具的习惯。

模拟绑鞋带串绳玩具

这是一款非常适合2岁以上宝宝的

实用型益智玩具，通过绑鞋带模拟练习，宝宝以后就可以自己绑鞋带啦。花板上的一双鞋子鲜艳可爱，鞋板可以从花板上拿起来，宝宝可以根据自己的喜好任意给鞋子绑上自己喜爱的鞋带款式。宝宝在游戏时，只需要将鞋带头穿过已经打好的圆孔就行。

父母在玩具游戏过程中对宝宝的互动和引导是相当重要的。在玩玩具之前，妈妈可以先给设定一个游戏场景，“今天天气真好，太阳公公当头照，妈妈带宝宝去郊游。宝宝赶紧自己穿个鞋绳，绑个鞋带吧”。然后让宝宝自己摸索着，独立完成。如果宝宝刚开始手眼不协调，穿绳子的时候表现得笨拙，没关系，妈妈可以鼓励一下，有时候还可以暗中帮一下小忙，相信宝宝不久就会很熟练地玩这款玩具。等宝宝完成了，妈妈要及时鼓励。宝宝得到了毛病，它就会信心倍增。

早教常识：这个月宝宝的动作发育

★ 单脚站立稳当，不必扶人和扶物。

★ 这个月是单脚跳跃能力发展的关键期。已经开始尝试学习在运动中发挥自己的力量和保持平衡，进入平衡能

此玩具可以锻炼宝宝以下方面的能力

○ 运动力 ☆☆☆☆☆

玩具训练宝宝的手脚协调、肌肉运动等身体机能，让宝宝身体健康。

○ 认知力 ☆☆☆☆☆

通过玩具刺激宝宝各种感官反应，让他接触和认知新奇的万事万物。

○ 探索力 ☆☆☆☆☆

宝宝玩游戏时会用语言去表达意思，游戏不成功会尝试另一种思路。

○ 社交力 ☆☆☆☆☆

宝宝与同伴或父母一起玩的过程中学习合作精神和与人分享的心理，为日后融入社会打下基础。

○ 自信力 ☆☆☆☆☆

宝宝经过努力完成拼图对宝宝自信心提高有很大帮助。

力发展的又一个重要时期，同时也是身体协调性和双腿力量获得发展的重要时期。

早教常识：这个月宝宝的语言发育

★ 语言理解和表达有进步，能快速配上反义词。

早教常识：这个月宝宝的社会性发育

★ 已经有了性别的概念，能正确回答“我是男孩”或“我是女孩”。

早教常识：这个月宝宝的认知发育

★ 视力分辨较精确，能找出错图及缺图，即视觉印象明确，能与看到的图作比较，找出错误及漏画的部分。

★ 能分清左右，不会穿错鞋。

★ 手脑并用反应较快，能玩循环制胜的包剪锤游戏，能拼上 6 ~ 8 块较困难的拼图和玩赢数字的游戏。

大动作训练：练习单脚站立

宝宝能保持单脚站立的姿势之后，可以玩此游戏。先用一只脚站稳，再提起另一只脚，膝盖弯曲，脚尖下垂。右手手掌向前弯曲放在头上做鸡冠，左手手掌放在身后向上翘做鸡尾巴。大人和宝宝一起做金鸡独立，一起数数，看看数到几谁先坚持不下去了，脚落下踩地。练得好的宝宝可坚持 1 分钟，大多数宝宝可达到 40 秒左右。

认知能力训练：练习配反义词

宝宝已经懂得相当多的反义词，大

人先说一个词，让宝宝配反义词，例如“爸爸高”，答“宝宝矮”；“冰很冷”，答“开水很热”；“棉被很软”，答“桌子很硬”……也可以让宝宝起头，大人作答，只要说出意义相反的词就行。用具体的事物来说明反义词，使词的意义更加明确。

认知能力训练：找出缺图和错图

从儿童读物中找出故意画错或漏画一个部分的图，让宝宝仔细检查，图中有没有漏画和错画的地方，指出应如何改正。有时宝宝不太理解大人的意思，可以先找一幅图示范，讲明用意，例如图中的蛇有4条腿，是对还是错，让宝宝去观察再作判断。

认知能力训练：拼上6~8块拼图

找一些动物或用品、食品图片，每个图片切分为6~8块，装入一个信封内。玩时先拿出一份，让宝宝看看，猜猜它是什么，再慢慢将碎片拼上。切分多块的图片有两种拼法：（1）将图片拼好；（2）将边缘先摆好。边缘是整齐的线或者有些图中带花边，先把边摆好图片就弄清楚了。分成几十或几百块拼图用这个方法拼也不会错。拼好一份后，将它放入信封内收好，再练习第二份。有些宝宝很能干，能将几个信封中的碎片混在一起，再将每幅图拼好。

拼图可以锻炼看到局部推想整体的能力，同时要考虑到方位，把上下、左右关系处理好。经常练习拼图的小朋友左右脑能同时得到锻炼。图像思维是右脑管辖的；两三岁的宝宝词汇量发展迅速，语言的发展需用左脑。此时多用右脑能使左右脑同时发育，对宝宝智能发展十分有利。

认知能力训练：分清谁比谁大

先选用写有“1”“2”“3”的纸卡，每个数4张，一共12张。将纸卡混在一起，每人取6张。妈妈先出一张1，如果宝宝出2，就能把妈妈的牌赢过来；宝宝出一个3，如果妈妈出1，宝宝再赢；宝宝出一张2，如果妈妈出3，妈妈赢。用这三个数字先玩几天，熟练之后，可加上4和5，再玩几天，熟练后加6和7，最后可加到10。逐渐可以用扑克牌去掉K、Q、J，玩赢大小的游戏。

通过背数、点数宝宝虽然已经认识数和数字，但仍不理解谁比谁大。赢牌游戏可让宝宝逐渐理解大小的顺序。

自理能力训练：教宝宝分清左右穿鞋

让宝宝脱下鞋子，把鞋尖对着宝宝摆放。观察宝宝穿鞋时是否把鞋转过来，按鞋的左右正确穿上，为上幼儿园做准备。宝宝午睡时都要脱鞋，起床时要自己穿鞋。但有时宝宝上床后，别的宝宝从床前经过会将鞋的次序碰乱。如果宝宝能认清鞋的左右，正确穿鞋，就会减少老师的麻烦。有些宝宝将鞋左右穿反了，走起路来很不舒服，跑步时容易摔跤。应在入园之前学会分清左右穿鞋。

2岁9月龄早教计划

早教准备：适合宝宝的玩具和图书

智力拼图

宝宝的天性就是喜欢玩。这个作品就是让孩子认识时间，增强孩子时间观念，合理规划自己一天的生活，教会宝宝如何安排好时间有效地玩，让孩子有个快乐的生活习惯，而不是虚度光阴。设计运用了红、蓝、绿、黑、粉等鲜艳的颜色，瞬间吸引宝宝注意力，培养宝

宝的审美情趣及认知能力。拼搭锻炼宝宝的逻辑思维能力、手眼协调能力以及记忆能力。

爸妈可以参考拼图上面的时间，帮宝宝合理安排生活时间，该玩的时候玩，该学习的时候就学习，这样，让宝宝作息规律，更加健康快乐地成长。同时，宝宝在玩拼图的时候，还可以给宝宝拍摄一段视频或者是照片，或许，你会捕捉意想不到的惊喜。这不仅是宝宝童年珍贵的记忆，而且把视频播放给亲朋好友看，得到大家的赞赏和鼓励，宝宝的自信心和自豪感也会油然而生哦！

木制厨房仿真玩具

玩具配备了木制水果刀、砧板以及香蕉、西瓜等形象生动的积木。宝宝可以用木制刀切水果，来体验自己动手劳作的乐趣。

可锻炼手眼脑协调性，增强手部大肌肉和小肌肉的稳定性。培养耐力和专注力。丰富多彩，刺激宝宝视觉神经，培养色彩敏感性和审美情趣的启蒙。

亲子互动或者同伴游戏，培养社会能力，为以后更好融入社会打基础。

通过角色扮演，让宝宝体验和认知大人世界，培养孩子良好的生活习惯。

早教常识：这个月宝宝的认知发育

★ 这个月是想象力和创造性思维开始萌芽的时期。开始学习构思自己的行动内容，然后通过自己的双手实现它，比如想象搭一个高楼，然后用不同的积木完成它。

★ 理解 5 或拿出 5 个东西，会做 5 以内的加减法。可以开始练习倒数数。

情商培养：留给宝宝 20 分钟

忙于工作的父母下班后虽然还要料理家务，但不要忽略宝宝，要在百忙中留给宝宝 20 分钟，倾听他要讲些什么。有的宝宝不会抓紧时间，在宝贵的 20

分钟内一言不发，大人要在谈话结束之前告诉他：“还有最后5分钟。”宝宝虽然不明确5分钟有多久，但他会抓紧把要告诉大人的事说出来。有些宝宝不厌其烦地要听同一个故事。可以告诉他还有新的，但也应尊重他的选择，因为这时他可能正在默记，还差一点儿，让他多听几遍就全记住了。

情商培养：学会与人合作

前几个月大人带宝宝曾玩过家家游戏，使宝宝懂得如何模仿家庭生活。宝宝很喜欢这个游戏。如果有大宝宝来家做客，宝宝会搬出一些玩过家家的玩具同大宝宝一起玩。大宝宝比宝宝玩的次数多些，更会安排游戏。游戏中由大的出主意，小的照着吩咐去做。大宝宝如同家庭中的妈妈，小的像宝宝。宝宝一会儿听妈妈的吩咐去买菜、洗菜、摆桌子，请布娃娃们坐下；一会儿去喂娃娃吃饭，哄它不要哭，或者用个小瓶子喂娃娃吃奶。如果大宝宝是个男孩，他会当爸爸，学着举杯“干杯”，小的要替人倒酒。但玩了一会儿，小的宝宝就会把过家家的游戏忘记了，去做其他游戏了。

大动作训练：练习单脚跳跃

宝宝学会金鸡独立后就可以练习单脚跳跃。初练时大人可以牵着宝宝一只手，熟练之后放手让宝宝独自单脚跳。如跳过一条线，或从一块方砖跳到另一块方砖上。“跳飞机”是在地上画一个“飞机”，头三格单脚跳，第四格、第五格时双脚落地，各踏一格休息一会儿，再单脚跳到第六格，将手中“豆包”扔向飞机头，不许扔到界外；到第七格、第八格双脚落地，各踏一格，双脚不许移动，弯腰伸手取到“豆包”，再照样跳回来得1分。跳错格子、踏线、扔“豆包”出界及够取“豆包”时移动脚，都算犯规，立即淘汰出局不能得分。看谁能每次完成得分，赢取全局。

精细动作训练：学用刀

用玩具刀将面团切成薄片；用钝刀将馒头切成片；或者用玩具刀将胶泥切片。用刀切片要双手配合，即用左手固定被切之物，右手拿刀去切。初学时最好用玩具刀，不会伤到手指。等用刀的技巧有了进步，再用钝的餐刀切馒头、切丝糕和蛋糕等食物。

精细动作训练：编辫子

给娃娃的头发上系 3 条黑毛线，让宝宝练习编辫子。从开头就要编得紧一些，一直编到末端，用红毛线扎上。再加上两条同样长的黑毛线，让宝宝练习用 5 条毛线编辫子。要严格按顺序编才能使辫子编得漂亮。如果同时有几位小朋友在一起玩时，可以比赛看谁编得快。这个游戏可以练习手的技巧，同时练习按顺序操作，松紧适度。

精细动作训练：学写数字 1 和 7

游戏方法：用铅笔或彩笔写出竖道 1 和先横再拐弯的 7。要求拐弯尽量接近直角。可以用石头或小棍子在土地上学写，也可以用手指在空中比画。两岁前会写 1；近 3 岁时会画直角，会写 7。

语言能力训练：背儿歌倒数数

学会按顺序数数便于做加法，学会倒数便于做减法。学背倒数数的儿歌，背熟了才学倒数数。儿歌为：

一二三，三二一，

一二三四五六七，

七六五四三二一。

专家提示

儿歌很顺口，又押韵，易于背诵。学会第一句即学会 1 ~3 的倒数数；背会第二句即学会 1 ~7 的倒数数。学会 7 ~1 的倒数数后，便可以顺利地学会 10 ~1 的倒数数。

生活自理能力训练：教宝宝洗手绢

让宝宝从洗手绢学起，学会用手洗衣物。家中虽然有洗衣机，但用手洗是最基本的方法。要让宝宝自己洗手绢和袜子，增强自理能力。先在水中浸湿手绢，把肥皂涂在手绢上，双手搓洗；把肥皂沫挤出来，蘸点清水再搓洗。第一次搓洗时将手绢表面的污垢洗掉，加清水再搓洗可把深入布纹内的污垢清除，洗得更干净。用水将肥皂沫冲去，再清一次水就可以挂起来晾干。

2岁10月龄早教计划

早教准备：适合宝宝的玩具和图书

《乔比的生活故事》

《乔比的生活故事》由法国著名出版集团 NATHAN Editions 企划出版，已发行 17 年，年年有新书。在法国，平均每 5 个家庭就有 1 个家庭在企鹅乔比的陪伴下快乐成长。热情活力的乔比早已成为幼儿心中的模范人物，牵动了 400 万个家庭爸妈与孩子的心。

乔比是一个 3 岁的小男孩，他和所有这个年纪的孩子一样，具有强烈的好奇心、学习力很强、热情并且充满活力，当然有时候也会惹点小麻烦，甚至还会发发脾气。《乔比的生活故事》塑造了一个让孩子能够深切认同的角色，让孩子跟着乔比一起察觉自我、探索自己的感觉与情绪，他们会意识到自己并不孤单。能和乔比一起思考、学习，对于孩子的自我概念成长与自我独立发展影响极大。因此幼小的孩子总对乔比的故事爱不释手，一读再读，这是孩子不断确立自我的最佳方式。

《无字书》（全8册）

世界著名插图大师莫尼克·弗利克斯的代表作，包括《小船》《颜色》《反正》《大风》《房子》《飞机》《数字》《字母》8册，因其具有培养孩子的想象力、观察力和思考能力的独特功能而风靡全球，并多次获得国际图书大奖。

我们都有一个无穷的想象空间，当没有任何约束的时候，可以肆意地天马行空，思绪飘扬，畅想世界与未来。《无字书》的好处就是没有任何言语上的约束，小孩子可以随意想象，发挥自己的能动性去认识图画中表达的内容和意义。这套无字书对于幼儿看图说话很有帮助，同时可以训练幼儿的想象力、观察力以及思考能力。绘画的色彩很美，简单的图画确实可以让孩子学到不少东西。也可以根据图画中的小老鼠折的各种手工自己做来玩。

早教常识：这个月宝宝的动作发育

手的技巧有进步，可以学做粘贴的手工操作，也可以帮助大人剥花生、剥豌豆及择扁豆等。

情商培养：乐于接受父母的要求

一般说来，小儿进入3岁就到了第一反抗期。实际上小儿满2岁时，自我意识就发展起来，他想做的事如果家长不答应就表示反抗，常常会听到2岁多的小儿说“不”“不要”。到了3岁，小儿已有了自己的小朋友，有了一定的社会交往，这种独立行为的欲望就更加强烈，一旦想做某件事就表现得非常任性，不愿服从家长的安排。但小儿毕竟太小，常常是力不从心，有时不仅没把事情做好还损坏了东西，甚至发生危险。

那么，如何让进入反抗期的宝宝接

受父母的要求呢？强力压制肯定是不行的，只能采取说服诱导的方法，要仔细分析宝宝的意图，然后区别对待。如果小儿只是想自我服务或是帮助家长做家务，家长就不要一味地限制，那样小儿会很恼火，不听劝。正确的方法是帮助和指导他，把他想做的事做好。如果是不合理的要求，家长可以用他感兴趣的东西转移他的注意力，或者耐心地讲清道理，告诉他为什么不可以做。合理的限制还是需要的，但宝宝的感情可以让他表达出来，不能强行压抑。

要想让宝宝容易顺从家长的安排有一点非常重要，即家长应该经常和宝宝一起玩耍、交谈，了解和尊重宝宝的意志和兴趣。要让小儿知道你对他很在意，很重视，这样宝宝容易变得顺从。

有时家长采用“回馈技法”来处理小儿的反抗也很有效。比如小儿在游艺场没完没了地玩滑梯不回家，家长可以先对他说“再玩两次就回家”，让宝宝有个思想准备，玩完两次以后就坚决领他走，这时宝宝肯定会生气甚至哭闹，家长可以对他说“我知道你不高兴，玩得正高兴被打断，要是我也会生气，但是我们总不能今晚不回家吧?”让宝宝知道你很同情他的感受，但做任何事都会有一定的限制。逐渐地宝宝反抗的次数会减少，容易接受父母的要求。

情商培养：给宝宝一些选择的自由

3岁左右的宝宝已有了逆反心理，父母单方面地发号施令常常成为他们发脾气的原因。如果直接对他们说：“去吃饭!”或“去洗澡吧!”通常会使命令遭到抵抗。这时，父母不妨给宝宝一些选择的自由，如换种方式说：“吃饭和洗澡你想先做哪个?”提出两种对等的项目让他选择，由于2岁多的宝宝还不会去考虑这两者以外的事项，所以大部分都会在其中选择一项。这种“哪一个先做都没关系，你爱如何就如何”的自由，足以让他感到兴奋和满足了。这不失为对付宝宝发脾气的一条好策略。而且，给宝宝一些选择的自由，在无形中就灌输给了宝宝为自己的事做决定的自主意识。

大动作训练：练习踢球入门

无论男孩、女孩都爱踢球，跑步和

踢球可以锻炼全身肌肉。大人用一张下面有空当的凳子，或倒放一个大纸箱当球门，让宝宝距两米左右向空当或纸箱口踢球。如果同时几个宝宝一起玩，可以 1 个踢球，1 个传球，另 1 个守球门。进球之后大家轮流换位。

专家提示

宝宝在踢球时不宜学习用头顶球，只练用脚传球。头顶球时对头部震动过大，对宝宝未成熟的大脑不利。

大动作训练：练习原地跳跃

用棍子系一根小绳系在玩具苹果的柄上。大人拿着棍子将苹果吊在宝宝头顶上方约 30 厘米处，让宝宝踮起脚尖伸右手来摘取。如果摘不到就跳一跳，摘到为止。如果宝宝十分容易就摘到苹果，可把棍子再举高一些，一定要让宝宝跳起来才能摘到苹果。宝宝已经学会从高处跳下和向远处跳，现在练习自己跳起来，只要跳到能抓住苹果的高度就能摘取苹果。

语言能力训练：练习看图说话

需要有一定的想象力，在图的提示下产生联想，才能讲出内容丰富的话。让宝宝选择一幅漂亮的图画，讲出这幅图中的事物或者有关的故事。宝宝常喜欢挑选自己听过的故事中的图画，他可以讲出两三句有关的情节。例如看到小兔乖乖的图时说：“兔子妈妈让小兔子关门。”“为什么？”“狼来了会吃掉小兔子。”再问：“兔子妈妈出去干什么？”“找萝卜。”“为什么？”“喂小兔子。”宝宝自己不会由头讲到尾，他会讲出主要的一两句，其余要由大人提示才能补充上。部分宝宝只能说出物名“兔子”，问“有几只？”“有兔妈妈和 3 只兔宝宝。”只要大人多问，宝宝可以一字一句地讲出一点故事情节来。

宝宝要到 4 岁才会由头到尾讲故事，3 岁前后只能一句一句地按问题来讲。有了现在的练习到 4 岁前后才能讲全故事。

认知能力训练：添上未画完的部位

大人在纸上画一个未画完的小人，让宝宝指出哪儿还未画完，该添上些什么。宝宝拿笔去添加，大人在旁边观看，不要说，更不要用手去指点，让宝

宝自己完成，看他能否补充完整。看看宝宝能记住人身上的哪些部位，许多宝宝先发现少一条腿，急忙添上一竖，然后再看脸上的器官少不少。宝宝能添上多少与平常的观察和记忆能力有关。做过一次后他会多记住几处，有些部位宝宝不容易记住，不必勉强。平时看照片、图片或照镜子时让他多指认，使他能记住较多的身体部位。

自理能力训练：养成良好的生活习惯

3 岁以前是培养宝宝好习惯的重要时期，因为这时建立一定的条件联系比较容易，一旦形成了习惯也比较稳固。如果不注意培养，形成了坏习惯再纠正就比较困难。宝宝一天的生活内容要根据其年龄特点、生理需要，在时间和顺序方面合理安排，使宝宝养成按时作息，按要求进行各项活动的好习惯。

两三岁的宝宝每天睡眠时间要保证在 13 个小时左右，避免大脑过度疲劳。晚上八点睡眠至第二天清晨六点半至七点起床（十个半小时左右），午饭以后再睡两个半小时午觉。晚上睡前洗脸、洗脚或洗澡，然后换上宽松柔软的内衣，让小儿自己上床睡，家长可以讲故事或播放催眠曲，但不能又哄又拍让小儿入睡。睡眠的环境要舒适温暖，光线要暗。定时睡眠养成了习惯，小儿到时则很容易入睡。有些小儿要抱娃娃睡觉是可以的，但不要养成吮手指、吃被角、蒙头等坏习惯。

两三岁小儿每日应该有四餐，除了早、中、晚三餐外，午睡后下午三点左

右可以加一次午点，每两餐中间都要注意喝水和提醒小儿排尿。良好的饮食习惯也是在这个阶段形成的，比如要固定位置自己吃饭，不挑食、不偏食、不暴食、不吃零食等。

除了吃饭睡眠养成好习惯以外，还应该有好的卫生习惯，如饭前便后洗手，吃水果要洗干净削皮，不随地大小便等。

制定了合理的作息制度，就要让宝宝认真执行。家长或者老师向宝宝直接提出怎样做的要求，一般来说宝宝是容易听从的。每天都坚持按要求去做，宝宝就会习惯成自然。培养习惯不能破例也不能许愿，否则宝宝会觉得家长的要求可以不执行，良好的习惯则难以养成。

早教难题详解：宝宝脾气大怎么办

2岁多的宝宝自我意识已经发展，对很多事情都有好奇心，也喜欢模仿家长做某些事。有时要做自己力所不能及的事情，做不好就发脾气，用哭闹来宣泄不满情绪。遇到这种情况的时候，家长不要训斥宝宝，要耐心地帮助他完成。如果事情的确做不到，家长可以引导他玩他喜欢的游戏，转移注意力。但有些时候，孩子发脾气是为了让家长答应他不合理的要求，这个时候应该怎么办呢？如果迁就他，他会觉得用发脾气达到了目的，下次还会用同样的手段威胁家长，久而久之会使宝宝变得极端任性；如果打骂和训斥他，会使他哭闹得更凶。讲道理要等他安静下来才行，在他又哭又闹的时候他根本不会听。最好的办法就是不理睬他，当宝宝看到哭闹没有用时，他的哭声会减小或停止，这时候家长可以亲近他，告诉他哭闹不是好孩子。如果宝宝大哭大闹、乱踢乱喊，一点儿没有缓解的迹象，家长可以离开房间。离开时把房间里有危险的物品移到宝宝够不到的场所，让他一个人哭闹。这样宝宝会慢慢懂得哭闹是没有用的，父母不喜欢发脾气的孩子。时间长了，宝宝发脾气的次数会逐渐减少。有一点需要提醒家长注意：在对待宝宝的态度上家里所有人都要一致，如果一方采取不理睬的态度，另一方赶快抱起孩子满足他的要求，就达不到教育的目的，宝宝会越来越任性。

2岁11月龄早教计划

早教准备：适合宝宝的玩具和图书

《聪明宝贝的第一堂折纸课》

2~6岁的儿童正处于身心快速发展的阶段，在具备了简单的观察能力和活动能力之后，他们无时无刻不接收来自外部的信息。这些鲜活的信息通过儿童的视觉、触觉、味觉等对大脑形成十分有益的刺激，激发他们的脑部活动。儿童的手部运动也与大脑息息相关，折纸、剪纸、涂色、绘画等活动能大大激发大脑的活动。从这个意义上说，手工全能可以使儿童达到智力全能。折纸活动对儿童的身心发展有着积极和正面的影响，尤其对儿童的大脑开发、注意力集中十分有益，能通过形状和色彩的变化促进儿童想象力和创造力的发展。动手动脑，激发创意，手眼协调，均衡发展。

本书介绍了30余种可爱的折纸作品以及能够用这些折纸进行的趣味游戏。书中以丰富的图片、可爱的折纸主题为聪明的宝贝献上一份特别的礼物。通过折纸游戏可以促进孩子们右脑的发育，增强手、眼、脑的协调并用能力。从而调动起孩子们的想象力和创造力，培养孩子认真观察事物的习惯和做事的顺序性、条理性。让宝贝越玩越聪明，越玩越开心。

《幼儿神奇贴纸》系列

这是一套游戏益智练习册，它将全方位培养和促进宝宝们的思考力、感知力和创造力。书中安排了大量构思巧妙、新鲜有趣的各种游戏，并附有6页彩色精美贴纸。通过贴纸的反复撕贴，不但能大大激发幼儿的学习欲望和游戏兴趣，更能加强幼儿手腕和手指的运动，从而让您的孩子变得心灵手巧。

早教常识：这个月宝宝的动作发育

大动作发育

★ 能单脚站 2 秒钟以上。

★ 跑时姿势基本正确，半分钟能够跑 35 ~40 米。

★ 能双脚交替跳起 5 厘米以上。

★ 会骑儿童三轮车。

★ 能跳过障碍物，如几块砖或一个矮纸盒等。

精细动作发育

★ 吃饭时能帮助大人摆放餐具，一般不会打碎。

★ 端着盛了水的玻璃杯或瓷碗从一个房间走到另一个房间，不会把它们摔破。

★ 能把一张长方形的纸横竖对齐各折一折，基本变成正方形。

★ 能照图样模仿画圆形和十字。

早教常识：这个月宝宝的语言发育

★ 能够学会 4 ~5 首儿歌，每首 6 ~8 句，每句 6 ~7 个字。

★ 能说 7 ~8 个字组成的句子，用字总数达 1000 个左右。

★ 懂得“冷了”“累了”“饿了”的含义，当问到怎么办时能给出“穿衣”“歇会儿”和“吃饭”等答案。

早教常识：这个月宝宝的认知发育

★ 可精细区分不同的声音。

★ 给宝宝看缺一只耳朵的人像，能看出缺只耳朵，并能按要求补画缺少的耳朵。

★ 会不停地询问一些问题。

情商培养：带宝宝参观幼儿园

宝宝 3 岁后要上幼儿园，在未正式入园之前可带宝宝到幼儿园外面看看。观察小朋友何时到室外活动，老师怎样带领他们在健身器械上玩耍。如果得到许可，可以进入教室或者在窗外观察小朋友在室内怎样活动。参观幼儿园会引起宝宝入园的愿望，羡慕园内的生活，使宝宝容易克服离开家庭的依恋情绪。家长要让宝宝向那些活泼可爱的宝宝们学习，使他渴望成为其中的一员。

减少最初入园的困难。许多宝宝在入园的头一个月都会因为与家人分离而哭闹。如果入园之前有一些思想准备并参观幼儿园，甚至同老师先认识一下，了解园中生活规律，使家中生活与园中相似，就会减少入园后的困难。如果家长比较理智，多向宝宝介绍幼儿园的优点，入园的困难会减少。应避免因为宝宝哭闹就妥协，让宝宝回家待几天，这样再送去时又要重新适应，人为地延长适应期，对宝宝和大人都不好。宝宝有足够的心理准备就会克服入园困难，更快地适应新环境。

大动作训练：练习跳远

宝宝学跳能使全身得到锻炼，尤其促进下肢肌肉发育。找有方格的地面，或者自己在院子内用粉笔画方格，每格15厘米×15厘米。宝宝站在方格处，膝部微弯，突然向前使劲跳过方格。用粉笔在地上画出跳远的距离。再试着从两米之外跑来，跑到方格之前使劲向前跳跃，看看助跑之后跳远的距离是否比立定跳远远些。用方格也可以计数，如1格、1格半或2格等。经常练习会有明显进步。

精细动作训练：手印作画

让宝宝学习不用画笔能画花的方法，用红色水彩加水调色，把一小片棉花放入色碟，使调好的颜色吸进棉花内。大人用棕色画茎，用绿色画叶，让宝宝用右手食指蘸棉花上的红色，用左手转动纸，在画花的地方用右手食指按出5~7瓣花瓣；也可在茎旁按一块大的红色做花蕾，或在花的旁边再按3~4瓣花瓣表示挡着的另一朵花。宝宝会很喜欢这种容易的画花方法，他会在纸上到处按，使纸上到处是花瓣儿。

手印也可画出其他的画，如用绿色和黄色可按出孔雀的尾巴；用橙色按出金鱼的鳞；用指尖蘸棕红色按出房顶上的瓦片等。大人先将轮廓画好，告诉宝宝用手压按时不要出界。

精细动作训练：练习自己画人

给宝宝笔和纸，让他画人，尽量画得齐全一些。妈妈可以在旁边做自己的事，不要提示他画哪些内容，更不必提醒他去补上某个部位。在上个月他已给未画完整的人补画过部位，他会记得当时大人是怎样评价的。宝宝画完后，妈妈可在画纸上写上当天的日期，半年以后再做比较。大人千万不要替他补画什么部位或替他做任何改动。只有全部是宝宝3岁时画的人物画才有保留价值。

1787年古迪纳夫已发现宝宝画人的完整程度与智力有关；到20世纪60年代才由哈里斯定出记分方法。他认为宝宝从3岁起才能画人，画出一个部位代表3个月的智能发育。所以他列出一个公式：

（宝宝画出的部位×3＋36个月）/宝宝实际的年龄月×100＝智商

3周岁的宝宝基本上能画出人的3个部位，先画一个圈代表头，再画两只眼睛和两条腿，或者其他部位。所以对三四岁的宝宝用画人的方法测算其智商，其结论偏高；到五六岁以后，因为年龄大了，能画的部位不过就这些，算起来智商反而低了。

家长不必太在意宝宝到底智商有多高。如果让宝宝对着镜子画、对着布娃娃画、看着实物画，宝宝画的部位就会增加，经过几次练习，画出的部位就会成为习惯而记住。宝宝的经验是“百听不如一看，百看不如动手”。亲自画几遍，积累的经验比听大人说、看图画保留的时间都长，以后再画时不看镜子和娃娃也会画出来。

精细动作训练：练习折纸

折纸是一种手眼协调的技巧练习，要按着步骤去完成，要求有顺序记忆的能力，所以折纸也是一种益智游戏。让宝宝从最基本的方法学起，要学会对齐边和角，使纸对齐。先学对折成长方形和三角形，最后学会折一个简单的玩具，使宝宝感到成功的喜悦。

准备裁成方形的两张白纸，大人用一张做示范。先将方形下边折上，上下两个边对齐，纸角也要对齐，边角都对齐后将纸的中间压平，原来的方形纸变成长方形。如果宝宝学得顺利，可再对折一次，将长方形的两个短边对齐，纸角对齐之后压平，长方形变成了两个小正方形。再将方形纸打开，将两个对角对齐，纸边也对齐，然后压平成为一个大三角形；再将两个锐角对齐，纸边对齐，压平纸边成为一个小三角形。将小三角形再打开，将两个锐角向内折成狗的两个耳朵，画上眼睛和鼻子、嘴就成狗头。这是折纸能做出的最简单的玩具。

认知能力训练：认识冬天和夏天

找一些有不同季节内容的图书或图片，让宝宝了解冬天很冷，刮大风、下大雪，人们穿着棉衣或皮衣，戴帽子、围围巾、戴手套、穿棉鞋；家中生炉子或有暖气，要关严窗户保暖；冬天人们爱吃火锅、涮羊肉，使身体暖和；冬天人们在户外溜冰、堆雪人、打雪仗，过年前后还去看冰灯。

夏天天热，人们汗流浃背，穿得很单薄，宝宝们穿背心、裤衩；家中吹风扇，大人摇着扇子纳凉，不少家庭装上了空调；人们爱吃西瓜、冰棍和冰激凌，喝冰镇的凉开水或饮料，使身体感到凉快；人们喜欢游泳、划船、到凉快的地方去避暑；夏天的花草树木十分旺盛，新鲜水果、蔬菜都很多。

让宝宝对季节有明确的概念，先学会分清冬、夏两季，以后再了解春季和秋季。教宝宝把平时零散的观察和记忆综合起来，形成两个分明的季节概念。

自理能力训练：学习自己收拾书包

宝宝看到大宝宝们背着书包去上学都十分羡慕，幼儿园的小朋友们也背着小书包，家长不妨为宝宝买个小书包准备上幼儿园用。书包里装上几本小书、一小盒彩笔，最好有一个带盖的水杯和一条裤子。将东西放齐之后，把书包挂在宝宝容易够着的地方。妈妈同宝宝做上幼儿园的游戏，早餐后让宝宝背着书包同妈妈在院子里走一圈。进家后在桌旁坐下，打开书包拿出书看一会儿，打开彩笔在纸上画画。过一会儿妈妈说“咱们该回家了”，要宝宝赶快把桌上的东西收入书包，再背着书包在院子里走一圈，回家后把书包挂在准备好的地方。

让宝宝做上幼儿园的准备。通过打开书包、收拾书包，让宝宝了解书包的用途，学会将用过的东西收拾整齐，放回原处。这种游戏使宝宝不至于丢三落四、随便乱放自己的东西。